KB020445

# 템플 그랜딘의
# 비주얼 씽킹

# 템플 그랜딘의

# VISUAL THINKING

템플 그랜딘 지음
박미경 옮김

# 언어로 가득한 세상에서 시각적 사고자로 살아가기

상상스퀘어

다르게 생각하는
모든 이에게
이 책을 바칩니다

지은이

# 템플 그랜딘Temple Grandin

자폐증과 동물 행동에 관한 저명한 작가이자 연설가이며, 가축 처리 시설 설계자이기도 하다. 프랭클린피어스대학에서 학사 학위를 받았고, 애리조나주립대학에서 동물과학 석사 학위를 받았다. 그 후 일리노이대학에서 동물학으로 박사 학위를 받고, 현재 콜로라도주립대학에서 교수로 활동하고 있다. 그는 미국 자폐증협회 이사를 역임하고, 자신의 자폐 경험을 바탕으로 미국 전역의 부모와 교사를 돕고 있다.

그는 2014년 국립 여성 명예의 전당National Women's Hall of Fame에 올랐고, 2018년에는 미국과학진흥회American Association for the Advancement of Science의 펠로우로 선정됐다. 2020년에는 〈CEO 매거진The CEO Magazine〉에서 선정한 '최고 대학 교수 10명'에 포함됐다.

《나는 그림으로 생각한다Thinking in Pictures》, 《동물과의 대화Animals in Translation》를 포함해 여러 권의 책을 저술했다. 그 중 《동물과의 대화》, 《우리를 인간으로 만드는 동물Animals Make Us Human》, 《모든 마음을 모아 Calling All Minds》는 뉴욕타임스 베스트셀러로 선정됐다.

템플 그랜딘은 〈20/20〉, 〈48 Hours〉, 〈래리 킹 라이브Larry King Live〉, 〈프라임 타임Prime Time〉, 〈60분60 Minutes〉, 〈투데이Today Show〉, 〈미국 공영 라디오NPR〉를 포함해 여러 방송에도 출연했다. '세상은 모든 종류의 마음

을 필요로 한다The world needs all kinds of minds.'라는 주제로 TED 강연을 진행하기도 했다. 또한 여러 과학 저널과 가축 정기 간행물에 동물 취급, 복지 및 시설 설계를 주제로 하는 400개 이상의 기사도 게재했다. 〈피플People〉, 〈뉴욕타임스The New York Times〉, 〈포브스Forbes〉, 〈U.S. 뉴스 앤드 월드 리포트U.S. News & World Report〉, 〈타임Time〉, 〈디스커버 매거진Discover Magazine〉에서는 그의 작품을 특집으로 다뤘다. 그의 인생사는 〈템플 그랜딘Temple Grandin〉이라는 제목의 TV 영화로도 만들어져 7개의 에미상과 골든 글로브상을 수상했다.

옮긴이
# 박미경

고려대학교 영문과를 졸업하고 건국대학교 교육대학원에서 교육학 석사 학위를 취득했다. 외국 항공사 승무원, 법률회사 비서, 영어 강사 등을 거쳐 현재 바른번역에서 전문 출판 번역가이자 글밥아카데미 강사로 활동하고 있다. 옮긴 책으로 《내가 틀릴 수도 있습니다》, 《우리는 지금 문학이 필요하다》, 《인생의 마지막 순간에서》, 《마음챙김》, 《아서 씨는 진짜 사랑입니다》, 《살인 기술자》, 《포가튼 걸》, 《프랙처드》, 《언틸 유아마인》, 《프랑스 여자는 늙지 않는다》, 《오만과 편견》, 《이어 제로》, 《슈퍼히어로의 에로틱 라이프》, 《남편이 임신했어요》, 《내가 행복해지는 거절의 힘》 등이 있다.

# 머리말

태어난 지 얼마 안 된 아기는 말을 못 하지만 빛에 반응하고 얼굴을 인식하며 색과 패턴을 구별한다. 냄새를 맡을 수 있고 곧이어 맛을 음미한다. 촉각이 있어서 물건을 잡고 엄지손가락을 빨기 시작한다. 자장가와 동요가 숱하게 있는 걸 보면 노래도 금세 인식한다고 볼 수 있다. 아기들은 옹알이를 많이 한다. 때때로 부모가 기대하는 '엄마'와 '아빠'라는 말을 내뱉기도 하지만 상당히 임의적이다. 태어난 지 1년 반쯤 되면 언어 능력이 발달해 명사와 동사를 상당수 구사할 수 있다. 두 돌쯤엔 정확한 문장을 구사하기 시작한다. 유치원에 갈 나이가 되면 언어의 기본 규칙을 이해해 복잡한 문장으로 말할 수 있다. 의사소통에 있어서 언어는 우리가 마시는 물이요, 공기다.

우리는 이렇게 발달한 언어 능력이 소통하는 방법은 물론이고 생각하는 방법의 토대까지 형성한다고 가정한다. 실은 수 세기 동안 그렇게 믿도록 배워왔다. 17세기 철학자 르네 데카르트<sup>René Descartes</sup>가 '나는 생각한다, 고로 나는 존재한다'라는 말을 남기면서 지대한 영향을 미쳤다. 데카르트는 사람과 '짐승'을 구별하는 수단이 언어라고 주장했다. 우리의 인간성이 언어에 근거를 뒀다는 것이다. 몇백 년을 훌쩍 뛰어넘은 후에도 우리는 여전히 언어를 기반으로 마음 이론<sup>theory of mind</sup>을 설명한다. 1957년, 언어학자 노암 촘스키Noam Chomsky가 《촘스키의 통사구조》 (2016)라는 획기적인 책을 출간했다. 촘스키는 이 책에서 우리가 문법을 비롯한 언어 능력을 타고났다고 주장한다. 이 사상이 반세기 넘게 사상가들에게 영향을 미쳤다.

사람들이 다른 방식으로 생각한다는 점을 이해하려면 다른 사고방식이 **존재**한다는 점을 먼저 이해해야 한다. 인간이 언어 능력을 타고났다는 통념 때문에 내가 시각적 사고자visual thinker라는 사실을 서른 살이다 돼서야 이해했던 것 같다. 자폐증 때문에 네 살이 돼서야 언어를 구사할 수 있었고, 여덟 살 무렵에야 글을 읽게 됐다. 파닉스phonics, 즉 발음 중심으로 철자와 읽기를 힘겹게 훈련받은 덕분이다. 세상은 내게 통사syntax*와 문법이 아닌 이미지로 다가왔다. 하지만 데카르트나 촘스키의 기대와 달리, 언어가 없어도 내 생각은 풍부하고 생생하다. 구글 이미지를 스크롤하거나 인스타그램과 틱톡에서 짧은 영상을 보듯이 내게 세상은 일련의 시각적 이미지로 펼쳐진다. 언어 능력이 있는 지금도 여전히 그림으로 먼저 생각한다. 사람들은 흔히 시각적 사고visual thinking를 시각vision과 혼동한다. 시각적 사고는 눈으로 뭔가를 바라보는 방식이 아니라 뇌가 정보를 처리하는 방식이다. 다시 말해 생각하고 인지하는 방식이다. 그 점을 이 책에서 두루 살펴볼 것이다.

내가 태어날 때만 해도 세상은 서로 다른 사고방식을 구분하지 않았다. 그래서 사람들이 나와 같은 방식으로 생각하지 않는다는 사실을 알았을 때 무척 당황스러웠다. 가장무도회에 초대받아 가보니, 색다른 의상을 입고 온 사람이 나뿐인 걸 알아차린 기분이라고나 할까. 다른

---

* 생각이나 감정을 말과 글로 표현할 때 완결된 내용을 나타내는 최소 단위

사람들의 사고 과정과 내 사고 과정이 어떻게 다른지를 가늠하기 어려웠다. 훗날 모든 사람이 그림으로 생각하는 건 아니라는 사실을 알았을 때, 나는 그들이 진짜로 어떻게 생각하는지 파악하고 나와 같은 사람이 더 있는지 찾아보기로 마음먹었다. 그리고 그 일이 개인적 사명이 됐다. 25년 전, 《나는 그림으로 생각한다》(2005)라는 회고록을 출간하면서 이 문제를 처음 다뤘다. 그 뒤로 줄곧 일반 사람들 사이에서 시각적 사고가 얼마나 널리 퍼져 있는지 조사했다. 수많은 문헌을 조사하고, 자세히 관찰하고, 그간 참석했던 수백 건의 자폐증 학회와 교육 학회에서 비공식 조사도 단행했다. 부모와 교육자, 장애인 지원자들, 업계 종사자들도 두루 만나봤다.

　점진적으로 알아냈기 때문에 딱히 유레카를 외친 순간은 없었다. 다만 시각적 사고자에 두 부류가 있다는 생각이 들었다. 당시엔 구체적으로 입증하지 못했지만 나와 다른 유형의 시각적 사고자도 존재한다는 사실을 인식했다. 패턴과 추상abstraction**으로 보는 '공간 시각형 인간spatial visualizer'이다. 나는 다양한 종류의 엔지니어, 기계 설계자, 용접공과 함께 일하면서 시각적 사고자들 간의 차이를 처음 알게 됐다. 나중에 과학 문헌에서 내가 관찰한 바를 확인했을 땐 뛸 듯이 기뻤다. 마리아 코제브니코프Maria Kozhevnikov는 연구를 통해 나처럼 그림으로 생각하는 '사물 시각형 인간object visualizer' 말고도 수학을 잘하는 '시각 공간적 사고자visual-spatial thinker' 그룹이 있다는 사실을 보여줬다. 시각 공간적 사고자 그룹은 패턴으로 생각하는 사람들이다. 지금까진 간과됐으나 시각적 사고자의 중요한 부분집합이다.

---

** 　여러 사물이나 개념에서 공통되는 특성이나 속성 따위를 추출해 파악하는 작용

이러한 사실은 내게 강력한 영향을 미쳤다. 시각적 사고자로서 학교와 일터뿐만 아니라 곳곳에 도사리고 있는 안전 문제까지 우리 사회에서 시각적 사고의 더 다양한 이야기를 담아내기 위해 개인적 경험을 확장해야 했다. 이 책은 이 두 부류의 사고방식을 탐구하고, 각 사고방식이 개개인에게, 또 세상 전반에 어떤 영향을 미치는지 자세히 탐구한다. 그 과정에서 '영리한 엔지니어링 부서clever engineering department'라고 부르는 집단을 소개할 것이다. 50년 가까이 이 분야 전문가로서 두 부류의 시각형 인간들, 즉 나처럼 그림으로 보는 '사물 시각형 인간'과 패턴으로 보는 '공간 시각형 인간spatial visualizers'을 두루 상대하면서 선별한 사람들이다. 간단히 말하자면, 사물 시각형 인간은 기차를 만들고 공간 시각형 인간은 그 기차를 달리게 한다.

이 책은 내가 지난 몇 년 동안 경험한 두 가지 중요한 계시를 통해서 나왔다고 할 수 있다. 그땐 진심으로 유레카를 외쳤다. 2019년, 나는 가금류와 돼지의 고기를 처리하는 최첨단 공장 세 곳을 시찰했다. 식자재 공급 업계의 컨설턴트로서 현장 방문은 늘 하는 업무다. 공장이 규약에 따라 작동하고 어떠한 프로토콜도 위반하지 않는지 점검하면서 동물 학대의 징후와 장비 불량, 직원의 비행 사항을 꼼꼼히 살핀다. 사물을 바라보는 남다른 방식 때문에 나를 부르는 업체가 많다. 아무리 사소한 점이라도 내 눈엔 바로 포착된다. 밧줄처럼 하찮은 물건이 활송 장치(슈트chute)*에서 소의 진행을 멈추게 할 수 있는데, 잠깐의 지연도 상당한 비용을 초래한다. 나는 그런 자잘한 오류까지 잘 찾아내는 것으로 유명하다. 그런데 한 공장에서 그간 방문했던 공장과 다른

* 사람이나 동물, 물건 따위를 이송하는 장치

점이 눈에 띄었다. 그때까지 내가 작업하거나 상담한 공장은 대부분 미국산 장비를 사용했다. 부품이 미국에서 제조됐기에 작업자는 각 부품을 조립하고 어떠한 오작동도 수리할 준비가 돼 있었다. 그런데 그 공장은 설비가 완전 새것이었다. 반짝이는 스테인리스 스틸 재질로 된 참으로 멋지고 정교한 설비였다. 복잡하게 돌아가는 온갖 부품을 바라보면서 고임금의 숙련된 노동자가 장비를 설계하고 설치하는 모습을 상상했다. 하지만 그 장비는 백 개가 넘는 컨테이너에 실려 네덜란드에서 그곳으로 운반됐다고 했다.

위쪽 보행자 통로에 홀로 서 있던 나는 복잡하게 연결된 컨베이어를 바라보며 탄식했다.

"우리는 이렇게 만들지 못해!"

이는 우리가 학교에서 작업장을 없애고 용접과 제도, 자동차 정비 같은 실기 수업을 제외하면서 치러야 하는 대가다. 장차 이러한 장비를 발명할 아이들은 흔히 학습 능력이나 행동 발달 면에서 열등하다고 여겨져 특수 교육 대상자로 내몰린다. 그들의 상당수는 시각적 사고자인데, 현행 교과 과정이 시험을 잘 보는 언어적·선형적線形的 사고자에게 유리하기 때문에 걸러지고 있다. 이런 '열등생' 가운데 일부가 능력을 발휘할 수 있는 실기 수업은 모조리 없어졌다.

그해 말, 나는 캘리포니아주 쿠퍼티노에 있는 애플 본사를 방문했다. 그곳에서 '스티브 잡스 극장Steve Jobs Theater'을 본 순간, 다시 한번 유레카를 외쳤다. 마치 다른 은하에서 온 흠 없이 깨끗한 유리 원반 같았다. 6.7미터 높이의 벽은 모두 투명한 유리였고 지붕을 떠받치는 기둥 하나 없었다. 전기 배선과 스프링클러, 오디오, 보안 시스템은 유리 패널 사이의 이음새 안쪽에 숨겨져 있었다. 참으로 아름다운 건물이었다.

뭔가에 꽂히면 늘 그렇듯이, 나는 이 건물이 어떻게 세워졌는지 파고들었다. 유리 벽이 전체 지붕을 지탱하는 구조였는데, 이 최첨단 유리는 세닥Sedak이라는 독일 기업에서 제작했다. 세닥은 대형 유리판 생산 분야에서 업계 선두를 달리는 기업이다. 환상적인 경량 탄소 섬유 지붕은 두바이에서 수입했다. 그리고 극장의 유리 클래딩glass cladding*과 지붕은 이탈리아 회사인 프레너 앤 라이퍼Frener & Reifer가 설계하고 제작 및 조립해 설치했다. 내가 방문했을 땐 극장이 비어 있었다. 나는 로비 한가운데 서서 또다시 탄식했다.

"우리는 이렇게 만들지 못해!"

이 두 사례를 특별한 예외 사례로만 볼 수 없었다. 미국 산업계에 지각 변동이 일어났다는 확실한 증거였다. 2021년 봄, 다른 돼지고기 가공 공장을 방문했을 때도 네덜란드와 덴마크, 이탈리아에서 온 최신 육류 절단 및 포장 설비를 발견했다. 몇 주 뒤, 육류 무역 잡지 최신판에 네덜란드의 한 대기업에서 제조한 대형 장비 관련 기사가 특집으로 실렸다. 잡지의 접혀 있는 사진을 펼친 순간, 미국의 독창성 위기가 한계에 다다랐음을 깨달았다.

우리는 주로 세 가지 이유에서 핵심 기술력을 잃고 있다. 첫째, 제조업의 전문 기술자들이 고용 시장을 떠나는 속도에 맞춰 새로운 인력이 수급되지 못한다. 둘째, 의류와 장난감, 가전제품 같은 대량 생산품뿐만 아니라 첨단 기술 제품까지 해외 업체에 넘겼다(아이폰의 30% 정도가 중국에서 생산된다). 셋째, 시각적 사고자를 전부 걸러냈다. 마지막에 제시한 이유가 나의 주된 관심사다. 다르게 생각하는 사람들의 재능과

---

\* 표면 오염에 의한 빛의 굴절 문제를 예방하기 위해 추가로 입히는 유리층, 유리 피복이라고도 함

기술을 장려하고 개발하지 않으면 사회를 유익하고 풍요롭게 해줄 학습 방식과 사고방식을 통합할 수 없다. 예술가나 산업 디자이너, 발명가가 없는 세상을 상상해보라. 전기 기술자나 기계공, 건축가, 배관공, 건축업자가 없는 세상은 또 어떠한가. 시각적 사고자인 이들은 대부분 눈에 잘 띄지 않는 곳에 숨어 있다. 우리는 그들을 이해하거나 격려하지 못했고 그들의 공헌을 제대로 인정하지도 못했다. 내가 이 책을 쓰게 된 한 가지 이유는 미국의 기술력 상실이 두려웠기 때문이다. 우리를 구해줄 그 사람들을 더 이상 걸러내거나 배제하지 않는다면 이 문제는 얼마든지 예방할 수 있다.

사람들은 자기 마음이 작동하는 방식을 온전히 이해하지 못한다. 과학자들도 마찬가지다. 나는 일단 우리가 시각적 사고에 대해 무엇을 아는지 알아볼 것이다. 그리고 시각적 사고자와 비시각적 사고자 모두 인식할 수 있는 방식으로 시각적 사고가 어떻게 작동하는지 설명할 것이다. 획일적 교과 과정을 강요하고 시대에 뒤떨어진 편향된 시험 제도에 의존하며 그 과정에서 재능 있는 아이들을 장단기적으로 걸러내면서 집단적 손해를 초래하는 등 우리가 교육에서 무엇을 잘못하고 있는지도 파악할 것이다. 일부 학생들은 대수학代數學이라는 장애물 때문에 고등학교나 전문대학의 기술 학위를 마치지 못한다. 그들은 시각적 사고자들로, 기계는 발명할 수 있어도 미지수 x는 풀 수 없다. 그래서 대부분 걸러진다. 또한 교육 위기, 특히 특정 직업과 지방 전문대학에 대한 편견으로 어떻게 실업이나 불완전 고용 위기가 초래되는지 살펴본다. 다들 말로는 인프라를 유지하고 개선하는 일이 중요하다고 떠벌린다. 하지만 실제로 건설자와 용접공, 기계공과 엔지니어를 파악하고 격려하고 훈련하는 데 힘을 쏟고 있는가? 오늘날 영리한 엔지니어는 다 어디에 있는가?

다음으로, 리처드 로저스Richard Rodgers와 오스카 해머스타인Oscar Hammerstein, 스티브 잡스Steve Jobs와 스티브 워즈니악Steve Wozniak, 건축가 렘 콜하스Rem Koolhaas와 엔지니어 세실 발몬드Cecil Balmond 등 언어적 사고자들과 시각적 사고자들의 뛰어난 협업 과정을 알아본다. 다양한 사고자들이 팀에 얼마나 유리하게 작용하는지 보여주는 연구도 두루 확인한다. 그다음, 천재성과 신경 다양성, 시각적 사고의 교차점을 알아본다. 여러 예술가와 발명가 중에는 시각적 사고자가 많고 자폐 스펙트럼에 속하는 사람도 있다. 예술과 과학, 발명에 대한 그들의 크나큰 공헌은 역사의 흐름마저 바꿔 놓았다.

팀에 시각적 사고자가 없을 때 초래될 현실 세계의 암담한 결과도 살펴본다. 일본 후쿠시마 원전 참사, 두 차례나 수백 명의 목숨을 앗아간 보잉 737 맥스 추락 사고 같은 재난이 시각적 재능을 지닌 사람들에 의해 어떻게 예방될 수 있었을지 알아본다. 시각적 사고자들이 앞날을 내다보진 못해도 그들의 관점을 활용하면 자잘한 사고는 물론이요, 더 큰 재앙도 피할 수 있다. 한 가지 유형의 사고자로 구성된 팀은 시각적 사고자와 비시각적 사고자로 혼성된 팀보다 성과가 저조하다는 연구 결과가 많다. 팀에 시각적 사고자를 두기만 해도 모든 게 달라질 수 있다.

마지막으로, 지금까지 광범위하게 다뤘던 주제로 돌아갈 것이다. 동물 과학자인 나는 동물 행동을 연구하고 가르치고 자문하면서 평생을 보냈다. 내가 여기서 동물에 초점을 맞추는 이유는 그들이 비非언어적이기 때문이다. 우리가 생각하는 방식에 대해서 동물은 과연 무엇을 가르쳐 줄 수 있을까?

스스로 시각적 사고자인지 어떻게 알 수 있을까? 자신이 음악이나 미술에 남다른 관심이 있는지, 또는 기계를 잘 조립하는지, 혹은 글보다 그림으로 표현하는 게 더 좋은지는 알고 있을 것이다. 이런 것들이 단서가 된다. 여타 특질과 마찬가지로 시각적 사고도 스펙트럼으로 존재한다는 점을 명심해야 한다. 사람들은 대부분 언어적 사고와 시각적 사고를 조합해서 세상을 탐색한다. 이 책에서 제시하는 온갖 이야기와 연구, 아이디어는 당신이 스펙트럼상 어느 위치에 있는지 찾을 수 있도록 돕는다. 또 부모가 자녀의 강점에 따라 지도할 수 있게 한다. 아이들을 성공의 길로 이끄는 일은 대단히 중요하다. 그 일은 아이들이 어떻게 생각하는지, 그에 따라 어떻게 학습하는지 이해하는 데서 시작된다. 나는 고용주들에게 직원을 평가할 때 이력서만 보지 말고 시각적 사고자들과 신경다양인들이 무엇을 제공할 수 있는지 제대로 파악하라고 권하고 싶다. 아울러 시각적 사고자들이 자신을 알아보길, 또 비시각적 사고자들이 다른 사고방식에서 비롯된 가능성과 기회를 인식하길 바란다. 끝으로 우리가 세계 시민으로서 서로 합심해 여러 마음을 활용함으로써 급변하는 세상에서 창조하고 혁신할 수 있는 능력을 되찾길 바란다.

# 목차

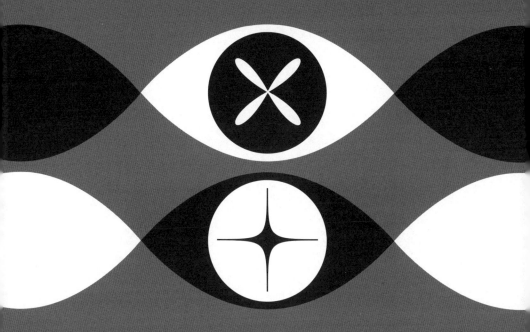

# 시각적 사고란 무엇인가?

내가 태어난 1947년만 해도 의학계에서는 나 같은 아이들에게 자폐증 진단을 내리지 않았다. 나는 눈을 잘 맞추지 않고 짜증을 많이 내고 사교성도 부족하고 신체 접촉에 민감하며 소리를 잘 듣지 못하는 등 오늘날 자폐증 증상이라고 부를 만한 행동을 두루 드러냈다. 특히 두 살 반이 되도록 말을 잘 못했는데, 당시 나를 진찰했던 신경과 의사는 내게 '뇌 손상'이라는 진단을 내렸다. 그 후로, 당시 내 행동의 상당 부분(짜증, 말더듬증, 소리 지르기, 깨물기)이 말을 잘 못하는 데서 오는 좌절감과 관련이 있단 사실을 알게 됐다. 그래서 일찌감치 언어 치료를 받았고, 그 덕분에 언어 능력은 습득할 수 있었다. 하지만 사람들이 다 나처럼 생각하진 않는다는 사실은 여전히 몰랐다. 아울러 세상 사람들이 대략 두 가지 유형, 즉 그림과 패턴으로 생각하는 사람과 언어로 생각하는 사람으로 나뉜다는 사실도 전혀 몰랐다.

단어에 기반을 둔 사고는 순차적이고 선형적이다. 언어로 생각하는 사람들, 일명 '언어적 사고자'는 사물을 순서대로 이해하는 경향이 있다. 따라서 학습이 순차적으로 조직되는 학교에서 두각을 나타낸다. 이들은 일반 개념을 잘 이해하고 시간관념이 우수하지만 방향 감각은 썩 좋다고 할 수 없다. 가령 바인더에 과목별로 자료를 깔끔하게 정리해둔 아이들이나 컴퓨터 폴더에 프로젝트별로 완벽하게 정리해둔 어른들이 언어적 사고자에 속한다. 그들은 답을 얻거나 결정을 내리기까지 거치는 단계를 설명하는 데 능숙하다. 자기 세계를 잘 구축하기 위해 자기 자신과 속으로 대화하는, 일명 셀프 토크 self-talk를 하기도 한다. 언어적 사고자는 이메일을 쉽게 보내고 발표도 잘한다. 말문이 일찍 터지고 말주변도 좋다.

말주변이 좋은 사람들은 흔히 대화를 주도하는 부류이며 대단히 체계적이고 사교적이다. 따라서 유창한 말솜씨가 필요한 직업군, 즉 교사, 변호사, 작가, 정치가, 행정가 등 대면 접촉이 잦은 분야에 끌리고 그런 분야에서 성공하는 경향이 있다. 당신 주변에도 그런 사람이 분명히 있을 것이다. 나와 수년간 함께 일해온 편집자들도 모두 언어적 사고자다. 그들은 순차적으로 일하는 것을 선호한다. 다시 말해 선형적으로 사고하는 사람들은 생각을 시작과 중간, 끝의 순서로 연결하려 든다. 내가 이 책의 몇 장章을 순서 없이 썼을 때, 내 편집자는 그걸 정리하느라 애를 먹었다. 머릿속에 각각의 장이 일렬로 배열되지 않아서였다. 그림은 연상적이어야 하고 문장은 순서대로 배열돼야 한다. 각 장의 순서를 정해주지 않으면 그녀의 머릿속에서는 내용이 뒤죽박죽 섞였다. 편집자가 내 생각을 순조롭게 따라오게 하려면 내가 자료를 순차적으로 제시할 필요가 있었다.

반면에 시각적 사고자는 신속한 연상을 가능하게 해주는 이미지를 심안心眼, 즉 마음의 눈으로 본다. 일반적으로 지도와 그림, 미로를 좋아하며 대체로 길 안내가 필요 없다. 시각적 사고자의 일부는 딱 한 번 가봤던 장소도 쉽게 찾아갈 수 있는데, 내부 GPS가 시각적 이정표를 기록해 두기 때문이다. 이들은 말문이 늦게 트이는 편이라 전통적 교수법에 의존하는 학교에서 어려움을 겪는다. 특히 개념이 추상적인 대수학은 시각화할 게 거의 없어서 가장 큰 난관으로 다가온다. 대신 물건을 만들고 조립하는 등 실제 작업과 직결된 연산에 뛰어난 편이다. 나역시 기계 장치가 어떻게 작동하는지 쉽게 파악하거나 그런 활동을 하면서 즐거움을 느낀다. 시각적 사고자들은 문제 해결사로 통하지만 대체로 사회성이 떨어져 보인다.

나는 애리조나 주립대학에서 동물학을 공부하던 대학원생 시절부터 소의 행동을 연구했다. 그때도 사람들이 그림으로 생각하지 않는다는 사실을 전혀 몰랐다. 1970년대 초까지만 해도 단어에 기반을 둔 사고는 나한테 외국어나 다름없었다. 그런데 소들이 축사의 활송 장치를 걸어가다 멈칫거리는 이유를 파악하는 과정에서 사람들의 사고방식이 나와 다르다는 사실을 알게 됐다. 이 경험을 이미 여러 차례 글이나 학회에서 발표했다. 동물을 대하는 내 접근 방식을 규정하고 그 일을 평생의 업으로 삼게 된 결정적 계기였기 때문이다.

당시에 목축업자들은 동물을 계속 걷게 하려고 소리치거나 때리거나 전기봉으로 쿡쿡 찔러댔다. 나는 소의 관점에서 주변을 살피고자 활송 장치로 훌쩍 뛰어내렸다. 그곳에 서서 보니 소들이 주춤거리는 이유가 한눈에 들어왔다. 짙은 그림자, 비스듬한 햇살, 산만하게 늘어진 쇠사슬, 덜렁거리는 밧줄…. 나로선 그 안에 들어가 살피는 게 너무나 당연한 일이었지만 그렇게 생각한 목축업자는 없었다. 심지어 나를 미친 사람으로 취급하기도 했다. 내가 이 분야에 처음 뛰어들 때만 해도 소의 관점에서 세상을 바라보는 방식은 기발한 아이디어였다. 이젠 어떤 동물을 대할 때든 보편적으로 적용하는 내 특유의 접근법이 됐다.

나는 오랫동안 축산업계와 연계해 소를 다루는 방식을 개선하고자 노력했다. 그리고 동물원을 비롯한 여러 동물 취급 시설과 상담하면서 동물 행동의 온갖 의문점을 풀 수 있도록 도왔다. 이러한 경험을 《나는 그림으로 생각한다》에 담으면서 내가 동물, 특히 소 같은 먹잇감 종種과 연결되는 이유는 내 자폐증 때문이라고 믿었다. 위협을 받으면 우리는 공통된 도피 반응을 보였다. 나는 그들의 두려움을 이해했다. 어떤 면에서는 사람보다 동물에게 더 공감했다.

시각적 사고 덕분에 나는 다른 사람들이 놓치는 점을 잡아낼 수 있었다. 사소한 결함은 물론이요, 위험한 상황을 초래할 수도 있는 하자를 예리하게 포착했다. 이와 관련한 내용은 재난을 다룬 장에서 자세히 설명할 것이다. 활송 장치에 비스듬히 쏟아지는 햇살이나 대롱거리는 쇠사슬을 주의 깊게 살폈을 뿐만 아니라 그러한 것들이 눈앞에 성큼 다가왔다. 언어적 사고자가 문장에서 잘못된 쉼표나 오타를 바로 골라내는 것과 비슷하다. 나는 어떤 공간에 들어서면 잘못된 부분을 바로 포착한다. 그 자리에 있으면 안 되는 물건이나 조금이라도 어긋난 부분이 툭 불거져 보인다.

이러한 능력은 자폐증과 시각적 사고 양쪽에 뿌리를 두고 있다. 몬트리올 대학에서 인지 신경과학과 자폐증을 연구하는 로랑 모트론Laurent Mottron 박사와 그의 동료 실비 벨빌Sylvie Belleville 박사는 자폐 스펙트럼에 있는 사람들을 상대로 다양한 연구를 했다. 그 가운데 EC라고 알려진 환자에게 일련의 테스트를 시행하며 지각 처리 능력을 알아보는 연구가 있었다. EC는 서번트*였는데, 기억만으로 어떤 공간을 완벽한 비율로 세밀하게 그려낼 수 있

---

* 전반적으로는 일반인보다 지적 능력이 떨어지지만 특정 분야에서는 비범한 능력을 보이는 사람. 뒤에서 자세히 다룸

었다. 모트론은 EC를 관찰한 후 "자폐인은 주변 환경의 사소한 변화를 비자폐인보다 더 빨리 감지하고, 사소한 형태학적 세부 사항에 집착하는 것으로 알려져 있다."라고 평가했다. 나중에 모트론은 지각 기능의 정확한 위치를 찾고자 더 복잡한 시각적 과제로 시각적 사고자와 언어적 사고자를 관찰하는 연구도 시행했다. 여기서도 시각 지각력은 '자폐성 인지에서 탁월한 역할'을 했다.

발달심리학자인 우타 프리스Uta Frith는 자폐증을 냉담한 엄마(당시엔 '냉장고 엄마refrigerator mother'라고 불렀다)의 산물이 아니라 인지 질환으로 바라보는 길을 열어줬다. 초기 연구에서 프리스와 아미타 샤Amitta Shah는 자폐인과 '일반인', 지적 장애인이 색깔 블록을 각기 다른 패턴으로 조립하는 과제를 어떻게 수행하는지 비교했다. 이 실험을 통해 자폐인 피험자가 '나이와 능력에 상관없이 대조군보다 더 좋은 성과를 낸다'라는 사실을 발견했다.

내가 시각적 사고자가 아니었다면 소의 활송 장치에 뛰어들 생각조차 못 했을 것이다. 하지만 소의 관점에서 주변을 살펴보는 게 나한테는 가장 자연스러운 반응이었다. 당시엔 남들도 나와 똑같은 방식으로 생각한다고 여전히 믿었다. 일련의 연관된 극사실적 그림들, 또는 트레일러 필름 같은 단편 영상이 마음속에서 휙휙 지나간다고 생각했다. 언어적 사고자가 나 같은 시각적 사고자를 이해하는 데 어려움을 겪듯이, 나도 언어적 사고자가 존재한다는 사실을 이해하는 데 어려움을 겪었다. 그때만 해도 모트론이나 프리스 같은 연구자들의 발견을 전혀 몰랐다. 시각적 사고를 연구하고 정량화할 수 있다거나 시각적 사고에 명칭이 있다는 생각도 전혀 못했다. 나중에서야 이런 일이 벌어지는 이유를 깊게 고민해봤다.

## 언어로 가득 찬 세계에서의 시각적 사고

우리는 말하기 좋아하는 문화에서 살고 있다. 언어적 사고자들이 종교, 미디어, 출판, 교육 등 분야를 망라하고 어디서나 대화를 주도한다. 설교자와 전문가, 정치인이 주도권을 잡고 방송과 인터넷에서 온갖 이야기를 떠벌린다. 방송에서는 그렇게 떠드는 사람들을 '토킹 헤드 talking head'라고 부른다. 우리 사회를 지배하는 문화는 언어적 사고자를 선호하고 그들의 세계는 언어로 가득 차 있다.

심리학자 찰스 퍼니휴Charles Fernyhough는 더럼 대학교에서 '목소리 듣기 Hearing the Voice' 프로젝트를 이끌고 있다. 그의 저서 《내 머릿속에 누군가 있다》(2018)에는 사람들이 혼잣말을 내뱉는 다양한 방법과 이유가 나와 있다. 주로 자기 자신에게 동기를 부여하고 집중하고 기분을 조절하고 주의를 돌리고 행동을 바꾸려는 목적이다. 한마디로 정신을 차리려는 속셈이다. 앞으로 살펴보겠지만 대단히 언어적인 사고자도 속으로 이미지를 떠올리긴 한다. 하지만 정보가 대부분 언어 형태로 전달된다. 퍼니휴의 연구 보고서에서는 다른 사람들과 다르지 않은 편향된 시각이 엿보인다. 그는 사고가 주로 언어적이며 "얼핏 생각할 때보다 언어와 더 밀접하게 연결돼 있다."라고 주장한다. 감각적이고 감정적인 요소와 함께 이미지화가 이뤄진다고 인정하면서도 '그건 극히 일부'에 불과하다는 것이다. 나도 때론 혼잣말을 한다. 가축 설계 프로젝트에 푹 빠져 있을 땐 혼잣말을 큰 소리로 내뱉기도 한다. 하지만 내 마음은 단어들이 출렁이는 바다 위 뗏목이 아니다. 온갖 이미지로 가득 찬 대양이다.

아이들은 주변 사물과 언어를 금세 연결한다. 언어적인 사람들에게는 언어가 쉽게 다가온다. 걸음마를 뗀 아이들은 부모의 언어에서 단어와 구문 외에 억양과 표현력도 습득한다. 하지만 스펙트럼상의 여러 시각적 사고자는 지배 문화에 적응하는 법을 배워야 한다. 그들은 세상 사람들이 언어로 생각과 감정을 전달한다는 사실을 이해하지 못한다. 우리에게는 언어가 쉽게 다가오지 않는다. 올바른 억양과 어조로 목소리를 조절하는 방법뿐만 아니라 언어 자체를 익히려고 애써야 한다. 나는 언어적 사고자들이 말하는 방식을 유심히 관찰하면서 내 목소리를 적절히 조절하도록 배웠다. 언어는 쉽게 익혀지지 않는다. 타고나는 것도 아니다. 나는 지금도 연속된 언어 정보를 기억하는 데 어려움을 겪는다. 때로는 농담을 듣고도 무슨 뜻인지 모른다. 너무 빠르게 전달되거나 말장난이 수반될 땐 특히 그렇다. 농담을 이해하려면 우선 말을 이미지로 전환해야 한다. 농담에 심한 비약이나 이상한 구문이 포함되면 결국 이해하지 못한다.

나는 오랫동안 자폐증을 앓는 사람 모두가 시각적 사고자라고 오해하고 있었다. 나중에 알고 보니 스펙트럼상 일부는 대단히 언어적인 사람들이다. 하지만 아이들은 대부분 초기엔 시각적 사고를 하는 성향이 있다. 맨체스터 대학교의 심리학자 그레이엄 히치Graham J. Hitch와 동료들은 아이들이 기억 속의 음운 단서보다 시각 단서에 의존하는지 확인하고자 아이들의 정보 처리 방법을 연구했다. 그 결과, 아동의 시각 기억은 '더 많이 침투된 음운 요소에 의해 가려진다'라는 사실을 알아냈다. 벽지 위에 다른 벽지를 덧바르듯 단어 위에 이미지가 덧씌워지는 것이다. 심리학자이자 데이터 분석가인 가브리엘라 코페놀 곤잘레스Gabriela Koppenol-Gonzalez가 아동의 주요 의사소통 수단으로 언어 우위성을 추적해 몇 가지 사실을 발견했다. 곤잘레스에 따르면 5세까지는 시각적 단기 기억Short-Term Memory, STM에 크게 의존하지만, 6세부터 10세까지는 언어 처리를 더 많이 사용하기 시작하고, 10세부터는 성인과 흡사하게 언어적 단기 기억에 의존한다. 언어 체계와 시각 체계가 발달하면서 아이들도 언어적 사고를 더 많이 하게 된다. 연구진은 성인의 단기 기억에 관한 선행 연구들도 조사했다. 예상과 달리 모든 성인이 정보를 먼저 언어로 처리하는 것은 아니었다.

심리학자 린다 실버만Linda Silverman은 덴버 소재 고등개발연구소와 영재개발센터의 책임자로서 40년 넘게 스펙트럼상에 있는 영재들을 두루 연구했다. 이 그룹에 속한 아이들은 읽기와 철자법, 정리와 순서 결정에 어려움을 겪는 특질이 있었다. 그런데 상당수는 물건을 쉽게 분해해서 다시 조립하고 복잡한 방정식도 척척 풀어냈다. 다만 어떻게 풀었는지 설명하진 못했다. 그들은 대체로 미적분과 물리학을 좋아하고 지도를 능숙하게 읽어냈다. 실버만의 연구는 각기 다른 뇌를 장애가 아닌 자산으로 인정하면서 다양한 종류의 학습자를 가르치는 데 도움을 줬다. 실버만은 학습 스타일의 차이에 대한 프레젠테이션에서 파일 캐비닛을 잘 정리한 사람과 지저분한 서류 더미에 둘러싸인 사람을 보여줬다. 실버만의 표현을 빌리면, 서류 파일file을 깔끔하게 정리한 사람은 'filer'이고, 무더기pile로 대충 쌓아놓은 사람은 'piler'다. 당신이 어디에 속하는지는 스스로 알 것이다. 그렇다면 이러한 분류가 당신의 사고방식에 대해선 무엇을 알려줄까?

지능과 능력적 측면에서는 지저분한 사람과 깔끔한 사람을 단정적으로 추론할 수 없지만, 열등하다고 찍히는 쪽은 확실히 지저분한 사람이라고 실버만은 지적한다. 완벽하게 정리된 바인더를 든 학생과 쪽지가 뒤죽박죽 섞인 가방을 든 학생을 비교할 때, 우리는 흔히 전자가 더 똑똑하고 나은 학생이라고 가정한다. 물론 그들이 학교에서는 더 나을 수 있다. 앞으로 살펴보겠지만 천재는 대개 '파일러piler'다. 실버만은 또 지저분한 서류 더미로 둘러싸인 사람에게 서류 정리를 시키면 아무것도 찾지 못할 거라고 지적한다. 그들에겐 '난장판'이 정리된 상태다. 뭐가 어디에 있는지 다 안다. 마음의 눈으로 바라보기 때문이다.

내가 딱 그렇다. 내 사무실은 각종 저널과 잡지, 초안이 잔뜩 쌓여 있다. 마구잡이로 어수선하게 널려 놓은 듯하지만 각각의 더미는 무작위로 섞인 게 아니다. 각기 다른 프로젝트의 소스 자료가 담겨 있다. 나는 필요한 서류를 그 안에서 쉽게 찾을 수 있다. 서류 더미 속에서 특정 문서를 찾아내는 것이 천재성을 나타내는 지표는 아닐지 모르지만, 정신이 어떻게 작동하는지를 보여주는 확실한 단서는 될 수 있다.

하지만 유리한 해석은 늘 언어적 사고자들 쪽으로 기우는 것 같다. 케임브리지 자폐 연구센터 책임자이자 심리학 및 정신의학 교수인 사이먼 배런코언Simon Baron-Cohen은 자신의 저서 《패턴 탐구자The Pattern Seekers》(2020)에서 아주 흥미로운 이론을 제시한다. 일단 자폐인들이 세상의 혁신 가운데 상당 부분을 책임지고 있다고 가정한다.

"과도하게 체계화하는 이 사람들은 관계를 맺고 유지하는 등 일상의 지극히 단순한 사회적 과제에도 어려움을 겪지만, 자연 속에서나 실험 상황에서 다른 사람들이 놓치는 패턴을 쉽게 포착할 수 있다."

이 가정은 내가 생각하는 방식을 정확하게 묘사한다. 하지만 배런코언은 이렇게 가정하면서도 언어적 사고의 중요성을 칭송하면서 인지 혁명이 '인간의 놀라운 언어 능력'을 낳았다고 주장한다. 인간을 이해하고자 할 땐 늘 이러한 생각이 주도권을 잡는다. 언어는 어떤 연금술 과정을 통해 생각을 의식으로 전환하는 반면, 시각적 사고는 도중 어딘가에서 지워진다.

## 시각적 언어적 연속체

"아이가 시각적 사고자인지 어떻게 판단할 수 있을까요?"

내가 늘 받는 질문이다. 징후는 3세 정도에도 나타날 수 있지만 6~8세에 두드러지게 나타난다. 시각 공간적 사고에 대한 성향은 아이들이 끌리는 활동에서 발현되기 마련이다. 그들은 흔히 매우 상세하고 사실적인 그림을 멋지게 그려낸다. 그리고 블록, 레고, 이렉터 세트Erector set 같은 장난감을 쌓고 조립하면서 놀거나 집 주변에서 찾은 판지와 나무 등으로 색다른 물건을 만든다. 1,000피스짜리 직소 퍼즐을 보면 눈을 반짝이기도 하고, 지하실이나 차고에서 시간 가는 줄 모르고 전자기기를 분해했다가 다시 조립하기도 한다. 이론물리학자 스티븐 호킹Stephen Hawing은 모형 기차와 비행기를 분해해 보고 나서 시계와 전화기 부품을 재활용해 간단한 컴퓨터를 만들었다. 선구적인 컴퓨터 과학자이자 수학자인 그레이스 머레이 호퍼Grace Murray Hopper는 집에 있던 시계 일곱 개를 모조리 분해했다. 10대 자녀가 당신의 노트북을 분해했다면 썩 유쾌하진 않겠지만, 그 아이가 차세대 스티브 워즈니악*으로 밝혀진

---

*　애플의 공동 창업자이자 20세기 개인용 컴퓨터의 시작을 이끈 사람

다면 뛸 듯이 기뻐할 일이다.

성인이 시각적 언어적 스펙트럼에서 자신의 위치를 파악하고 싶다면 내가 고안한 이케아 테스트IKEA Test를 시도해보라. 딱히 과학적이진 않지만 언어 성향이 강한 사람과 시각 성향이 강한 사람을 손쉽게 구분하는 꽤 믿을 만한 방법이다. 테스트 방식은 다음과 같다. 일단 가구를 하나 사서 조립할 준비를 한다. 이때 당신은 설명서를 읽는가, 아니면 그림을 보는가? 나는 글로 된 지침을 읽다 보면 완전히 헤맨다. 순차적 단계를 따르지 못하기 때문이다. 하지만 그림을 보면 예전에 조립했던 온갖 물건이 떠올라 이 가구를 어떤 모양으로 완성할지 금세 알아차린다. 이케아 설명서는 애초에 글로 된 지침 없이 일련의 그림으로만 제공된다. 이케아 설립자가 글보다 그림을 더 좋아하는 난독증 환자라는 사실을 알았을 때 나는 전혀 놀라지 않았다. 언어적 사고자 중 일부가 이케아 가구의 설명서에 따라 조립하다 좌절했다는 이야기를 들은 적이 있다. 나한테는 완벽한 로드맵이 그들에게는 난해한 퍼즐인 셈이다. 이케아가 태스크래빗TaskRabbit**과 제휴한 이유는 시각적 사고자를 활용해 언어적 사고자가 책장을 조립할 수 있도록 도우려는 것이다.

아직 책장 조립 외엔 시각적 사고를 판별할 확실한 테스트나 검사가 없지만, 다행히 린다 실버만과 그녀의 연구 팀이 수년에 걸쳐서 '시각 공간적 식별자'Visual-Spatial Identifier'를 개발했다. 이는 실버만이 말하는 언어 기반의 '청각 순차적' 사고자와 그림 기반의 '시각 공간적' 사고자를 상당히 잘 구별한다. 스펙트럼상 어디에 속하는지 알고 싶다면 잠시 시간을 내서 아래 '시각 공간적 식별자'에 적힌 18가지 질문에 답해보라.

---

** 온라인 심부름 서비스 업체

## 시각 공간적 식별자

|  | 예 | 아니오 |
|---|---|---|
| 1. 당신은 말보다 이미지로 더 생각하는가? | ☐ | ☐ |
| 2. 당신은 어떻게 또는 왜 그런지 설명할 수 없는 상황을 알고 있는가? | ☐ | ☐ |
| 3. 당신은 특이한 방식으로 문제를 해결하는가? | ☐ | ☐ |
| 4. 당신은 상상력이 풍부한가? | ☐ | ☐ |
| 5. 당신은 본 건 기억하지만 들은 건 잊어버리는가? | ☐ | ☐ |
| 6. 당신은 철자를 자주 틀리는가? | ☐ | ☐ |
| 7. 당신은 다른 관점에서 사물을 시각화할 수 있는가? | ☐ | ☐ |
| 8. 당신은 정리를 잘 못하는가? | ☐ | ☐ |
| 9. 당신은 자주 시간 가는 줄 모르는가? | ☐ | ☐ |
| 10. 당신은 말로 방향 설명을 듣기보다 지도를 보는 게 더 좋은가? | ☐ | ☐ |
| 11. 당신은 한 번 가본 장소에 어떻게 가는지 다 기억하는가? | ☐ | ☐ |
| 12. 당신은 손글씨가 느리고 남들이 알아보기도 어려운가? | ☐ | ☐ |
| 13. 당신은 남들의 감정을 느낄 수 있는가? | ☐ | ☐ |
| 14. 당신은 음악이나 예술이나 기계에 관심이 있는가? | ☐ | ☐ |
| 15. 당신은 남들이 생각하는 것보다 더 많이 알고 있는가? | ☐ | ☐ |
| 16. 당신은 사람들 앞에서 말하는 것을 싫어하는가? | ☐ | ☐ |
| 17. 당신은 나이가 들면서 더 똑똑해졌다고 느꼈는가? | ☐ | ☐ |
| 18. 당신은 컴퓨터에 중독된 상태인가? | ☐ | ☐ |

10가지 이상의 질문에 "예"라고 대답한다면 시각 공간적 학습자일 가능성이 매우 크다.

이 식별자는 언어 시각적 연속체이지 이원체가 아님을 명심하라. 모든 질문에 "예"라고 답하는 사람은 극히 드물다. 나는 16개 항목에 "예"라고 대답해 시각적·사고 스펙트럼의 끝 쪽에 속했다. 일반적으로 작가와 편집자, 변호사는 "예"라는 답변이 훨씬 적을 것이다. 나의 공동 저자는 대단히 언어적인 사람이라 4개 항목에만 "예"라고 대답했다. 하지만 사람들은 대부분 양쪽 사고방식이 섞여 있어서 중간 어딘가에 속할 것이다. 대단히 창의적이거나 수학적인 사람은 여러 항목에 "예"라고 대답할 것이다.

사람들은 내게 시각적 사고자가 몇 퍼센트인지 자주 묻는다. 이에 대한 데이터는 아직 충분하지 않다. 다만 실버만의 연구 팀이 사회경제적 배경과 IQ 점수가 매우 다른 4·5·6학년 학생 750명을 대상으로 연구를 수행한 결과, 전체의 약 3분이 1은 시각 공간적 학습자이고 약 4분의 1은 청각 순차적 학습자이며, 약 45%는 혼합형이라는 사실을 알아냈다.

시각적 사고자라는 사실을 처음 깨달았을 때 나는 과학자 모드로 들어가 나만의 설문조사를 고안했다. 사람들이 시각적 기억에 어떻게 접근하는지 밝히도록 고안된 이 설문지로 많은 사람을 조사한다면 나처럼 생각하는 사람들의 데이터베이스를 구축할 수 있으리라고 생각했다. 신경학자이자 작가인 올리버 색스Oliver Sacks가 정보를 수집하려는 나의 성향을 포착해 정리한 글을 〈뉴요커The New Yorker〉에 기고했다. 이 기고문은 나중에 다른 글과 함께 《화성의 인류학자》(2005)라는 제목으로 출간됐다. 색스는 내가 세상을 이해하는 방법을 정확히 설명했다. 실제로 나는 소위 일반인 혹은 '신경전형인neurotypical people'* 사이에서 마거릿 미드Margaret Mead** 같은 존재다. 나는 특정 종류의 사회적 연결 대신에 사람들의 방식과 습관을 관찰하고 연구하는 게 더 편하다. 그들과 한데 '어울리는 일fitting in'은 참으로 복잡하다. 그땐 미처 깨닫지 못했지만, 나는 설문조사로 시각적 사고자 동지를 찾는 과정에서 내 부족族, tribe도 찾고 있었다.

설문조사에서 처음엔 집이나 애완동물을 묘사해 달라고 요청했다. 거의 모든 사람이 자기 집이나 애완동물을 시각적으로 아주 세밀하게 묘사했다. 토스터나 아이스크림콘 같은 평범한 물건을 묘사해 달라고 했을 때도 비슷한 결과가 나왔다. 그것들을 시각화하고 묘사하는 데 전혀 어려워하지 않았다. 그렇다면 그들 모두 시각적 사고자였을까? 과학자로서 늘 하던 대로 결과를 분석하고 가설을 세웠다. 나는 사람들이 이러한 물건에 친숙하다 보니 세밀하게 기억했을 거라고 추정했다.

그래서 다음엔 사람들이 알고는 있으나 쉽게 접하지 못하는 사물에 집중하기로 했다. 하루는 차를 타고 동네 교회를 지나가는데 첨탑이 눈에 들어왔다. 누구나 첨탑이 무엇인지 알고 가끔 보기도 하지만 특별히 주목하진 않는다. 교회에 다니는 사람들도 굳이 첨탑을 눈여겨보지는 않는다. 심지어 자기 교회 첨탑이 어떻게 생겼는지조차 모르는 목회자도 있을 정도다. 이런 이유로 사람들에게 교회 첨탑에 대한 기억을 소환하도록 요청하자 설문 결과가 완전히 달라졌다.

세 가지 반응 중 어김없이 나타난 한 가지 반응이 있었다. 나 같은

*    신경다양성의 관점에서 자폐 장애가 있는 사람들이 비자폐인 또는 신경질환이 없는 사람을 칭하는 말
**   사모아, 뉴기니, 발리섬 등에 직접 현장 조사를 나가 원주민의 삶을 관찰하고 청소년기 문제와 성(性) 행동에 대한 이론을 발표한 인류학자

시각적 사고자는 첨탑을 구체적으로 묘사했고, 간혹 해당 교회 이름까지 언급했다. 그들이 떠올린 모습은 모호하거나 추상적이지 않았다. 사진이나 실사 그림을 응시하듯 명확했다. 내 공동 저자처럼 언어 스펙트럼의 끝단에 있는 사람은 역 V자 모양의 모호한 선 두 개로 묘사했다. 숯으로 대충 그린 그림처럼 전혀 구체적이지 않았다. 이런 사람들은 대체로 언어적 사고자다. 이 두 극단 사이 어딘가에 속하는 사람도 많았다. 그들은 뉴잉글랜드 스타일의 일반적인 첨탑을 묘사했다. 실제로 본 교회의 첨탑과 책이나 영화에서 접했을 법한 첨탑의 혼합된 이미지였다. 이 부류는 스펙트럼의 중간에 속하며 언어적 사고와 시각적 사고가 섞여 있었다. 그래서 조사 초기부터 나는 사고자가 두 부류로 확연히 구분되는 게 아니라 연속체상에 존재한다는 사실을 깨달았다.

시각적 사고자를 걸러내기 위해 수년간 다른 실험도 진행했다. 내가 자주 강연하러 다니는 초등학교의 학생들과 관리자들을 대상으로 한 비공식 실험이다. 나는 학생 그룹과 관리자 그룹에게 활송 장치에서 나오는 황소의 사진 슬라이드를 보여줬다. 사진 속 황소는 바닥에서 햇빛이 반사되는 곳을 응시하고 있고, 사진 아래쪽에는 '미끄럼 방지 바닥재가 필수'라는 캡션이 달려 있었다. 이 사진을 본 후 동물이 햇빛을 바라봤다는 사실을 아는 사람은 몇 명이나 될까? 손을 들어달라고 하면 결과가 한결같았다. 학생 그룹에서는 절반이 손을 들었다. 같은 슬라이드 사진을 본 관리자들 가운데 손을 든 사람은 거의 없었다. 다들 캡션에 초점을 맞췄기 때문이다.

## 시각적 뇌와 언어적 뇌

미첼 글릭스타인Mitchell Glickstein 교수는 시각 피질이 발견된 짤막한 역사를 소개하며 뇌에서 시각이 작동하는 방식의 다양한 측면에 초점을 맞췄던 의사들을 집중 조명했다. 18세기에 이탈리아 파르마 의과 대학생이던 프란체스코 젠나리Francesco Gennari는 뇌를 얼음에 올려놓고 해부한 뒤 '대뇌 구조학 분야, 즉 피질 구조의 부위별 차이에 관한 연구를 개시'했다. 스코틀랜드 출신의 신경학자 데이비드 페리어David Ferrier는 시각을 관장하는 뇌 부위를 찾다가 우연히 시각적으로 유도되는 움직임이나 운동 기능을 발견했다. 두개골을 산산조각 내지 않는 총알을 장착한 러시아 소총이 등장하면서, 일본인 의사 이노우에 다츠지Tatsuji Inouye는 1904년부터 1905년까지 러일 전쟁에서 부상한 병사 29명의 뇌를 살펴봤다. 다츠지는 총알이 들어간 지점과 나간 지점을 기록해 시각 손상의 위치를 산출할 수 있었다. 비슷한 시기에 영국의 신경학자들은 부상당한 영국 군인들을 연구해 훨씬 알아보기 쉬운 도해圖解를 고안했다.

뇌에서 언어 능력과 가장 밀접하게 관련된 두 부위는 19세기에 활약한 두 신경학자의 이름을 따서 명명됐다. 그들은 뇌에서 각기 다른 부위가 독특한 역할을 한다는 사실을 발견했다. 먼저, 프랑스의 외과 의사 폴 브로카Paul Broca는 실어증 환자를 치료하면서 뇌의 언어 중추를 알아냈다. 환자가 사망한 후 부검을 해 보니 뇌의 왼쪽 전두엽에 병변이 있던 것으로 드러났다. 이 사실은 그 뒤에 이어진 여러 부검에서 확증됐다. 브로카 영역이 손상된 사람은 흔히 언어를 완전히 이해할 순 있어도 말을 할 순 없다. 브로카의 연구에 영향을 받은 폴란드의 신경외과 의사 칼 베르니케Carl Wernicke는 측두엽 뒤쪽에서 유사한 형태의 병변을 발견했다. 브로카 영역은 '언어 생성', 즉 단어를 형성하는 능력과 관련이 있다. 제스처, 표정, 보디랭귀지 같은 비언어적 신호를 이해하는 역할도 한다. 이 브로카 영역은 입을 움직이게 하는 운동 피질과 가깝다. 반면에 베르니케 영역은 '언어 이해'를 담당하며 청각 피질과 가깝다. 베르니케 영역이 손상된 사람은 흔히 말을 곧잘 하지만 두서가 없고 남의 말도 잘 알아듣지 못한다. 두 영역을 연결하는 커다란 신경 다발은 언어력과 이해력을 하나의 사고로 묶지만 정보를 담고 있진 않다. 우리의 신경 다발은 다른 어떤 동물보다 커서 복잡한 언어와 정교한 의사소통을 가능하게 해준다.

한편, 뇌의 각기 다른 부위가 하는 일을 정확히 알아내기 위해 사람이나 동물의 뇌에 전극을 연결하는 등 대단히 침습적인 방법을 이용한 실험도 진행됐다. 한 실험에서는 뇌의 한쪽을 자극해서 몸의 반대쪽을 움직이게 했다. 독일의 생리학자 구스타브 프리치Gustav Fritsch와 에두아르드 히치히Eduard Hitzig는 머리를 다친 병사들을 치료하던 중 머리 뒤쪽에 전기 자극을 가해 뇌의 어느 부위가 수의운동隨意運動, voluntary movement을 일으키는지 알아냈다. 둘은 개를 대상으로 실험을 반복했다. 운동 기능을 발견했던 신경학자 데이비드 페리어는 원숭이의 전전두엽을 제거하고 실험을 감행했다. 그 결과, 실험 대상의 운동 기술은 손상되지 않았지만 성격은 확 바뀌었다는 사실을 발견했다. (페리어는 1876년 동물학대법에 따라 재판을 받았던 최초의 과학자이기도 하다.)

올리버 색스는 뇌에 관한 연구가 대부분 능력 결핍에서 비롯된다고 언급했다. 다시 말해 특정 기능이 결핍된 환자를 대상으로 그 원인을 찾고 위치를 파악함으로써 뇌 기능을 배울 기회가 생겼다. 가장 유명한 초기 사례를 들자면, 피니어스 게이지Phineas Gage라는 이름의 철도 노동자다. 그는 폭발 사고로 쇠막대가 광대뼈 아래에서 정수리까지 관통하는 사고를 겪었다. 그런데도 기적적으로 살아남아서 멀쩡히 보고 걷고 말할 수 있었다. 하지만 성격이 확 바뀌어서 자꾸 욕설을 내뱉고 예법에 어긋난 행동을 일삼았다. 이 사례는 아마도 전전두엽 피질의 기능을 들여다볼 첫 번째 창구였을 것이다. 그로부터 170여 년이 지난 2012년, UCLA 신경영상 연구소의 연구진은 최첨단 장비와 게이지의 가상 두개골 이미지 110장을 활용해 실행 기능과 감정 기능의 상실을 설명하고, 치매 같은 퇴행성 질환과 뇌 외상 문제를 해결할 실마리를 찾고자 여전히 고심하고 있었다.

시간이 지나면서 연구자들이 이런 침습적 절차를 거치지 않고도 뇌를 들여다볼 도구가 개발됐다. PET 스캔(양전자 방사 단층 촬영에 의한 화상)은 EEG(뇌전도), CAT 스캔(컴퓨터 단층 촬영), MRI(자기공명영상)로 대체됐다. 이러한 도구는 뇌 손상과 종양, 치매, 뇌졸중 등을 진단할 때 활용할 매우 정확한 뇌 이미지를 생성한다. 기능적 자기공명영상인 fMRI는 그 기술을 한 단계 더 발전시켜서 뇌 활동을 보여준다.

그렇지만 fMRI에도 한계가 있다. fMRI 기술은 야간에 발전기 한 대로 전기를 공급받는 주택 단지 위쪽으로 순항하는 비행기와 같다. 발전기가 있는 집이 벼락을 맞으면 다른 집들도 불이 꺼져 어두워진다. 발전기가 없는 집이 타격을 받으면 다른 집들은 계속 불이 들어온다. fMRI 기술을 활용할 때 전극으로 치지 않으면 '발전기'가 어디에 있는지 알 수 없다. 신경망의 어떤 노드가 전체 시스템을 작동시키는지 도저히 알 수 없다.

우리가 다른 어떤 감각보다 시각에 더 의존한다는 사실을 명심해야 한다. 여러 연구에 따르면 무언가를 보고 상상하면 후두부의 시각 피질과 측두엽의 넓은 영역이 활성화된다. 이 두 영역은 뇌의 약 3분의 1을 차지할 만큼 넓게 분포돼 있다. 모든 포유류의 일차 시각 피질은 눈에서 가장 먼, 머리 뒤쪽에 자리 잡고 있다. 왜 그렇게 뒤쪽에 박혀 있는지 알 순 없지만, 그 위치가 깊이 지각depth perception*의 진화에 도움을 줬을 것이다.

데이터는 기본적으로 뇌의 세 곳에 저장된다. 이 세 곳은 상세한 시각적 기억을 보관하는 저장소로 휴대폰이나 데스크톱, 클라우드라고 보면 된다. 눈을 통해 뇌로 들어온 시각 정보는 꿈꾸기 위한 핫 존hot zone**을 포함해 일부 관련 구조와 함께 뒤쪽의 시각 피질에 저장된다. 휴대폰으로 사진이나 동영상을 찍는다고 가정하자. 그것을 개, 가족, 나무, 동영상 등으로 분류할 수 있는 데스크톱(중뇌)에 저장할 것인가? 아니면 클라우드에 안전하게 보관할 것인가? 당신이 사진을 어떻게 정리할지 결정해서 데스크톱이나 클라우드에 저장하려고 드래그하듯이, 전두엽 피질은 이 모든 데이터를 분류한다. 전두엽 피질에는 아무것도 저장되지 않지만, 전두엽은 당신의 삶을 정리하는 곳이다. 그 과정을 실행 기능이라고 한다. 그렇다면 온갖 정보가 뇌 안에서 어떻게 전달될까? 비유하자면 고속 인터넷과 와이파이, 전화 회선을 통해 전달된다.

나는 지금껏 신기술이 나올 때마다 뇌 스캔 연구에 참여했다. 과학자로서 내 뇌의 알려지지 않은 측면을 탐구하고 싶었다. 그 과정에서 자폐증의 미스터리도 풀고 내가 생각하는 방식도 더 잘 이해할 수 있지 않을까 싶었다. 첫 번째 뇌 스캔은 1987년 샌디에이고 캘리포니아

---

\*   대상물과의 거리나 원근 관계의 지각

\*\*   서로 근접한 위치에서 핫 스폿들이 형성한 무선 접속 지역

의과대학의 에릭 쿠르센Eric Courchesne에 의해 당시로선 최첨단 MRI 스캐너로 이뤄졌다. 그 기술은 뇌 구조를 상당히 정밀하게 측정해냈다. 이미지를 보자마자 나는 "내 뇌의 중심부를 탐색하는 여정이 시작됐군요!"라고 외쳤다. 이 검사 덕분에 내 균형 감각이 왜 그렇게 형편없는지 알게 됐다. 소뇌가 평균보다 20%나 작았다. 또 다른 MRI 검사는 내가 항우울제를 복용하기 전까지 불안 수준이 왜 그렇게 높았는지 설명해줬다. 감정 중추인 편도체가 평균보다 3배나 컸다.

피츠버그 대학의 월터 슈나이더Walter Schneider가 확산 텐서 영상Diffusion Tensor Imaging, DTI이라는 신기술로 찍은 이미지는 정말 놀라웠다. 이 기술은 뇌의 여러 부위 사이에 정보를 전달하는 신경 섬유 다발을 이미지로 보여준다. 슈나이더는 국방부의 지원을 받아 군인의 두부頭部 부상을 진단하기 위한 고화질 섬유 추적 장치High-Definition Fiber Tracking, HDFT를 개발했다. 이 기술은 당시 다른 기기들보다 선명한 영상을 제공했고, 신경 섬유가 서로 연결된 위치와 교차하는 위치를 구분할 수 있었다. 내 언어 회로는 대조군보다 훨씬 작았는데, 어렸을 때 말이 늦었던 게 그 때문이었다. 하지만 내 시각적 결과치는 보통 수준을 훨씬 뛰어넘어 대조군보다 400%나 더 넓었다. 뒤쪽 시각 피질에서 전두엽 피질까지 거대한 인터넷 간선이 깔린 것 같았다. 내가 시각적 사고자라는 확실한 증거였다.

이 회로는 일이 원활하게 진행되거나 발달상 문제가 발생하는 데 깊이 관여한다. 가령 책을 읽을 때 눈은 계속 움직여도 종이에 적힌 단어는 이리저리 움직이지 않는다. 글자가 흔들리지 않게 해주는 뇌의 안정화 회로 덕분이다. 불량 회로는 말더듬증, 난독증, 학습 장애뿐만 아니라 시각적 왜곡이나 대역폭 문제를 일으킬 수 있다.

거듭 강조하지만 시각적 사고는 보는 것 자체를 말하지 않는다. 눈이 멀지 않는 한 누구나 볼 수 있다. 시각적 사고는 마음이 작동하는 방식, 즉 **우리가 지각하는 방식**을 말한다. 뇌를 아무리 찌르고 쑤셔본들, 시각적 파일이 어떻게 생성되고 저장되며 접근되는지에 대한 정보는 아직 부족하다. 시각적 인식과 심상心像이 동일한 뇌 구조를 많이 사용하긴 하지만 그것들이 별개의 신경 현상임을 우린 알고 있다. 간단히 말해 생리적 하드웨어가 어떻게 작동하는지는 이해하더라도 소프트웨어는 이해하지 못한다.

메릴랜드주 베데스다에 있는 국립 정신 건강 연구소National Institute of Mental Health의 신경 과학자인 이수현과 동료들은 사람이 어떤 사물을 감각 기관인 눈으로 직접 볼 때와 마음의 눈으로 상상할 때 뇌가 처리하는 방식을 구별해냈다. 연구진이 피험자에게 평범한 사물의 사진을 바라보라고 요청했을 때, fMRI 스캔은 눈으로 들어온 정보가 일차 시각 피질의 입력 지점으로 흘러 들어간 다음, 처리와 저장을 위해 중뇌 영역으로 이동한다는 사실을 보여줬다. 그 피험자에게 같은 사물을 상상하라고 요청했을 땐 중뇌 영역이 활성화됐다. 정보가 회로를 통해 다르게 이동한 것이다.

이보다 앞서 진행된 연구에서 30대 초반의 한 남성은 머리를 다쳐서 평범한 사물을 인식하는 능력이 떨어졌지만 그 사물을 마음속으로 상상할 순 있었다. 그는 커피를 대접받았음에도 마시지 않았다. 책상에 놓인 여러 사물 가운데 어느 것이 커피인지 알아볼 수 없어서다. 뷔페에서도 테이블 위에 놓인 다양한 음식이 각각 무엇인지 알아보지 못했다. 그에겐 죄다 얼룩덜룩한 덩어리처럼 보였다. 펜치를 보여주자 빨래집게라고 생각했다. 이 남성의 뇌를 스캔한 결과, 시각 정보를 처리하는 뇌 영역인 후두엽이 손상됐을 가능성이 제기됐다. 이러한 연구 덕분에 마음의 눈이 어떻게 시각 피질과는 다른 프로세서에 의존하는지 더 명확하게 밝혀지게 됐다.

우리가 어떻게 생각하는지에 관한 초창기 연구 가운데 시각적 사고자들에 초점을 맞춘 획기적 연구도 있었다. 신경심리학자 모티머 미슈킨Mortimer Mishkin은 1983년 발표한 영향력 있는 논문에 원숭이 뇌에서 일어나는 두 가지 분리된 피질 과정을 기술했다. 사물을 식별하는 경로와 위치를 파악하는 경로였다. 2015년엔 일본 연구진이 언어적 사고 상관관계와 시각적 사고에 관한 뇌 활동을 조사했다. 니시무라 가츠오Kazuo Nishimura와 동료들은 피험자들에게 일본의 유명한 사찰과 12궁도 별자리, 사적 대화를 차례로 회상하게 하면서 그들의 신경 활동을 측정했다. 연구 결과, 시각적 이미지의 주관적 '생생함'과 시각 영역의 활동 간에 유의미한 상관관계가 있다는 사실을 발견했다. 뇌자도腦磁圖, Magnetoencephalography, MEG를 보면 시각적 사고자들은 이 과제를 하는 동안 이미지를 만들어내는 반면 언어적 사고자들은 혼잣말에 더 의존했다. 이러한 방법은 활성화되는 뇌 영역의 급격한 변화를 측정할 수 있게 한다.

시각적 사고와 언어적 사고라는 두 가지 유형의 사고를 뇌의 좌우 반구와 연결해 설명하는 연구도 있었다. 2019년, 중국 충칭에 있는 서남대학교의 진군림陳群林은 창의성의 기본적 인지 메커니즘을 연구하면서 동료와 함께 502명의 피험자에게 네 가지 과제를 수행하게 했다. 장난감 코끼리를 더 재미있게 놀 수 있도록 개선하고, 10개 형상을 그리고, 캔의 대체 용도를 고민하고, 모호한 형상을 보고 떠오르는 아이디어를 나열하는 과제였다. MRI 스캔 결과, 이러한 과제를 쉽게 수행한 사람들, 즉 시각적 사고자는 오른쪽 뇌에 활동이 더 집중됐고, 과제 수행에 어려움을 겪은 언어적 사고자는 왼쪽 뇌가 더 활발하게 움직였다. 이러한 연구 결과는 우뇌·좌뇌 사고로 대중화됐다. 우뇌 반구는 창의성과 관련이 있고, 언어와 조직은 좌뇌 활동과 관련이 있다는 것이다. 미국의 신경심리학자이자 신경생물학자인 로저 스페리<sup>Roger</sup> <sup>Sperry</sup>는 분할 뇌 실험으로 노벨 생리학상을 받았다. 그는 우리가 '비언어적 형태의 지성을 무시하는 경향'이 있다고 인정하면서 좌뇌 사고를 향한 편향을 인정했다. 결국 요점은 현대 사회가 우뇌를 차별한다는 것이다.

시각적 사고의 존재를 입증하는 연구가 시작되면서 시각적·언어적 구조가 너무 단순하다는 사실을 알게 됐다. 시각적 사고와 언어적 사고는 이분법적 구조가 아니라 누구나 속한 스펙트럼의 양쪽 끝을 설명하며, 우리 가운데 일부는 끝단에 더 가까울 뿐이다. 진군림의 연구는 뇌 영역 간에 '반구적 균형'이 언어적 사고에 대단히 중요하다는 점을 강조했다. 뇌 자체 또는 그 뇌가 발휘하는 탁월한 기술에서 어떤 종류의 사고가 작용하는지 구분하기란 쉽지 않다. 당신은 수학을 잘하는 언어적 사고자일 수 있고, 시 쓰기를 좋아하는 로켓 과학자일 수도 있다.

뇌과학의 유전학은 훨씬 더 복잡하다. 일부 연구자는 뇌를 크게 만드는 유전자가 자폐증의 원인 유전자와 관련된다는 가설을 세웠다. 그러면서 사회적 기술과 감정적 기술을 희생해 더 높은 지능을 얻는다는 유전적 반대급부<sup>genomic trade-off</sup>*를 제안했다. 실제로 유전자 염기 서열 분석에 관한 최근 연구에서 여러 유전자가 자폐증과 관련 있다는 사실이

---

\*    트레이드오프(trade-off)는 하나를 얻으려면 다른 하나를 포기해야 하는 상황을 의미

드러났다. 노스캐롤라이나주의 아동 정신과 의사인 카밀로 토마스 구알티에리Camillo Thomas Gualtieri 박사는 그 유전자들을 두고 '작은 영향을 미치는 동의유전자multiple genes of small effect*'라고 부른다. 이는 자폐가 몇 가지 특질부터 심각한 장애까지 다양하게 나타나는 이유를 설명해 준다. 인간은 유전적 구성이 복잡한 덕분에 어떠한 환경이든 적응할 수 있지만 그 대가로 일부는 심각한 장애를 갖게 된다.

시각 장애를 안고 태어난 사람들에게서 이러한 유전적 반대급부가 관찰됐다. 방치될 뻔한 뇌 영역이 다른 기능을 위해 용도 변경된 것이다. 존스 홉킨스 대학의 라시 판트Rashi Pant와 동료들이 진행한 연구에서 선천적 시각 장애인들은 수학 방정식이나 간단한 '예, 아니요' 질문, 의미 판단 과제에 반응할 때 시각 피질의 일부를 활용했다. 하지만 후천적 시각 장애인들은 그렇지 않았다. 이는 시각 체계와 언어 체계 간에 소통 경로가 있다는 사실을 보여준다.

시각적 사고의 작동 방식을 설명할 때 꽤 적절한 비유가 있다. 시각 장애인들은 박쥐처럼 반향정위反響定位, echolocation**를 통해 길 찾는 방법을 배운다는 것이다. 박쥐는 발사한 초음파의 반향으로 비행경로에 있는 먹이와 장애물을 감지한다. 반향정위 덕분에 소리로 '보는' 것이다. 시각 장애인 가운데 약 25%는 청각 피질과 일부 용도 변경된 시각 피질로 '보기' 위해 혀를 끌끌 차거나 손가락을 튕기거나 지팡이를 두드리는 식으로 반향 위치를 알아내도록 배운다. 반향정위에 익숙해지면 큰 물체의 모양과 움직임, 위치를 감지할 수 있다. 결국 뇌는 시각 인식

---

*    복수유전자라고도 함
**   음파나 초음파를 발생시켜 물체에 반사되는 음파를 탐지해 물체의 위치를 파악하는 방법

작업을 수행하기 위해 비시각적 정보인 소리를 활용하도록 적용할 수 있는 것 같다. 어릴수록 뇌가 용도 변경에 더 유연하다. 태어날 때부터 앞이 안 보인 사람이 대수학을 공부할 때 그들의 뇌가 눈에서 아무 정보도 못 받는 초기 시각 피질을 활용했다는 흥미로운 연구 결과도 있었다. 앞이 보이는 사람들에게선 그런 일이 일어나지 않았다. 뇌는 원래 시각적 사고를 담당하는 부분부터 활용하기 시작한다. 이 부분이 쓰이지 않으면 결국 다른 기능이 그 자리를 차지하게 된다. 뇌는 귀중한 영역을 비워두지 않는다. 이 연구는 뇌가 이미지를 생성하도록 설계됐다는 점도 암시한다. 눈이 정보를 제공하지 않으면, 뇌는 다른 감각을 활용해 이미지를 생성하도록 배운다.

극단적인 예로 음악가인 매튜 휘태커Matthew Whitaker를 들 수 있다. 나는 매튜가 CBS TV의 프로그램 〈60분〉에 나왔을 때 처음 봤다. 24주 만에 미숙아로 태어나 생존 확률이 희박했던 매튜는 극적으로 살아남았지만, 부수적 망막병증이라는 질환으로 결국 시력을 잃었다. 세 살 때 할아버지에게 작은 전자 키보드를 선물 받은 매튜는 곡을 귀로 듣고 금세 연주했다. 〈반짝반짝 작은 별〉 같은 곡을 들으면 즉석에서 똑같이 연주했다. 다섯 살 때는 뉴욕 소재 시각 장애인을 위한 필로맨 다고스티노 그린버그 음악학교Filomen M. D'Agostino Greenberg Music School에 최연소 학생으로 입학했다. 매튜의 담임 교사는 매튜가 드보르자크 피아노 5중주 연주회에 참석한 다음 날 아침에 피아노 파트뿐만 아니라 현악기를 위한 네 파트까지 모두 연주하는 소리를 들었다고 보고했다. 매튜는 현재 전 세계를 돌아다니며 전문 재즈 연주가로 활약하고 있다.

예술가와 음악가를 대상으로 신경망을 연구하는 찰스 림Charles Lim 박사는 매튜가 좋아하는 음악을 들으면서 키보드를 연주할 때와 지루한 강의를 들으면서 키보드를 연주할 때 그의 뇌를 스캔했다. 매튜가 강연을 들으면서 연주할 때는 시각 피질이 활성화되지 않았고, 좋아하는 음악을 들으면서 연주할 때는 시각 피질 전체가 활성화됐다. 이에 대해 림 박사는 "매튜의 뇌는 시각에 의해 자극받지 않는 조직 중 그 부위를 가져와서 사용하거나, 적어도 음악을 인식하도록 돕는 것 같다."라고 말했다.

지난 몇 년간 진행된 뇌 스캔 연구 가운데 적어도 열두 건은 시각적 사고에, 그리고 시각적 사고가 뇌의 여러 부위에서 어떻게 활성화되는지에 초점을 맞추고 있다. 차세대 스캐너는 활성화된 뇌 영역을 더 빠르고 정확하게 감지할 수 있다. 그렇다고 해도 차세대 MRI 검사는 여전히 부정확하거나 불완전한 방법 항목methods section 때문에 해당 연구를 정확하게 재현하기 어렵고 왜곡된 결과를 산출할 수 있다. 내 분야를 예로 들자면 방법 항목에서 실험 대상을 선정하는 방법이나 돼지의 품종, 사료에 들어가는 재료 등 중요한 세부 사항이 빠진 사례도 있다. 활송 장치의 비스듬한 햇살이 내 눈에 쉽게 띄었듯, 이러한 오류도 내 눈에는 두드러져 보인다. MRI 연구에서 상반된 결과는 피험자에게 자극을 주는 타이밍이나 지속 시간 같은 사소한 불일치 때문에 발생할 수 있다. 때로는 우리가 일터에서 봤던 것과 같은 확증 편향 때문에 발생할 수도 있다. 가령 대다수 시각 검사는 흔히 언어적 사고자인 심리학자들이 설계하고 시행한다. 실험을 누가 분석하느냐에 따라 결과가 어긋나거나 왜곡될 수도 있다. 공간 시각형 인간과 사물 시각형 인간도 세상을 달리 본다. 다음 절에서 자세히 살펴보자.

## 사물 시각형 인간과 공간 시각형 인간

앞에서 언급했듯이 나는 시각적 사고와 언어적 사고의 차이를 알았을 때 무척 놀랐다. 시각적 사고와 언어적 사고가 연속선상에 존재한다는 사실을 깨달았을 때는 또 다른 돌파구를 찾았다. 그리고 마리아 코제브니코프Maria Kozhevnikov의 획기적 연구를 접한 후에는 시각적 사고방식에 관한 생각이 더욱 달라졌다.

하버드 의과대학 강사이자 매사추세츠 종합병원의 시공간 인지 연구소에서 연구원으로 일하는 코제브니코프는 시각적 사고자를 공간 시각형 인간과 사물 시각형 인간이라는 두 부류로 구분한 초기 과학자 중 한 명이다. 2002년에 발표한 획기적 연구에서 공간 시각화와 사물 시각화에 관한 연구의 핵심 기준이 될 만한 일련의 설문지와 실기 검사skill test를 개발했다. 그녀는 '시각형 인간과 언어형 인간의 인지 스타일 설문지Visualizer-Verbalizer Cognitive Style Questionnaire, VVCSQ'를 이용해 캘리포니아 대학교 샌타바버라 캠퍼스의 학부생 가운데 17명을 높은 시각형 인간으로 식별해 냈다. 피험자들은 일련의 시각 검사를 받았는데, 1976년 해군 신병의 인적성 검사 키트로 개발된 종이접기 검사도 있었다. 이 검사에서 연구진은 피험자들에게 접힌 상태로 구멍이 뚫린 종이의 그림을 보여줬다. 피험자들은 공간 추론을 통해 종이를 펼쳤을 때 어떤 모습일지, 즉 구멍이 어디에 있을지 정확하게 묘사한 그림을 다섯 개 보기 중에서 골랐다. 또 다른 검사에서 연구진은 피험자들에게 물체의 움직임을 나타내는 도식적 그림을 보여줬다. 썰매를 타고 언덕을 내려가는 장면처럼 실제 상황을 사실적으로 묘사한 그림이었다. 수학적으로 치우친 시각 공간적 사고자일수록 그림이 어떤 움직임을 추상적이고 개략적으로 표현했다고 해석했다. 그들은 마음의 눈으로 그림을 보지 못했다. 피험자가 이 검사를 비롯한 여러 검사에서 수행한 성과에 따라, 코제브니코프는 공간 형태를 처리하고 이해하고 코딩하고 정신적으로 조작하는 공간 시각화 능력을 측정했다.

뛰어난 예술가들과 인테리어 디자이너들은 사물 시각형 인간으로 드러났고, 과학자들은 공간 시각형 인간으로 드러났다. 좀 더 구체적으로 설명하자면 낮은 공간 시각형 인간은 도식을 그림으로 해석했지만, 높은 공간 시각형 인간은 도식을 공간 관계의 추상적 표현으로 올바르게 해석했다. 언어형 인간은 시각적 이미지나 공간적 이미지 어느 쪽도 선호하지 않았다.

코제브니코프는 내가 막 의심하던 사항, 즉 시각적 사고자들을 한데 묶을 수 없다는 사실을 명확하게 보여줬다. 기본 개념상 시각형 인간에는 두 부류가 있다. 나 같은 '사물 시각형 인간'은 세상을 사실적 이미지로 바라본다. 그래픽 디자이너, 예술가, 숙련된 장인, 건축가, 발명가, 기계 엔지니어, 디자이너 등이 여기에 속한다. 우리 중 상당수는 대수학 같은 분야를 몹시 어려워한다. 대수학이 추상적 개념에만 의존하고 시각화할 자료를 전혀 제공하지 않아서다. '공간 시각형 인간'은 세상을 패턴과 추상으로 본다. 통계학자, 과학자, 전기공학자, 물리학자 등이 여기에 속하며, 대개 음악과 수학을 좋아한다. 특히 컴퓨터 코드의 패턴을 볼 수 있어서 컴퓨터 프로그래밍에 능한 사람이 많다. 쉽게 말해 사물적 사고자object thinker는 컴퓨터를 만들고, 공간적 사고자spatial thinker는 코드를 작성한다.

스페인 비고 대학교의 마리아 호세 페레즈파벨로Maria José Pérez-Fabello가 이끄는 연구 팀은 미술과 공학, 심리학을 공부하는 학생 125명을 대상으로 언어적 사고, 공간적 사고, 사물적 사고를 테스트해서 코제브니코프의 결과를 독립적으로 입증했다. 나중에 코제브니코프가 같은 피험자들을 대상으로 각기 다른 유형의 시각화 능력을 테스트했다. 일부는 높은 사물 시각화 기량을 보였고, 일부는 높은 시각 공간적 기량을 보였다. 양쪽 모두에서 뛰어난 능력을 보인 사람은 없었다. 시각 공간적 기량과 사물 시각화 기량에서 둘 다 뛰어난 사람은 그냥 천재가 아니라 슈퍼 천재다. 비유하자면 모차르트가 로켓까지 만드는 격이다.

최근 독일 뒤스부르크 대학의 팀 호플러Tim Höffler와 동료들은 사물 시각형 인간, 공간 시각형 인간, 언어적 사고자의 시선 패턴을 연구했다. 일단 그들의 인지 처리 과정을 판단하기 위해 설문지 검사를 한 후 종이접기 검사를 시행했다. 그리고 나서 매듭 묶는 법이나 변기 물탱크의 작동 방식 같은 주제에 대한 상세한 사진과 설명서를 피험자에게 제시했다. 사물 시각형 인간은 그림을 바라보는 데 시간을 더 많이 썼고, 언어적 사고자는 설명서를 읽는 데 시간을 더 많이 썼다.

나는 시각적 사고자들에 대한 코제브니코프의 새로운 구분 방식을 접하자마자 내가 사물 시각형 인간이라는 사실을 간파했다. 우선, 나는 종이접기 검사를 잘하지 못했다. 구체적이고 세밀한 이미지로 생각하고, 기계 분야에 재능이 있다. 나와 함께 일했던 기계 엔지니어, 용접공, 기계 기술자, 장비 설계자 등 물건을 다루고 만드는 사람들도 이 부류에 속한다. '공간 시각형 인간'으로 알려진 패턴 사고자들은 일련의 사물이나 숫자 사이의 관계에서 원칙과 패턴을 추출하는 능력이 뛰어나다. 이렇듯 사물 시각적 사고자와 시각 공간적 사고자의 차이는 무척 중요함에도 언어적 사고와 시각적 사고에 관한 뇌 연구에서 늘 간과됐다. 코제브니코프의 연구를 제외하면 사물적 사고와 기계적 능력에 관한 과학 문헌은 거의 없다.

코제브니코프는 상세한 시각적 사고와 지각, 즉 사람이 정보를 습득하고 처리하는 방법을 측정하기 위한 또 다른 검사법을 개발했다. 이를 '입자 분해능 테스트Grain Resolution Test'라고 한다. 피험자는 가령 소금 무더기 대 양귀비 씨앗 무더기, 또는 포도 알맹이 대 테니스 라켓 줄 등 두 가지 다른 물질의 이름을 듣고, 어떤 물질이 더 미세한 입자인지 판단해야 한다. 코제브니코프는 피험자가 문제를 해결하기 위해 이미지를 사용하는 방식을 평가한 후, 사물적 사고자가 더 빠르고 정확하게 '각 사물의 형태에 대한 고품질 이미지'를 생성한다는 사실을 알아냈다. 반면, 시각 공간적 사고자는 사물 간의 관계를 좀 더 추상적으로 상상하는 데 뛰어났다. 나는 입자 분해능 테스트에서 최고점을 받았다. 테니스 라켓 줄을 예로 들면, 나는 포도가 너무 커서 라켓 줄 사이의 공간을 통과하다 으스러지는 모습을 마음의 눈으로 봤다. 입자 분해능 테스트에서는 내 점수가 《나의 뇌는 특별하다》(2015)의 공저자인 리처드 파넥Richard Panek보다 훨씬 더 높았지만, 종이접기 테스트에서는 파넥의 점수가 훨씬 더 높았다. 이러한 결과를 보면 파넥은 시각 공간적 사고자이고 나는 사물 시각형 인간이다.

나는 평범한 기계 역학을 얼마나 알고 있는지 측정하는 온라인 '기계 적성 검사mechanical aptitude test'를 재미 삼아 받아봤다. 내가 시각적 사고자니까 당연히 높은 점수를 받을 거라고 예상했다. 첫 번째 검사에서는 한 쌍의 이미지를 보여주고 어느 쪽이 더 뛰어난 구조인지 판단하라고 했다. 먼저 손잡이가 길거나 짧은 볼트 절단기의 경우, 나는 머릿속에서 두 볼트 절단기의 동작을 짧은 비디오 클립으로 볼 수 있었다. 아울러 손잡이가 길수록 지렛대 효과가 더 크고 볼트를 더 쉽게 절단할 수 있다는 사실을 경험으로 알았다. 교량에 놓인 자동차 두 대의 경우, 한 대는 교량 지지대에 가까웠고 한 대는 교량 중간에 있었다. 교량 지지대에 결함이 있다면 어떤 차가 지지대에 더 심한 손상을 입힐까? 나는 지지대에서 무게를 지탱하는 하중이 어디로 분산될지 쉽게 상상할 수 있었다. 그 결과, 중간에 있는 차가 더 위험할 거라는 사실이 바로 눈에 들어왔다. 두 번째 검사에서는 서로 다른 사물의 역학에 관한 객관식 질문이 나왔다. 이 검사에서 나는 열 개 질문 가운데 일곱 개만 맞혔다.

내 점수는 사물 시각적 사고의 여러 측면 가운데 하나를 반영했다. 즉, 나를 비롯한 일부 사물 시각형 인간은 정보를 처리하는 데 더 많은 시간이 필요하다. 정보를 처리하기 위해 먼저 사실적인 그림 데이터에 접근해야 하기 때문이다. 다시 말해 주어진 문제를 해결하려면 머릿속에서 구글 검색에 해당하는 일을 먼저 수행해야 한다. 각각의 사고방식은 어떤 영역에서는 강점으로 작용하고, 다른 어떤 영역에서는 결점으로 작용했다. 내 사고방식은 느리지만 정확하다. 빠른 사고가 사회생활에서는 유리하겠지만 예술 작품이나 기계 장치를 만들 때는 느리고 신중한 사고가 더 유용하다.

빠르게 전달되는 언어 정보는 나 같은 사물 시각적 사고자에겐 크나큰 난관이다. 스탠드업 코미디언은 종종 대사를 너무 빨리 읊어서 도저히 따라갈 수가 없다. 내가 첫 번째 농담을 시각화할 무렵, 코미디언은 이미 두 번째 농담을 떠벌리고 있다. 우리는 언어 정보가 너무 빨리 제시되면 길을 잃는다. 그러니 교사가 교과 내용을 빠르게 전달하는 교실에서 시각적 사고자인 학생이 어떤 기분일지 상상해보라.

## 새로운 표준, 뉴노멀

요즘 '신경전형적neurotypical'이라는 말이 '정상적normal'이라는 말을 대체하고 있다. 신경전형인은 흔히 예측 가능한 시기에 예측 가능한 방식으로 발달하는 사람들로 묘사된다. 하지만 나는 이 용어를 썩 좋아하지 않는다. 신경전형적이라는 말을 정의하는 일은 개의 평균 크기를 따지는 일만큼 쓸모없기 때문이다. 자그마한 치와와랑 큼직한 그레이트데인 가운데 어떤 개가 전형적인가? 괴짜 기질이 있거나 머리는 좋은데 세상 물정을 모르는 사람이 자폐증으로 진단받는 순간은 언제인가? 산만한 사람이 ADHD로 진단받는 순간은? 침울한 사람이 조울증으로 진단받는 순간은? 이러한 특질은 모두 지속적으로 영향을 미친다.

최근에 방영한 TV 시트콤 〈빅뱅 이론The Big Bang Theory〉에서 물리학자 셸던 쿠퍼라는 캐릭터가 단조로운 과학자의 정형화된 이미지를 잘 보여줬다. 셸던은 말할 때 억양이 없고 감정도 전혀 드러내지 않는다. 하지만 그의 괴짜 룸메이트들 사이에서는 지구를 구해낼 인물로 통할 만큼 지능이 뛰어나다. 등장하는 캐릭터 모두 똑똑하지만 셸던이 가장 뛰어나다. 극에서는 셸던의 스펙트럼 같은 자질이 웃음을 유발하지만 현실에서는 다르다. 수학 괴짜는 흔히 괴롭힘을 당하거나 따돌림을 받는다. 그 괴짜가 훗날 뛰어난 프로그래머나 수학자, 기업가, 유능한 금융인으로 성공한 뒤에야 우리는 그들이 바라보는 방식을 인정한다.

일론 머스크Elon Musk는 학교에서 심한 괴롭힘을 당했다. 계단에서 떠밀려 수술을 받기까지 했다. 그런데도 독학으로 코딩을 익혔고, 열두 살 때 첫 비디오 게임을 개발해서 500달러에 팔았다. 그의 전기를 쓴 애슐리 반스Ashlee Vance는 머스크가 학교와 지역 도서관의 책을 다

섭렵한 후 백과사전 두 세트를 독파했다고 전한다. 하지만 사진 기억 photographic memory이라 불릴 만큼 뛰어난 기억력과 그것을 공유하려는 성향은 친구를 사귀는 데 유리하게 작용하지 않았다. 오히려 뭐든 다 아는 체하는 인간으로 비쳤고 '사실 공장fact factory'이라는 비아냥을 초래했다. 아무튼 머스크가 남다른 사람이라는 데엔 이견이 없을 것이다. 얼마 전 〈새터데이 나이트 라이브Saturday Night Live, SNL〉에 호스트로 출연했을 때, 머스크는 자신이 아스퍼거 증후군을 앓고 있다고 밝혔다.

나도 만만치 않은 괴짜였던 탓에 중학생 땐 괴롭힘을 심하게 당하기도 했다. 건설 프로젝트를 시작한 뒤에야 나와 같은 부류의 사람들을 만날 수 있었다. 함께 일했던 엔지니어와 용접공들은 대체로 시각적 사고자였다. 우리가 서로 협력하면서 잘 지낼 수 있었던 것도 다 그 때문이었다. 우리는 같은 언어로 말했다. 그 안에서는 외모나 배경, 대학 교육이 아니라 실력이 중요했다. 내 작품을 보고 나서 나의 특이한 면모를 따지는 사람은 아무도 없었다.

나는 업무에 뛰어든 초기부터 설계도를 정확하게 그린다는 찬사를 받았다. 다들 내 작품에 감탄했다. 나는 제도製圖 수업을 들어본 적이 없었다. 그래서 나한테 서번트 재능이 있다고 생각하는 사람도 있었다. 하지만 서번트는 단 한 번의 노출로 음악을 그대로 재현하거나 어마어마하게 긴 글이나 수열을 암기하는 사람이다(이와 관련해선 신경다양성과 천재성을 다루는 장에서 더 자세히 다룰 것이다). 하지만 나는 도면 작성법을 익히는 데 몇 주가 걸렸다. 동료가 설계도를 어떻게 작성하는지 관찰하고 그가 하는 대로 똑같이 따라 했다. 그가 사용한 연필과 본드지紙까지 따라 썼다. 그런 다음 설계도를 들고 공장에 가서 구석구석 돌아다니며 도면에 있는 모든 선과 공장의 물리적 요소를 하나씩 연결했다. 돌이켜 생각해 보면 그게 다 시각적 사고에서 비롯된 행동이었다. 그림을 실물과 연결하지 않고서는 설계도를 이해할 수 없던 것이다.

그때도 목축업자들은 나를 미친 사람으로 생각했다. 내가 바람에 펄럭이는 설계도를 들고서 질척한 축사를 헤집고 다녔으니 그럴 만도 했다. 아무튼 나는 결국 공장의 평면도에 있는 추상적 형태를 구조물 자체의 여러 요소에 연결할 수 있었다. 아마도 공간 시각형 인간은 설계도만 읽어도 다 알아차렸을 것이다. 하지만 나는 공장을 직접 둘러본 후에야 머릿속에서 시각적 시뮬레이션을 실행할 수 있었다. 마치 머릿속에 있는 도해를 제도용지에 따라 그리는 것과 같았다.

나는 지금껏 〈빅뱅 이론〉의 주인공인 셸던 같은 사람들과 함께 작업했다. 그들은 특이한 면모 때문에 소외되긴 하지만 하나같이 뛰어난 사람들이다. 한번은 사회성도 전혀 없고 대학 학위도 없는 한 남자와 함께 일했다. 그가 오늘날에 어린 시절을 보낸다면 틀림없이 자폐증 진단을 받을 것이다. 성인인 그는 고객을 위한 맞춤형 설계 장비를 발명했고 특허를 스무 개나 보유하고 있으며 금속 공장을 운영하고 있다. 그는 이 일을 **머릿속에서** 다 수행한다. 난독증에 말더듬증까지 있는 남자하고도 작업한 적이 있다. 그는 전 세계에 자신의 특허 장비를 판매한다. 그가 오늘날 교육 제도에서 성장한다면 어떻게 될지 궁금하다. 그의 성공적인 경력은 학교 용접 시간에 솜씨를 자랑하면서 싹텄다. 나와 함께 일했던 사람들 가운데 일부는 머릿속에서 2차원 투시도를 3차원 구조로 자동 변형시킬 수 있다. 영화 〈아이언맨Iron Man〉의 주인공 토니 스타크가 차고 작업실에서 화면을 만지면 그의 상상 속 3D 인터페이스가 화려하게 펼쳐지는 것과 같다.

경희 대학교의 조지영 교수와 신시내티 대학교의 서주리 교수가 이러한 시각적 사고 능력을 연구했다. 그들은 수학적 시각 공간 기술이 인테리어 디자인 프로젝트에 미치는 영향을 측정하고 평가했다. 인테리어 디자인을 전공하는 학생들은 먼저 시각 공간 기술을 평가하는 검사를 받았다. 그런 다음 버려진 재료로 3D 자외선 차단물을 디자인하라는 지시를 받았다. 각 디자인은 독립된 심사위원단이 심사했다. 사물 시각형 인간은 추상적이고 수학적인 시각 공간 기술에서는 낮은 점수를 받았지만 디자인 경쟁에서는 손쉽게 이겼다. 기술 부족이 멋진 디자인을 만드는 데 아무런 영향도 미치지 않았다. 이러한 결과는 내가 여러 용접 회사와 건설 회사에서 지금껏 목격했던 바를 고스란히 확인해 준다. 또한 코제브니코프의 연구와는 별개로 진행됐으나 그녀의 연구 결과를 확실히 뒷받침해 준다.

이번엔 시각적 사고와 관련해 언어적 사고자들을 살펴보자. 과학 문헌에 따르면 스펙트럼의 맨 끝에 있는 언어적 사고자들 가운데 일부는 그림이나 도표로 무엇을 할지 전혀 알지 못한다. 코제브니코프의 한 논문에서 학생들은 언덕처럼 보이는 그래프 이미지를 제시받았다. 사물적 사고자들과 공간적 사고자들에게 언덕은 당연히 하향 운동을 암시했다. 하지만 언어적 사고자들은 같은 이미지를 두고 하향 운동이라는 대답 대신, 참으로 일관성 없는 해석을 내놓았다. 가령 한 응답자는 어린 소녀가 카트를 밀고 가다 길가에 두고 갔다고 대답했다. 다른 응답자는 멈춰 있는 차를 떠올렸다. 학술지 〈인간 행동과 컴퓨터Computers in Human Behavior〉에 발표된 좀 더 최근 연구에서 연구진은 시각형 인간과 언어형 인간을 상대로 새로운 것을 배우기 위한 글과 그림을 제시했다. 그들의 시선을 추적한 결과, 예상대로 시각형 인간은 그림에 집중하고 언어형 인간은 글자에 집중했다. 언어형 인간이 그림을 살필 경우, 그들은 흔히 새로운 정보를 익히는 데 도움이 안 되는 테두리 같은 곳을 쳐다봤다.

코제브니코프와 동료인 올레샤 블라젠코바Olesya Blazhenkova가 2016년에 발표한 보석 같은 논문에서 나는 퍼즐의 또 다른 조각을 발견했다. 그 연구에서는 뇌 스캐너나 대조군, 사전 조사나 설문지가 필요하지 않았다. 미술, 과학, 인문학에 남다른 재능을 지닌 중학생과 고등학생 피험자만 필요했다. 그들은 6명에서 8명씩 팀을 이뤄 미지의 행성을 그리라고 지시받았다. 지시는 그게 전부였다. 연구진은 그들의 작업이 각기 다른 유형의 창의성을 반영하는지 확인하고 싶었다. 완성된 그림은 나중에 연구 목적을 모르는 전문가들이 평가했다.

미술부 학생들(사물 시각형 인간)은 생생하고 환상적인 행성을 그려 냈다. 한 그림에는 정사각형 모양의 행성 안에 피라미드부터 펭귄까지 다양한 형상이 그려져 있었다. 다른 그림에는 독특한 모양의 크리스털 행성이 그려져 있었고, 또 다른 그림엔 환상적인 건물이 툭 불거진 행성이 그려져 있었다. 과학부 학생들(공간 시각형 인간)은 행성의 본질에 더 명확한 개념을 부여했다. 일반적인 행성처럼 동그란 모양이었고 색은 거의 칠해지지 않았다. 인문학부 학생들(언어형 인간)이 그린 그림은 이미지가 별로 없었고 얼룩덜룩한 추상화처럼 보였다. 글자도 적혀 있었는데, 나중에 글자를 쓰면 안 된다고 생각했는지 그림으로 덧그려져 있었다(언어에 기반을 둔 사고자는 흔히 규칙을 준수한다).

코제브니코프와 블라젠코바는 한 걸음 더 나아갔다. 각기 다른 유형의 사고자들이 행성을 그리기 위해 아이디어를 **어떻게** 발전시켰는지 알아냈다. 미술부 학생들과 과학부 학생들은 프로젝트를 시작할 때 '중요한 창의적 아이디어'를 개발했고 혼성 팀 학생들도 마찬가지였다. 사물 시각형인 미술부 학생들은 주로 행성의 외형적 측면을 논의했다. 공간 시각형에 가까운 과학부 학생들은 주로 중력, 화학, 생명체 유형 같은 기능적 측면을 논의했다. 언어형인 인문학부 학생들은 자신들이 그린 사물에 이름을 붙였지만, 그런 사물을 그리게 된 계획 과정을 제대로 설명하진 못했다. 세 부류의 학생들이 과제에 접근하고 묘사하는 방식은 우리가 이야기했던 세 사고방식과 일맥상통한다.

## 아판타시아의 기이한 세상

시각적 스펙트럼의 끝에는 아판타시아aphantasia와 하이퍼판타시아hyperphantasia로 묘사되는 사람들이 있다. 아판타시아가 있는 사람은 시각적 이미지를 거의 떠올리지 못한다. 이 용어는 영국 엑서터 대학교의 신경학자 애덤 제먼Adam Zeman이 처음 사용했다. 한 남자가 그의 사무실에 찾아와 시각 기억 능력을 전부 잃었다고 주장했다. 남자는 실제로 친구와 가족과 장소에 대한 이미지를 전혀 떠올리지 못했다. 나뭇잎과 솔잎 중 어느 쪽이 더 밝은 초록색이냐는 질문을 받았을 때, 그는 기억으론 대답할 수 있었지만 마음의 눈으론 차이를 알 수 없었다. 'MX 환자'로 알려진 이 남자는 뇌졸중 때문에 이러한 심맹mind-blindness이 생겼을 것으로 추정됐다. 그전까지만 해도 사람과 사물을 생생하게 떠올릴 수 있었다. fMRI 검사 결과, 마음속에 뭔가를 떠올리라고 요청받았을 때 그의 뇌에서는 시각화와 관련된 부분이 전혀 '빛나지' 않았다.

데이비드 프란시스 마크스D. F. Marks가 1973년 개발(1995년 개정)한 '시각적 이미지의 선명도 측정 설문지Vividness of Visual Imagery Questionnaire, VVIQ'를 이용

해 애덤 제먼과 동료들은 약 700명의 피험자를 대상으로 아판타시아 연구를 계속했다. VVIQ는 16개 문항으로 구성돼 기억력과 공간적 추론, 시야에 없는 물체를 시각화하는 능력을 포함한 심상을 측정하고, 1점(심상 없음)에서 5점(눈앞에서 보듯 생생함)까지 점수를 매긴다. 전체 학생의 2%에서 아판타시아 증상이 있는 것으로 드러났다. (혹시 스펙트럼의 어느 위치에 속하는지 궁금하다면 온라인으로 VVIQ 검사를 받아볼 수 있다.)

제먼의 연구진은 또 아판타시아가 있는 사람들과 그 반대 극단에 속하는 하이퍼판타시아, 즉 시각적 심상이 과도한 사람들 간의 차이도 연구했다. 인지신경외과 의사인 조엘 피어슨Joel Pearson은 〈뉴욕타임스The New York Times〉에 기고한 글에서 이 증상을 두고 "굉장히 생생한 꿈을 꾸는데, 그게 진짜인지 아닌지 확신하지 못하는 상태"라고 묘사했다. 참가자들은 아름다운 열대 해변과 박물관, 번잡한 시장 등 세 장소를 마음속에 떠올리라는 지시를 받았다. 하이퍼판타시아가 있는 사람들은 지나치게 상세한 기억을 생성해냈다.

fMRI 뇌 스캔을 이용한 추가 연구에서 과도한 상상에 빠지는 시각적 사고자들은 후두엽 시각 피질의 신경망과 전전두엽 피질 사이에서 뇌 활동이 더 활발한 것으로 나타났다. 칼 짐머Carl Zimmer는 〈뉴욕타임스〉 기고문에 '생생한 **마음의 눈**을 지닌 사람이 많지만 그런 눈이 전혀 없는 사람도 있다'라는 제목을 달았다. 기사를 보면 연구진이 이 두 가지 극단적인 상황의 원인이 되는 뇌 회로를 바라보는 시각을 알 수 있다. 칼 짐머는 또 기사에 "지금까지 연구한 결과, 심상은 서로 대화하는 뇌 영역 네트워크에서 나온다는 것을 알 수 있다."라고 썼다. 뇌의 이러한 특성은 창의성이나 참신한 문제 해결 방식과 관련이 있을 수 있다.

아판타시아가 있는 사람들은 대개 과학과 수학 분야로 진출하고,

하이퍼판타시아가 있는 사람들은 시각적으로 더 창의적인 직업에 진출한다. 그런데 역설적이게도 아판타시아가 있는 사람들이 이미지로 꿈을 꾸는 때도 종종 있다고 제면은 말한다. 그는 잠자는 마음<sup>sleeping mind</sup>이 작동하는 방식과 깨어 있는 마음<sup>awake mind</sup>이 작동하는 방식을 구분한다. 꿈꾸는 일은 뇌간에서 나오는 '상향식' 과정인 반면, 각성 상태에서 이미지를 떠올리는 일은 대뇌피질에서 나오는 '하향식' 과정이라는 것이다. 다시 말해 '각성 상태와 꿈꾸는 상태에서 뇌가 하는 일이 다르다'라고 할 수 있다. 제면은 아판타시아가 있는 사람들 가운데 63%는 꿈꾸는 동안 이미지가 떠오르고 21%는 떠오르지 않는다고 한다.

내 꿈은 내가 생각하는 방식과 매우 흡사해서 대사가 별로 없는 영화 같다. 주로 가파른 지붕 위에 있거나 높다란 언덕에서 자동차나 자전거를 타고 내려오는 등 불안하게 균형을 잡는 상황과 관련된다. 공항에 가다가 주간州間 고속 도로 제25호선(I-25)에 거대한 구멍이 생기는 등 뜬금없는 이유로 비행기를 놓치는 꿈도 자주 꾼다. 그리고 다른 사람들처럼 나도 홀딱 벗거나 거의 벗은 상태로 공공장소에 등장하는 꿈도 가끔 꾼다.

하이퍼판타시아에 관한 다른 두 연구에서는 과도한 생생함과 PTSD* 간의 상관관계를 조사한다. 군인이나 트라우마 피해자 등 마음속에서 끔찍한 이미지가 계속 재생되는 사람들은 그 이미지나 플래시백이 너무 생생해서 진짜라고 믿는 경우가 있다. 심리학자 크리스 브루윈<sup>Chris Brewin</sup>에 따르면 플래시백은 위험이 지나간 뒤에 그 일을 처리할 수 있을 때까지 정보를 저장하는 적응 기제<sup>adaptive mechanism</sup>다. 시각 이미

---

* Posttraumatic Stress Disorder. 외상 후 스트레스 장애

지와 PTSD에 관한 연구에서 리처드 브라이언트Richard Bryant와 앨리슨 하비Allison Harvey는 오토바이 사고 생존자 81명을 관찰한 후 플래시백과 악몽을 포함한 시각적 이미지가 PTSD에서 핵심 역할을 한다고 판단했다. 물론 그보다 훨씬 덜 충격적인 일도 반복적인 시각 기억을 촉발할 수 있다.

뉴사우스웨일스 대학교의 레베카 키오그Rebecca Keogh와 조엘 피어슨Joel Pearson 연구원은 〈심맹The Blind MInd〉이라는 제목의 논문에서 그림으로 생각하지 않는 사람들이 간혹 그림을 떠올리기 위해 언어적 전략에 의존한다는 사실을 보여준다. 또 다른 연구에서는 아판타시아가 있는 사람들은 과거를 시각화할 가능성이 작으므로 과거를 기억하는 능력이 떨어진다고까지 말한다. 아판타시아가 있는 사람에게 거실이나 사무실을 떠올려보라고 하면 이미지를 사용하는 대신에 좌우, 위아래 같은 지시어를 써서 해당 장소를 설명할 것이다. 우측에서 세 번째 문이라고 말하는 식이다. 반면, 시각적인 사람들은 자기 사무실이 마티스의 작품 맞은편 복도에 있다는 식으로 말할 것이다. 그러고 보니 어렸을 때 나를 가르쳤던 언어 치료사 가운데 종소리는 들어도 첨탑은 시각화할 수 없던 분이 있었다. 그녀의 남편은 그런 상황을 두고 '뇌 속 카메라가 꺼져 있는 것'이라고 표현했다.

어린 시절을 돌이켜보면 썰매를 타고 눈 덮인 언덕을 신나게 내려오던 기억이 선명하게 떠오른다. 내 상상 속에서는 감각적 기억으로 완성된 3차원 사진과 영상을 볼 수 있다. 눈 쌓인 언덕을 내려올 때 덜컹거리던 썰매의 느낌마저 생생하다. 유치원과 1학년 때는 머리 위의 흔들 손잡이를 잡고 미끄러져 내려오는 그네를 제일 좋아했다. 나는 쉬는 시간마다 그네와 미끄럼틀을 동시에 즐길 수 있는 그 기구를 타면서 시간 가는 줄 몰랐다. 이 글을 쓰는 지금도 그 모습을 보고 듣고 느낄 수 있다. 초등학교 때는 자수 수업을 무척 좋아했다. 자수를 놓을 때는 세 가닥으로 된 비단실을 사용한다. 이런 세부 사항까지 기억하는 나를 보고 사람들은 "그런 시시콜콜한 점까지 어떻게 다 기억하느냐?"라고 묻는다. 혹시 몰라서 구글 검색을 해 보니 내 기억이 맞았다. 자수실은 정말 세 가닥이었다. 심상으로 실을 '볼' 수 없었다면 몇 가닥인지 정확히 기억할 수 없었을 것이다. 나는 지금도 자수천에 미세한 구멍을 내면서 뚫고 내려가던 바늘의 모습을 보고 느낄 수 있다.

나는 칼 짐머의 〈뉴욕타임스〉 기사에서 제먼이 했던 말에 진심으로 감사한다.

"이것은 장애가 아니라 인간 경험의 흥미로운 변이變異일 뿐입니다."


## 시각적 사고의 장점

나는 동물 행동 및 교육 관련 학회에서 강연을 마치기에 앞서 질의 응답 시간을 갖는다. 그때마다 일반적 질문과 구체적 질문, 두 종류의 질문이 나온다. 내가 몇 살 때부터 말하기 시작했는지 같은 구체적 질문에는 쉽게 대답할 수 있다. 일반적 질문에는 추가 정보가 없으면 대답할 수 없다. 언어적 사고자들은 하향식 사고를 활용하기 마련인데, 이는 키워드 하나로 인터넷 검색을 하는 것과 같다. 정보의 바다답게 수많은 자료가 쏟아진다. 검색 범위를 좁힐수록 원하는 정보를 찾을 가능성이 커진다. 로랑 모트론은 자폐인이 뇌의 언어 영역에 덜 의존한다는 사실을 발견했다. 그의 동료 연구원인 미셸 도슨Michelle Dawson은 자폐증을 앓고 있다. 그는 도슨이 이용할 수 있는 사실에서만 아이디어를 도출하므로 '상향식 발견법'을 쓴다고 말한다.

"그 결과, 도슨의 모델은 절대로 도를 넘지 않으며 거의 언제나 정확합니다."

이와 대조적으로 자신의 하향식 접근법에 대해선 다음과 같이 설명한다.

"나는 더 적은 출처에서 일반적인 아이디어를 파악해 조작하고, 그것들을 모델로 표현한 후 이 모델을 지지하거나 왜곡하는 사실로 돌아갑니다. 같은 연구 집단에서 두 유형의 뇌를 결합하면 놀라울 정도로 생산적입니다."

나의 상향식 사고는 어린 시절에 즐겨 했던 스무고개 놀이와 비슷하다. 학회에서 부모들이 내게 흔히 하는 일반적 질문인 자폐아의 예후에 관해 물으면 나는 스무고개를 활용한다. 스무고개 문답으로 구체적인 정보를 얻어서 그들에게 가장 좋은 선택지를 제시할 수 있다. 가령 아이가 말을 못 하는 원인을 파악하기 위해 일련의 질문을 던지며 적절한 답을 찾아간다. 먼저 아이의 나이를 묻는다. 세 살 아이에게 말하는 법을 가르칠 때와 더 나이 든 아이에게 가르칠 때가 사뭇 다르기 때문이다. 또한 부모가 어떤 일에 종사하는지 물어봐서 혹시 부모도 스펙트럼에 속하는지 알아본다. 그들이 프로그래머나 과학자, 수학 교수인가? 가족 구성원 가운데 스펙트럼에 속하는 사람이 있는가? 이런 질문을 던지면 사람들은 흔히 인지 문제가 있는 '이상한' 삼촌이나 사촌을 떠올린다. 아이가 어떤 학교 교육을 받고, 어떤 검사를 받았는지도 물어본다. 아이가 식사 예절을 지키는지, 놀이 순서를 지킬 수 있는지 등 아이의 행동을 파악할 만한 질문을 차례로 던진다. 내가 의사는 아니지만 일련의 질문을 던지다 보면 침묵하는 아이의 모습을 떠올릴 수 있다. 아이에게 의사소통할 방법을 제공하는 것이 무엇보다 중요하다. 타이핑, 그림판, 수화, 전자 통화 장치 등 다양한 선택지가 있다. 때로는 내 중재안이 그들에게 도움을 주기도 한다. 상향식 사고자인 나는 사실에 기반을 두고 판단한다. 자폐증 덕분에 내 판단은 감정에 휘둘리지 않는다.

최근에 예일 아동 연구 센터Yale Child Study Center의 카시와 차와스카Kasia Chawarska 박사와 동료들은 인형을 이용해 스펙트럼상의 아이들과 소통하는 방법을 보여줬다. 그들의 연구 결과는 2016년 제작된 〈인생을 애니메이션처럼Life, Animated〉이라는 다큐멘터리에 잘 묘사돼 있다. 주인공인 오웬 서스킨드Owen Suskind라는 청년은 세 살 무렵 말문을 닫은 후로 자폐증 진단을 받는다. 오웬의 아버지는 아들이 디즈니 영화에 집착하는 모습에서 아들에게 다가갈 실마리를 찾는다. 아버지가 〈알라딘Aladdin〉의 이아고Iago 캐릭터 인형을 이용해 대화를 시도하자 오웬이 말로 반응한 것이다. 부자는 마침내 침묵의 감옥을 벗어나게 됐다.

나는 감정에 기반을 둔 특정 경험을 놓칠 수 있지만, 감정에 영향을 덜 받다 보니 구체적인 문제 해결에 더 집중할 수 있다. 자폐인은 대부분 사고방식과 상관없이 감정보다 논리에 더 의존한다. 또 다른 유전적 반대급부일 수도 있지만, 나는 어떤 상황에서도 감정 보따리를 풀어놓지 않는다. 내 마음은 감정에 휩쓸리지 않고 바로 문제를 해결하기 시작한다. 이것이 한 가지 장점이다.

어떤 면에서는 시각적 사고가 내 목숨을 구했다고도 할 수 있다. 25년 전 《나는 그림으로 생각한다》에서 이모의 목상 이야기를 처음으로 썼다. 그때까지도 나는 10대 시절 소에 대한 집착이 나를 디자이너이자 동물 행동 전문가로 어떻게 이끌었는지 완전히 이해하진 못했다. 사십 대에 접어들고 나서야 스무 살 때보다 더 명확하게 사물을 이해할 수 있다는 사실을 깨달았다. 1970년대에 썼던 일기장을 뒤적이면서 내 사고 패턴이 얼마나 뒤죽박죽이었는지 보고 깜짝 놀랐다. 그땐 말도 안 되는 연상을 참 많이 했다. 내 시각 데이터베이스에 엄청난 공백이 있었기 때문이다. 하지만 데이터베이스가 커지면서 나는 더 많이 연결할 수 있게 됐다. 마치 끝없이 펼쳐지는 아코디언 파일과 같다. 나이를 먹어감에 따라 더 많은 경험이 쌓이면서 문제를 훨씬 더 쉽게 해결할 수 있게 됐다. 내 메모리에 더 많은 시각 데이터가 채워졌기 때문이다. 내 세상은 점점 더 커지고 있다.

시각적으로 탐색한다는 말은 흔히 새로운 상황을 설명하고자 시각적 은유를 찾는다는 뜻이다. 지금도 여전히 그런 시각적 은유를 사용한다. 나는 위험에 취약한 고령층이라 코로나19가 무척 걱정스러웠다. 팬데믹이 막 시작됐을 때 상황을 파악하기 위해 늘 하던 대로 상향식 사고를 적용했다. 일단 이 바이러스를 치료할 약물에 관한 수많은 연구 논문을 수집했다. 그런 다음 치료법을 항바이러스제와 항염증제로 분류했다. 그러자 시각적 유추가 이뤄졌다. 우리 몸을 군사 기지라고 상상했다. 면역 체계에 있는 군인들이 바이러스를 제대로 공격하면 다 퇴치할 것이다. 하지만 군사 기지가 점령되면 '사이토카인 폭풍cytokine storm'이 발생할 수 있다. 그러면 내 면역 체계의 병사들이 광분하는 모습을 보게 될 것이다. 그들은 혼란에 빠져서 기지를 공격하고 불을 지를 것이다. 사이토카인 폭풍은 폐를 비롯한 신체 체계를 파괴할 수 있다. 그 시점에서 항염증제를 투여하지 않으면 군사 기지 전체가 불길에 휩싸일 것이다.

내가 가끔 언어적 은유와 씨름을 하지만, 내 마음은 시각적 은유를 만드는 기계와 같다. 사람들은 시각적 사고가 투시력을 갖는 것과 같은지 묻곤 한다. 그렇진 않다. 시각적 사고는 '시각 기억 파일'에서 관련 이미지를 보고 다양한 방식으로 그 이미지에 접근해 문제를 해결하고 세상을 탐색하고 해석하는 능력이다. 이런 이유로 사물적 사고자 중엔 디자이너, 건축가, 기계공, 예술가가 많다. 그리고 시각 공간적 사고자들은 대개 수학자, 프로그래머, 작곡가, 음악가, 과학자, 엔지니어들이다. 많은 시각적 사고자들이 빤히 보이는 곳에 숨어 있다. (이 책을 읽는 동안 그들을 두루 만나볼 것이다.) 우리는 그들의 기술이 반드시 시각적 사고 때문이라고 생각하진 않는다. 다만 손재주가 좋고 컴퓨터를 잘 다루며 암산에 능하다고 말할 뿐이다. 두 부류의 시각형 인간은 딱히 시각적 사고와 연관시킬 필요가 없는 유형의 문제 해결에 소질이 있을 수도 있다.

해병대는 '혁신 부트 캠프Innovation Boot Camp'라는 프로그램에서 뛰어난 임기응변 능력을 보여줬다. 이 프로그램의 창시자인 브래드 할시Brad Halsey는 혹독한 환경에서 전혀 공헌하지 못하는 과학자와 엔지니어들을 추려내기 위해 지옥 훈련 주간을 마련했다. 고물 더미에서 간단한 차량을 만들고 자동차 추적 장치와 수류탄 센서를 고안하는 식의 문제 해결이 수행 과제였다. 프로그램 운영 결과 해병대의 트럭 정비공과 무선 장비 수리공이 스탠퍼드나 MIT에서 학위를 받은 엔지니어들보다 더 신속한 해결책을 즉흥적으로 내놓았다. 혁신적 해결책을 신속하게 결정해야 할 때 '엔지니어들은 지나치게 생각하느라' 잘 해내지 못하는 경향이 있다고 할시는 설명했다.

"그들은 안전지대 밖에서 일하는 것을 좋아하지 않습니다. … 특정 전문 분야에서는 뛰어나지만 아이디어를 사물로 변환하는 실행력 면에서는 그리 뛰어나지 않습니다."

개인적으로 트럭 정비사들은 사물을 보고 만들고 수리하는 능력이 융합된 사물 시각형 인간일 가능성이 더 크다고 생각한다. 손재주가 좋다는 말은 곧 여러 기술을 잘 융합한다는 뜻이다. 그런 사람들은 손으로 본다고 할 수 있다. 엔지니어들은 추상적인 공간적 사고자라서 특정 시스템을 개발하는 데 꼭 필요하다. 하지만 피난처를 공유하는 데 가장 적합한 사람이라곤 할 수 없다.

때로는 시각적 유추visual analogy가 미스터리를 풀기도 한다. 화학자 아우구스트 케쿨레August Kekulé의 사례는 널리 알려져 있다. 그는 뱀이 자기 꼬리를 문 채 몸을 동그랗게 말고 있는 꿈을 꿨는데, 그 덕에 유기화학에서 벤젠 고리로 알려진 구조에 대한 통찰을 얻었다. 과학 저술가인 마이크 서튼Mike Sutton의 설명에 따르면 케쿨레는 머릿속에 복잡한 시각적 이미지를 기억하는 능력이 뛰어나서 분자 구조를 이해할 수 있었다. 더 최근에 옥스퍼드 대학교의 킴 나스미스Kim Nasmyth도 시각적 유추를 해냈다. 유전학자들은 유전체가 고리를 형성한다는 사실을 오랫동안 알고 있었지만, DNA가 세포 안에서 접힐 때 어떻게 조직 상태를 유지하는지 알아내려고 노력해왔다. 나스미스는 취미로 등산을 즐겼던 사람이다. 어느 날 로프와 카라비너*를 만지작거리다 시각적 통찰을 얻었다. 카라비너에 로프를 고리 모양으로 엮는 모습이 염색체를 연결하는 긴 DNA 가닥을 떠올리게 한 것이다. 순수한 시각적 연결이었다. 그것은 마치 볼로타이**의 줄 같기도 하고, 내가 3학년 때 데이지꽃을 수

---

* 등산할 때 사용하는 타원형 또는 D자형 강철 고리
** 끈 모양의 넥타이

놓으려고 만든 여러 개의 고리 같기도 했다.

라피 카차두리안Raffi Katchadourian이 '우주 쓰레기의 위험성'이라는 제목으로 〈뉴요커〉에 발표한 기사에 따르면 우주 유영을 하던 우주 비행사들은 허블 우주 망원경의 원통 표면에 난 자잘한 파편 자국을 보고 경악했다. 고속 도로에 흩어져 있는 모래가 트럭에 미세한 홈을 잔뜩 내놓은 모습과 흡사했다. 우주 비행사 드류 퓨스텔Drew Feustel은 "파편 쪼가리가 언제 어디서든 나타날 수 있다."라고 말했다. 결국 성간星間 잔해를 없애는 기술을 개발하기 위해 '리무브데브리스RemoveDEBRIS'로 명명된 위성 연구 프로젝트가 시작됐다. 엔지니어들은 새로 만든 위성에 티타늄 작살과 케블러*** 망을 포함한 탄도 장비를 탑재했다. 떠다니는 쓰레기를 포획하도록 고안된 이 접근 방식은 내게 초기 포경捕鯨 방법을 떠올리게 했다. 나중에 자신들의 위성 영상을 본 엔지니어들 가운데 한 명이 이렇게 말했다.

"우리는 이것을 도표와 그래프, 시간표로 시각화했습니다. 그게 실제로 어떻게 **보일지는** 전혀 생각하지 않았던 것 같습니다."

엔지니어로서 그들의 뛰어난 공간 사고력은 복잡하고 추상적인 시뮬레이션을 개발할 수 있었지만, 팀에 사물 사고자가 있었더라면 도움이 됐을 것이다. 내 눈엔 우주 잔해를 쓸어내려는 노력이 헛수고로 끝날 게 뻔해 보였다. 지구에 널려 있는 돌멩이를 없애려는 시도와 같았기 때문이다. 인류에게는 작은 한 걸음이지만 사물 시각형 인간에게는 위대한 도약이 될 수 있었을 텐데 참으로 아쉽다.

*** 강도가 높은 합성 섬유

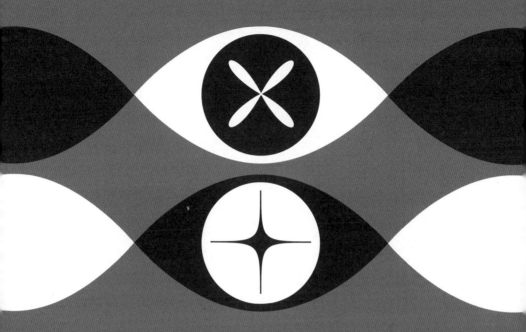

걸러지다

내가 학교에 다니던 1960년대는 공작 수업이 흔한 시절이었다. 초등학교 5학년 때 들었던 공작 수업은 지금도 생생하게 기억난다. 공작실에는 나무 작업대가 줄줄이 놓여 있고, 합판과 나무 조각을 넣어둔 커다란 통이 있었다. 페그 보드(타공판)에는 실톱과 망치, 펜치, 스크루 드라이버, 교반기 드릴이 크기대로 가지런히 걸려 있었다. 그곳에서 나는 연장 사용법과 물건 만드는 법을 처음으로 익혔다. (첫 프로젝트에서 만든 나무 보트는 아쉽게도 물에 뜨지 않았다.)

공작실에 대한 그때의 마음가짐은 잊을 수가 없다. 우리는 공작실을 무척 소중히 다뤘다. 수업을 마치고 공작실을 나설 때면 언제나 연장을 제자리에 갖다 놓고 주변을 깨끗이 정리했다. 이발소 바닥에 떨어진 머리카락을 쓸듯이 우리는 나무 부스러기를 죄다 쓸어 담았다. 집에서는 달랐다. 흡사 재난 지역 같은 내 방을 본 어머니가 TV 시청 시간과 용돈을 줄이겠다고 으름장을 놓아도 방을 정리하는 일은 거의 없었다. 하지만 공작실 담당자 패트리아르카 선생님이 정한 '들어올 때보다 더 깨끗한 상태로 해놓고 나가기'라는 지침은 철석같이 지켰다. 나는 패트리아르키 선생님을 좋아했다. 공삭 수업에 흥미를 느낀 나와 다른 여학생 한 명을 기꺼이 받아 주셨기 때문이다. 공작 수업은 그야말로 신나는 시간이었다.

당시 학교에서는 성별에 따라 과목을 달리 가르쳤다. 여학생들에겐 흔히 가정 과목을 제공했다. 19세기부터 시작된 가정 과목은 요리, 바느질, 정원 가꾸기, 자녀 양육, 가계부 작성 등 집안일을 가르치도록 설계됐다. 사람들은 내가 말괄량이인 데다 목공 같은 걸 아주 좋아해서 가정 과목을 싫어한다고 생각했을 것이다. 하지만 손으로 하는 일은 뭐든 좋아했다.

3학년 때는 자수를 시작하면서 바늘과 실 사용법을 배웠다. 요즘 일부 아이들은 바늘에 실을 꿰거나 단추를 달 줄도 모른다. 4학년 때 어머니는 내게 실제로 바느질할 수 있는 장난감 재봉틀을 사줬다. 그 재봉틀은 내가 제일 좋아하는 물건 중 하나였다. 나중에 학교 연극에 쓸 의상을 그 재봉틀로 만들기도 했다. 7학년 때는 진짜 재봉틀을 사용할 수 있게 됐다. 재봉 수업은 내 기술적 마음technical mind을 크게 북돋아 줬다. 재봉실엔 책상마다 재봉틀이 한 대씩 놓여 있었다. 내가 가장 좋아하는 발명가 중 한 명인 엘리어스 하우Elias Howe는 재봉틀의 아래쪽 실과 위쪽 실을 연결하는 이중 박음질에 대한 특허를 받았다. 내가 뛰어난 발명가와 시각형 인간을 일컬을 때 사용하는 '영리한 엔지니어링 부서'에 딱 들어맞는 사람이었다. 나는 패턴을 그리고 원단을 재서 정확히 자르고 꿰매는 일을 무척 좋아했다. 훗날 이러한 기술을 적용해서 가축 관리 시스템도 구축했다. 내가 오늘날 사용하는 기술의 일부는 그 옛날 재봉 수업에서 익혔다. 요리 수업에서 익힌 기술도 있다. 과정 중심인 요리를 통해 재료를 순서대로 계량하고 첨가하는 법을 익혔다. 우유 한 컵이든, 3,800갤런짜리 살충액 통이든, 액체를 계량하는 방법은 똑같다.

나는 드라마 프로그램에도 참여했다. 무대에서 활약하진 않았으나 막후에서 내가 잘하는 일을 맘껏 펼쳤다. 고등학교 시절 내내 세트 담당자를 맡았는데, 내 제작 솜씨는 3학년 때 공연한 〈배심원 재판Trial by Jury〉에서 꽃을 피웠다. 윌리엄 슈벵크 길버트William Schwenck Gilbert의 오페라 대본과 아서 설리반Arthur Sullivan의 음악으로 이뤄진 코믹 오페라였다. 나는 판지와 합판을 이용해 배심원단 특별석과 판사석을 만들었다. 페인트를 칠하고 검정 줄무늬를 그려 넣어 진짜 나무처럼 보이게 했다. 이러한 프로그램은 기술적 재능이 있는 아이들에게 뽐낼 기회를 준다. 아울러 나처럼 조명과 무대 장치에 끌리는 괴짜 아이들을 위한 커뮤니티도 제공한다.

1990년대나 그 이후에 공립 학교를 다닌 사람은 이런 프로그램을 기억하지 못할 수도 있다. 그 무렵부터 미술, 연극, 용접, 자동차 정비 등 각종 프로그램이 공립 학교 교과 과정에서 대부분 제외됐기 때문이다. 이러한 정책은 2001년 '아동 낙오 방지법No Child Left Behind'이 발효되면서 정점을 찍었다. 니킬 고얄Nikhil Goyal은 자신의 저서 《재판 중인 학교 Schools on Trial》(2016)에서 아동 낙오 방지법으로 알려진 교육 개혁 법안이 "미국 교육을 쓰나미처럼 강타했다."라고 비판했다. 그때부터 현장 학습을 없앴을 뿐만 아니라 성취도만 중시하는 새로운 철학을 앞세워 '시험 대비 수업'을 강요했다. 시험을 잘 치르도록 죽어라 단련한다는 뜻의 이른바 '드릴, 킬, 버블 필drill, kill, bubble fill' 정책이 표준으로 자리 잡았다. 아동 낙오 방지법부터 '모든 학생 성공법Every Student Succeeds Act'에 이르기까지, 지난 20년 동안 이어진 연방 교육 정책 때문에 시험을 지나치게 강조하는 동시에 다면적 교과 과정을 없애는 문화가 완전히 뿌리내렸다.

종합시험으로 국가의 학업 수준을 높이겠다는 목표는 표준화된 시험에 적합하지 않은 학급을 몰살시켰다. 고얄은 그런 현실을 이렇게 묘사했다.

"초등학교 3학년 때부터 미술, 음악, 과학, 역사 과목의 수업 시간이 줄어들었다. 이러한 과목은 똑같은 비중으로 시험에 나오지 않기 때문이다. 기본적으로 교사는 시험에 나오는 내용 위주로 가르쳤다."

2015년 전국 교육 협회National Education Association 회장 릴리 에스켈슨 가르시아Lily Eskelsen García와 전국 학부모 교사 협회National Parent Teacher Association 회장 오사 손튼Otha Thornton은 〈워싱턴포스트Washington Post〉에 기고한 글에서 "몹시 열악한 학교들은 표준화 시험에 나오지 않는다는 이유로 역사, 미술, 음악, 체육 과목을 줄일 가능성이 대단히 크다."라고 썼다.

내 경력의 첫 20년은 공학 도면과 건축 도면을 모두 손으로 그려낸 기간이었다. 1990년대 중반부터 업계에서 컴퓨터 도면 방식을 도입한 뒤, 나는 이상한 불일치를 발견했다. 도면상 원의 중심이 실제론 중심에 있지 않거나 콘크리트 보강용 철근이 빠진 게 눈에 띄기 시작했다. 도면에 세부 사항이 누락되면서 개략도에 가까워졌다. 컴퓨터로 디자인을 배우는 사람의 상당수는 연필을 잡아본 적도 없고, 제도용 종이를 만져보거나 뭔가를 직접 만들어본 적도 없었다.

한번은 인턴을 훈련하는 의사와 대화를 나누다가 충격을 받았다. 인턴들 몇몇은 가위를 한 번도 안 써봐서 상처 꿰매는 법을 배울 때 어려움을 겪는다는 것이다. 일리노이 대학교 이식외과 의사인 마리아 시미오노프Maria Siemionow 박사는 지금껏 수많은 외과 의사를 길러냈다. 박사는 외과 의사의 손재주가 어린 시절의 체험 활동 덕분이라고 생각했다. 그런데 요즘 아이들은 손으로 뭘 해본 경험이 별로 없다며 탄식했다. 시미오노프 박사는 어렸을 때 코바늘 뜨개질을 했다. 잡지에서 오려낸 사진으로 정교한 콜라주를 만들기 위해 가위도 많이 사용했다. 〈뉴욕타임스〉 기자인 케이트 머피Kate Murphy는 한 뇌신경외과 전문의를 소개하면서 그의 피아노 연주가 손기술을 연마하는 데 도움을 줬을 거라고 했다. 복잡한 수술을 전문으로 할 의사를 선택할 땐 성적을 최우선 사항으로 두지 말아야 할 것이다.

여러 부모와 대화를 나눠본 결과, 실종 아동의 상당수는 지하실에서 비디오 게임에 빠져 있던 것으로 드러났다. 30년 늦게 태어났더라면 나 역시 비디오 게임 중독자로 자랐을 것이다. 빠르고 현란한 시각적 자극에 분명 빨려들었을 테니 말이다. 실제로 자폐인은 비디오 게임에 과도하게 몰두하기 쉽다는 연구 결과도 있다. 중독된 청소년을 치료하려면 게임에 버금갈 만한 흥밋거리를 제시해야 한다. 게임 중독자에서 자동차 정비공으로 거듭난 두 가지 사례를 알고 있다. 그들에겐 실물 자동차를 수리하고 엔진에 대해 배우는 과정이 모의 자동차 경주보다 흥미로웠다. 자녀를 스크린에서 떼어놓을 수 없다고 불평하는 부모가 많다. 이는 어쩌면 부모 자신이 스크린에 집착하며 부모로서 권위를 제대로 행사하지 못하기 때문일 수 있다. 나의 어머니는 TV 시청 시간을 하루 한 시간으로 제한했다. 그것도 과제와 집안일을 전부 마무리했을 때만 허용했다. 요즘 일부 부모는 멜트다운meltdown*을 피하려고 매사에 오냐오냐한다. 멜트다운에 대한 걱정은 이해하지만 아이는 일단 자신이 잘할 만한 일을 발견할 기회가 필요하다. 스크린을 벗어나 다른 환경에 노출되지 않으면 아무것도 발견할 수 없다. 내겐 이모의 목장이

---

* 심리 탈진 또는 자폐성 탈진. 분노나 감정이 격하게 표출되는 현상을 말함

그 기회가 돼 줬다.

　나는 여행을 자주 다니는데, 어디를 가든 책이나 잡지를 읽는 사람을 만나기가 쉽지 않다. 부모도, 10대 자녀도 죄다 휴대폰을 만지작거린다. 더 어린아이들은 비디오 게임을 한다. 이런 점에 주목한 사람은 한둘이 아니겠지만 내 관점에서 볼 때 중독은 더 큰 실패와 직결된다. 즉, 훈련된 노동자들의 손실이요, 손을 써서 일하는 데 능하고 시각적 사고자일 가능성이 큰 사람들의 손실을 뜻한다. 아이는 비디오 게임을 할 때마다 자동차와 비행기에 대해 배우고 연장을 다루고 자연에 나갈 기회를 놓친다. 대다수 학생은 뭔가 잘할 만한 일을 배울 기회가 전혀 없다. 공작, 미술, 음악, 가정 과목을 학교 교육으로 되돌린다면 도움이 될 것이다.

　아이들은 현장 학습을 통해서도 다양한 아이디어와 전도유망한 직업을 접할 수 있다. 내가 자랄 땐 현장 학습이 대단한 활동이었다. 초등학생 때 처음으로 자동차 공장을 방문했는데, 바퀴에 있는 볼트 다섯 개를 에어 렌치로 한꺼번에 조이던 장면이 지금도 생생하다. 아버지가 타이어를 힘겹게 교체하면서 볼트를 하나씩 풀었다가 다시 조이던 모습과는 참으로 대조적이었다. 나는 스패너, 잭*, 레버에 매료됐다. 그때 이미 내 기계적 마음mechanical mind이 작동하고 있다는 암시였다. 나는 아버지가 한참이나 낑낑대던 일을 순식간에 해낸 그 기계를 넋 놓고 바라봤다. 내 안에서 막 움트던 영리한 엔지니어가 훅 솟아올랐다.

　학교의 현장 학습은 '시험 대비 수업' 방식의 또 다른 희생물이었다. 〈현장학습이 중요한 이유Why Field Trips Matter〉라는 제목의 보고서는 미

---

*　자동차 타이어를 갈 때처럼 무거운 것을 들어 올릴 때 쓰는 기구

국 학교 행정가 협회의 조사를 인용해 2010년부터 사전 계획된 현장 학습 가운데 절반 이상이 폐지됐다고 발표했다. 보고서는 또 박물관 견학이 비판적 사고와 역사적 공감, 예술을 향한 관심을 높인다는 사실도 언급했다. 출신 환경이 불리한 학생일수록 현장 학습의 혜택이 두세 배나 컸다. 견학 횟수가 줄어든 가장 큰 요인은 자금 부족인 경우가 많다. 〈뉴욕타임스〉의 기자 마이클 위너립Michael Winerip은 뉴욕시의 한 유치원 교사가 아이들을 이끌고 '보도步道 현장 학습'을 인솔한 사례를 소개했다. 교사는 보도를 걸으며 뮤니Muni-Meters**와 **주차, 위반** 같은 새로운 어휘와 산수 개념 등 다양한 내용을 가르쳤다. 아이들은 자동차 수리점, 시립 주차장, 지하철, 시장, 여러 곳의 다리, 병원 응급실을 방문했다. 참으로 기발하다. 굳이 유명한 박물관이나 기념비를 찾아갈 필요가 없다. 호기심과 더불어 교사들이 일상에서 학습 기회를 찾도록 격려하는 관리자만 있으면 된다.

학교 네트워크의 책임자는 교사들이 갈수록 보도 현장 학습을 채택하지 않는다고 한탄했다.

"시험을 잘 치러야 한다는 압박감이 너무 큽니다. 현장 수업이 당장 점수를 올려주진 못하겠죠. … 이러한 활동을 진행하려면 장기적 관점을 기꺼이 채택해야 합니다."

공장, 농장, 방앗간, 물류센터, 전문 주방 등 다양한 환경에서 이뤄지는 현장 학습이 학생들에게 제공할 가능성을 예측해보자. 이러한 경험은 학생들이 상상도 못 했던 직업에 노출될 기회일 뿐만 아니라 일상에서 접하는 물건이 만들어지는 과정을 보여줄 창구도 된다.

---

** 뉴욕시 교통부에서 사용하는 주차 요금기의 이름

"넌 커서 뭐가 되고 싶니?"라는 질문은 그야말로 쓸모없는 말이다. 정말 모호한 언어적 사고자의 질문이다. "넌 무엇을 잘하니?"라고 구체적으로 물어야 한다. 구체적인 질문은 더 유용하고 흥미를 키우는 진정한 출발점이다. 아이들은 자신의 재능을 알아차리기 위해 폭넓게 체험해야 한다. 내가 가장 열정을 보이는 주제가 바로 이 부분이다. 그 이유로 두 가지를 들 수 있다. 첫째, 우리는 학생들에게 그런 체험 기회를 박탈함으로써 그들을 저버리고 있다. 둘째, 그 과정에서 이 나라에 필요한 건전하고 다양한 노동력을 싹부터 자르고 있다.

내가 볼 땐 학교에서 체험 학습을 없앤 조치는 교육계에서 일어날 수 있는 최악의 상황이다. 의도했든 안 했든 체험 학습이 사라지면서 이른바 교과 외 활동에서 뛰어난 능력을 발휘할 수 있는 시각적 사고자들이 죄다 걸러지고 말았다. 아이들, 특히 사물 시각적 사고자인 아이들은 종일 책상 앞에 앉아 있으면 자신이 뭘 잘하는지 알아낼 방법이 없다. 게다가 나처럼 뭔가를 **하거나 만드는 데** 넘치는 에너지를 발산해야 할 아이들에게 그것은 고문이나 다름없다. 그런 능력은 아이가 어렸을 때부터 키워줘야 한다. 체험 학습과 같은 수업에 노출될 기회를 주지 않으면 전도유망한 건축가나 엔지니어, 셰프를 길러낼 수 없다. 그런데 우리는 오히려 디자이너와 발명가, 예술가를 전부 걸러내고 있다. 우리에겐 인프라를 구축해서 관리하고, 에너지와 농업을 정비하고, 기후 변화와 전염병에 대처할 도구를 만들고, 로봇과 인공지능을 개발할 수 있는 미래 세대가 필요하다. 차세대 솔루션을 발명할 상상력을 지닌 사람들이 필요하다.

---

2장은 아이들을 걸러낸 결과, 그들에게 만족스러운 미래를 허락하지 않은 데 따른 값비싼 대가에 대해 살펴본다. 일률적 모델에 따른 학업 성취도 만능 정책 때문에 특수 학급으로 내몰리든 진학 기회를 박탈당하든 간에, 걸러진 아이들은 사실상 성공할 가능성이 거의 없다. 교실에 앉아 있는 아이들을 살펴보거나 교사와 이야기를 나눠봐도 모든 사람에게 적용될 수 있는 만능 모델은 없다.

내가 아이들을 걸러내는 정책의 위험성을 강조하는 데는 개인적으로 또 다른 이유가 있다. 자폐인으로서 나는 발달과 행동, 학업 등 모든 면에서 어려움을 견뎌야 했다. 그래도 나는 동물 다루는 일에 종사겠다는 꿈을 이뤄냈다. 산업 현장과 대학원에서 동물학을 가르치는 교수로서 늘 동물과 함께하며 그들의 행동을 이해하고자 계속 노력한다. 아이러니하게도 내가 지금은 수의사들을 가르치고 있으나 수의대에 진학할 수 없었다. 왜냐고? 학교에서 나를 걸러냈기 때문이다.

## 잘 따져보라

간단히 말해 나는 수학 점수가 낮아 학교에서 걸러졌다. 수학을 아예 못한 건 아니었다. 저학년 때 배운 산수는 현실 세계의 사물과 관련 지을 수 있어서 이해할 만했다. 가령 분수는 피자를 자르는 일과 관련 지었다. 1950년대에 배웠던 구식 산수는 무난히 따라갔다. 4학년 때 각도기로 각을 재는 과정도 재미있었다. 6학년 때는 복잡한 공간의 넓이를 정사각형, 원, 삼각형으로 나눠 구하는 법을 배웠다. 이런 식의 실용적 수학은 내가 가축 시설을 설계하는 데 꼭 필요하다.

나중에 설계하는 법을 배울 때 나는 원의 넓이를 잘 구했다. 그래서 유압 실린더와 공기압 실린더의 크기 조정 같은 실제 작업에 매우 유용하게 활용했다. 약점이었던 분야는 대수학이었다. 내게 대수학은 넘지 못할 벽이었다. 여러 사물 시각형 인간들처럼 나도 추상적 개념을 이해하지 못했다. 그런데 대수학은 온통 추상적 개념을 다룬다. 고등학교 시절, 선생님들은 내게 그 개념을 주입하려고 무지 애썼지만, 나로선 시각화할 이미지가 없으니 가망이 없었다. 차라리 기하학과 삼각법으로 건너뛰었어야 했다. 나는 시각화할 수 있는 문제는 금세 익혔다. 삼각법에 관한 개념은 가령 현수교의 케이블을 시각화함으로써 이해했다. 대수학을 이해하려면 각 방정식에 관한 실제 사례가 필요했다.

나는 결국 정규 과정에서 걸러졌다. 수학을 못한 탓에 물리학과 의생명공학 과정을 포기해야 했다. 그래서 수의대와 공과대에 지원조차 할 수 없었다. 심리학이나 동물학처럼 수학 요건이 낮은 학과를 전공해야 했다. 요즘엔 이런 학과에서도 더 높은 수학 요건을 내걸기 때문에 이마저도 전공하지 못할 것이다. 최근에 한 학생이 내게 이메일을 보냈는데, 학부에서 생물학을 전공하려면 미적분을 반드시 이수해야 한다는 내용이었다. 나는 그 장벽을 결코 넘지 못했을 것이다. 내가 대학에 다닐 땐 미적분이 생물학 전공자의 필수 과목이 아니었다. 생물학은 내가 고등학교 때 무척 좋아했고 또 잘했던 과목이었다.

다행히 나는 대학에서 확률과 행렬, 통계학 등 다른 필수 과목을 수강함으로써 대수학을 피할 수 있었다. 그렇긴 해도 첫 번째 수학 퀴즈에서 떨어진 후 바로 개인 교습을 받았다. 요즘 학생들은 어려운 점이 있어도 교수에게 좀체 도움을 청하지 않는 것 같다. 참으로 안타깝다. 나는 대학 시절, 수학 교수에게 매주 2시간씩 개인 교습을 받았다.

대학원 시절엔 다른 학생에게 돈을 주고 과외를 받았다. 그 많은 과외 학습이 없었다면 제대로 졸업할 수 있었을지 의심스럽다. 박사 과정에 필요한 통계 과목에서 낙제하지 않기 위해 나는 통계시험 유형별로 실제 연구 과제의 구체적 사례를 만들었다. 가령 소의 체중 증가에 대한 두 가지 사료를 비교하는 실험이나 환경 개선이 돼지의 행동에 미치는 영향을 비교하는 실험 등 내가 시각화할 수 있는 사례를 구상했다. 대수학 장벽을 없애고 기하학과 삼각법, 통계학 같은 다른 형태의 수학으로 대체한다면, 걸러지는 학생 문제를 해결할 수 있으리라고 확신한다.

정치학자 앤드류 해커Andrew Hacker가 2012년 '대수학은 필요한가?'라는 논평을 발표해 교육계를 뒤흔들었다. 해커는 대수학 교육을 고집하는 학교를 맹비난하며 학교에서 가르치는 수학은 사람들이 일터에서 사용하는 수학과 아무런 상관이 없다고 지적했다. 그는 아이들이 고등학교를 마치지 못하는 주된 이유로, '대부분 교육자가 대수학을 꼽는다'라고 보고하며 실패할 가능성이 큰 '시련'을 학생들에게 왜 안기느냐고 따졌다.

해커는 "수학을 필수 과목으로 지정하면 재능있는 젊은이를 발굴하고 발전시키기 어렵다. 엄격함을 유지하려다 오히려 뛰어난 두뇌 자원을 고갈시키고 있다."라고 언급했다. 그는 기본 기술이나 양적 기술 같은 분야를 포기하자고 주장하지 않았다. 물론 나도 그렇다. 엔지니어와 소프트웨어 개발자, 용접공, CEO 등 다양한 부류의 전문가와 두루 일해온 시각적 사고자로서 수학의 중요성을 누구보다 잘 알고 있다. 그런데 수학과 학습자, 실생활의 응용 프로그램은 모두 각각의 영역에서 종류가 무척 다양하다. 쟁점은 학생들의 진로에 도움 되는 것이 무엇이냐에 있다.

에밀리 핸포드Emily Hanford는 2017년 〈뉴욕타임스〉에 기고한 '더 큰 수학 문제를 풀기 위하여'라는 기사에서 충격적인 통계 자료를 내놓았다. 지방 전문대생의 60% 정도가 수학 보충 교육이 필요한데, 이는 영어 보충 교육이 필요한 학생보다 두 배나 높은 수치다. 4년제 공립대학도 별반 다르지 않다. 학생들 가운데 40%는 최소 한 과목의 보충 수업을 들어야 하고, 그중 33%는 수학 과목이다. 거듭 말하지만 성적 하락은 학생들의 학습 능력에 결함이 있다는 뜻이 아니라 우리가 그들에게 요구하는 내용에 결함이 있다는 뜻일 수 있다. 2년제 전문대학은 전통적으로 학생들에게 대수학을 이수하도록 요구해왔다. 핸포드는 일부 정책 입안자들이 마침내 그 논리에 의문을 제기했다고 말한다.

앤드류 해커는 논평에서 '학생들은 원하든 원하지 않든 읽고 쓰고 나누는 법을 배워야 한다'라고 썼다. 기본 소양은 당연히 갖춰야 한다. 그런데 최근에 나한테 배우는 대학원생의 일부가 너무 형편없는 작문 실력을 보였다. 몇 명에게 확인한 결과, 그때까지 학기말 보고서를 제출한 적이 거의 없고, 설사 제출해도 누구 하나 문법을 교정해 주거나 상세한 의견을 제시하지 않았다고 한다. 절대로 용인할 수 없는 사항이다. 어떤 직업에 종사하든 글로 명확하게 의사를 표명할 수 있어야 한다. 나는 학생들의 글쓰기 능력을 높이기 위해 그들이 제출한 보고서의 문법을 수정해 준 후 다시 쓰게 했다. 그렇지만 해커가 지적했듯이 학생들에게 벡터 각도와 불연속 함수를 파악하라고 강요할 이유는 없다. 수학이라는 거대한 바위를 끌어당기는 데 온 힘을 쓰면서도 왜 그런 수고를 하는지는 따져보지 않는다.

UC 버클리 로스쿨 학장을 역임한 크리스토퍼 애들리 주니어 Christopher Edley Jr.가 그 바위를 치우는 임무를 수행하고 있다. 에들리는

STEM* 과정에 있지 않은 학생들에게 대수학 요건을 없애서 형평성 격차를 줄이고 졸업률을 높이고자 애쓴다.

"문제는 중급 대수학입니다. 대다수 대학생이 학교에서든 인생에서든 결코 사용할 일이 없는 과정입니다."

17만 명에 달하는 캘리포니아 지방 전문대생이 표준화된 시험을 기반으로 수학 보충 교육을 받지만, 그중 11만 명 이상이 준학사 학위를 못 받거나 캘리포니아 대학교로 편입하는데 필요한 요건을 충족하지 못한다고 애들리는 보고했다. 하지만 캘리포니아 주립대학교의 시범 프로그램을 통해 학생들에게 대수학 대신 일련의 통계 과목을 듣게 했더니 수학 과목 이수율이 높아졌다. 에들리는 이 프로그램을 더 확대해야 하는 이유를 다음과 같이 제시한다.

"수학 요건에 얽힌 불평등과 법적 문제가 여전히 남아 있습니다. 추잡한 비밀에 기반을 둔 그 요건은 대체로 임의적입니다."

수학자 폴 록하트Paul Lockhart는《한 수학자의 탄식A Mathematician's Lament》(2009)이라는 책에서 수학을 가르치는 근대적 접근법을 크게 꾸짖는다. 물론 록하트가 언급하는 대상은 **수학**이라는 단어를 들었을 때 움찔하고, 수학에 소질이 없다거나 수학을 싫어한다고 단호하게 주장하며, 나처럼 특정 종류의 수학만 잘하는 사람들이다. 우리 중 대다수는 고등학교 때 대수학을 시작으로 기하학, 대수학 2, 삼각법, 미적분학 기초, 미적분학까지 이수해야 했다. 록하트는 "내가 만약 아이의 타고난 호기심과 패턴 만들기에 대한 열정을 **짓밟겠다는** 일념으로 어떤 메커니즘을 설계해야 한다면 작금의 수학 교육만큼 잘할 자신이 없다. 현대 수학

---

\* 과학(Science), 기술(Technology), 공학(Engineering), 수학(Mathematics) 융합 교육

교육만큼 무분별하고 사악한 아이디어를 짜낼 상상력이 내게는 없다."
라고 기술했다. 2014년 〈뉴욕타임스〉 기사에 인용된 뉴욕시의 한 교장
도 "그들은 수학을 싫어하는 학생을 양산하려는 것 같다."라며 록하트
와 유사한 정서를 드러냈다.

에든버러 대학교의 발달심리학 교수인 마거릿 도널드슨Margaret
Donaldson은 〈아이들의 마음과 학교 간의 부조화The Mismatch between School and
Children's Minds〉라는 논문에서 가르침과 배움 간의 단절을 연구했다. 도널
드슨은 아이들이 유치원과 1학년 땐 즐겁고 신나게 배우다가 고등학교
에 가서는 왜 지겨워하며 몸을 비틀고 반응도 안 하는지 궁금했다.

"학교에 막 입학한 아이들은 대부분 배우려는 욕구가 강하다. 처음
엔 잘 시작한 아이들이 어째서 나쁘게 끝나는 것일까? 왜 많은 아이가
학교를 싫어하게 되는 것일까?"

도널드슨의 연구는 유력한 사상가이자 아동 심리학자인 장 피아제
Jean Piaget의 연구와 상당히 대비된다. 피아제는 아이들이 7세까진 세상
을 제대로 인지하지 못한다고 믿었다. 이러한 믿음은 부분적으로 '보존
과제The Conservation Tasks'로 알려진 유명한 연구에서 비롯됐는데, 기본적으
로 두 가지 그림을 보여준 후 아이들이 '같다'와 '같지 않다' 같은 개념
을 이해하는지 측정했다. 먼저 보여주는 그림에는 크기와 개수가 같은
물체가 똑같은 간격으로 두 줄로 나란히 배열돼 있다. 다음으로 제시
하는 그림에는 첫 번째 줄에 있는 물체보다 두 번째 줄에 있는 물체 사
이의 간격이 좁게 배열돼 있다. 아이들은 대부분 6세나 7세 때까지 두
줄에 놓인 물건의 개수가 같다는 사실을 파악하지 못한다.

도널드슨과 그녀의 동료 제임스 맥가리글James McGarrigle은 아이들의
추리력 부족이 아니라, 피아제의 접근 방식이 이러한 결과를 초래하지

않았나 의심했다. 그들은 비슷한 테스트를 고안했다. 일단 4세와 6세 아이들에게 곰 인형 캐릭터가 두 번째 줄의 물건을 다시 배치하는 모습을 보여줬다. 그런 다음 '현실 세계'의 설명이나 이야기를 제시했더니 정답에 도달하는 비율이 훨씬 높아졌다. 80명 가운데 정답을 맞힌 아이가 13명에서 50명으로 늘어난 것이다. 도널드슨은 곰 인형이 아이들에게 맥락을 제시했기 때문에 그러한 차이가 발생했다고 판단했다. 대상이 단순히 임상적으로 제시되지 않았다는 것이다. 도널드슨은 '인간적으로 의미 있는 맥락'이 우리의 사고에 영향을 미친다고 믿었다. 결국 우리는 아이디어를 파악하고 실행하기 위해 그 아이디어를 현실 세계의 사례와 연결할 필요가 있다.

버지니아 대학교의 안젤린 릴라드Angeline Lillard는 유치원 아동의 놀이를 연구한 후 "아이들은 현실 세계에서 어떤 역할이든 맡고 싶어 하므로 실질적인 일을 더 좋아한다."라고 말했다. 그녀의 연구는 4~6세 아이들도 가상 놀이보다 진짜 활동을 선호한다는 사실을 보여줬다. 교사가 수학을 현실 세계의 일에 적용하거나 스포츠, 쇼핑, 심지어 비디오 게임 같은 개인적 관심사에 적용할 때 아이들은 학습의 의미를 발견한다.

점수를 기록하고 승률을 계산하는 스포츠나 게임은 공간 시각형 인간을 위한 교습 도구로 활용될 수 있다. 한 가지 예로 체스가 있다. 체스는 그 자체로 역동적인 수학 문제다. 초등학교 학생들이 약 1년간 교사의 가르침을 받으며 체스를 둔 후에 수학 시험을 봤다고 상상해보라. 실제로 덴마크의 연구자 미하엘 로솔름Michael Rosholm과 동료들이 초등학교 1학년에서 3학년 사이 학생 482명을 대상으로 매주 4차시 수학 수업 중 1차시를 체스 수업으로 대체했다. 체스를 배운 학생들은 평균적으로 수학 점수가 올랐다. 어떤 아이들에겐 체스가 수학을 이해하는 관문이 될 수 있다. 응용 수학 박사이자 전문 체스 선수인 페페 쿠엔카$^{Pepe Cuenca}$는 체스가 계산과 시각 기억, 공간 추론, 결과 예측, 기하학을 가르치는 데 도움이 된다고 말한다. 하지만 다른 부류의 아이들에겐 체스가 전혀 도움이 되지 않을 것이다. 나도 체스를 못하는 축에 끼었을 것이다. 나 같은 사물 시각형 인간에게는 패턴이 너무 추상적이라 기억하기 어렵다. 하지만 리모델링한 건물이 어떤 모습일지는 쉽게 시각화할 수 있다. 앞에서도 말했듯이 나는 시각적 상관관계를 찾을 수 없으면 이해하지 못한다. 기술 개발을 위한 진입로를 제공하려면 다양한 접근법이 필요하다.

어느 유형의 학습자에게든 핵심 질문은 뇌 발달과 관련된다. 즉, 아이의 인지 능력이 언제 추상적 추론을 처리할 수 있는가? 피아제는 아이들이 11세나 12세에 논리를 펼칠 수 있다고 믿었다. 하지만 자그레브 대학교의 아나 수삭$^{Ana Sušac}$과 동료들은 추상적인 수학적 추론과 관련된 전전두엽 피질이 더 성숙해지는 청소년기 후기에 가서야 구체적 사고에서 좀 더 추상적 사고로 발달한다고 주장한다. 그들의 연구는 우리가 너무 일찍, 너무 급하게 대수학을 가르치고 있음을 시사한다. 구체적 추론에서 추상적 추론으로 접어들려면 시간이 더 필요하다. 7학년에서 8학년으로 올라가는 시기에 때맞춰 스위치를 켤 수 있는 게 아니다. 캔자스 대학교의 한 연구원은 경험을 통해 추상적 추론 능력을 개발할 수 있다고 주장한다. 이는 그 많은 교과 외 활동을 유지할 그럴싸한 구실을 제공한다.

애팔래치아 주립대학교 교수이자 연구원인 트레이시 굿슨 에스피$^{Tracy Goodson-Espy}$는 이런 질문을 던졌다.

"문제에 대한 산술적 해법을 고안해 내는 학생이 그 문제를 대수학 용어로 생각하지 못하는 이유는 뭘까?"

그녀의 연구에 포함된 아홉 가지 학습 과제는 모두 '현실 세계'의 문제였다. 마거릿 도널드슨의 곰 인형처럼 자동차 대여와 직원 복지 같은 익숙한 상황을 사례로 들어서 맥락과 의미를 제공하려는 의도였다. 굿슨 에스피는 각 학생의 내적 문제 해결 과정을 가늠하고자 학생들을 평가했다. 그런 다음 학생들을 광범위하게 인터뷰하고, 그들이 문제를 해결하는 동안 정신적 과정을 추적하려고 비디오로 녹화했다. 연구 결과, 학생들은 세 가지 범주로 나뉘었다. 첫째, 이미지에 기반하지 않는 산술적 방법으로 해결책을 찾는 학생들이다. 둘째, 도표 작성 방법에 의존하는 학생들이다. 셋째, 대수학 방법을 사용하는 학생들이다. 그녀의 연구는 각 집단이 문제를 어떻게 해결했는지 분명하게 보여주지만, 그 이유를 제시하진 않는다.

그래서 굿슨 에스피의 연구 결과를 내 나름대로 해석해 봤다. 시각적 도구를 전혀 사용하지 않는 학생은 언어적 사고자다. 시각화하려고 문제를 도표로 전환하는 학생은 나와 같은 사물 시각형 인간이다. 그리고 대수학 방법을 사용한 학생은 공간 시각형 인간이다. 굿슨 에스피는 수학에서 대수학으로 원활하게 전환하려면 학생이 반성적 추상 reflective abstraction*을 할 수 있어야 한다고 결론 내리면서 "심상心像 반성적 추상의 한 단계에서 다음 단계로 넘어가는 과정의 본질적 부분이다." 라고 주장했다. 이게 바로 시각적 사고다.

그런데도 우리는 수학 교육에 추상적 접근법을 고수한다. 도널드슨

---

\* 사고에 대한 사고, 내적 성찰

은 어떤 맥락이나 직접적인 경험 없이 사물을 묘사하기 위해 '분리된 disembedded'이라는 용어를 사용한다.

"이러한 기술이 우리의 수학과 모든 과학과 모든 철학의 기초를 이루고 있다. 우리는 다른 인간적 기술과 자질에 비해 이 기술을 지나치게 높이 평가하는지도 모른다. 하지만 쉽사리 포기할 것 같지는 않다. 이미 우린 이 기술에 지나치게 의존하게 됐다."

도널드슨은 교육 제도가 '이해한' 사람들에겐 보상을 주면서 나머지 사람들에겐 심각한 패배감을 안긴다고 생각했다. 실제로 그 패배감은 내가 상상했던 것보다 더 널리 퍼져 있다.

2019년 전국 교육 성취도 평가National Assessment of Educational Progress, NAEP, 일명 '국가의 성적표Nation's Report Card'에 따르면 12학년 학생 중 37%만 대학 입학에 필요한 수학 실력을 갖추고 있다. 국가평가 위원회National Assessment Governing Board의 데이비드 드리스콜David Driscoll 의장은 이렇게 암울한 수치를 제시하면서 다음과 같이 말했다.

"이는 절대로 용납될 수 없습니다. … 우리는 아이들 수준이 점점 더 떨어지는 모습을 지켜보고 있습니다. … 그들을 더 높은 수준으로 끌어올려야 합니다."

더 높은 수준으로 끌어올린다는 말은 곧 더 많은 시험을 치른다는 뜻이다. 하지만 아이들에게 정작 필요한 사항은 시험이 아니라 실제 프로젝트에 참여하는 것이다.

43억 5천만 달러의 보조금을 통해 유치원부터 12학년까지 혁신과 성취를 촉진하겠다는 목표로 오바마 대통령이 '최고를 향한 질주Race to the Top' 기금을 조성한 이후에도 STEM 교육의 미래는 여전히 암울하다. 크리스토퍼 드류Christopher Drew는 〈뉴욕타임스〉 기사 '과학 전공자들은 왜 마음을 바꾸는가'에서 이렇게 썼다.

"대학 신입생들은 강의실에서 수백 명의 다른 학생들과 함께 미적분, 물리학, 화학이라는 눈보라를 헤쳐 나간다. 그러나 상당수는 중도에 포기해 버린다."

공학과 과학 전공자의 40%가 전공을 바꾸거나 중퇴한다. 여기에 의예과생을 합치면 60%로 치솟아 '다른 모든 전공의 감소율 대비 2배 높은 수치'를 보인다. 일리노이 대학교 어바나 샴페인 캠퍼스의 명예 공학 교수인 데이비드 골드버그David E. Goldberg는 이 시스템을 "수학과 과학이 초래한 죽음의 행진"이라고 묘사했다.

그러다 3년마다 PISA*라는 이름의 보고서가 혜성처럼 미국인의 의식 속으로 휙 날아든다. 일부 교육자들과 정책 입안자들은 이 테스트에 결함이 매우 많다고 보지만, 매번 이 테스트 결과에 격분하는 머리기사가 나와서 우리에게 충격을 안긴다.

"우리는 수학을 못한다. 아주 더럽게 못한다!"

2018년엔 79개국에서 60만 명의 학생들이 암기식 문제 해결력을 평가하도록 고안된 두 시간짜리 시험을 치렀다. 중등교육 올림픽과 흡사한 이 테스트에서 미국은 아직 금메달은커녕 은메달이나 동메달도 따지 못했다. 이게 진짜 올림픽이라면 예선도 통과하지 못할 것이다. 미국 학생들은 수학 부문에서 다른 선진국의 또래들보다 훨씬 뒤처질 뿐만 아니라 열악한 국가의 또래들과도 상대가 안 된다. 가장 최근에 발표된 PISA 결과를 보면 수학과 과학에서 큰 점수 차로 1위를 차지한 나라는 중국이었다.

* Program for International Student Assessment. 국제 학업 성취도 평가

아만다 리플리Amanda Ripley는 2016년 〈뉴욕타임스〉에 기고한 '미국이 다른 나라의 똑똑한 학교에서 배울 수 있는 것'이라는 글에서 이렇게 썼다.

"PISA는 미국 교육 제도의 냉혹한 진실을 보여준다. 아이들의 미래 소득을 확실하게 예측하는 과목인 수학은 미국 내 모든 소득 수준에서 가장 취약한 영역이다."

리플리는 15세 학생들 가운데 3분의 1가량이 '기준 능력'에 미치지 못한다고 요약했다.

이러한 보고서가 나오면 문제를 더 악화하는 방향으로 흐르게 된다. 수학에서 낙제하는 학생이 많을수록 우리는 그들에게 수학을 더 많이 던져주고 시험을 더 많이 치르게 한다. 그게 지난 20년간 행해진 비논리적 행태였다.

발달심리학자 하워드 가드너Howard Gardner가 1983년에 《마음의 틀》(1996)을 출간했다. 가드너의 이론은 뇌 손상을 입은 아동과 성인을 대상으로 한 연구에서 나왔다. 부상에 따른 그들의 능력과 결함이 연구에 매력적인 환경을 제공했다. 연구 결과 지능이 똑같은 사람은 없었다. 쌍둥이조차 서로 달랐다. 그런데도 우리는 IQ와 표준화 시험처럼 똑같은 방식으로 사람들을 테스트한다. 수학적 지능과 언어 지능에 유리한 시험 방법론에 부합하지 않는 강점을 지닌 사람들에겐 불리할 수밖에 없다.

가드너는 뇌, 인간 발달, 진화, 문화 간 비교 등에 관한 연구를 살펴보고 음악 지능, 논리·수학적 지능, 언어 지능, 공간 지능, 대인관계 지능, 개인 내 지능, 자연주의적 지능, 신체·운동적 지능 등 여덟 가지 범주를 도출한다. 그리고 우리에게 지능에 대한 정의를 확장하라고 촉구한다.

"인간의 다양한 지능과 그 모든 지능의 조합을 제대로 인식하고 육성하는 것이 무엇보다 중요하다. 사람마다 지능의 조합이 다르기 때문에 우리는 모두 굉장히 다르다."

가드너는 우리에게 아이들을 더 이상 똑같은 잣대로 평가하지 말고, 그들을 도울 새로운 진입점을 찾으라고 한다. 그러면서 굳이 대수학을 가르쳐야 한다면 "대수학을 가르치는 방법이 세 가지, 아니 서른 가지나 있다."라고 지적한다. 가드너가 시각적 사고자를 별도의 지능 범주로 인식하지 않지만, 우리는 우리의 교육 제도가 다른 유형의 지능을 인식하지 못한다는 데 동의한다. 가드너는 다음과 같은 말로 우리의 경각심을 일깨운다.

"개인의 잠재력을 최대한 개발하도록 개개인을 교육할 방법은 여전히 미스터리로 남아 있다. 하지만 우리는 어떠한 마음도 낭비할 여유가 없다."

## 빠른 학습과 느린 학습

나는 여덟 살이 돼서도 글을 읽을 줄 몰랐다. 딕과 제인이 등장하는 읽기 교재로 학교에서 가르치는 통문자 단어 학습sight-word learning*을 계속했더라면 얼마나 더 못 읽었을지 가늠하기도 어렵다. 다행히 3학년 담임 선생님과 어머니가 합심해 집에서 읽기를 가르칠 계획을 세웠다.

---

\* 아이들이 읽기를 시작할 때 특정 단어를 반복해서 보여주고 익히게 하는 방법

나도 읽기를 배우겠다는 의욕이 넘쳤다. 어머니는 언니와 나에게 거의 매일 책을 읽어줬다. 당시 읽어준 찰스 디킨스의 《올리버 트위스트》에서 흥미로운 대목은 지금도 기억한다. 구빈원에 거주하던 올리버가 음식을 더 달라고 부탁했던 구절은 결코 잊지 못할 것이다.

방과 후 집에 오면, 어머니가 매일 1시간씩 파닉스를 가르쳐 줬다. 어머니는 소리와 글자의 연관성을 보여주면서 내게 음절을 '소리 내어' 말하게 했다. 그리고 딕과 제인의 유치한 이야기 대신 《오즈의 마법사》에 눈을 돌렸다. 어머니는 책을 읽다가 흥미로운 대목이 나오면 중간에 멈췄다. 다음에 무슨 일이 벌어질지 잔뜩 궁금증을 일으킨 다음, 벽에 붙여둔 알파벳 글자를 나더러 전부 소리 내어 읽게 했다. 나는 아주 큰 소리로 읽어야 했다. 그런 다음에도 어머니는 바로 책을 읽어주지 않고 나한테 단어 하나를 소리 내어 읽게 했다. 한 단어가 두 단어로, 두 단어가 세 단어로 계속 늘어났다. 어머니가 읽는 부분이 점점 줄어들다가 결국엔 내가 문장을 다 읽게 됐다. 파닉스, 일대일 과외, 내 흥미를 끄는 책을 고른 어머니의 통찰이 제대로 먹혔다. 나는 몇 달 만에 6학년 읽기 수준으로 뛰어올랐다. 이러한 개입이 없었다면 나는 학교에서 완전히 실패했을 것이다.

어머니의 읽기 지도는 공립 학교에서 장애 아동에게 특별한 도움을 제공하는 IEP(개별화 교육 프로그램, Individualized Education Program)에 해당한다. 내가 학교에 다닐 땐 이런 프로그램이 없었다. 특별한 도움과 집중적인 개인지도는 어머니가 도맡았다. 고등학교에 진학할 무렵, 나한테는 전통적인 학교 교육이 끊임없는 괴롭힘과 놀림으로 가득한 재앙이었다. 우리 부모는 나를 학습 장애가 있는 아이들을 위한 특수학교에 보낼 여유가 있었다. 그런 기숙학교에 가는 게 썩 내키지 않았지만,

결과적으로 그곳 생활은 내 인생에서 가장 중요한 경험 중 하나였다. 특히 두 가지 사항이 주효했다. 과학 교사에게 특별 지도를 받았던 점과 학교의 말들을 돌보며 일하는 기술을 익혔던 점이다. 그 덕에 나는 평생 탐구하게 될 주제를 찾았고, 엄격한 직업 윤리를 터득했다.

〈과소평가될 위험이 있는 자폐아들Autistic Children at Risk of Being Underestimated〉이라는 제목의 논문에서 발레리 쿠르셴Valérie Courchesne과 동료들은 언어 능력이 미미한 자폐아들의 인지 능력에 초점을 맞췄다. 연구진은 '아동의 숨은그림찾기 검사Children's Embedded Figures Test'를 이용해 언어 능력이 낮은 자폐아 30명과 연령대가 비슷한 대조군을 대상으로 인지와 지능을 네 차례씩 평가했다. 자폐아들 가운데 표준 지능 검사(웩슬러 지능 척도)를 끝낸 학생은 한 명도 없었지만 숨은그림찾기를 끝낸 학생은 26명이나 됐다. 그것도 동일 연령대의 신경전형인들보다 더 빨리 끝마쳤다. 로랑 모트론은 〈네이처Nature〉에 기고한 논문에서 자폐인은 뇌의 언어 처리 네트워크보다 시각 처리 네트워크에서 더 활발한 활동이 이뤄진다며 "이러한 뇌 기능의 재분배가 우수한 성과와 관련 있을 수 있다."라고 썼다.

관건은 사물 시각적 사고자에게 더 효과적인 평가와 교육을 어떻게 제공할 것인지에 달려 있다. 수학을 못하는 아이들은 과소평가되기 쉬우며 그들이 지닌 기술을 개발할 기회도 별로 없다. 일부 아이들을 위해선 홈스쿨링을 고려해볼 수 있다. 나는 자폐아와 관련해서 홈스쿨링 문제를 자주 질문받는다.

미국 국립 교육 통계 센터National Center for Education Statistics, NCES에 따르면 약 177만 명의 아이들이 홈스쿨링을 받고 있다. 그중 16%는 특별한 도움이 필요한 아이들이다. 부모가 스펙트럼상의 아이를 위해 홈스쿨링을 선택하는 가장 흔한 이유는 괴롭힘, 문제 행동의 관리, 자녀의 행복이나 웰빙, 학교의 지원 수준에 대한 불만 등이다. 하지만 가족에게 엄청난 스트레스를 안기기 때문에 가볍게 결정할 사안은 아니다. 나는 천재성과 신경다양성을 설명하는 장에서 홈스쿨링을 받았던 토머스 에디슨에 관해 이야기할 것이다. 전직 교사였던 어머니가 에디슨의 뛰어난 기계적 마음에 불을 붙이려고 온갖 책을 섭렵하게 했다는 낭만적인 내용이다. 이 같은 사례는 드물다. (어쩌면 에디슨의 사례도 사실이 아닐 수 있다.) 그럼에도 부모는 홈스쿨링에 관해 끊임없이 묻는다. 아이를 잘 모르는 상태에서 함부로 조언할 순 없지만, 나는 부모가 홈스쿨링을 선택한다면 자녀가 다른 아이들과 함께 활동할 기회를 주라고 항상 말한다. 홈스쿨링을 하는 부모는 흔히 이런 기회를 제공하는 홈스쿨 그룹에 속해 있다. 그런 그룹은 부모에게도 좋다고 본다. 아이를 키우려면 온 동네가 합심해야 한다는 말이 있다. 자폐아를 키우려면 온 동네의 합심과 엄청난 지원이 필요하다.

특정 뇌와 학습 스타일에 적합한 진입점을 찾는다면 판세가 바뀔 수 있다. 나는 글을 명확하게 쓰도록 배우느라 무지 애를 먹었다. 당시 수많은 교수법이 내겐 아무 쓸모도 없었다. 하지만 9학년 무렵 내 작문 실력은 요즘 내 대학원 제자들보다 나았다. 내가 글을 쓸 때 단어가 내 상상 속에서 보이는 이미지를 묘사한다. 나는 세 가지 방법으로 글을 잘 쓰도록 배웠다. 첫째, 내 글이 올바르게 들리는지 판단하기 위해 큰 소리로 읽었다. 둘째, 선생님이 내 보고서를 교정하고 문법을 바로잡은 방식에 세심한 주의를 기울였다. 셋째, 독후감을 써서 내가 읽은 자료의 요점을 파악했다. 이렇게 쌓아온 글쓰기 실력 덕분에 저널 기사를 다수 발표할 수 있었고, 그런 저널 기사 덕분에 다양한 일거리를 얻을 수 있었다. 내가 지금 쓰는 글은 모두 정보를 기술적으로나 실질적으로 전달하기 위한 것인데, 학교에서 그간에 배웠던 기술을 모두 적용한다. 지금까지 나는 과학 저널 기사를 백 편 넘게 작성했고 책을 여덟 권 출간했다. 두 권은 혼자 썼고 여섯 권은 공저자와 함께 썼다.

그렇다면 왜 이렇게 많은 학생이 연구 방법과 결과를 명쾌하게 설명하지 못하는 것일까? 나는 요즘 내 밑에서 석사와 박사 과정을 밟는 학생들을 상대로 기초 교육을 다시 하고 있다. 이제라도 시험보다 기초 수학과 문법에 비중을 더 둔다면 학생들이 사회생활을 시작할 즈음엔 훨씬 더 나아질 거라고 확신한다.

학교 교육에서 아이들을 걸러내는 또 다른 방법이 있다. 표준화된 교과 과정은 모든 학생이 같은 속도로 발전한다고 가정한다. 심지어 아이가 너무 쉬운 과정을 밟고 있더라도 교육자들은 소위 나이에 맞는 자료만 제시해야 한다고 주장한다. 그런데도 많은 부모가 사회적, 발달적 우려 때문에, 혹은 아이를 너무 세게 너무 빨리 몰아붙일까 봐 선뜻 속성 교육을 허락하거나 요청하지 못한다. 이러한 딜레마는 1989년 방영된 시트콤 〈천재 소년 두기Doogie Howser, M.D.〉에 잘 나타나 있다. 프린스턴을 졸업하고 열네 살에 의대까지 마친 10대 신동 두기는 환자 치료와 자신의 여드름 치료를 적절히 병행한다.

적절하게 제공되면 속성 교육이 유리하다는 연구 결과에도 불구하고, 제도적 저항과 부모의 우려 등 온갖 이유로 학점이나 과목을 건너뛰는 학생은 1%에 불과하다. 그레고리 박Gregory Park과 동료들이 〈교육심리학저널Journal of Educational Psychology〉에 발표한 〈적을수록 좋을 때When Less Is More〉라는 제목의 논문에 따르면 월반한 학생들이 월반하지 않은 학생들보다 장기적으로 더 나은 성과를 낸다. 학생들은 더 높은 학위를 취득하고 논문을 발표하고 STEM 분야에서 특허를 취득하며 성공적인 경력을 쌓을 가능성이 더 크다.

어쩌면 우리는 수학을 못하는 아이들을 걸러내듯이 수학 또는 다른 과목을 **잘하는** 아이들도 방해하는 게 아닌가 싶다. 그들의 잠재력을 발전시키지 못하고 있기 때문이다. 확실한 열정과 능력이 있는 아이들이 각자의 강점을 추구하도록 밀어줘야 이런 문제를 해결할 수 있다. 《히든 피겨스》라는 책과 영화로 처음 대중에게 알려진 캐서린 존슨 Katherine Johnson 의 놀라운 사례를 들어보자. 어렸을 때부터 존슨은 숫자를 세고 복잡한 문제를 계산하고 추산하는 것을 좋아했다. 교사들은 존슨의 탁월한 재능을 알아보고 일찌감치 월반을 허락했다. 존슨은 열살 때 고등학교에 입학했다. 열다섯 살 때 웨스트버지니아 주립대학에 입학해서 수학 과정을 모두 섭렵하고 열여덟 살에 수석으로 졸업했다. 졸업 후 존슨은 당시 흑인 여성에게 허락된 몇 안 되는 직업 중 하나인 교사로 일했다.

존슨의 천재성은 나사에서 더 많은 '인력manpower'이 필요해 여성 노동자들에게 눈을 돌리면서 시험대에 올랐다. 인종차별과 성차별이 만연했던 1950년대에 존슨은 나사에서 일을 시작했다. 당시 나사에서 근무한 여성들은 '치마 입은 컴퓨터'로 불렸고, 흑인 직원들은 근무와 식사에서 화장실 사용까지 백인 직원들과 철저하게 분리됐다. 당시엔 컴퓨터가 복잡한 계산을 처리할 수 있을 만큼 발전하지 않았다. 하지만 존슨의 수학 계산 덕분에 유인 우주 비행이 가능해졌다. 존슨은 수성과 아폴로 우주선의 궤도와 재진입 경로를 계산해냈다. 그녀의 계산 덕분에 우주 비행사들이 무사히 귀환할 수 있었다. 나는 캐서린 존슨이 궤도 경로를 계산할 때 그 뛰어난 머릿속에서 다차원적 패턴을 떠올렸을 거라고 상상한다.

자신의 학년 수준을 월등히 넘어서는 학생들을 붙잡고 방해해서
무슨 이득이 있겠는가? 수학을 아주 좋아하는 학생들에게 수학 과목
을 늘려주거나 인근 대학에서 수업을 듣게 하는 식으로 더 강하게 밀
어붙이면 어떨까? 빌 게이츠Bill Gates, 스티브 잡스, 마크 저커버그Mark
Zuckerberg, 일론 머스크는 모두 대학이나 대학원 과정을 중퇴했다. 다들
자신들의 고급 기술을 현장에서 시험하고 적용하길 열망하며 실리콘
밸리로 직행했다. 스티브 잡스의 경우엔 관심 없는 필수 과목을 건너뛰
고 싶은 욕구도 있었다. 내가 보기엔 제공된 교과 과정이 그들 중 누구
에게도 충분히 도전적이지 않았다.


## 테스트의 함정

"이게 시험에 나올까?"

사방에서 학생들이 이렇게 투덜댄다. 이런 소리를 들으면 교수로서
참으로 안타깝다. 시험에 안 나오는 내용은 다 불필요하고 고려할 가치
도 없다고 생각하는 것 같다. 우리는 배움이 단지 시험 통과만을 의미
하는 세대를 키우고 말았다. 하지만 배움은 학생들이 인생과 직업 둘
다를 준비할 수 있게 해야 한다.

나는 가축 관리 수업에서 항상 축척 도면을 그리게 한다. 10년 전과
비교해 이 과제를 어려워하는 학생이 많다. 일부는 자로 물건 재는 법
을 배운 적도 없다. 간혹 이런 과제를 왜 해야 하느냐고 따지는 학생도
있다. 나는 그들에게 소파를 사러 간다면 거실에 맞을지 결정할 때 치

수를 재야 하지 않겠냐고 대답한다.

시험에 대한 집착 때문에 우리는 몹시 불행한 처지로 내몰렸다. 즉, 절차를 무시하고 부정행위를 저지르고 실의에 빠졌다. 하버드 교육대학원의 대니얼 코레츠Daniel Koretz 교수에 따르면 시험은 학생들의 성취도보다 불평등을 더 많이 드러낸다. 코레츠는 30년 동안 시험 제도에 대한 비판적 논평을 쏟아냈다. 그의 저서 《시험의 속임수The Testing Charade》(2017)에서 코레츠는 성과를 내지 못하면 교육자들의 일자리가 위태로워진다고 보고한다. 그리고 앞서 언급한 것처럼 점수를 올려야 한다는 압박감이 어떤 주제를 가르칠지에 영향을 미친다. 그에 따른 피해는 실로 엄청나다. 교사들은 시험에 나올 만한 내용만 가르치며 귀중한 시간을 낭비하고, 교수 이념에 반하는 부조리가 교실에 스며들기 시작한다. 공정한 시험을 강조하는 비영리 단체 '페어테스트FairTest'의 공교육 책임자 밥 셰퍼Bob Schaeffer는 시험 점수에 집착한 결과로 온갖 부정행위가 판을 친다고 보고한다. 대리인에게 시험을 치르게 하고, 추가 시간을 받으려고 장애를 가장하며, 답을 적거나 고치려고 누군가에게 돈을 지불하고, 감독관에게 뇌물을 줘 시선을 돌리게 하는 등 방법도 가지각색이다.

두 유명 여배우가 딸들의 대학 입학 지원서를 조작하려고 코치에게 거액의 뇌물을 준 혐의로 징역형을 선고받으며 전국을 뒤흔들었던 부정행위에 비하면 이 정도는 양반이다. 당시 CEO, 부동산 개발업자, 표준화 시험 관리자들에게 50건 넘는 고발장이 추가로 송달됐다. 부정행위는 어디서나 벌어지고 있다. 코레츠는 그 이유를 설명하고자 캠벨의 법칙Campbell's Law을 거론한다. 즉, 사회적 의사 결정 과정에서 사용되는 모든 지표는 그러한 결정에 영향을 미치려는 사람들에 의해 훼손된다는 것이다.

오늘날 미국 아이들의 70%가량이 대학에 진학한다. 1975년 이후로 굉장히 증가한 수치다. 좋은 소식처럼 들리지만 4년 안에 졸업하는 학생은 평균적으로 41%에 불과하다. 엘렌 러펠 셸Ellen Ruppel Shell은 〈뉴욕타임스〉에 실은 '대학은 더 이상 가치가 없을 수도 있다'라는 제목의 기사를 통해 학자금 대출이 10년 동안 두 배 이상 증가해 1조 3천억 달러에 이른다고 밝혔다. 아울러 대학 중퇴자의 40%가 고등학교 졸업자보다 조금 더 버는데, 대학 부채를 간신히 충당할 정도라고 지적했다. 셸은 "중산층 학생들에게도 대학 학위의 경제적 이득이 희미해지는 시기가 다가오는 것 같다."라면서 놀라운 통계치로 기사를 마무리했다.

"현재 대학 졸업자의 25%는 평균적인 고등학교 졸업자보다 더 많이 벌지 못한다."

'학업 적성 검사The Scholastic Aptitude Test, SAT'는 원래 IQ 검사의 확장판으로 1920년대에 개발됐다. 1926년에 처음 소개됐는데, 학습 적성을 검사하고 대학 지원자들에 대한 평가 방식을 표준화하기 위한 용도였다. 이 SAT는 수십 년 동안 문화적으로 편향됐다는 비난을 받으면서도 인기를 누렸다. 오늘날엔 아예 엄청난 사업으로 자리 잡았다. 수백만 명의 학생들이 이 시험을 치르면서, SAT는 칼리지 보드College Board*의 연간 10억 달러 수익에 크게 기여한다. 이 시험이 유색인종과 저소득층 학생들을 차별한다는 사실은 이미 잘 알려져 있다. 문화적으로 편향된 탓도 있지만, 이러한 집단은 일반적으로 사교육을 받을 여력이 부족하기 때문이다. 스탠리 캐플런Stanley Kaplan이 1938년에 브루클린의 자택 지하

---

* 미국의 비영리 교육 단체. SAT 같은 시험의 출제 기관이다

실에서 학생들에게 SAT를 개인 지도하면서 시험 준비 산업이 급격하게 성장했다. 대학 진학 사업은 11억 달러 규모의 산업으로 팽창해 경제적으로 여유 있는 사람들에게 다양한 서비스를 제공하고 있다.

1959년, SAT의 대안이자 경쟁 대상이 개발됐다. '미국 대학 시험American College Test, ACT'은 SAT와 매우 유사하지만, 주로 인지적 추론을 테스트하는 SAT와 달리 학교에서 배운 내용을 테스트하고자 한다. ACT는 과학 영역과 40분짜리 선택적 에세이 영역으로 구성된다. 모의고사를 치러보지 않고는 어떤 시험을 더 잘 볼지 알 수 없지만, ACT는 SAT와 마찬가지로 소수자와 저소득층 학생들에게 동일한 성취 격차를 보여준다. 뭐가 됐든 그들에겐 사교육이나 적절한 진로 상담을 위한 돈은 고사하고 두 시험을 모두 치를 여유조차 없기 때문이다.

공립 학교에서는 진로 상담 교사 한 명이 평균 478명을 담당한다. 엘리자베스 해리스Elizabeth A. Harris가 〈뉴욕타임스〉에 기고한 기사에 따르면 이는 미국 상담 교사 협회가 권장하는 수치의 두 배에 달한다. 게다가 미국 교육부 민권 사무소에 따르면 학교 다섯 곳 중 한 곳은 상담 교사가 한 명도 없다. 800만 명이나 되는 아이들이 상담 교사의 도움을 못 받고 있다는 뜻이다. 미국 상담 교사 협회는 "38개 주가 유색인종 학생이나 저소득층 학생, 혹은 둘 다에 해당하는 학생을 부당하게 대우하고 있다."라고 지적한다. 입시 전문 기관인 프린스턴 리뷰Princeton Review는 시스템이 망가졌다는 또 다른 지표로 낮은 수준의 직원 유지율을 꼽았다. 실제로 2, 3년을 못 버티고 현장을 떠나는 상담 교사가 많다.

인터넷은 내가 고등학생 시절 상상도 못 했던 서비스와 자원을 제공하지만, 그런 서비스와 자원을 효과적으로 활용하는 데 필요한 경험과 판단을 대신할 순 없다. 경제적으로 여유 있는 가정에서는 값비싼 대학 컨설턴트를 통해 지원 과정을 안내받고, 입학시험을 준비하고, 에세이 작성에 대한 조언을 듣고, 교과 외 활동과 괜찮은 여름 인턴십을 상담받을 수 있다. 이런 서비스를 제공하는 곳 가운데 최고는 아이비와이즈IvyWise를 꼽을 수 있다. 아이비와이즈는 학생의 고등학교 생활 전반을 관리하며 10만 달러 이상을 청구한다. 내가 보기엔 이러한 과정이 모두 거대 사기업에 장악됐고 시각적 사고자뿐만 아니라 대다수 학생을 걸러내고 있다.

오랜 관행을 바꾸려면 시간이 걸린다. 다행히도 고등 교육 접근성과 관련한 변화가 서서히 생겨나고 있다. 캘리포니아 대학이 주도하는 가운데, 일부 대학이 지원자를 고려할 때 SAT나 ACT 점수를 더 이상 사용하지 않겠다고 발표했다. 수전 애덤스Susan Adams의 조사에 따르면 아이비리그 대학을 포함해 500개 이상의 대학이 '테스트 옵셔널test optional'방침을 채택했다. 시험 점수를 제출하지 않아도 된다는 뜻이다. 확실한 진전이다.

2021년 2월 〈뉴욕타임스〉는 시험 요건이 폐지되면서 특히 아이비리그 학교에 지원자가 급증했다고 밝혔다. 아네모나 하트콜리스Anemona Hartocollis는 같은 해 4월 〈타임스Times〉 기사를 통해 "흑인, 히스패닉, 아메리카 원주민 학생들뿐만 아니라 이민 1세대와 저소득층 학생들도 대학 지원서에 시험 점수를 제출할 가능성이 훨씬 작다."라고 전했다. 코로나19 팬데믹 동안 650여 개 학교가 시험 요건을 철회했다. 시험 점수에 따라 자신을 걸러냈을 학생들은 이제 그간의 사회봉사와 취미, 추천서와 업무 경험, 개인 에세이를 소개할 기회가 생겼다. 시각적 사고자들에게도 상당한 진전이라고 할 수 있다.

기존의 적성 검사는 여러 한계 중에서도 사물 시각형 인간을 인식하지 못하는 단점이 있다. 센트럴 플로리다 대학교의 에르한 하시오메로글루Erhan Haciomeroglu는 두 가지 연구를 통해 고등학생의 미적분 실력은 각자의 사고 유형과 관련이 있다는 결과를 얻었다. 좀 더 구체적으로 보자면 높은 사물 시각형 인간은 시각 공간적 사고자보다 실력이 훨씬 떨어지는 것으로 분석됐다. 하시오메로글루는 언어 능력도 살펴봤다. 언어 능력이 높은 학생들은 사물 시각화에 능한 학생들보다 미적분도 잘했다. 이 연구는 두 가지 유형의 시각형 인간이 존재한다는 점을 확실히 뒷받침한다. 언어 능력 평가에서는 그룹 간 차이가 없었다. 이러한 연구 결과를 보면 심히 걱정스럽다. 학교와 적성 검사가 재능 있는 사물 시각적 사고자를 걸러낸다는 내 우려를 확인해 주기 때문이다.

기존의 표준화 시험에서 높은 점수를 받은 학생들이 수학적 사고가 필요한 더 복잡한 '현실 생활'에서 간혹 아주 형편없는 성과를 내는 이유는 무엇일까? 학교에서 낮은 성적의 학생들이 '현실 생활'과 관련된 상황에서 간혹 탁월한 성과를 내는 이유는 또 무엇일까? 덴마크 남부 대학교의 스테판 아이버슨Steffen M. Iversen과 인디애나 대학교의 크리스틴 라슨Christine J. Larson은 '복잡한 수학을 이용한 단순한 사고 vs. 단순한 수학을 이용한 복잡한 사고'라는 연구에서 이러한 질문에 답을 내놓았다. 이 연구는 덴마크 남부 대학교의 이공계 학과 1학년생 200명을 대상으로 진행됐다. 다들 중등학교에서 최고 수준의 수학을 이수했고, 대학에서 미적분학 수업을 처음으로 듣고 있었다. 그들은 '페널티 샷 던지기 문제'로 알려진 과제를 개별적으로 푼 다음 소그룹으로 모여서 더 풀었다. 이 과제를 해결하려면 피험자는 핸드볼 선수들에 대한 일련의 데이터를 바탕으로 페널티 샷을 던질 적임자를 골라야 한다. 질적 정보와 양적 정보를 모두 수집하고 여러 공식을 사용하며 그래프를 만들고 데이터의 패턴을 인식하고 게임 규칙을 이해해야 올바른 해법을 도출할 수 있다.

이 검사의 목표는 특정 유형의 문제 해결에만 집중하는 표준화 시험이 특정 학생들을 간과하는지 확인하는 것이었다. 예비 시험 점수가 낮은 학생들은 핸드볼 선수들에게 다단계 순위 시스템을 사용한 반면, 예비 시험 점수가 높은 학생들은 데이터를 기존의 수학적 구조에 맞추려고 애쓰면서 더 좁은 조사 영역에 초점을 맞췄다. 즉, 예비 시험에서 점수가 낮았던 학생들은 사고가 더 유연했기에 실전 문제를 더 잘 풀었던 반면, 예비 시험을 잘 본 학생들은 경직된 접근 방식 탓에 틀에서 벗어나지 못했다. 이 연구는 학생들이 교실에서 계산을 잘하는 것과 현실 세계에서 성취하는 것 간에 차이가 있음을 확인해 준다.

오하이오 주립대 교육정책 및 리더십 교수인 레너드 베어드Leonard L. Baird는 '성적과 시험이 성인의 성취를 예측하는가?'라는 제목의 글에서 학업 능력과 높은 성취도 간의 관계를 측정한 문헌을 두루 검토했다. 과학자부터 중간 관리자에 이르기까지 다양한 전문가에 관한 연구는 물론이요, 영재 학생을 포함한 고등학생과 대학생을 대상으로 한 연구도 살펴봤다. 학업 능력은 분명히 명문 대학과 고임금 일자리로 가는 문을 열어준다. 학업 성취도가 높은 학생들이 인생에서도 높은 성과를 거둔다고 흔히 가정한다. 하지만 베어드는 "높은 학업 능력이 높은 성과를 보장하지 않는다는 점에 주목해야 한다."라고 결론지었다.

'일리노이주 수석 졸업생 프로젝트The Illinois Valedictorian Project'는 고등학교 수석 졸업자 81명을 14년 동안 추적했다. 보스턴 칼리지의 조교수인 카렌 아놀드Karen Arnold는 고등학교 시절의 성공이 인생의 성공을 예측하는 변수인지 살펴봤다. 고등학교 시절의 성공이 대학에서의 성공과는 상관관계가 있었지만, 그 이후로는 불확실했다. 아놀드는 "학업 성적은 기껏해야 탁월한 직업 성취의 간접적 예측 변수일 뿐"이라고 주장했다. 수석 졸업생 중 4분의 1은 최고 전문직에서 일했다. 4분의 3은 견실하지만 뛰어난 경력 전망을 보이진 않았다. 대부분 공학, 의학, 과학 등 전통적인 분야에서 일했고 창의적인 직업을 추구한 사람은 거의 없었다. 아놀드는 다음과 같은 말로 프로젝트를 마무리지었다.

"그들은 틀을 깨는 사람들이 아니다. 그저 주류에 속하는 뛰어난 사람들일 뿐이다."

직업상 성공은 회복 탄력성, 창의성, 타인과 원만한 협업, 원활한 의사소통 기술, 직업의식 등 시험으로 포착되지 않는 여러 자질과 상관관계가 있을 수 있다. 개인이 여러 자원을 결집해 사람들이 필요하거나 원하는 것을 창조할 때도 성공할 수 있다. 특수 식품 가공 공장의 주인은 오늘날 교육 제도에서라면 이 책의 온갖 진단을 받았을 법한 사람이다. 적대적이고 반항적이라는 꼬리표는 확실히 붙었을 것이고 자폐증 진단도 받았을 것이다. 하지만 70대인 지금의 그는 자수성가한 사업가로 이름을 날리고 있다. 처음엔 식품 가공 장비를 세척하는 일로 시작해서 금세 장비를 수선하고 유지하는 일로 전환했다. 얼마 뒤엔 새로운 장비를 만들었다. 기계라면 모르는 게 없는 사람이라 기성 장비와 자신의 특허받은 독창적 장비를 결합해서 자기 공장을 세웠다. 그 공장은 영화 〈찰리와 초콜릿 공장〉의 주인공인 윌리 윙카의 스테인리스 강으로 된 사탕 공장처럼 보인다. 그는 현재 수백만 달러 규모의 사업체를 운영하고 있다. 최근에 나는 그의 회사 전용기를 타고 공장을 방문했다. 비밀 유지 협약에 서명한 탓에 우리의 윌리 윙카가 무엇을 만드는지는 밝힐 수 없지만, 그가 확실히 똑똑하고 기발한 시각적 사고자라는 사실은 말할 수 있다.

나는 기숙학교에서 말들을 돌보며 보냈던 시간 덕분에 엄격한 직업의식이 생겼다고 여전히 생각한다. 패트리아르카 선생님의 공작실에서그랬듯이 마구간도 꼼꼼하게 청소했다. 물론 신나는 일은 아니었다. 그래도 말들을 먹이고 돌본 대가로 말을 탈 수 있었다. 10대가 매일 하기엔 벅찬 일이었지만 나에겐 피곤하거나 숙제가 많다고 하루를 건너뛸선택권이 없었다. 묵묵히 수행하다 보니 책임감이 생겼고 교장 선생님을 비롯한 여러 선생님의 신뢰도 얻었다.

내가 속한 업계에서는 고등학교 졸업장만으로 사업을 성공적으로운영하는 사람들이 있다. 그들이 갖춘 '현실 세계'의 기술은 학위가 여러 개인 사람들의 기술을 능가한다. 목장과 사육장의 문제를 해결하려고 수의사와 현장 직원을 고용한 사람들은 흔히 믿음직한 B+ 학점 학생이 전 과목 A 학점 학생보다 낫다고 말한다. 나도 그런 경우를 많이목격했다.


## 장애의 함정

나의 주된 신분은 교수, 과학자, 축산업 디자이너, 동물 행동 전문가다. 오늘날까지 자폐증은 별로 문제가 되지 않았다. 이게 다 어머니덕분이다. 어머니가 내게 해준 가장 중요한 일을 꼽으라면 스스로 장애아 엄마라고 내세우지 않았다는 점일 것이다. 그러니까 내가 언어와 운동 조절에 어려움을 겪고 있다는 사실이 분명해졌을 때, 어머니는 나를 심리학자가 아닌 신경과 전문의에게 데려갔던 것이다. 의사는 우리에게 언어 치료사를 소개했고, 그러한 중재가 내 발달에 결정적 역할을 했다. 나는 장애 관련 콘퍼런스에서 자신을 '장애 엄마'로 부르는 부모를 많이 만난다. 그들은 도무지 장애의 틀 밖에서 생각하지 못한다. 나는 또 자폐 스펙트럼에 있는 아이들도 많이 만나는데, 여덟 살밖에 안 된 아이들이 자폐증 옹호자가 되고 싶다고 말한다. 나는 그들에게 밖에 나가서 맘껏 뛰어놀라고 말한다. 어머니는 항상 내게 자폐증보다 일을 앞세우라고 권했다. 어렸을 땐 노는 게 일이다. 우리 집에서 자폐증은 늘 부수적인 문제였고, 그런 사고방식이 내 삶의 방향을 올바로 잡아 줬다.

남들이 뭐든 다 해준다면 일의 가치도 배울 수 없고 제때 독립할 수도 없다. 스탠퍼드대 학장 겸 부총장을 지낸 줄리 리스콧 하임스Julie Lythcott-Haims는 2015년 출간한 《헬리콥터 부모가 자녀를 망친다》(2017)에서 '헬리콥터 부모'를 묘사하며 자녀를 과잉보호하고 너무 많은 일을 해주는 부모에 대해 경고했다. 헬리콥터 양육은 똑똑할진 몰라도 독립적으로 살아갈 기술이 없는 성인을 배출하게 된다.

내가 대학을 다니던 1970년대만 해도 어머니는 내가 특정 과목에서 어떻게 하는지 알아보려고 교수들에게 전화하지 않았다. 나에 대한 걱정이 없었던 게 아니다. 나한테 대학은 엄청난 도전이었다. 하지만 어머니는 독립성을 키우는 게 더 중요하다는 사실을 알고 있었다. 그런데 오늘날엔 부모가 학생의 과제량에 우려를 표하거나 성적에 이의를 제기하려고 교수에게 연락하는 일이 허다하다(나도 그런 연락을 받는다). 나와 대화를 나눈 일부 부모는 자녀의 직장에까지 전화해서 문제를 해결하려 들거나 상사에게 자녀의 안부를 물어본다고 털어놨다. 더 나아가

헬리콥터 부모보다 훨씬 더 과잉보호하는 새로운 부류의 부모도 있다. 제설차와 불도저 부모들이다. 그들은 자녀가 역경을 겪는 모습을 견디지 못한다. 그래서 늘 앞길을 훤히 터준다.

제설차 부모는 자녀에게 호의를 베푸는 게 아니다. 온실의 화초처럼 자란 아이는 문제 해결법을 결코 배우지 못한다. 버지니아 소재 리치먼드 대학교의 켈리 램버트Kelly Lambert는 쥐를 대상으로 연구했다. 그의 연구는 달콤한 시리얼 간식을 찾으려고 여기저기 탐색하고 땅을 파야 했던 쥐들이 새로운 문제에 직면했을 때 어떻게 더 끈질기게 행동하는지 분명하게 보여줬다. 바닥에 떨어져 있는 간식을 손쉽게 집어 먹었던 쥐들은 금세 포기했다. 이와 마찬가지로, 자녀를 험한 세상에 내보낸 부모들은 나중에 그 자녀가 '어엿한 성인'으로 자랐다고 내게 보고했다.

부모의 지나친 개입은 신경전형인 아이에게도 나쁘지만, 장애가 있는 아이에겐 훨씬 더 나쁘다. 나는 장애 꼬리표에 붙들려 있는 아이들을 많이 만났다. 어떤 부모는 장애 사고방식에 사로잡힌 나머지 자녀가 쉽게 배울 수 있는 유용한 기술마저 가르치지 않는다. 한번은 컴퓨터 프로그래머로 활동하는 부부를 만난 적이 있는데, 자폐증을 앓는 아들을 위해 내게 조언을 구했다. 부부는 수학에 뛰어난 아들이 지하실에서 비디오 게임만 하는데도 그냥 내버려 둔다고 했다. 아들에게 코딩을 가르쳐볼 생각을 해봤냐고 묻자, 부부는 그런 생각을 한 번도 해보지 않았다고 답했다.

자폐증 진단을 받았어도 말을 아주 잘하는 아이들의 부모도 만났는데, 그들은 자녀를 지나치게 보호하려고만 해서 쇼핑이나 은행 계좌를 트는 등 기본 기술도 가르치지 않았다. 나는 데브라 무어Debra Moore

와 공동 집필한《자폐증을 안고 살아가기Navigating Autism》(2021)라는 책에서 이런 현상을 '라벨 로킹label-locking'이라고 불렀다. 아이를 전체적으로 보지 못하고 자폐증이라는 낙인을 찍어 가둔다는 뜻이다. 부모는 아이가 각종 도구와 수학책, 미술 재료 등 능력을 개발할 수 있는 것들에 노출될 기회를 막아 버린다. 내가 최근에 만난 한 자폐 청년은 레고로 실제 작동하는 자동차 복제품을 만들었다. 하지만 부모나 교사 중 누구도 그에게 각종 도구나 기계 조립 수업을 접하게 해줘야 한다고 생각하지 않았다. 그들은 자폐 라벨에 갇혀 있었다. 나는 아이들이 병명을 부여받고 세상을 탐험하거나 잠재력을 발휘할 기회를 누리지 못하는 모습을 곳곳에서 목격한다. 신경전형인과 신경다양인을 막론하고 아주 많은 사물 시각형 인간이 복잡한 레고 구조물을 만들 수 있다. 이들은 우리의 인프라를 구축하고 21세기 해결책을 고안하며 우리에게 영감을 줄 예술품을 창조해야 할 사람들이다. 하지만 장애가 있는 수많은 사람에게 세상의 너무 많은 곳이 출입 금지 구역이다.

스펙트럼상의 아이를 키우는 부모들이 내게 조언을 구할 때, 그들의 질문 방식만 봐도 지나치게 보호하려 든다는 사실을 알 수 있다. 그들은 흔히 무슨 질문을 시작하기도 전에 아이가 잘하지 못하는 평계부터 둘러댄다. 신발 끈을 묶든 샌드위치를 만들든 혼자 버스를 타고 학교에 가든, 독립에 대한 정의는 다양하게 내릴 수 있다. 어쩌면 대학에 가서 혼자 사는 것도 포함될 수 있다. 나는 모든 아이가 독립적으로 성장하도록 격려받아야 한다고 믿는다. 어머니가 나를 기숙학교에 보냈을 때 썩 기쁘지 않았다. 하지만 그 일은 내 인생에서 가장 중요한 경험이었다. 독립하는 것은 인생의 크나큰 보상 가운데 하나다.

자폐 진단은 범위가 너무 넓어서 어떤 사람은 애플의 엔지니어일 수도 있고 어떤 사람은 스스로 옷조차 못 입을 수도 있다. 1980년, 정신 장애 진단 및 통계 편람Diagnostic and Statistical Manual of Mental Disorders, DSM에 조현 병과 별개 진단으로 자폐증이 처음 등장했다. 당시엔 뚜렷한 언어 지연과 함께 주변 환경과 사람들에 대한 반응 부족을 모두 보이는 아이들이 자폐증으로 분류됐다. 1994년엔 아스퍼거 증후군이 추가됐는데, 사회성은 떨어지지만 뚜렷한 언어 지연은 없는 아이에게 적용될 수 있었다. 이로 인해 자폐증 진단을 받는 아이들 수가 상당히 증가했다. 〈뉴욕타임스〉는 "백 명당 한 명꼴로 급증했다."라고 보도했다. 로랑 모트론 박사는 "자폐증의 정의가 너무 모호해서 의미가 없다."라고 주장한다. 실제로 괴짜 기질이 있는 아이를 포함해 점점 더 많은 아이에게 자폐 꼬리표가 붙고 있다. 그 기준을 더 모호하게 만들려는 속셈인지 2013년엔 아스퍼거 증후군과 자폐증이 하나의 큰 스펙트럼으로 통합됐다.

증상이 경미한 사람들에 대한 진단 때문에 혼란이 가중되고 있다. 약간의 '괴짜 기질'은 언제 자폐증이 되는가? 진단 방법도 흐리멍덩하다. 진단이 아니라 행동 프로파일에 지나지 않는다. 아이가 단 몇 가지 특질만 보일 때는 특히 그렇다. 경미한 형태의 장애 증상은 단지 신경 전형적 행동과 기술 변이에 불과할 수도 있다. 장애가 다양한 사람들을 한데 묶는 것도 문제다. 자폐 커뮤니티 안에서도 자폐를 그저 신경다양성의 일부로 치부하는 스펙트럼상의 개인들과 심각한 자폐아를 둔 부모들 간에 의견 차이가 크다.

자폐증 증상이 경미해서 아무 진단도 받지 않은 채 실리콘 밸리에서 일하는 사람과 자기 옷도 스스로 못 입는 성인에게 똑같은 꼬리표를 붙인다면 참으로 어리석다. 어떤 가족은 아이가 말도 어눌하고 뇌전증에 감정 폭발 같은 다른 문제까지 있어서 교회도 못 가고 외식도 못한다. 한 어머니는 다 자란 아들이 말도 못하고 걸핏하면 집안 물건을 때려 부순다고 한탄했다. 그렇다면 자폐증은 어째서 이런 진단적 혼란에 빠졌을까?

일단, 어떤 아이가 말을 잘하게 되고 어떤 아이가 계속 어눌한 상태로 머물지 판단하기 어렵다. 두 아이 모두 서너 살 때까지도 심각해 보일 수 있다. 집중적인 조기 언어 치료와 발화를 유도하는 주고받기turn-taking 게임 덕분에 나는 네 살 때부터 제대로 말할 수 있었다. 하지만 같은 치료를 받은 다른 아이들은 계속해서 말을 못할 수 있다. 그렇더라도 식기를 사용해서 먹고 옷을 입고 이를 닦는 등 기본 기술은 익힐 수 있다. 예의범절과 차례 지키기, 발표도 마찬가지다. 이는 내 어머니가 늘 강조했던 소양이다. 이러한 소양은 1950년대의 잔재가 아니다. 필요한 기술을 가르칠 뿐만 아니라 협력하고 소통하고 타협하도록 배우는 데 유용한 도구도 제공한다. 이러한 협력과 소통과 타협은 경력을 쌓아가는 데 꼭 필요한 삶의 기술이다.

고등학교 때 심리학 선생님은 내가 자기 수업에 별 관심이 없다는 점을 인지하고 '에임즈의 착시 룸Ames optical-illusion room'을 작게 만들어보라고 권했다. 에임즈 룸은 같은 크기의 두 물체가 다른 크기로 보이는 착각을 일으킨다. 당시엔 아무도 내가 시각적 사고자라는 사실을 몰랐다. 그런데도 선생님은 대다수 학교 공부가 내게 흥미를 불러일으키지 못할 때 나를 계속 도전하게 할 방법을 간파했다. 실제로 이 프로젝트는 한 달 넘게 내 관심을 끌었다. 나는 온갖 시행착오를 거친 끝에 해결책을 찾아냈다. 에임즈 룸을 구성하고 착시를 일으키는 열쇠는 상자가 사다리꼴이라는 점이다. 나는 지금도 새로운 장비를 만들거나 프로젝트의 문제를 해결할 때면 그때 일을 떠올린다. 이러한 경험은 기억에 평생

남는다. 표준화 시험으로는 결코 얻을 수 없다.

　요즘엔 조금만 힘들어도 프로젝트를 포기하는 학생이 너무 많다. 나는 어떤 일을 맡으면 끝까지 해냈다. 내가 멍청하지 않다는 걸 사람들한테 어떻게든 증명하고 싶었다. 나는 평소에 온전히 존중받는다고 느끼지 못했다. 대학에서 가장 어려운 생물학 과목 중 하나로 꼽히는 생리학에서 A를 받는 등 좋은 성적을 거뒀을 때조차 그랬다. 생리학 담당 교수는 생식 생리학자였고, 더위가 젖소에 미치는 영향을 주로 연구했다. 추상적인 학문 분야였지만 그가 제시한 사례는 상당히 시각적이었다. 그러한 접근 방식 덕분에 나는 개념을 더 잘 이해할 수 있었다. 처음엔 학생으로, 나중엔 교수로 살아오면서 학생이 무언가를 이해하지 못하면 흔히 그 학생이 비난받는 모습을 줄곧 지켜봤다. 하지만 누구나 다 같은 방식으로 배우는 것은 아니다.

———————

　장애가 있는 사람들은 오랫동안 학교 교육을 비롯해 삶 전반에서 걸러져 왔다. 고대에는 장애를 안고 태어난 사람들에 대한 대우가 충격적일 정도로 가혹했다. 고대인들이 장애인을 상대로 벌인 영아 살해, 기아飢餓, 유기遺棄, 사슬에 묶기 등 경악을 금치 못할 온갖 만행에 관한 기록물을 보면 누구라도 깊은 우울감에 빠질 것이다. 플라톤과 아리스토텔레스는 경제적 이유로 영아 살해를 권장했다. 허약하거나 뭔가 부족한 사람을 이런 식으로 일찌감치 솎아낸 것이다. 고대 그리스의 의사 히포크라테스는 좀 더 계몽된 견해를 내놨다. 그는 정신 질환이 뇌에 문제가 있거나 환경 요인 때문에 발생한다고 믿었다. 하지만 초기 아메리카 식민지 사람들은 정신 질환을 신이 내린 형벌로 여겨서 정신 질환자를 화형이나 교수형에 처하기도 했다. 1950년대까지 한 세기가 넘는 동안 우생학이 널리 퍼지면서 지적 장애가 있는 사람은 '결함' 유전자를 물려줄 수 없도록 불임수술을 받아야 했다. 현대에 들어와서 발달 장애인을 가장 처참하게 다룬 곳은 나치 독일이었다. 히틀러의 몰살 캠페인에는 강제 불임수술 말고도 장애인 수천 명을 살해하는 '안락사' 센터도 포함됐다. 나중에는 독극물 주사, 실험, 중독, 가스실, 기아 등 더 고통스럽게 죽이는 방법이 판을 쳤다. 내가 나치 독일에 사는 세 살짜리 아이였다면 '쓸데없이 밥만 축내는 버러지'로 지정돼 살해당했을 것이다.

장애인의 시민권을 향한 여정은 멀고도 험난했다. 그래도 내가 사는 동안 이 분야에서 세 가지 중요한 법을 중심으로 엄청난 변화가 이뤄졌다. 각각의 법은 신체적, 지적 장애가 있는 사람들이 교육받을 수 있는 권리를 점진적으로 증가시켰다. 1975년 장애인 교육법Individuals with Disabilities Education Act, IDEA 과 재활법Rehabilitation Act 504조는 무료 공교육에 공정한 접근권을 보장해 가장 큰 영향을 미쳤다. 이 법은 장애가 있는 사람이 '최소 제한 환경least restrictive environment'에서 교육받을 권리가 있고, 가능한 한 비장애 아동이 있는 교실에 합류할 권리가 있다고 명시했다. 이 법은 또 장애가 있는 적격 아동에게 개별화 교육 프로그램 Individualized Education Program, IEP 을 제공하도록 요구했다. 각 학생에 맞춰서 교사와 교육 전문가 (흔히 학교 심리학자), 학부모가 팀을 이뤄 계획을 세웠다. 이로써 자폐증, ADHD, 난독증, 신체적 장애 등 다양한 진단 범주에 속하는 학생들에게 공립 학교 시스템의 문이 활짝 열리게 됐다.

나는 장애인에 관한 여러 일화 가운데 스티비 원더Stevie Wonder의 사례를 무척 좋아한다. 그는 한 인터뷰에서 어렸을 때 동네 아이들과 나무를 타고 신나게 뛰어놀았다고 말했다. 그 말이 내 마음에 콕 박혀서 떠나지 않았다. 스티비 원더의 어머니는 아들이 앞을 못 본다고 해서 절대로 집안에만 두지 않았다. 아울러 아들이 장애 사고방식에 빠지게 하지도 않았다. 그는 아주 어렸을 때부터 여러 악기를 접했고, 열 살 때까지 피아노, 드럼, 하모니카를 독학으로 익혔다. 교회에서는 성가대로 활동했다. 당시 학교에서 시각 장애인이 할 수 있는 일이라고는 컵 받침대 만들기뿐이라는 말을 듣기도 했지만, 스티비는 그들이 틀렸다는 사실을 여지없이 보여줬다.

난독증을 앓고 있는 작가 토머스 웨스트Thomas West는 자기도 아주 늦게까지 책을 읽지 못했다며 다양한 사고방식을 인정하고 존중해야 한다고 강력하게 주장했다. 그의 사명은 나와 비슷한데, 사람들이 다양한 종류의 마음을 인정하도록 돕고 천편일률적인 교육 제도에 의해 걸러지지 않도록 하겠다는 것이다. 그는 자신의 저서 《글자로만 생각하는 사람 이미지로 창조하는 사람》(2011)에서 다음과 같이 쓰고 있다.

"특정 그룹에 속하는 사람들에게 핸디캡 자체는 근본적으로 그리고 본질적으로 재능과 관련이 있을 수 있다. … 하지만 그 재능을 인정받지 못하고 오히려 문제로 여겨지는 경우가 너무 많다."

돌이켜 생각해 보면 대수학에서 낙제했던 게 나한테는 전화위복이었는지도 모르겠다.

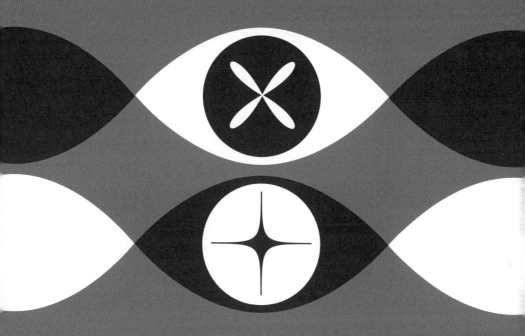

## CHAPTER 3

# 영리한
# 엔지니어는
# 다 어디에
# 있는가?

천재들을 위한 장난감 집을 상상해본다. 마음의 박물관…. 3D 영상이 불쑥 나타나 인간의 독창성에 관한 내력을 들려주는 곳. 2년 전 미국 특허청에 들어섰을 때 딱 그런 느낌을 받았다. 다양한 종류의 마음에 대해 강연해 달라는 요청으로 그곳에 갔다가 이제껏 책으로만 접했던 온갖 발명품 모형을 마주했다. 그 순간 내 마음은 터질 듯 부풀어 올랐다.

어렸을 때 발명가들에 관한 책을 선물 받은 적이 있다. 아쉽게도 그 책은 오래전에 사라졌지만 내 관심을 끌었던 페이지에 대한 시각적 기억은 여전히 생생하다. 재봉틀을 발명한 엘리어스 하우, 공기역학에 대한 내 평생의 관심에 불을 지핀 라이트 형제, 특허를 가장 많이 보유한 나의 영웅, 토머스 에디슨…. 내 인생에 지대한 영향을 끼친 할아버지는 비행기를 안내하는 자동 조종 장치의 공동 특허를 보유한 분이다.

미국 특허청은 1790년에 설립됐다. 1870년대까진 특허 신청을 받을 때 발명가에게 모형이나 시제품을 첨부하도록 요구했다. 그래서 첫 100년 동안 발명된 각종 발명품을 보관하고 있었다. 주로 농업 (첫 번째 특허는 탄산칼륨 제조법이었다), 화학, 수력학, 전기, 인쇄, 제지製紙에 관한 것들이었다. 1823년까지 쟁기, 탈곡기, 물레방아, 풍차, 자물쇠, 총, 교량,

펌프에 대한 특허가 출원됐다. 증기 동력은 기차, 제분소, 보트, 공장에 연료를 공급하고자 무수히 많은 방법으로 활용됐다. 하지만 안타깝게도 두 번의 화재로 초기 발명품 모형이 대부분 소실됐다. 코네티컷주의 오빌 플렛Orville Platt 상원의원은 특허청 설립 100주년 기념식에서 "산업 기술의 발달은 그 나라에 위대함과 힘 그리고 영광을 안겨준다는 사실이 역사적으로 입증됐다."라고 말했다. 플렛 상원의원이 언급한 기술은 '대장장이, 목수, 기계공, 만물 수선공' 등 크게 인정받지 못했던 발명가들의 기술까지 아우른다. 나는 그들이 죄다 시각적 사고자라는 점을 덧붙이고 싶다.

같은 기념식에서 찰스 미첼Charles E. Mitchell 특허청장은 수지 양초가 전등으로 바뀌고 배달원이 전화기와 전신기로 바뀌며 말 안장이 자동차로 바뀌는 모습을 지켜봤다고 회상했다. 발명의 시대는 문제를 해결하고 시스템을 개선하고 해결책을 실행할 방법을 마음의 눈으로 볼 수 있었던 사람들과 불가분의 관계가 있었다. 특허청 중앙 홀에 들어서자마자 내 눈길을 사로잡은 것은 반동을 흡수하도록 정교하게 설계된 대포 모형이었다. 영리한 엔지니어링 부서에 딱 들어맞는 발명품이었다.

그 많던 만물 수선공은 다 어디로 갔을까? 미국은 왜 제조업에서 다른 나라들보다 뒤처지게 됐을까? 시야를 크게 넓혀 따져보면 복잡한 정재계 세력 간의 알력이 드러난다. 하지만 나는 초점을 좀 더 확실한 부분, 즉 핵심 기술의 상실에 맞추고자 한다. 앞서 언급한 대로 우리는 숙련공이 시장을 떠날 때 대체 인력을 공급하지 못했고, 값싼 제품뿐만 아니라 첨단 기술 제품의 제조까지 외국 회사에 맡겼으며, 숙련된 일을 수행하기에 적합한 사람들을 교육 시스템으로 죄다 걸러냈다.

차고 문을 자동으로 여는 장치, 슈퍼마켓의 컨베이어 벨트, 프린터 내부의 회전통, 날마다 오르내리는 엘리베이터, 손에서 한시도 떼어놓지 않는 휴대폰…. 우리는 이런 기기를 삶의 일부로 당연하게 여긴다. 제빙기나 터치스크린, 탄도미사일은 도대체 누가 발명했을까? 특허 출원에 필요한 수천 페이지의 자료와 도면에서 발명가가 이러한 창작물을 어떻게 만들고 개선하려고 애썼는지 설명하는 내용 말고도 각 장치에 얽힌 뒷이야기는 톨스토이의 최대 장편 소설 《전쟁과 평화》보다 길 것이다. 하지만 특허 제도가 생기기 훨씬 전부터 영리한 사람들은 물건을 만들고 고치는 방법을 알아냈다. 꼭 무슨 이윤을 얻으려는 목적이 아니라 삶을 더 편리하게 하거나 뭔가를 가능하게 하려는 목적이었다. 소박한 지렛대와 간단한 도르래를 시작으로 우물을 파거나 댐을 세우거나 도로를 닦아서 깨끗한 물에 접근하고 농업을 발전시키고 물품을 운반하는 데 필요한 각종 기계를 발명했다. 이러한 발명품이 없었다면 문명이 지금처럼 발전하지 못했을 것이다. 기계 발명가들은 일반적으로 사물 시각형 인간이다. 그림으로 생각하는 마음은 아직 만들어지지 않은 기계 장치가 어떻게 작동하는지 볼 수 있다.

특허청에 있는 초기 투시도를 보면 사물 사고자의 기계적인 마음이 어떻게 작동하는지 엿볼 수 있다. 내가 어렸을 때 좋아했던 발명가 책에도 똑같은 독창성이 담겨 있었다. 그 가운데 사회에 지대한 영향을 미친 네 가지 사례를 소개하고자 한다. 엘리 휘트니Eli Whitney가 발명한 조면기는 면화에서 솜과 씨를 분리해 섬유 산업에 혁명을 일으켰다. 사이러스 맥코믹Cyrus McCormick이 발명한 수확기는 진동 날을 이용해 곡물을 수확했다. 이 장치의 다른 버전은 이후 모든 기계식 수확기에 장착돼 식량 공급에 일대 혁명을 일으켰다. 엘리어스 하우는 재봉틀 자체를 발명하진 않았지만, 돌출된 팔과 이중 박음질, 원단 자동 공급 같은 기본 요소에 그만의 독창적인 바늘 디자인을 결합했다. 사소해 보일 순 있어도 그의 재봉틀이 조면기와 결합해 의류를 더 싸고 더 빠르게 생산할 수 있는 시대를 열었다는 사실은 부정할 수 없다. 새뮤얼 콜트Samuel Colt가 발명한 6연발 권총에는 나무로 된 회전 실린더가 달려 있었다. 이 실린더는 자동으로 다음 총알을 제 위치로 회전시켜서 재장전 없이 총을 여러 번 발사할 수 있게 했다. 이는 전쟁의 양상을 바꿔 놓았다. 이 영리한 발명가들은 모두 기계를 잘 다뤘다. 그들 중 누구도 자신의 창조물에 더 높은 수준의 수학이 필요하지 않았을 것이다.

이 영리한 엔지니어들의 밑천은 바로 시각적 문제 해결력이다. 그게 기계적인 정보가 수 세기에 걸쳐 전달된 방식이다. 테크놀로지의 역사를 연구하는 엔지니어 유진 퍼거슨Eugene S. Ferguson은 〈사이언스Science〉에 발표한 독창적 논문에서 인쇄기의 출현으로 급증한 기술 지식의 시각적 기록을 소개했다. 퍼거슨은 15세기부터 20세기까지 (레오나르도 다빈치의 수천 페이지짜리 기술 도면을 포함해) 여러 예술가와 엔지니어의 공책, 작업 계획서, 설명서를 편집하고, 세간에 알려진 모든 장치와 기구의 상세 도면에서 인간의 독창성을 추적한다. 자료에는 복잡한 장비의 조립 부품, 양수기, 제재용 톱, 크레인, 군용 기계 등을 사실적으로 정교하게 묘사한 그림으로 가득하다. 퍼거슨은 논문에 이렇게 기술했다.

"디자이너는 종이에 선을 그을 때 마음속에 간직한 그림을 다른 마음속에 유사한 그림으로 옮긴 뒤 결국 3차원 금속 엔진으로 만들어낸다. … 이 과정은 그림으로 생각하는 디자이너의 비언어적 사고와 비언어적 추론에 크게 의존한다."

어느 세기에나 기계적 혁신과 개선에 관한 믿기 어려운 기록물이 존재한다. 퍼거슨은 장인, 디자이너, 발명가, 엔지니어 등 '비언어적, 시각적 과정을 통해' 마음의 눈으로 바라본 사람들이 기술을 발전시켰다면서 다음과 같이 결론 내렸다.

"기술 세계에서 디자이너들의 창의적 생각은 대부분 비언어적이며, 말로 쉽사리 환원되지 않는다. … 과학 기술자들은 비언어적 지식을 사물로 바꾸면서, 또는 마음에 떠오른 것을 남들이 만들 수 있게 그림으로 바꾸면서 인간이 만든 환경의 형태와 여러 특성을 결정했다. 이러한 비문학적이고 비과학적인 테크놀로지의 지적 요소는 과학이 아니라 기예技藝에 기원을 두고 있어 크게 주목받지 못했다."

퍼거슨은 1977년 시각적 사고에 관한 논문을 발표하고 15년 만에 《인간을 생각하는 엔지니어링》(1998)이라는 책을 출간했다. 퍼거슨은 내가 현장에서 관찰해온 점, 즉 공학이 '수학적 관계로 표현할 수 없는 지식'에서 멀어졌다는 사실을 확인해 줬다. 시각적이고 비언어적인 사고를 무시하는 공학 교육은 결국 '교수들이 가르치는 수학적 세계와 실제 세계가 얼마나 다른지' 모르는 엔지니어를 양산할 거라고 퍼거슨은 경고했다.

———

최근에 나는 우주를 캔버스로 삼은 21세기 시각 사고자의 작업실을 둘러봤다. 그는 행성용 장비를 설계한다. 구체적으로 말하면 로켓의 원뿔형 앞부분인 노즈콘에서 인공위성을 발사하는 메커니즘을 설계한다. 그의 작업실에 잔뜩 놓인 번쩍이는 기계 사이로 노란색 우유 상자처럼 보이는 물체가 유난히 눈에 띄었다. 위성을 보관하는 데 사용하는 격자무늬 상자였다. 나는 그가 실제 우유 상자에서 아이디어를 얻었다고 확신한다. 그의 고객은 주로 우주 탐사 전문가들이다. 그들 대부분은 그가 C 학점을 받고 공과 대학을 간신히 졸업했다는 사실을 모를 것이다. 또는 자동차 트렁크의 빗장을 푸는 장치에서 인공위성을 발사하는 정교한 메커니즘을 구상했다는 사실도 모를 것이다. 이러한 메커니즘 덕분에 인공위성은 노즈콘에 콱 박혀 있지 않고 때맞춰 해제된다. 이 발명가는 영감을 얻기 위해 홈디포Home Depot*에서 드릴이나 각종 공구를 사 온 다음 새로운 메커니즘에 대한 아이디어를 얻으려고 죄다 분해한다. 내가 어렸을 땐 홈디포가 없었다. 그땐 철물점에 갔다. 나는 자물쇠와 걸쇠를 만지작거리거나 페인트 믹서가 페인트 섞는 모습을 몇 시간씩 지켜보곤 했다. 홈디포를 즐겨 이용하는 괴짜가 죄다 로켓 과학자는 아니지만, 우리 중 상당수는 시각적 사고자다.

기계 발명가들 가운데 일부는 강력한 시각 공간적 사고자들일 수 있다. 지금까지 진행된 연구에서는 그들이 사물 시각형 인간과 분리되지 않았다. 하지만 수 세기에 걸친 기계 발명품 가운데 대다수는 추상적 사고를 통해 만들어지지 않았다. 오히려 사물이 어떻게 작동하는지를 마음의 눈으로 볼 수 있는 사물 시각형 인간, 즉 손으로 직접 만들어본 사람들에 의해 구상되고 실행됐다. 뛰어난 시각 기술을 지닌 사람들, 즉 영리한 엔지니어링 부서의 구성원이 사회를 변화시켰다. 구텐베르크의 가동 활자는 인쇄술과 문해력 향상에 혁명을 일으켰다. 헨리

---

\* 건축 자재, 각종 공구 등을 유통하는 세계 최대 소매 체인 업체

포드는 자동차를 발명하진 않았지만, 운전을 더 쉽게 해주는 변속 장치를 고안했고 조립 공정을 개선해 운송의 판도를 바꿔 놓았다.

사물적 사고자는 기계적인 마음을 지녔기에 구체적이고 실용적인 성향이 강하다. 공간적 사고자는 추상적 개념을 이해하기에 세상을 구성하는 과학적 원리를 파악할 뿐만 아니라 더 발견하기도 한다. 나는 최근에 스위스 출신 화학자 리처드 에른스트<sup>Richard R. Ernst</sup>의 말을 우연히 접했다. MRI 개발에 이바지한 공로로 노벨상까지 받은 에른스트의 발언은 두 부류의 시각적 사고자를 가르는 결정적 차이를 보여준다.

"나는 세상을 이해하고 싶어 하는 과학자가 결코 아닙니다. 나는 그저 도구를 만드는 사람이며, 세상 사람들에게 문제를 해결할 수 있는 수단을 제공하고 싶었을 뿐입니다."

나는 1970년대부터 1980년대를 거쳐 1990년대 초반까지 기계 발명의 멋지고 놀라운 현장을 두루 목격했다. 당시 나는 소와 돼지를 위해 설계한 가축 사육장, 활송 장치, 처리 시스템이 들어서는 현장에서 직접 감독했다. 재능 있고 기발한 기계 설계자들이 없었다면 이러한 작업이 순조롭게 이뤄지지 못했을 것이다. 일반적으로 식품 가공 산업에서 공간 시각형 인간은 높은 학위를 지닌 엔지니어들이다. 이들은 보일러와 냉장 설비, 전력, 급수시설 등 고등 수학 능력이 필요한 인프라를 구축한다. 영리한 엔지니어링 부서의 사물 시각형 인간은 공학 학위 따윈 없어도 기계와 관련된 거라면 뭐든 만들 수 있다. 식품 가공 공장에서 기계적으로 복잡한 특수 장비를 설계하고 제작하는 이는 죄다 이 '별난' 사람들이다. 디지털 시대인 오늘날 그 장비가 컴퓨터로 제어된다 해도 여전히 기계와 관련된다.

물론 '별나다'라는 말은 '잘 어울리지 못하는' 사람에 대한 완곡한 표현이다. 나와 함께 일했던 사람들은 흔히 사회성이 떨어져서 혼자 일하기 좋아하고 자기 일에 무섭게 파고들며 대체로 위생 관념이 부족했다. 그런 설계자들 가운데 한 동료는 난독증을 앓고 자폐증 특질도 많은 데다 말까지 더듬었다. 끔찍한 학창 시절을 보냈지만, 고등학교 때 용접 수업 덕분에 살길을 찾았다. 그는 장비를 제작해 카운티와 주州 박람회에서 판매하다가 결국 자기 사업을 시작했다. 현재 대규모 금속 제조 회사를 운영하며 전 세계에 제품을 판매하고 있다. 순수한 사물 시각적 사고자인 그는 밑그림을 따로 그리지 않아도 뭐든 뚝딱 만들 수 있으며 특허도 다수 보유하고 있다.

다른 동료 역시 사물 시각형 인간인데, 특허를 다수 보유하고 있지만 대수학을 영 못했다. 그의 경력은 고등학교 FFA 프로그램과 용접 수업 덕분에 성공 가도로 접어들 수 있었다. FFA는 미국의 미래 농민을 뜻하는 'Future Farmers of America'의 약자로, 전국 고등학생들에게 농업, 통솔력, 화술話術 등을 가르치는 프로그램이다. 용접과 엔진 수리 같은 숙련된 기술을 가르치는 일도 FFA 프로그램의 중요한 부분이다. 그 동료는 현재 대형 건설 회사를 운영하고 있으며 턴키 방식의 대규모 소고기 가공 공장을 짓고 있다. 턴키 방식은 계약자가 건물을 건설하면서 생산 설비까지 모두 갖춰서 인도하는 방식이다. 소규모 작업장에서 시작된 사업이 지방의 작은 회사로 머물기도 하고 때로는 많은 직원을 거느린 거대 기업으로 성장하기도 한다. 그곳엔 늘 혁신이 빛을 발한다.

나는 일을 막 시작했을 때만 해도 기업에서 주요 직책에 있는 사람들이 답을 다 알고 있다고 생각했다. 막상 겪어보니 늘 그런 건 아니었다. 오히려 직책이 낮고 주목받지 못하는 사람들이 혁신을 이뤄냈다. 내 처세훈이 '혁신은 아랫사람에게서 나온다'로 바뀐 이유가 여기에 있다. 나는 화성 탐사선 '퍼시비어런스Perseverance'호에 장착된 카메라에 푹 빠졌다. 이 카메라를 발명한 마이클 멀린Michael Malin은 내 모교인 애리조나 주립대학교의 지질학 교수다. 멀린은 나사의 제트 추진 연구소Jet Propulsion Lab에서도 일하는데, 거기서 카메라에 대한 아이디어를 처음 제안했다. 그런데 나사는 처음에 필요한 사진이 다 있다며 거절했다. 멀린은 이를 무시하고 다른 지질학자들과 회사를 설립해서 다른 행성을 더 연구하기 시작했다. 나사는 결국 그들의 연구에 자금을 지원했다. 화성 탐사선은 외피가 없는 사막용 지프와 트랜스포머 같은 변신 로봇을 섞어놓은 것처럼 보인다. 공학 카메라 9대, 과학 카메라 7대, 진입과 강하와 착륙 카메라 7대 등 총 23대의 카메라가 장착돼 있다. 각각은 목적이 다르다. 내 마음을 사로잡은 것은 슈퍼캠SuperCam인데, 로봇 팔로 도달할 수 없는 광물에 레이저를 발사한 다음 기화된 암석을 분석해서 원소 화합물을 알아낸다. 멀린의 카메라는 화성에 물이 있다는 증거를 보여주는 사진을 담당한다. 참으로 기발하다.

이 최신 탐사선의 성공에 결정적 역할을 한 또 다른 회사는 일리노이주에 있는 포레스트 시티 기어Forest City Gear였다. 그들은 나사와 협력해 카메라를 돌리는 소형 기어를 만들었다. 화성의 혹독한 환경에서 버텨내려면 아주 정밀한 허용오차가 필요했기에 쉽지 않은 일이었다. 그런 일을 수행하려면 세부 사항에 각별한 주의를 기울여야 한다. 자폐증이 있는 사람에게 딱 맞는 일이었다. 아이반 로젠버그Ivan Rosenberg 박사는 캘리포니아주 산타클라리타에 있는 캐니언스 칼리지에서 독특한 프로그램을 시작했다. 포레스트 시티 기어를 위해 컴퓨터화된 금속 기계 장비를 작동하도록 자폐 학생들을 훈련한 것이다. 이 12주 프로그램은 교실 수업과 현장 학습을 결합해 일터에서 필요한 기술을 가르쳤다.

카메라 회사와 기어 회사 둘 다 고도로 전문화된 작업에 뛰어난, 미국의 소규모 민영 기업의 멋진 사례다. 하지만 그들이 고도로 가공된 부품을 만드는 데 사용하는 기계류는 유럽에서 건너왔다는 점도 주목해야 한다. 우리는 컴퓨터화된 금속 밀링 기계류를 더 이상 만들지 않는다.

'퍼시비어런스' 호를 화성에 사뿐히 착륙시킨 낙하산은 미국에서 봉제하고 조립했지만, 낙하산의 첨단 직물은 영국의 히스코트 패브릭스Heathcoat Fabrics에서 만들었다. 직물 부분 책임자인 피터 힐Peter Hill은 탐사선이 화성에 착륙하는 모습을 'TV 앞에서 무릎을 꿇고' 지켜봤다.

탐사선에는 항공기용 단일 알루미늄 블록으로 가공된 멋진 바퀴가 달려 있다. 사람들은 초창기 탐사선 중 한 대의 알루미늄 타이어 접지면에 일종의 증표가 박혀 있다는 사실을 모른다. 바퀴가 돌아가면 지표면에 제트 추진 연구소Jet Propulsion Lab의 이니셜인 JPL이 새겨진다. 나사는 이것을 '시각적 주행 거리계'라고 부른다. 그걸 보면 탐사선이 얼마나 멀리 이동했는지 눈으로 측정할 수 있다. 내부자들은 이걸 고안한 기술자들이 연구소 이니셜을 사용할 권한이 없다고 생각한다. 그런데 기술자들은 어떻게든 과시하고 싶어 한다.

무역 박람회에 가면 나는 늘 해당 기업에 최신 기계의 기원을 물어본다. 아이디어를 떠올리고 시제품을 만든 사람은 대개 공장 근로자다. 다음으로 수학에 소질이 있는 엔지니어들이 그 시제품을 더 완벽하게 다듬는다. 내가 육류 회사들과 처음 작업할 때만 해도 그들은 자체적으로 엔지니어링 부서와 장비 제조 시설을 두고 있었다. 이 엔지니어링 부서에서 새로운 장비를 많이 발명했다. 그런데 비용을 절감하고자 1990년대 후반부터 엔지니어링 부서가 축소되고 그들의 광범위한 금속 제조 시설도 단계적으로 철거됐다. 그리고 사람들이 은퇴해도 새로운 인력으로 대체되지 않았다. 그들의 기술과 축적된 지식은 후대로 전승되지 못하고 영영 상실됐다.

현대의 산업용 컨베이어 벨트가 미국에서 발명됐다는 사실을 아는 사람은 많지 않을 것이다. 운반 분야에서 우리가 더 이상 탁월하지 않다는 사실도 모를 것이다. 최초의 특허는 1896년에 발급됐다. 컨베이어 벨트를 발명했다고 알려진 토머스 로빈스Thomas Robins는 에디슨의 광석 가공 회사Ore-Milling Company에서 석탄과 광석을 운반하는 일로 시작했다. 로빈스는 프린스턴에 입학했다가 2년 만에 그만뒀다. 1905년 컨베이어 벨트를 개선한 공로로 특허를 받고 자신의 회사를 차렸다. 하지만 미국은 현재 컨베이어 산업의 고도로 자동화된 시스템 분야에서 탁월한 위치를 잃었다. 로빈스가 컨베이어 벨트를 생산하려고 설립한 회사는 현재 인도의 다국적 대기업이 소유하고 있다.

자동화된 컨베이어 시스템은 현재 유럽이 두각을 나타내는 분야다. 독일에 본사를 둔 키온 그룹Kion Group은 자동화 창고 시스템 제조 분야를 선도하고 있다. 이 회사는 효율성을 극대화할 공급망 컨베이어 시스템을 개선하고자 숙련된 인력을 양성하고 있다. 가장 고도로 자동화된 시스템을 운영하려면 기계를 설치하고 수리할 고도로 숙련된 인력이 늘 필요하다. 그래야 당신의 집 앞까지 신속하게 배달하는 서비스가 가능하다. 아마존, 월마트, 프리토레이 같은 미국 기업이 그들의 고객이다. 이송 로봇이 활약하는 가장 자동화된 창고는 주로 영국에서 생산되고, 자동화된 공작기계 분야에서는 일본이 최고를 달린다. 시장 조사 기관인 마켓 리서치 리포트Market Research Report에 따르면 산업용 로봇의 상위 5개 제조업체는 스위스, 일본, 독일에 있다. 중국은 전 세계 대부분의 아이폰을 생산하는 일 말고도 소프트아이스크림 콘에 소용돌이 모양으로 아이스크림을 담아내는 영리한 기계도 만든다. 2014년 기준으로 유럽은 엘리베이터 현대화 시장의 37%를 차지하는데, 미국은 17%에 불과하다. 대형 컨테이너를 싣고 내리는 데 쓰는 거대한 크레인은 유럽과 중국에서 들여온다. 온라인으로 구매하는 상품의 상당량은 다른 나라에서 건조한 컨테이너선에 실려 미국으로 온다.

2020년 〈이코노미스트The Economist〉 기사에서 처음 접했던 거대한 컴퓨터 칩 제조기도 나를 깜짝 놀라게 했다. 이 놀라운 기계는 아주 먼 옛날 은하계에서 탄생했을 것 같았다. 버스 높이의 직사각형 상자 외부는 흰색 패널로 둘러싸여 있어서 내부가 어떤 모습일지 전혀 드러내지 않았다. 내부에는 크고 작은 은색 파이프가 각종 상자와 밸브, 전자 장치에 미로처럼 연결돼 있었다. 이 지점에서 영화 〈스타워즈Star Wars〉의 주제곡이 흘러나올 만하다. 자외선 빔이 머리카락 굵기보다 가는 선을 만들기 위해 여러 거울 사이에서 왔다 갔다 한다. 이 섬세한 광선이 컴퓨터 칩에 회로 패턴을 새기는 것이다. 당신이 테크놀로지 덕후라면 그야말로 멋지다고 생각할 것이다. 앞선 세대의 칩 제조기가 뭉툭한 분필로 회로 기판에 대충 휘갈겨 쓴 듯한 패턴을 만들던 시절과 비교하면 입이 쩍 벌어질 것이다. 이런 미래형 장치를 만들려면 사물 시각형의 영리한 엔지니어뿐만 아니라 수학에 소질이 있는 시각 공간적 엔지니어도 필요하다. 전자 칩을 만드는 최첨단 장비가 ASML이라는 네덜란드 회사에서 왔다는 사실에 나는 깜짝 놀랐다. 컴퓨터 칩을 발명한 나라는 미국인데, 어떻게 이런 일이 벌어졌을까?

브루킹스 연구소Brookings Institution에서 집계한 글로벌 제조업 점수표에 따르면 미국 노동자는 여러 분야에서 다른 나라들보다 훨씬 뒤처져 있다. 제조업 생산량은 중국이 세계 1위를 달리고 미국이 2위를 달린다. 하지만 제조업 취업자 비율을 보면, 미국은 조사 대상 18개국 가운데 16위를 차지했다. 브루킹스 연구소는 일자리를 채울 숙련된 노동자가 여전히 부족하다고 지적하며 "STEM 분야를 공부하도록 장려하는 데 초점을 맞춘 직업 훈련 프로그램과 교육이 시급하다."라고 결론지었다.

독일과 네덜란드 같은 나라는 숙련된 직업군을 계속 양성해왔다. 하지만 미국은 제조업이 다른 나라로 빠져나가면서 노동력을 제공할 숙련된 기술자에 공백이 생겼다. 미국 건설업자 협회Associated General Contractors of America의 2021년도 보고서에 따르면 건설업자의 61%가 유자격 근로자를 찾는 데 어려움을 겪고 있다. 코로나 규제가 완화되면서 나는 육가공 공장에 다시 들어갈 수 있게 됐다. 어느 공장에 가보니 장비 일부를 교체할 필요가 있었다. 표준 규격의 유압 부품이 필요한 비교적 간단한 강철 구조물이었다. 그런데 그걸 지을 수 있는 유일한 금속 작업소가 향후 8개월 동안 작업 물량이 밀려 있다며 기다리라고 했다. 게다가 이 구조물을 지을 숙련된 금속 세공인도 없었다. 공장의 유지 관리 부서와 얘기를 나눴는데, 그나마 있는 직원들이 은퇴하면 숙련된 정비 인력을 대체할 수 있을지 걱정이라고 했다. 내가 읽었던 온갖 보고서에 따르면 기술 필요성이 그 어느 때보다 절실한 지금 우리는 전례 없는 기술 격차에 직면해 있다.

여러 분야에서 숙련된 노동자의 부족 문제를 해결하지 못한다면 고용 환경은 심각한 곤경에 빠질 것이다. 코로나19 팬데믹은 특히 의료 기술자, 응급구조사, 간병인, 줌Zoom과 비디오 플랫폼 전문가, 간호조무사 등 특정 분야의 공급 부족을 확연히 보여줬다. 하지만 이러한 위기를 촉발한 직접적 이유가 코로나19는 아니다. 공중보건 학교 협회Association of

Schools of Public Health는 2008년 보고서에서 2020년까지 공중보건 종사자가 25만 명가량 부족할 거라고 진작 예측했다. 이제 올 것이 왔다.

이 모든 게 참담한 결과로 이어졌다. 우리는 시각적 사고자를 조기에 파악해서 그들이 타고난 능력을 발휘하도록 재능과 기술을 장려하지 못했다. 아울러 사회를 이롭게 하도록 다양한 사고방식을 통합하지도 못했다. 이러한 실패는 집단적으로든 개인적으로든 현실 세계에서 합당한 대가를 치르게 한다. 그런데 이러한 실패에 대한 현실 세계의 해결책이 있다. 집단적으로든 개인적으로든.

유럽의 일부 국가는 자국의 영리한 엔지니어를 양성한 반면, 우리는 그들을 죄다 걸러냈다.


## 영리한 엔지니어 양성하기


나는 역경을 이겨낸 사람들의 이야기에 관심이 많다. 그들은 불굴의 노력과 독립된 사고가 참된 발견을 위한 길을 열어준다는 나의 신념을 확고히 다져준다. 보스턴 대학교의 생물학자 린 마굴리스Lynn Margulis는 15개의 과학 저널에 퇴짜를 맞았지만 포기하지 않았다. 마굴리스의 논문은 결국 저널에 실렸고, 동물 세포에 에너지를 공급하는 미토콘드리아와 식물의 광합성 작용을 일으키는 엽록체가 한때 독립된 유기체였다는 사실을 증명했다. 이것은 이제 정설로 통한다. 내가 존경하는 또 다른 과학자는 허블 딥 필드Hubble Deep Field* 이미지를 책임지는 천문

---

* 큰곰자리에 있는 작은 영역의 이미지. 허블 우주 망원경에 의한 일련의 관측으로 완성됐다.

학자 밥 윌리엄스<sup>Bob Williams</sup>다. 윌리엄스 박사가 망원경을 우주의 텅 빈 영역으로 돌려보자고 제안했을 때 동료들은 망원경의 귀중한 관찰 시간을 낭비할 거라고 생각했다. 하지만 그는 뜻을 굽히지 않고 북두칠성 근처의 어두운 공간으로 망원경을 돌렸다. 허블 우주 망원경이 얼핏 아무것도 안 보이는 곳을 가리키자 수천 개의 은하와 광활한 우주가 드러났다. 눈에 보이는 별들 너머에 참으로 경이로운 세상이 펼쳐져 있었다.

영리한 엔지니어를 양성하는 일은 가정과 유아 교육에서 시작된다. 아이들이 (바느질, 요리, 정원 가꾸기, 조립, 수선, 실험 등을 통해) 물건을 만들고 촉각 세계를 경험할 기회를 제공하는 것 외에도 인내심과 회복력, 호기심을 기를 수 있도록 격려해야 한다. 어머니 사전에 중도 포기는 있을 수 없었고, 애초에 시도하지 않는 것도 크나큰 실망을 안기는 일이었다. 동네 아이들과 자전거를 타고 코카콜라 병입<sup>甁入</sup> 공장에 가기로 했을 때, 나는 어머니에게 차로 데려다 달라고 졸랐다. 어머니는 내 청을 들어주지 않았다. 거기 가려면 자전거 타는 법부터 배워야 했다. 물론 기어이 배웠다! 어머니는 엄하긴 했지만, 내 기를 꺾지 않고서 능력을 최대한 발휘하게 하는 법을 귀신같이 알고 있었다.

1950년대에는 자폐증에 관한 연구나 지식이 거의 없어서 성인으로 자라는 데 어려움이 많았다. 초기 장애 관련 운동은 아직 유의미한 활동을 시작하지 않았다. 다양한 책과 학회, 비디오 영상, 지원 단체, 치료 프로토콜도 없었다. 당시 의사들은 너무 무지해서 언어 지연과 여러 자폐 특질이 있는 나 같은 사람들을 보호 시설에 보내라고 했다. 그러나 나는 꼬리표와 치료 프로토콜 따위에 짓눌리지 않았다. 반항적 기질이 다분했던 어머니는 늘 당신 방식대로 밀고 나갔다.

사람들은 1950년대를 보수적이고 구속적인 시기라고 말하겠지만, 나한테는 자폐적 특질을 넘어서도록 도와준 선물 같은 시기였다. 어머니는 내가 짜증을 심하게 부리면 텔레비전 시청 시간을 빼앗곤 했다. 제일 좋아하는 프로그램을 볼 수 없다는 점은 성질을 죽이기에 충분한 자극제였다. 초등학교에 입학할 무렵, 나는 일요일 저녁 식사를 하러 할머니 댁에 가거나, 소란을 피우지 않고 얌전히 식탁에 앉아 있는 등 대부분의 사교 모임에 참여할 수 있었다. 예의 바른 행동을 강조한 어머니 덕분에 나는 레스토랑과 교회, 영화관에서 어떻게 행동해야 하는지 익힐 수 있었다. 돈의 가치도 일찌감치 알게 됐다. 50센트씩 용돈을 받았는데, 동네 잡화점에서 내가 원하는 장난감 비행기를 사려고 차곡차곡 모았다.

매사에 서툴렀던 나는 기숙학교 마구간에서 일하며 업무 기술을 익혔다. 맡은 일을 성실히 수행하면 보상으로 멋진 말을 탈 수 있었다. 나는 동부 해안의 비농업 지역에서 자랐다. 그래선지 어떻게 목축업계에 진출하게 됐느냐는 질문을 자주 받는다. 열다섯 살은 내게 무척 중요한 시기였다. 그때 애리조나에 있는 이모네 목장에 가서 서부 지대와 목축을 경험했기 때문이다. 말과 소, 가죽 세공, 가축 이동용 활송 장치, 헛간, 탁 트인 하늘 등 모든 게 마음에 들었다. 나는 거기에 매료됐고 평생의 업으로 삼게 됐다.

기업가적 측면에서 살펴보자면 나는 고등학교 시절에 간판을 그려 판매하기도 했다. (학교 연극 무대를 만들면서 기술을 개발할 기회를 얻었다고 앞에서 언급했다. 그런 경험이 없었다면 간판을 그려볼 생각이나 했을까 싶다.) 대학 시절엔 가축 사육장과 중고용품 가게, 애리조나 주립 박람회 등의 간판을 그렸다. 일감을 얻으려고 사람들에게 완성된 간판 사진을 보여줬다. 내 작품의 구체적 사례가 이력서보다 더 설득력 있다는 사실을 그때 깨달았으니, 이러한 경험도 미래의 직업과 업무 기술을 익히는 데 도움이 됐다. 가축 취급 시설을 설계하는 일을 시작했을 때, 나는 예비 고객에게 포트폴리오를 보여줬다. 그들의 책상에 내 도면을 펼쳐 놓고 완성된 프로젝트의 사진을 제시하곤 했다. 그러면 다들 30초 만에 깜빡 넘어갔다. 내 업무를 더 홍보하기 위해 축산업 관련 언론에 글을 기고하기도 했다.

이러한 경험 덕분에 나는 혼자 힘으로 살아갈 방법을 터득했고 회복력도 키웠다. 안타깝게도 요즘 아이들은 이러한 자질을 제대로 개발하지 못하고 있다. 안젤라 더크워스Angela Duckworth는 베스트셀러 《그릿》(2019)에서 '투지'는 장기 목표를 달성하기 위해 열정과 끈기를 결합한 자질이라고 정의했다. 혁신의 최전선에 있는 사람이라면 누구나 새로운 아이디어가 흔히 동료들에게 거부된다는 사실을 알고 있다. 앞서 언급했듯이 내가 소의 행동 연구를 처음 시작할 때만 해도 사람들은 나를 보고 미쳤다고 생각했다. 황소를 불안하게 하면 체중 증가에 방해가 된다는 사실을 누구도 믿지 않았다. 하지만 내 가설은 사실로 밝혀졌고, 내가 디자인한 곡선형 활송 장치는 전 세계적으로 널리 채택됐다. 완만하게 이동할 수 있으니 황소가 동요하지 않는 것이다. 동물을 다루는 능력과 시각적 사고가 합쳐져서 이러한 디자인이 나올 수 있었다.

내가 자라는 동안 신경다양성 개념이 등장해서 더 나은 정신 건강 치료와 교육을 위한 통찰을 제공했다. 나는 이 꼬리표가 여러모로 유익하게 작용하는 모습을 지켜봤다. 영국 레스터에 있는 드몽포르 대학교의 에드워드 그리핀Edward Griffin과 데이비드 폴락David Pollak은 2009년 실시한 연구에서 학습 차이가 있는 학생 27명을 인터뷰했다. 자신의 신경

다양성을 '차이'로 인식하고 긍정적인 면과 부정적인 면을 모두 인정한 학생은 '의학적 결핍' 모델로 인식한 학생보다 더 높은 자존감과 더 높은 직업 목표를 표명했다.

아이들과 부모들이 새로운 시도를 회피하려고 그 꼬리표를 들먹이는 모습도 목격했다. 내 어머니가 나한테 해준 가장 중요한 일을 꼽으라면, 나를 장애인으로 또는 자신을 장애아의 엄마로 여기지 않았다는 점을 들 수 있다. 그런 꼬리표에서 벗어난 덕분에 어머니는 내게 필요한 특별한 도움에 집중할 수 있었다. 즉, 내가 읽고 쓰고 말하는 데 필요한 언어 치료와 개인 지도 등 보완적인 학교 환경을 제공해 줬다. 스펙트럼에 속한 아이들을 위한 조기 개입은 말로 표현할 수 없을 만큼 중요하다. 많은 부모가 내 어머니처럼 본능적 감각을 갖췄을 거라고 추정하지만, 장애 사고방식은 일종의 터널 시야tunnel vision*를 초래할 수 있다.

꼬리표는 양날의 검이 될 수 있다. 명칭을 '장애'에서 '신경다양성'으로 바꿨다고 단점이 사라지진 않는다. 그동안 여러 부모와 교사를 만나며 두루 관찰한 결과, 꼬리표가 아이들의 발목을 잡는 경우를 무수히 목격했다. 너무 많은 부모가 자녀의 강점을 개발하려고 애쓰는 대신, 장애 사고방식에 갇혀 헤어나지 못한다. 개인의 정체성이 형성되는 방식은 경력 개발과 자존감에 영향을 미친다. 장애와 가치 있는 신경다양성은 반드시 구분해야 한다. 내 경우엔 일종의 반대급부가 있다. 몇 가지 자폐적 특질 때문에 사람들과는 관계 형성이 어렵지만, 동물과는 깊은 관계를 맺는다. 대수학이나 다른 시각 공간적 과제는 잘할 수 없

---

\* 특정 측면만 바라보고 나머지는 보지 않아 주변의 대부분을 놓쳐버리는 현상

지만, 사물 시각화에는 특출난 능력이 있다. 그 덕에 동물 행동 연구와 장비 설계 분야에서 성공할 수 있었다. 누구나 자신이 잘하는 일을 더욱 강조해야 하며, 그 시작은 어릴 때일수록 좋다. 시각적인 성향의 아이가 어린 나이에 무언가를 만드는 상황에 노출되고 또 자라면서 계속 격려받는다면 얼마나 발전할 수 있을지 상상해보라. 반대급부는 늘 있을 수 있다. 시각적 아이가 언어적 아이만큼 친구를 쉽게 사귈 순 없어도 화성으로 가는 컨베이어 벨트는 발명하게 될 수도 있다.

인텔의 수석 프로그램 관리자인 칼라 피셔Karla Fisher는 컴퓨터 업계에서 성공한 후에야 아스퍼거 증후군 (언어 지연이 없는 자폐증) 진단을 받았다. 내 책《다를 뿐, 모자란 게 아니다Different... Not Less》(2012)에 피셔를 소개하는 부분이 있는데, 피셔가 기술 산업에서 '자기와 같은 사람들'을 어떻게 찾아냈는지 나와 있다. 그들은 모두 테크놀로지를 좋아했고 각자의 삶에서 사교는 중요하게 여기지 않았다. 피셔는 아버지가 돌아가신 후 제정신이 아니었다. 상사는 그에게 애도 상담사를 만나보라고 제안했고, 상담사는 피셔에게 자폐 스펙트럼 장애라는 진단을 내렸다. 피셔는 경력을 잘 쌓아가는 와중에도 늘 사회적으로 소외된 기분을 느꼈다고 했다. 피셔의 선임 매니저는 그녀에게 이렇게 말했다.

"다들 진단을 받은 적이 없으니, 당신과 같은 사람이 여기에 얼마나 더 있을지 궁금하군요."

늦은 나이에 진단받은 성인 가운데 일부는 자신이 자폐라는 사실을 알게 되면서 오랫동안 고생했던 고용 문제와 인간관계에 대해 늦게나마 통찰을 얻는다. 하지만 피셔는 자신이 더 일찍 진단받았더라면 지금처럼 높은 수준의 경력을 쌓지 못했을 거라고 했다. 조기 진단에 발목이 잡혔을 테니까.

꼬리표는 단지 꼬리표일 뿐이라는 사실을 인식해야 한다. 꼬리표가 그 사람의 전부는 아니다. 그 사람의 증세가 신체적이든 정신적이든 심리적이든, 이 꼬리표는 너무 광범위한 특질과 행동까지 포함하려다 보니 유용성의 한계를 넘어서기도 한다. 자폐증 진단은 여러 가지 특질에 기초를 둘 뿐 코로나19 델타 변종으로 진단되는 것과 같은 정확한 진단이 아니다. 고로 진단이라는 말 대신에 행동 프로파일이라고 부르고 싶다. 나는 또 고기능 자폐와 저기능 자폐라는 용어를 없애자는 주장에 동조한다. 차라리 언어적 자폐와 비언어적 자폐로 부르고 싶다. 비언어적 자폐인 중에는 예술적, 수학적, 음악적 능력이 뛰어난 사람도 있다. 자폐증은 무한한 변이가 수반되는 연속적 특질의 집합이다.

내 어머니가 강조했던 매너, 차례 지키기, 자기표현은 숙달하긴 어렵지만, 협력과 의사소통과 타협을 익힐 수 있는 진정한 삶의 기술이다. 이러한 자질을 익히지 못했다면 나는 진로를 개척할 수 없었을 것이다. 내가 멍청하지 않다는 사실을 사람들에게 어떻게든 입증하고 싶었다. 그게 크나큰 동기였다. 업무 능력은 학업 능력과 상당히 다르다. 당연한 이야기처럼 들리겠지만, 학생은 시간을 지키고 예의 바르게 행동하며 단정하게 차려입어야 한다. 아울러 마감 시간을 지키고 과제를 성실히 수행해야 한다. 이런 기본 매너를 익히면 정중히 부탁하고 호의에 감사할 줄 알게 될 뿐만 아니라 나중에 동료가 바보 같은 짓을 해도 욕설을 내뱉지 않게 된다.

학회에서 만난 부모나 교사와 이야기를 나눌 때 장애 꼬리표가 붙은 똑똑한 아이들에게 일하는 방법을 전혀 가르치지 않는다는 말을 들으면 나는 충격을 받는다. 내가 아이들의 기술 수준에 관한 질문을 던지면 그들은 아이에게 쇼핑, 은행 계좌 관리, 청구서 납부 같은 기본 기술을 익히게 하지 않는다고 답한다(이는 신경전형인 아이를 둔 부모에게도 해당한다). 10대 자폐인 자녀를 둔 한 엄마는 내가 이 점을 지적하자 울음을 터뜨렸다. 그녀의 아들은 학업을 잘 따라가는데도 상점에서 혼자 물건을 사본 적이 없었다. 심지어 피자와 콜라를 직접 주문해본 적도 없었다. 뭐든 엄마가 알아서 다 해줬다.

신경다양성과 포용성을 새롭게 강조하는 움직임은 좋은 일이다. 하지만 '포용성inclusion'이라는 꼬리표가 때로는 눈속임에 지나지 않는 상황도 목격했다. 가령 대학이나 정부 기관, 대기업에 강연하러 가면 끼리끼리 어울리는 모습이 자주 보인다. 일종의 '사일로 심리silo mentality*'로, 장애인은 다른 장애인하고만 어울리는 '장애 사일로'를 형성하는 것이다. 선임 관리자를 초대하는 소그룹 활동에서 나를 초대한 장애 그룹은 장애 영역 밖에서 온 관리자를 포함하지 않는 적이 많았다. 그러면 장애인의 발전에 도움이 될만한 의사소통이 일어날 수 없다. 전에 방문했던 어느 기술 회사에서도 자폐인으로 구성된 기술 부서의 관리자를 한 명도 초대하지 않았다. 대학에서도 비슷한 문제가 가끔 발생한다. 다양성과 장애를 포용하자는 취지에서 이뤄지는 강연에서 주최 측은 내가 축산업에 종사한다는 사실을 간과하고 수의학과 교수에게 통보조차 하지 않았다. 정보 공유를 방해하는 사일로 형성을 막으려면 엄청난 노력이 필요하다. 일단 끼리끼리 어울린다는 사실부터 깨달아야 한다. 주최 기관 중 단 한 곳도 사일로를 형성했다는 사실을 인식하지 못했다. 어쩌면 그게 사일로의 본질일 수도 있다. 그 안에 있으면 다른 게 눈에 들어오지 않는다.

---

* 회사 내 다른 부서와 정보 공유를 꺼리는 조직 구성원의 경향

"어떻게 하면 장애가 있는 사람들을 도울 수 있습니까?"

자주 받는 질문 중 하나다. 주로 언어적 사고자가 제기하는 지나치게 포괄적인 질문이다. 휠체어를 탄 사람은 자폐증 증상이 있는 사람과 상당히 다른 편의 시설이 필요하다. 이 분야에 오랫동안 종사하면서 여러 기업과 상담했고 그들이 어떻게 생각하는지 알게 됐다. 한번은 장애 관련 학회에서 한 시각 장애인의 이야기를 들었다. 그는 스스로 충분히 할 수 있다고 생각한 업무에 여러 번 지원했으나 면접에서 매번 떨어졌다. 모두 컴퓨터와 관련된 직종이었다. 아무래도 시각 장애인 지원자를 면접했던 사람들이 무척 난감했을 듯하다. 그들은 안내견과 지팡이만 보고 그를 고용했을 때의 어려움을 떠올렸을 것이다. 나는 그런 지원자에게 좀 더 적극적으로 접근하라고 권한다. 가령 면접관에게 이렇게 제안할 수 있다.

"저한테 특별한 편의를 제공하지 않으셔도 됩니다. 일단 한 2주만 저를 써보세요. 특별한 소프트웨어가 깔린 컴퓨터만 있으면 뭐든 처리할 수 있습니다."

또는 사무실 배치에 익숙해질 때까지 친구를 며칠 데려오겠다고 제안할 수도 있다.

어떤 사람들은 신경다양성 지원자들을 차별하지 말아야 할 책임이 고용주에게 있다면서 신입 직원을 위한 교육과 편의를 모두 제공해야 한다고 주장한다. 하지만 현실에서 그렇게 접근하면 손해를 보는 쪽은 주로 지원자다. 지원자가 자신의 애로 사항을 적극적으로 보완하겠다고 제안하면 면접관의 마음을 돌려서 고용 가능성을 크게 높일 수 있다. 신경다양성 지원자는 본인의 능력을 적극적으로 표출해야 한다. 나처럼 '30초 만에 깜빡 넘어가게 하는 전략'을 구사하는 것도 한 방법이다. 가령 휴대폰이나 웹사이트에 자신의 포트폴리오를 잘 정리해뒀다가 비행기나 기차의 옆자리에 앉은 잠재 고객에게 보여주는 것이다.

스페이스X와 테슬라를 설립한 일론 머스크도 이력서는 그다지 중요하지 않다고 했다. 머스크는 당신이 어느 대학을 다녔는지, 또는 어떤 자료를 유창하게 읊어대는지에 관심이 없다. 또한 대학 졸업장이 그의 회사에 들어가기 위한 필수 조건도 아니다. 머스크가 회사를 창업한 이유는 어떤 인터넷 벤처기업도 그를 고용하지 않았기 때문이다. 한 번은 넷스케이프에 이력서를 보낸 후, 넷스케이프 로비에서 서성거리며 누구하고라도 이야기하길 바란 적도 있었다. 당시엔 숫기가 없어서 아무한테도 접근하지 못했다. 아무튼 머스크가 추구하는 바는 추진력, 호기심, 창의성이다. 뭐든 만들고 고칠 수 있는 사람을 원한다. 머스크의 관심을 끌려면 평점 4.0을 떠벌리는 이력서보다 멋지게 설계한 환기 시스템 도면이 낫다고 장담한다.

하지만 아무리 진보적인 프로그램이라도 나서서 이끌어줄 후원자가 사라지면 힘을 잃을 수 있다. 최근에 나는 유명 브랜드를 보유한 어느 회사에서 '다른 부류의 마음'을 주제로 직원들에게 강연한 적이 있다. 그 회사는 고위 관리자를 주축으로 온갖 유형의 신체적, 지적 장애가 있는 사람들을 위한 멋진 프로그램을 운영하고 있었다. 그런데 담당 관리자가 갑작스러운 질병으로 퇴사하자 프로그램이 제대로 돌아가지 않았다. 일례로, 시스템을 업데이트한 후, 한 시각 장애인 직원은 꼭 필요한 소프트웨어를 더 이상 사용할 수 없게 됐다. 그때까지만 해도 고객 서비스 부서에서 제 몫을 훌륭히 해내던 직원이었다. 다양성 팀은 문제를 제대로 조사하지 않았고 시스템 업데이트가 문제라는 사실을 파악하지 못했다. 그렇게 단순한 문제가 그녀의 경력을 단절시키고 말았다.

다행히도 고용주들은 신경다양성에 관한 한 다른 유형의 인재를 고용하는 이점을 점점 깨닫고 있다. 미국의 2대 약국 체인인 월그린스Walgreens가 이 운동을 주도하고 있다. 장애아를 둔 랜디 루이스Randy Lewis는 공급망 및 물류 담당 수석 부사장인데, 물류 창고 두 곳에서 컴퓨터를 사용할 때 읽을 필요가 거의 없도록 시스템을 재구성했다. 다른 창고들과 비교한 결과, 장애인들이 일하는 두 창고가 더 나은 성과를 올렸다.

남다른 사람들이 일터에 기여하는 재능과 기술은 애초에 그들의 니즈에 맞는 방법을 파악하느라 겪는 일시적 불편함을 훨씬 능가한다. 이러한 사실을 알아차린 기업이 다행히 늘고 있다. 그러한 직원의 풍부한 지식과 정확한 기억력, 세부 사항에 관한 관심을 제대로 평가한 것이다. 마이크로소프트 같은 테크 기업과 골드만삭스 같은 금융 기업은 그 점을 잘 인식하고 있으며, 그들의 진취적 정신을 따라가는 기업이 더 많아질 것이다. 최근에 한 학회에서 아스퍼거 장애가 있는 젊은 자동차 딜러를 만났다. 그는 자동차 제조사와 모델별 특징을 두루 꿰고 있었다. 처음엔 그의 단조로운 목소리와 어색한 시선이 극복할 수 없는 핸디캡처럼 보였다. 하지만 사람들이 그의 열정과 풍부한 지식을 알아보면서 그의 신경다양성은 아무런 문제가 되지 않았다. 오히려 높은 매출을 올리면서 플러스 요인이 됐다.

경영 잡지 〈하버드비즈니스리뷰Havard Business Review〉에 실린 기사에서 아이비 경영대학원의 로버트 오스틴Robert Austin과 하버드 경영대학원의 게리 피사노Gary Pisano는 패턴과 잠재적 사이버 보안 침해에 대한 미가공 데이터를 분석하는 자폐인들의 기술이 '단연 뛰어나다'라는 호주 국방부의 자료를 제시했다. 이러한 데이터를 분석하려면 뛰어난 공간 패턴 시각화 기술이 필요하다. 대형 소프트웨어 기업인 SAP와 휴렛팩커드 엔터프라이즈Hewlett Packard Enterprise는 자폐인들에게 적절한 훈련과 몇 가지 편의를 제공하면 대단히 생산적인 직원이 될 수 있다는 사실을 발견했다. 그들에겐 소음 제거 헤드폰과 조용한 작업 공간이 필요할 수도 있고, 훈련에 더 많은 시간이 필요할 수도 있다. 하지만 일단 훈련을 받고 나면 일을 정말 정확하게 해낸다. 실제로 호주 복지부의 자폐인 소프트웨어 검사자들이 비자폐인 소프트웨어 검사자들보다 생산성 면에서 30% 더 높았다.

영국의 고용주들을 위해 숨은 인재를 발굴해서 소개하는 〈언탭드 탤런트Untapped Talent〉는 자폐인들의 세밀한 주의력, 높은 집중력, 신뢰성, 탁월한 기억력, 기술적 능력 같은 자질을 강조한다. 그리고 그들에게 제공할 편의 사항으로 조용한 작업 환경과 감각적 휴식, 명확한 작업 지침, 조명 변화가 필요하다는 점도 언급한다. 그런 직원들의 재능은 기술적인 면에 국한되지 않는다. 자폐인들은 충성도와 높은 정직성 같은 자질도 겸비하고 있다.

소프트웨어 개발자인 댄 버거Dan Burger가 CBS TV 프로그램 〈60분〉에서 자폐인의 능력을 보여주는 에피소드에 출연했다. 버거는 벤더빌트 대학교 재학 시절 필터그래프Filtergraph라는 컴퓨터 프로그램을 개발했는데, 이 프로그램은 천문학자들이 외계 행성을 발견하도록 돕기 위해 나사 우주 망원경의 데이터를 분석한다. 그의 웹 플랫폼은 다른 대규모 데이터 세트도 시각적으로 분석할 만큼 더욱 확장됐다. 버거는 자폐인들이 '이미지 패턴을 훨씬 더 잘 이해한다'라는 사실을 발견했다. 그래서 시각적 사고자들을 포착하고 장기적으로 고용하겠다는 목표를 이루고자 자폐증과 혁신을 위한 센터를 건립하는 데 중요한 역할을 했다.

최근에 시카고 외곽에 있는 애스피러텍Aspiritech을 방문했다. 소프트웨어와 하드웨어 테스트를 주로 하는 곳이다. 이 회사의 한 지점에서 20%에 달하는 사업 손실을 봤는데, 아무도 이유를 알아내지 못했다. 다행히 자폐 스펙트럼에 속한 한 직원이 오류를 찾아냈다. 웹사이트를 업데이트할 때 웹 디자이너가 회사 전화번호의 숫자 두 개를 뒤바꾼 것으로 드러났다. 세부 사항을 꼼꼼히 파악하는 자폐적 시각이 회사의 손실을 크게 줄여 줬다.

관리자들은 신경다양인이 면접이나 대인관계 기술에서 부족하다는 사실을 기꺼이 받아들여야 한다. 실제로 자폐인 가운데 15%만 직업이 있는데 이는 전체 장애인의 절반에도 못 미치는 비율이다. 감정이 부족하면 유능한 사람도 미련하고 산만해 보일 수 있다. 다르게 생각하는 사람들은 대체로 협동적인 업무나 영업 분야에서 두각을 나타내기 어려울 것이다. 하지만 훈련으로 점점 나아질 수 있다. 나이를 먹고 경험을 쌓을수록 자신의 장애를 더 잘 관리하는 법을 익힐 수 있는데, 다들 그 점을 간과한다. 같은 행동을 반복하거나 피드백 처리 지연으로 상대방 말에 끼어드는 등 10대 때는 물론이요, 30대까지 나를 괴롭혔던 여러 특질이 지금은 사라졌다. 다르게 생각하는 사람들은 충동적일 수 있다. 남들이 당연하게 여기는 사회적 기술을 갖추지 못해서다. 나와 함께 일했던 기계 설계자 중 한 명은 아주 유능했다. 뭐든 설계해서 뚝딱 만들고 문제가 생기면 금세 해결했다. 그런데 성미가 불같았다. 어느 날 그의 공장에 방문했더니, 그가 공장 기술자들에 대해 불쾌한 말을 쏟아내기 시작했다. 나는 그를 상단의 보행자 통로 한쪽으로 재빨리 데려갔다. 그곳에서는 아무리 크게 소리쳐도 기술자 사무실까지 미치지 않았다.

이 책의 자료를 조사하면서 그간 수행했던 대규모 동물 관리 프로젝트를 모두 검토했다. 특히 내가 시설을 설계하고 건축 과정까지 감독했던 프로젝트를 중심으로 조사했는데, 현장에서 오랜 시간 머물렀기 때문에 직원들과 교류가 많았다. 그들 스스로 인정하기도 하고 내가 비공식적으로 분석도 해보니, 현장에서 만난 숙련된 제도공製圖工과 기계 설계자, 용접공의 약 20%는 자폐증이나 난독증, 진단받지 않은 ADHD를 앓고 있었다. 대부분 고등학교를 졸업하고 소규모 작업장에서 일을 시작한 사람들이었다. 앞서 언급했듯이 혁신은 흔히 소규모 작업장에서 일어난다. 앞서 소개했던 성공 사례 가운데 두어 가지는 일찌감치 소규모 작업장을 열었던 사람들의 이야기다. 유감스럽게도 자기 작업장을 차리거나 이런 분야에서 수습생이 될 만한 젊은이들이 이젠 특수 교육으로 내몰려 도구를 다뤄볼 기회조차 얻지 못한다.

최근에 메인주州에서 프린트크레프트PrintCraft라는 이름의 멋진 인쇄소를 우연히 발견했다. 인쇄소 주인인 리사 픽슬리Lisa Pixley는 19세기와 20세기 인쇄기를 전문적으로 다루는데, 나한테도 작동 방식을 자랑스럽게 보여줬다. 인쇄기마다 각기 다른 기계 장치가 달려 있었다. 그녀는 각 기계의 드럼에 종이를 밀어 넣은 후 페달을 밟고 손으로 잡아당기는 작업을 능숙하게 해냈다. 그녀에게 시각 공간 테스트를 시행했더니 나만큼이나 높은 점수가 나왔다. 그녀 역시 순수한 시각적 사고자였던 것이다. 학교생활이 어땠냐고 묻자 그녀는 수학, 특히 대수학을 못해서 특수 교육을 받았다고 했다. 이 때문에 학업 진로가 수년 동안 엉망으로 꼬였다고 한탄했다. 너무나 많은 시각적 사고자들이 이런 상황으로 내몰린다. 다행히 그녀는 인쇄술과 골동품 활자 인쇄기에 열정을 느끼고 인쇄술의 장인匠人으로 거듭났다.

## 노출의 가치

영리한 엔지니어는 대체 어디에서 나올까?

어린 시절 특정 직업에 노출됐다가 훗날 그 직업에 뛰어드는 사람이 많다. 가업이 대대로 이어지는 이유이기도 하다. 코넬 대학교 SC 존슨 경영대학에 따르면 가족 소유 기업의 약 40%가 다음 세대로 이어진다. 의대생 다섯 명 중 한 명은 의사 부모를 두고 있고, 부모가 변호사인 학생은 변호사가 될 가능성이 열일곱 배나 높다. 일종의 직접 노출 덕분이다. 하지만 그게 유일한 노출 기회는 아니다. 젊은 층은 대체로 직업 가능성의 범위를 잘 모른다. 내가 강연에서 추구하는 목표 가운데 하나는 그들의 눈을 틔워 주는 것이다. 물론 부모와 교사의 눈을 틔워 주는 일도 포함된다.

우리는 학교 교육과 양육에서 아이들이 시험에 나오지 **않는** 것들에 노출될 필요가 있다는 사실을 자꾸 잊어버린다. 흥미를 키우면 상상력과 내면 활동도 확장된다. 학업과 상관없는 일에 노출될 기회가 많으면 그 정도를 가장 높은 수준까지 끌어올릴 수 있다. 미시간 주립대학교의 생리학자 로버트 루트 번스타인Robert Root-Bernstein에 따르면 노벨상을 받은 일류 과학자들은 일반적으로 존경받고 성공한 과학자들보다 남다른 취미를 즐길 가능성이 50%나 높았다. 자기 분야에서 정상에 오른 과학자들은 흔히 관심사가 다양하고 여러 주제에 매료된다. 아주 좋은 예로 음악에 열정이 많았던 아인슈타인을 꼽을 수 있다. 아인슈타인은 음악과 바이올린 연주가 자신의 가장 영향력 있는 이론을 공식화하는 데 도움을 줬다고 인정했다. 반대로, 음악의 복잡성과 아름다움을 포착하기 위해 과학적 사고를 활용하기도 했다.

새로운 일에 살짝 노출됐다가 인생 경로가 바뀌었다는 이야기를 들으면 무척 설렌다. 암 연구 분야에서 최고 과학자인 안젤리카 아몬 Angelika Amon은 과학 시간에 세포에서 염색체가 분리되는 장면이 나오는 영화를 보고 세포 유전학에 흥미를 느꼈다. 니타 파텔Nita Patel 박사는 운 좋게도 일찌감치 과학과 의학 교육을 받았다. 그녀가 교육을 받지 못했다면 코로나19 백신 개발에 앞장서는 의사가 되지 못했을 것이다. 가난한 가정에서 태어난 탓에 아버지가 장애를 얻어서 일을 못 하게 됐을 때 또 다른 어려움에 직면했다. 하지만 교육의 힘을 믿었던 그녀는 차비를 내준 이웃의 도움으로 끝내 학업을 마치고 승리했다.

《그릿》의 저자인 안젤라 더크워스는 성취를 위해서 타고난 능력과 노력 가운데 무엇이 더 중요한지 묻는다. 나는 지금까지 자폐증을 앓거나 학습에 어려움을 느끼는 고등학생 자녀를 둔 부모들과 이야기를 많이 나눴다. 그들에게 자녀의 취업에 관해 물어보면 "네, 고민하고 있습니다."라고 대답했다. 고민은 그만하고 당장 행동에 옮겨야 한다. 나는 건설업계에서 일하며 마감 기한의 중요성을 배웠다. 건설 현장에서는 프로젝트가 제시간에 완료돼야 한다. 그게 고객이 바라는 바다. 나는 부모나 교육자와 이야기할 때 항상 조기 교육의 중요성을 강조한다. '조기 노출, 조기 개입, 조기 경험'을 주문처럼 되뇌곤 한다.

———

학비를 전액 지원받으면서 공부하는 동안 숙식도 제공되고 졸업할 때 직장도 보장받는다면 어떨까? 버지니아주 뉴포트 뉴스에 있는 어프렌티스 스쿨The Apprentice School이 이러한 혜택을 제공하고 있다. 해마다

4천 명 넘게 지원하는데, 220명만 받아 준다. 예일대나 하버드와 비슷한 합격률이다. 1919년부터 시작된 프로그램은 조선업계에서 4년, 5년, 8년간의 수습 기간을 제공한다. 주요 학습 분야는 비즈니스, 통신, 제도, 수학, 물리학, 선박 건조다. 그들의 교실은 드라이 독*이나 강철 제조 공장, 추진축 수리 시설 등이다. 아울러 수표책을 결산하는 방법, 첫 집을 구입하는 방법, 식사 예법 등 삶의 기술도 알려준다. 이 학교는 군용 조선 회사인 헌팅턴 잉걸스 인더스트리즈Huntington Ingalls Industries의 한 부서인데, 이 회사가 미 해군과 해안경비대 소속 선박을 설계하고 건조하고 유지한다는 점도 주목할 가치가 있다. 도제 프로그램의 안정적 운영을 위해 정부에서 막대한 기금을 제공하는 것이다. 주머니가 두둑한 계약자들이 없다면, 대다수 회사는 이런 호사스러운 프로그램을 감당할 수 없다. 하지만 이런 프로그램은 기업이 고도로 훈련된 차세대 직원을 지속적으로 양성하는 좋은 모델이다. 학교 웹사이트에는 이러한 도제 과정이 회사에 '기술과 지식, 장인 정신을 겸비한 숙련공을 안정적으로 공급한다'라는 내용이 담겨 있다.

도제 제도는 수 세기 동안 숙련 노동자를 훈련하는 데 활용됐다. 중세 유럽의 멋진 대성당은 도제, 혹은 수습생으로 시작한 사람들이 지었다. 고급 기술과 경험을 쌓은 노동자들은 각자의 기술로 길드(중세 시대 기능인들의 조합)에 들어가 높은 사회적 지위를 얻었다. 요즘엔 기술과 경험이 아니라 조그만 네모 칸에 적힌 수치로 그 사람의 능력을 평가한다. 젊은이들에게 컴퓨터를 조립하거나 방을 꾸미거나 바지를 꿰매라고 해보면 얼마나 잘 해낼지 궁금하다.

* 큰 배를 건조하거나 수리할 때 해안에 배가 출입하도록 땅을 파서 만든 구조물

20세기 초부터 의무교육에 편입되는 아이들이 많아지면서 미국의 도제 제도는 인기가 떨어졌다. 이런 추세는 고등 교육을 받는 인구가 늘어나면서 더 심화됐고, 연방정부의 자금 부족으로 고용주는 유급 도제를 두기가 더욱 어려워졌다. 다른 나라에서도 특정 사회 계층은 기술직을 천대해 자녀가 그런 분야에 뛰어들지 못하게 막는 경향이 있다. 브루킹스 연구소의 브라이언 제이콥Brian A. Jacob이 작성한 보고서에 따르면 기술 학교는 흔히 성취도가 낮은 아이들을 위한 '쓰레기장'으로 여겨진다. 이러한 인식은 잘못된 편견에서 나온다. 가령 대학이 모든 사람을 위한 곳이자 고임금 직업으로 가는 유일한 길이며, 숙련된 직업에서 하는 육체노동은 학위가 필요한 직업보다 덜 명예롭거나 덜 중요하다는 식이다. 제이콥은 진로 및 기술 교육Career and Technical Education, CTE, 일명 직업 교육이 급격히 하락하게 된 이유로 1980년대에 젊은이들이 죄다 대학 교육을 받아야 한다는 기대와 함께 고등학교에서 이수해야 할 필수 과목이 늘어난 점을 꼽는다. 1990년과 2009년 사이에 미국 고등학생들이 취득한 CTE 학점은 14%나 감소했다. 브루킹스 연구소의 그렉 페렌스타인Greg Ferenstein은 도제 제도를 부활시키려는 노력에 관한 후속 보고서에서 다음과 같이 쓰고 있다.

"대학이 20세기 최고 직업으로 가는 기본 경로가 되면서 도제 제도는 미국의 상향 이동 문화에서 멀어지게 됐다."

앞에서 살펴봤듯이 대학 교육은 중도 탈락률과 높은 실업률, 심각한 부채 등을 고려할 때 성공을 보장하지 못한다. 그런데도 도제 제도와 직업 학교에 대한 편견이 워낙 견고해서 우리의 도제 문화는 더 번창하지 못하고 있다. 맨해튼 연구소Manhattan Institute가 발표한 보고서에 따르면 최근 대학 졸업생의 40%는 대학 학위가 없어도 되는 직업에 종사한다. 통계에 따라 다르지만 졸업생의 약 28%는 전공 분야에서 일자리를 찾지 못한다.

대졸자가 고졸자보다 평균적으로 돈을 더 많이 벌지만 예외도 많다. 4년제 대학 학위가 필요 없는 고소득 직업으로는 숙련된 기술자, 컴퓨터 프로그래머, 연구실 보조원lab technician, 디자이너, 영상 편집자 등이 있다. 나는 최근에 타마르 자코비Tamar Jacoby가 〈월스트리트저널The Wall Street Journal〉에 기고한 고무적인 기사를 읽었다. 전문대학의 학점 및 비학점 프로그램이 고등학교를 못 마친 사람들과 최신 기술을 익히기 위해 재교육이 필요한 사람들에게 다양한 교육을 제공하고 그 과정에서 중요한 일자리 공백을 메우고 있다는 내용이었다. 자코비는 이렇게 쓰고 있다.

"역사적으로 전문대학은 전통적인 4년제 대학의 그늘에서 기를 펴지 못했다. 하지만 자동화와 사업 구조조정이 노동시장을 뒤흔들면서 상황이 바뀌고 있다."

자코비는 또 1,100만 명의 학생 가운데 절반이 취업 준비를 위해 고안된 프로그램에 참여한다고 지적한다. 실제로 많은 프로그램이 산업계의 의견을 바탕으로 설계됐다.

일부 지역에서는 정부가 앞장서서 아이들이 직업에 노출될 기회를 제공하고 있다. 이러한 노력은 아이들이 흥미를 잃고 진로를 모색할 기회마저 놓치는 것과 각자의 능력과 흥미, 열정을 불사를 기회를 얻는 것 사이에서 지대한 영향을 미칠 수 있다. Apprenticeship.gov에 따르면 미국 전역에서 운영되는 도제 프로그램은 약 2만 6,000개에 달한다. 프로그램을 이수한 뒤 평균 초봉은 7만 2,000달러, 고용 유지율은 92%다. 이 웹사이트에는 주요 기업에서 운영하는 수백 가지 도제 프로그램이

올라와 있지만 상당수는 다 채워지지 않고 있다. 콜로라도 주립대학교에 새로운 화학 건물을 지을 때, 프로젝트 관리자는 내게 전기 기술자를 충분히 고용하지 못해서 제때 완성하기 어렵다고 호소했다. 구글에서 '전기기사 수습직 콜로라도'라는 키워드로 검색한 결과 100여 개의 구인 공고가 떴다. 훈련, 전액 급여, 복지혜택까지 제공되는 신입직이 대부분이다.

현재 미국의 청년 실업률은 8.3%다. 이에 비해 스위스의 청년 실업률은 3%를 밑돈다. 스위스 청년의 약 70%를 배출하는 '듀얼 트랙dual track' 도제 프로그램 덕분이다. 아울러 실제 취업 기회가 있는 곳에서만 도제 프로그램이 제공되기 때문이기도 하다. 스위스의 이원화된 도제 프로그램은 산업계와 긴밀히 협력해서 커리큘럼과 각종 프로그램을 제공하며, 고용주들은 케이터링에서 첨단 기술 분야까지 직업 훈련에 드는 비용을 지불한다.

대다수 미국인은 스위스 학생들이 열네 살 때 진로를 선택하는 중대한 결정을 내린다는 사실에 충격을 받는다. 2년 후 그들은 대학에 진학하거나 아니면 학교에 다니면서 도제 프로그램에 참여한다. 스위스 제도는 학생들에게 진로를 바꿀 수 있는 유연성을 제공한다. 인턴십은 그들에게 다양한 능력을 제공하도록 고안된 것이지, 그들을 서둘러 분류하도록 고안된 게 아니다. 학생들은 하는 일에 대한 보수를 받으면서 학업을 마친다. 미국 학생들이 졸업할 때 엄청난 부채에 허덕이는 상황과 무척 대비된다. 이 제도의 또 다른 장점은 어린 나이에 학생들을 작업 환경에 노출한다는 점이다. 〈포브스Forbes〉에 실린 기사는 이 제도를 다음과 같이 설명한다.

"스위스의 도제 제도는 현대 기업의 진정한 니즈를 충족시키고자 설계됐으며, 세계 최대 기업들에 꼭 필요한 인력을 양성하고 있다."

숙련을 요하는 직업에 대한 속물근성 외에도, 미국인들 사이에서는 조기 진로 선택이 개인의 잠재력을 제한한다는 문화적 편견이 깔려 있다. 무한한 잠재력을 굳게 믿기 때문에 미국에서는 누구나 무엇이든 될 수 있다고 강조한다. 하지만 현실에서는 벽에 부딪히는 경우가 많다. 한 친구의 딸이 인문학 학위를 받은 후 자기는 할 줄 아는 게 하나도 없다고 한탄했다. 나는 그 딸이 손으로 하는 일을 좋아한다고 들어서, 시각적 사고 스펙트럼에 있지 않을까 싶었다. 그녀는 결국 직물 아티스트 밑에서 일을 시작했고, 이젠 가구에 천이나 가죽 씌우는 일을 배우고 있다. 그녀는 또 직물의 역사와 문화에도 관심이 많다. 이러한 경험이 나중에 자기 사업을 시작하는 데 좋은 밑거름이 될 것이다. 가구 수선과 천갈이 업무는 수요가 늘 많다. 그녀가 스위스의 '듀얼 트랙'처럼 직업 체험과 학업을 병행했다면 졸업할 때 그렇게 막막하지 않았을 것이다. 얼마나 많은 인문학 졸업생이 이러한 문제를 안고 있을지 생각하면 참으로 안타깝다.

전 세계 학생들이 국제 기능 올림픽 대회WorldSkills Competition에 참가하려고 2년마다 모인다. 그들은 파이프를 연결하고 기계류를 용접하는 등 기반 기술뿐만 아니라 로봇 통합 시스템과 클라우드 컴퓨팅, 사이버 보안 등 새로운 기술 분야에서도 경쟁한다. 스위스는 항상 상위 3개국 안에 든다. 2019년, 스위스 학생들은 금메달 5개를 포함해 메달을 16개나 획득했다. 그러한 기술을 배울 기회는 누구에게나 게임 체인저가 될 수 있다. 그중 직접적인 체험으로 더 잘 배우는 시각적 사고자들에게는 특히 그렇다. 센추리 재단Century Foundation이 발간한 2015년 보고서에서 클리오 창Clio Chang은 국가 차원에서 도제 제도를 시행하면 숙련된 노동력 감소를 해결하고 일자리를 찾는 젊은이들에게 구명보트가 될 수 있다고 제안한다.

이는 할아버지의 작업장에서 심부름하며 익히는 도제 과정이 아니다. 국제 기능 올림픽 대회와 같이 전국적 도제 제도는 기술을 더 강조하면서 수학에 소질이 있는 시각 공간적 사고자들에게 다양한 진로를 제공할 수 있다. 덴버에서 제조업을 운영하는 노엘 긴즈버그Noel Ginsburg가 앞장서서 스위스의 도제 프로그램을 똑같이 따라 했다. 〈디애틀랜틱The Atlantic〉 기사에서 그는 "제조업부터 은행업까지 250가지 진로 과정이 있다."라고 말했다. 긴즈버그는 도제 프로그램을 원활하게 운영하고자 콜로라도 주지사인 존 히켄루퍼John Hickenlooper를 끌어들였다. 히켄루퍼 주지사는 콜로라도가 전국에서 경제가 가장 좋고 실업률이 가장 낮지만, 건설과 보건 의료, 기술 및 '그 중간 분야'에서는 일자리를 채우지 못한다는 사실을 익히 알았다. 지금은 정부의 자금 지원과 함께 자선 단체와 금융 기관의 추가 지원에 힘입어 주 차원의 도제 제도가 자리를 확고히 잡은 상태다. 그리하여 학생들에게 실무 경험과 업무 기반 학습을 제공하고 주 전역에서 기술과 노동 격차를 해소하자는 목표를 착실히 이행하고 있다. 제조업체가 많은 주에서는 이러한 프로그램을 더 많이 운영할 수 있을 것이다.

대학생이 흔히 수행하는 무급 인턴십과 유급 도제를 구분해야 한다. 무급으로 일할 여력이 없는 학생도 많다. 하지만 인턴십이라고 죄다 무급은 아니다. 콜로라도에 본사를 둔 최대 육류 회사 JBS 푸드JBS Foods는 유급으로 여름 인턴십을 운영하면서 학생들에게 품질 보증 분야의 관리 기회를 제공했다. 인턴은 흔히 급여를 받는 대가로 회사 업무에 기여할 책임도 져야 한다. 한 육류 공장에서 인턴으로 일하던 학생은 전기 팔레트 장비가 한 번 충전으로 온종일 작동하지 못하는 이유를 찾아야 했다. 그 학생은 회사가 잘못된 충전기를 사용하고 있다는 사실을 알아냈다.

내가 대학원 시절에 했던 방식대로 자신만의 인턴십 프로그램을 만들 수도 있다. 나는 일주일에 한 번씩 스위프트Swift 육류 공장에 가서 소들이 활송 장치를 통과할 때 왜 주저하고 뒷걸음치는지 알아내려고 애썼다. 소들이 주춤거릴 때마다 공장은 시간과 비용을 들여야 했다. 나는 이 문제를 해결하는 데 집착하게 됐고, 결국 애리조나에 있는 소 사육장을 스무 곳 넘게 찾아다녔다. 그리고 소 사육에 관한 연구에서 분수령이 될 만한 순간을 마침내 맞이했다.

나는 학생들에게 인근 기업에 찾아가 인턴으로 일하겠다는 제안을 역으로 하는 등 경험을 얻기 위한 작업에 스스로 먼저 나서는 역동성을 발휘하라고 조언한다. 설사 무급으로 몇 시간씩 일하더라도 괜찮다. 실무 경험이 그만큼 중요하기 때문이다. 그런 과정을 통해 학생들은 자신이 좋아할 만한 분야를 접할 수 있고 현실 세계의 기대와 책임감을 경험할 수 있다. 2020년 〈패스트컴퍼니Fast Company〉에 실린 한 기사에 따르면 이력서에 인턴십을 기재한 학생들은 구직 활동 시 면접 제의를 14% 더 많이 받았다. 인턴십은 또 졸업 후 실업률을 15% 낮추고 더 높은 급여를 받으며 성적도 높이는 것으로 나타났다. 고용주들 또한 인턴십 경험이 있는 학생들을 고용해 더 좋은 성과를 거둔다고 보고한다. 2년제와 4년제 대학을 아우르는 미국 대학 협회Association of American Colleges and Universities, AAC&U가 실시한 설문조사에서 고용주의 73%는 지원자의 실무 기술과 경험을 선호했다. 그리고 고용주 5명 중 4명 이상은 인턴십이나 지역 사회 봉사 프로젝트에 참여한 학생들이 직장 생활을 더 잘할 거라고 예상했다.

업무에 대해 적절히 보상해야 한다는 일련의 판결 덕분에 지금은 유급으로 진행되는 인턴십이 많아졌다. 하지만 링크드인LinkedIn이나 고등학교와 대학교의 취업 게시판에 모든 일자리가 등록되지는 않는다는 사실도 강조해야겠다. 때로는 관심 분야에 발을 들여놓기 위해 직접 문을 두드려야 한다. 나는 학생들에게 친구나 일가친척, 지역 사회 사람들 가운데 일손이 필요한지, 아니면 일손이 필요한 곳을 소개해 줄 수 있는지 직접 물어보라고 조언한다. 좋은 일자리 가운데 적어도 절반은 광고가 아닌 연줄을 통해 얻는다. 임금 정보 분석 업체인 페이스케일Payscale이 최근 발표한 기사에 따르면 일자리의 80% 이상은 네트워킹, 즉 인맥으로 결정된다. 그런데도 직업 훈련 프로그램은 면접과 이력서를 지나치게 강조한다. 최근에 나는 한 대형 기술 회사를 방문했다가 전자 하드웨어 설계 업무를 하는 중서부 출신 청년을 만났다. 우리는 회사 내 작은 카페에 앉아 이야기를 나눴다. 어떻게 실리콘 밸리에 오게 됐는지 묻자, 대학교수 중 한 분이 회사에 연락해서 자리를 마련해 줬다고 했다.

공식적인 인턴십 프로그램이 필수는 아니다. 구글, 페이스북, 애플 같은 곳에서 제공하는 인턴십은 훌륭하고 보수도 좋지만, 합격률이 극히 낮다. 일례로, 구글은 해마다 4만 명가량의 지원자 가운데 1,500명 정도만 받아들인다. 스탠퍼드대 중퇴자인 래리 페이지Larry Page와 세르게이 브린Sergey Brin처럼 기술 회사를 직접 차리는 편이 더 나을 것 같다.

반면에 수습생은 항상 급여를 받는다. 그들은 '배우면서 돈을 버는' 모델에 따라 일한다. 내 고향인 콜로라도주의 도제 제도를 찾아보다 눈에 띄는 프로그램을 하나 발견했다. 수목 재배사를 양성하는 프로그램으로 현장 실습과 교실 교육 둘 다 제공했다. 수습생은 나무 생물학, 나무 오르기, 질병 진단, 나무 가지치기 등을 배울 수 있다. 경력이 쌓일수록 급여액은 증가하고, 전 과정 수료생은 미국 노동부에서 발급하는 숙련공 면허를 받게 된다. 숙련공 면허가 있으면 일반적으로 수월하게 취업하고 감독자 없이 작업을 수행하며 미숙련 노동자를 고용할 수 있다. 다시 말해서 하고 싶은 대로 다 할 수 있다. 학창 시절 교실에 가만히 앉아 있지는 못했어도 나무에 오르라면 무척 좋아했을 법한 친구가 내 주변에도 두어 명 있었다. Apprenticeship.gov를 검색해 보면 소프트웨어 개발, 지붕 공사, 제조, 공익 설비, 접객업, 파이프 연결, 항공 우주 등 참으로 많은 기회가 열려 있다는 사실에 놀랄 것이다. 여기는 쓰레기장이 아니다. 오히려 교육과 안정된 고용 기회를 제공하는 유급 일자리다. 전통적인 학교 환경에서 뛰어날 수도, 혹은 그렇지 않을 수도 있는 시각적 사고자들에게 이상적인 일자리가 이 가운데 상당수 있을 것이다.

이탈리아 패션 산업은 또 다른 모델을 제공한다. 이탈리아는 오랫동안 고급 패션 디자인의 중심지였지만, 업무 수행에 필요한 실무 인력의 공급이 디자인과 마케팅 속도를 따라가지 못했다. 명품 남성복 브리오니Brioni의 CEO 프란체스코 페시Francesco Pesci는 〈비즈니스오브패션The Business of Fashion〉에 실린 기사에서 이렇게 말했다.

"이탈리아는 항상 뛰어난 장인과 장인 정신으로 유명했습니다. … 우리는 젊은 인재를 양성하는 일에 투자해야 합니다. 세대 간 격차를 허용할 수 없습니다."

아울러 패션 업계는 고도로 숙련된 기술자들이 은퇴하거나 죽어간다는 사실에 주목했다. 슈트 명가인 키톤Kiton의 CEO 안토니오 드 마테이스^Antonio de Matteis는 "우리 기대에 미치는 재단사가 그야말로 멸종되고 있었다."라고 말했다. 키톤은 처음엔 사내 기술 학교 수강생을 모집하는 데 어려움을 겪었지만 수강생들이 100% 취업한다는 소문에 이젠 대기자까지 생기고 있다. 드 마테이스는 "지금까지 우리가 해온 투자 가운데 가장 멋진 투자다."라고 덧붙였다.

IBM 같은 기업들도 데이터 분석과 사이버 보안, 소프트웨어 엔지니어링에 초점을 맞춘 유사한 프로그램을 시작했다. 공간 시각형 인간에게 좋은 기회다. 콜로라도주 브룸필드에 있는 필라투스 에어크래프트^Pilatus Aircraft는 스위스의 듀얼 트랙 모델을 기반으로 도제 제도를 만들었다. 학생들은 각 부서를 돌면서 자신이 어디에 열정이 있는지 확인할 수 있다. 그리고 시장성 있는 기술을 익힌 후 아무 부채도 없이 프로그램을 마친다.

취업 박람회는 항상 대학생 채용의 주된 무대였다. 미국 대학 및 고용주 협회에 따르면 대학 취업 센터의 91.7%가 이러한 박람회를 주최한다. 취업 박람회에서는 금융 서비스와 컨설팅, 의료, 비영리 단체, 인터넷 일자리를 주로 소개한다. 2014년, 미시간 공과 대학교의 세 학생이 대학과 고용주와 학생을 연결하고자 취업과 인턴십 알선 플랫폼 '핸드셰이크^Handshake'를 개발했다. 가상 취업 박람회인 핸드셰이크에는 50만 명 이상의 고용주가 참여해 취업과 인턴십 기회를 제공한다. 그리고 네트워킹 기회와 세미나는 물론이요, 강의 평가 사이트인 'Rate My Professors' 같은 고용주 평가 기능도 제공한다. 학생들은 여기서 다양한 일자리를 탐색하고, 있는 줄도 몰랐던 다양한 직업을 접할 수 있다. 나는 그 점을 가장 좋게 생각한다. 취업 박람회 무대가 내학교 뒷마당에서 전국으로 확대된 것이다. 핸드셰이크의 목표는 무대만 넓히는 게 아니라 깊이도 따진다. 공동 창업자들이 공정한 경쟁의 장을 만들고 싶어 했기 때문이다. 〈패스트컴퍼니〉에 실린 기사에서 조지아 주립대학교의 부학장인 제이슨 올드리치Jason Aldrich는 이렇게 말한다.

"핸드셰이크는 캠퍼스의 모든 사람, 특히 이민 1세대와 그동안 소외당했던 소수 집단 학생들이 더 많은 기회에 민주적으로 접근하도록 돕고 있습니다."

업무 경험을 쌓는 데 있어 취업 박람회 같은 공식 채널과 인맥 등의 비공식 채널이 도움을 주는 건 분명하다. 그러나 이것이 유일한 방법은 아니다. 밑바닥에서 시작해 점점 올라가는 사람도 무척 많다. 이 업계에서 일하는 동안 그런 사람을 수없이 목격했다. 형편이 어려운데다가 진단받지는 않았어도 자폐증일 가능성이 큰 한 여성이 육가공 공장에서 일자리를 얻었다. 그곳에서 일하던 사내들은 그녀를 눈엣가시로 여기며 회사에서 쫓아낼 심산으로 가장 험한 일을 맡겼다. 하지만 그녀는 꿋꿋하게 버텨냈고, 몇 년 뒤 100명 정도를 관리하는 매니저로 승진했다. 다른 사례를 더 들자면, 한 남성은 전문대학에서 컴퓨터 제도 과정을 수료했다. 인근 회사에서 직원을 채용한다는 공고가 났을 때, 그는 수도꼭지 도면 한 장을 내밀었다. 회사는 그를 채용했고, 얼마 안 가서 그는 대규모 소고기 공장 전체를 설계하게 됐다. 또 다른 사람은 그런 공장의 생산 라인에서 일을 시작했다가 10년 후 공장장이 됐다. 유지 보수 부서에서 시작한 한 프로젝트 관리자는 15년이 지난 지금, 새로운 공장 증설 공사를 책임지고 있다.

내가 속한 업계에서 관찰한 결과는 다른 산업에도 대부분 적용된다. 자, 지금부터 상상의 나래를 펼쳐보자. 내가 마법 지팡이를 흔들어서 다시 열여덟 살로 돌아갔다고 해보자. 나는 대수학에 낙제해서 고등학교를 졸업하지 못했고, 무급 인턴십에 도전할 여유도 없으며 도제 프로그램에 대한 정보도 없다. 하지만 내 머릿속엔 70년 동안 쌓아온 지식이 들어 있다. 나는 곧장 아마존이나 그 비슷한 사업장으로 향할 것이다. 월마트나 KFC 같은 대기업처럼 아마존도 나의 검정고시 비용을 대줄 것이다. 내 목표는 미래의 로봇 창고를 설계하거나 아마존의 우주 탐사 부서에서 활약하는 것이다. 첫 단계로, 나는 현장에서 모든 업무를 익히며 착실하게 일할 것이다. 트럭에 짐을 부리는 일부터 시작해서 차츰 로봇공학 부서로 옮겨갈 것이다. 불가능한 일이 결코 아니다. 아마존 창고에서 일하다 (사내 카페에서 엔지니어들과 어울린 후) 로켓 디자인 부서로 옮겨간 자녀를 둔 부모에게 실제로 들었던 일이다. 때로는 일단 발을 들여놓고 자기가 무엇을 할 수 있는지 보는 게 중요하다.

우리는 도제 제도처럼 새로운 교육의 장을 열 의향이 있는가? 대학 학위가 있든 없든 언어적 사고자와 시각적 사고자, 신경다양인으로 구성된 21세기 노동 인력을 제대로 배출할 수 있을까? 시험에서 눈을 떼고 학습을 촉진할 수 있을까? 사물 시각형 인간과 공간 시각형 인간을 고려해서 그들의 강점에 맞는 학업과 진로를 제공할 수 있을까? 영리한 엔지니어가 사라진다면 우리의 미래 건설에 필요한 주춧돌도 사라진다. 우리는 인프라를 다시 구축할 경제적, 정치적 의지를 찾을 수 있을까? 더 나아가 그 일을 수행할 사람들을 찾아서 육성할 수 있을까?

시각적 사고자의 능력을 인식하고 육성하는 데 거듭 실패하다 보니, 그 폐해가 개인에게 그치지 않고 조직 전체에까지 미치고 있다. 개인적 차원에서는 부모와 교사, 고용주가 할 수 있는 일이 많다. 다양한 사고방식이 우리 모두에게 이로운 한편, 비언어적 사고자를 잃으면 우리 모두에게 해가 된다는 현실을 다 같이 받아들여야 한다.

초등학교 4학년 때 보스턴에 있는 미술관으로 견학 갔던 기억이 가끔 떠오른다. 우리는 모두 미라에 매료됐다. 초기 왕조부터 시작해서 연대표를 거슬러 올라가 전시실 이곳저곳을 둘러보는 동안, 나는 파라오의 머리 장식이 점점 더 거칠고 투박해졌다는 사실에 주목했다. 그 이유를 묻자 선생님은 내가 결코 잊지 못할 답변을 내놓았다.

"그들의 문명이 점점 쇠락했단다."

나는 우리의 인프라가 무너지고 유능한 인재가 방치되는 모습을 볼 때마다 그 말이 떠오른다. 참으로 속상하다. 너무 많은 것이 쇠락하고 있다. 너무 많은 아이가 걸러지면서 재능과 능력을 허비하고 있다. 영리한 엔지니어들이 다 어디에 있느냐고? 바로 우리 앞에 있다.

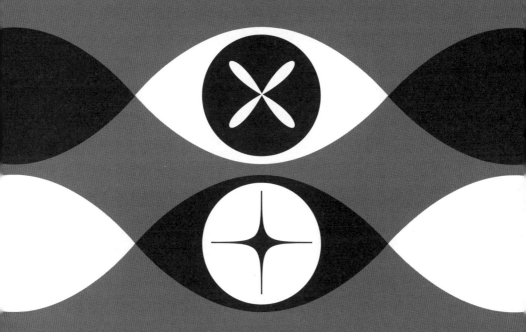

## CHAPTER 4

# 상호 보완적 마음

다른 부류의 사고자들이 원활하게 협업하려면 각자 다른 부류의 사고자가 존재한다는 사실부터 알아야 한다. 당연한 말 같겠지만 사람들은 의외로 남들도 자기와 같은 방식으로 세상을 바라본다고 생각하는 경향이 있다. 나도 20대 시절까지 다들 그림으로 생각하는 줄 알았다. 언어적 사고자, 공간적 사고자, 사물적 사고자가 있다는 사실을 미리 알아두면 다양한 능력으로 서로 보완할 방법을 더 쉽게 파악할 수 있다. 이는 과학 연구와 컴퓨터 과학에서 공학과 예술에 이르기까지 다양한 분야에 두루 해당한다. 어렸을 때 자주 들었던 내 할아버지와 동료들에 관한 이야기만 해도 그렇다.

1930년대 대형 항공사는 비행기의 오토파일럿 시스템, 즉 자동 조종 장치를 개발하려고 애썼다. 그들은 비행기의 조종장치가 나침반 바늘에 연결돼 있으면 방향을 알려줄 것으로 추정했다. 그럴듯한 생각이었다. 하지만 나침반을 한 번이라도 만져봤다면 바늘의 상태를 대번에 알아차릴 것이다. 방향을 표시하는 나침반 바늘은 한 곳만 꾸준히 가리키는 게 아니라 계속 흔들린다. 당신 차의 크루즈 컨트롤, 즉 정속 주행 장치가 흔들리는 바늘에 연결되기를 바라진 않을 것이다. 차가 속도를 확 올리다 확 늦추면서 계속 요동칠 테니까. 비행기의 자동 조종 장치도 비슷한 문제에 부딪혔지만, 엔지니어들은 나침반 사고방식에 갇혀 다른 해결책을 찾지 못했다.

MIT 졸업생이자 토목·기계 공학자인 내 할아버지 존 퍼브스John C. Purves는 다른 접근법을 택하기로 마음먹고 헤이그 앤트라니키언Haig Antranikian이라는 남자와 손을 잡았다. 앤트라니키언은 나침반 바늘에 연결되지 않은 비행기 조종 장치를 만들겠다는 아이디어를 내놨다. 참고 모델이었던 자이로컴퍼스gyrocompass는 엘머 스페리Elmer Sperry가 개발한 회전 나침반인데, 어떤 흔들림에도 끄떡없이 작동해 당시 미국 군함에서 활용하고 있었다. 문제는 너무 육중했다. 비행을 위해 가벼운 버전으로 개조해야 했다.

앤트라니키언은 이미 1936년에 자기장 방향과 강도 측정기로 특허를 받았다. 하지만 그의 발명품은 비행기 장비 제조업체들에 모두 거부당했다. 기발한 아이디어였지만 어느 곳에서도 환영받지 못했다. 그런데 그게 내 할아버지 눈에 띄었다. 내 어머니 유스타시아 커틀러Eustacia Cutler는 할아버지가 그때 이렇게 말씀하셨다고 전한다.

"앤트라니키언은 개념을 파악했지만 뭘 어떻게 해야 할지 몰랐어. 나는 그것을 어떻게 작동시킬지 알아차렸던 거야."

할아버지는 앤트라니키언 외에 리치 마린딘Richie Marindin과 레녹스 비치Lennox F. Beach라는 두 남자를 더 끌어들여, 요즘으로 치면 차고 창업을 단행했다. 네 사람은 매사추세츠주 스프링필드의 전차電車 정비소 위층에서 판을 벌였다. 그들이 개발하려는 장치의 아이디어는 혁신적이면서도 단순했다. 플럭스 밸브flux valve*에는 장치가 회전할 때 지구 자기장

---

\* 자속(磁束) 밸브라고도 함

의 방향을 읽는 작은 코일이 세 개 들어 있었다. 이 밸브를 비행기 날개에 장착하면 비행기가 돌 때 코일이 지구 자기장의 방향을 감지했다. 그런데 시험 가동을 하면 어떤 때는 완벽하게 작동하고 어떤 때는 미친 듯이 요동쳤다. 도무지 종잡을 수가 없었다.

할아버지는 마침내 문제점을 간파했다. 작업대 아래층에서 간헐적으로 우르릉거리는 거대한 전차가 자기장을 교란했던 것이다. 전차는 공항 검색대에 설치된 금속 탐지기 같은 역할을 했다. 그들이 플럭스 밸브를 야외 공터로 가져가자 완벽하게 작동했다. 그들은 앤트라니키언의 특허를 바탕으로 대공황기 내내 이 장치를 연구했다. 그리고 1945년에 할아버지를 주 출원자로 해서 플럭스 밸브의 특허를 따냈다. 자동 조종 장치가 주요 도시 간 비행에서 처음으로 비행기를 안내했을 때 할아버지는 무척 기뻐했다. 어머니는 지금도 할아버지가 전화로 그날이 인생에서 가장 행복한 날이라고 말씀하셨던 일을 기억한다.

이 그룹은 사물 시각형 인간이 공간 시각형 인간과 협력한 대표 사례다. 각자의 기술이 상호 보완적 역할을 했다. 하지만 그 뒤로 일어난 일은 썩 유쾌하지 않았다. 비전과 기술은 있지만 자신의 발명품을 제조하고 홍보할 자본이 없거나, 그 발명품을 판매하거나 라이선스를 부여할 사업 감각이 없는 수많은 발명가의 전철을 그들도 그대로 밟았기 때문이다. 그들은 수년간의 노력 끝에 개발한 나침반을 달랑 300달러만 받고 벤딕스 항공사Bendix Aviation Corporation에 사용권을 팔았다. 벤딕스는 즉시 그 장치를 도용해 '플럭스 게이트flux gate'라는 이름으로 판매하기 시작했다. 나는 할아버지와 동료들이 그렇게 순진했다는 게 믿기지 않는다. 그들은 소송을 제기하지도 않았다. 때마침 2차 세계대전이 발발했는데, 전시에 법적 조치를 취하는 게 애국적이지 않다고 생각했기 때문이다. 전투를 치르려면 미군 전투기에 자동 조종 장치가 필요했다. 다행히도 나중에 스페리 코퍼레이션Sperry Corporation이 할아버지와 합법적인 계약을 맺으면서 연구 팀도 보상받을 수 있었다. '스페리 자이로신 컴퍼스Sperry Gyrosyn Compass'라는 이름으로 개명된 이 장치는 전쟁이 끝날 때까지 수많은 전투기에 장착됐다. '자석 '감각'으로 방향을 알려주는 자이로'라는 슬로건이 적힌 1945년도 광고지 원본을 우연히 발견하고 무척 흥분했던 기억이 난다.

어머니의 회고록《내 주머니 속의 가시A Thorn in My Pocket》(2016)에 따르면 할아버지는 독창적인 아이디어가 앤트라니키언 같은 '외톨이'에게서 나온다고 믿었다. 하지만 할아버지와 나머지 팀원이 없었다면 앤트라니키언은 아마 지하실에서 어설픈 기계나 만지작거리는 단계를 벗어나지 못했을 것이다. 플럭스 밸브는 네 사람이 중요한 프로젝트를 위해 상호 보완적 기술과 관심사를 공유한 덕분에 나올 수 있었다. 전자 공학 분야의 초석인 이 특허는 2006년까지 새로운 특허에 계속 인용됐다.

플럭스 밸브는 성공적으로 출시됐지만 안타깝게도 앤트라니키언의 삶은 그리 순탄치 않았다. 정신 질환의 대명사가 된 뉴욕시 벨뷰Bellevue 병원에 갇히는 신세가 됐다. 그의 외톨이 기질, 대단히 시각적인 마음, 발명 능력 등을 고려하면 그가 스펙트럼 장애를 앓았을 가능성이 있다. 천재성과 신경다양성에 관한 장에서 살펴보겠지만, 명석함에는 그만한 대가가 따를 수 있다. 시간이 지나면서 상태가 안정된 그는 내 할아버지와 함께 컬러 TV를 개발하기 시작했다. 하지만 이번엔 아무런 성과를 거두지 못했고, 두 사람 다 남은 평생 별다른 발명품을 내놓지 못했다. 어머니는 "두 분 모두 불꽃이 사그라들었다."라고 표현했다.

네 명의 파트너 가운데 레녹스 비치만 스페리 코퍼레이션에 고용됐다. 비치는 그곳에서 선박 안정화 시스템을 설계하는 특허를 다수 획득하며 성공적인 경력을 이어갔다. 하지만 할아버지는 회사에 소속되는 걸 탐탁지 않게 여겼다. 다들 비슷하게 생각하는 탓에 독창적인 아이디어가 나오지 않는다는 이유였다. 아이디어의 개발과 개선, 마케팅은 가능하지만 아이디어 자체를 창출하기는 어렵다는 것이다. 실제로 5대 테크 기업 가운데 4곳은 차고나 대학 기숙사에서 뛰어난 사고방식을 지닌 두 사람이 함께 고민하고 꿈을 꾸면서 시작됐다. 스티브 잡스와 스티브 워즈니악은 애플을 창업했고, 빌 게이츠와 폴 앨런Paul Allen은 마이크로소프트를 창업했다. 세르게이 브린과 래리 페이지는 구글을 창업했고, 마크 저커버그와 에두아르도 사베린Eduardo Saverin은 페이스북을 창업했다.

1930년대 후반, 스페리 코퍼레이션은 상호 보완적 마음의 개념을 잘 보여주는 러셀 베리언Russell Varian과 시구르드 베리언Sigurd Varian 형제를 고용했다. 스릴을 추구했던 시구르드는 잡스나 게이츠, 저커버그, 머스크처럼 지루하다는 이유로 대학을 중퇴했다. 러셀과 시구르드 형제는 정반대 모습을 보였다. 러셀은 수줍음이 많고 아스퍼거 증후군을 앓았다. 시구르드는 어렸을 때 난독증이 있었는데, 당시엔 난독증이 질환으로 널리 인정되지 않아서 그저 읽고 쓸 줄 모르는 아이로 치부됐다. 그 밖에 다른 학습 장애도 있었고 짓궂은 장난도 무척 좋아했다. 전자 장치에 대한 호기심이 왕성해서 침대 스프링이나 문고리에 전기를 연결해 방문객에게 전기충격을 안기기도 했다.

여담이지만 스펙트럼에 있는 사람들은 흔히 짓궂은 상난을 즐긴다. 농담과 악의 없는 희롱으로 그치는 미묘한 사회적 단서를 포착하지 못하기 때문이다. 10대 시절, 스티브 워즈니악은 전기 장치를 이용해 장난치는 것을 좋아했다. 스티브 잡스의 전기를 쓴 월터 아이작슨Walter Isaacson은 워즈니악을 '유치한 장난을 치면서 배출구를 찾았던' 인물로 묘사했다. 고등학교 시절, 워즈니악은 전자 메트로놈을 사물함에 넣어두고 문이 열리면 폭탄이 터지는 것 같은 소리를 나게 했다. 그 일로 소년원에 하룻밤 보내졌는데, 그곳에서 동료 수감자들에게 천장 선풍기에서 감방 창살까지 전선을 연결하는 방법을 알려줬다. 누구든 창살을 건드리면 전기충격을 받게 됐다. 나는 고등학교 시절, 오손 웰즈Orson Welles의 〈우주전쟁The War of the Worlds〉이라는 라디오 극에 영감을 받아 반구형 플라스틱에 작은 전구를 달아 비행접시를 만들었다. 그런 다음 기숙사 지붕으로 올라가 다른 학생의 창문 앞에서 그걸 흔들어 친구를 기겁하게 했다. 워즈니악과 달리 나는 들키지 않았다. 그리고 학기 말에 그 친구에게 비행접시를 자랑스럽게 건넸다.

시그루드가 조종사로 비행을 시작했을 때 형제는 밤중에 날아다니는 비행기를 감지할 기술을 개발하자고 뜻을 모았다. 그리고 베리언 어소시에이츠Varian Associates를 설립해 훗날 마이크로파와 방사선 치료 장치의 길을 열게 된다. 존 에드워즈John Edwards는 일렉트로닉 디자인Electronic Design이라는 웹사이트에 '러셀의 이론적·기술적 지식과 시구르드의 기계적 능력을 바탕으로, 그들은 멀리 떨어진 비행기에서 반사되는 신호를 감지하는 장치를 개발하기 시작했다'라는 내용의 글을 기고했다. 나중에 팔로알토에 있는 스탠퍼드 산업 단지로 이전한 러셀 형제의 회사는 실리콘 밸리의 초기 첨단 기술 기업 중 하나로 자리 잡았다. 그곳에서 형제는 클라이스트론 관klystron tube을 발명했다. 우리가 오늘날 레이더라고 생각하는 장치의 선구자 격인 초기 지구물리학 장비다. 클라이스트론 관은 비행기에 실어도 될 만큼 작았고, 마이크로파 기술을 이용해서 흐린 날이나 밤에도 비행기의 안전한 운항이 가능했다. 이 기술은 송신기에 동력을 공급하는 마그네트론과 결합해 제2차 세계대전 동안 연합군이 하늘을 지배하는 데 핵심 역할을 했다. 내향적인 형과 외향적인 동생. 세부 사항을 중시하는 사람과 카리스마 넘치게 모험을 즐기는 사람. 공간적 수학 사고자와 사물적 사고자. 베리언 형제는 상호 보완적 사고방식의 멋진 합체를 보여줬다.

## 상호 보완적 사고자의 관찰

내가 압박식 보정틀squeeze-chute 디자인이 소를 다루는 데 미치는 효과에 관한 석사 논문 아이디어를 제출했을 때, 동물학과의 기존 교수들은 장비 연구가 학술 연구 프로젝트에 적합하지 않다고 생각했다. 내 아이디어에 학술적 정당성을 부여하려면 프로젝트를 승인해줄 자문 위원 두 명을 학과 외부에서 찾아야 했다. 나는 학과의 지원이 있든 없든 연구를 수행하기로 마음먹었다. 학위는 못 받아도 가축 잡지에 연구 결과를 실을 수는 있겠지 싶었다. 그즈음 대학 미술학과에 붙어 있던 표어가 내 눈길을 사로잡았다.

"장애물은 당신이 목표에서 눈을 뗐을 때 보이는 난관이다."

그땐 누가 한 말인지 몰랐지만 어쨌든 나를 자극했다. 나중에 알고 보니, 동료 산업 디자이너이자 사물 사고자일 법한 헨리 포드가 한 말이었다.

건축학과의 포스터 버튼Foster Burton 교수가 내 프로젝트를 가장 먼저 승인했다. 그는 내 아이디어가 터무니없다고 생각하지 않았다. 오히려 독창적이며 추구할 가치가 있다고 여겼다. 다음으로는 산업 디자인학과의 마이크 닐슨Mike Nielsen 교수가 내 자문 위원으로 합류하겠다고 했다. 또 다른 사물 시각형 인간인 닐슨 교수는 기존 장비의 성능을 평가하겠다는 내 계획을 높이 평가했다. 몇 년 뒤, 나는 산업 디자이너와 기계 엔지니어의 차이를 다룬 흥미로운 동영상을 온라인에서 발견했다. 영상은 디자인에 대한 내 접근 방식이 확실히 대학원 시절에 형성됐음을 확인해줬다. 산업 디자인학과의 프로그램은 수학보단 미술과 소묘에 중점을 둔다. 그래서 산업 디자이너는 제품의 작동 방식이나 외관에 대한 아이디어를 개발한다. 기계 엔지니어는 스트레스 테스트와 물리적 힘을 따지면서 제품의 기능을 추산한다. 산업 디자이너는 디자인을 만들고 엔지니어는 그 디자인이 작동하게 만든다. 경력을 쌓는 동안 계속해서 이런 상호 보완적 기술이 작동하는 모습을 마주할 것이다.

나는 해병대 대위 출신인 짐 얼Jim Uhl을 만나면서 본격적으로 경력을 쌓게 됐다. 짐은 내가 대학원 시절에 작업한 도면 몇 점을 보고 나한테 연락했다. 당시 짐은 새 회사를 설립하고 애리조나주에 소 사육 시설을 지으려고 디자이너를 찾고 있었다. 나는 대학원 졸업이 코앞이었음에도 선뜻 그 일을 맡기가 처음엔 꺼려졌다. 설계 업무뿐만 아니라 건축 업무의 판촉까지 거들어야 했기 때문이다. 나는 말을 많이 하는 사람이 아니었고, 무대 뒤에서 설계 작업만 하는 게 편했다. 당시 우리가 채용과 관련해서 '다양성' 같은 용어를 사용하진 않았지만, 지금 생각해 보면 짐은 확실히 장애를 결격 사유로 보지 않았던 것 같다. 짐은 내 자폐증에 대해 한 번도 거론하지 않았다. 그저 내 디자인 작업의 품질을 높이 평가했고, 내가 직접 나서서 그걸 판촉해야 한다고 여겼다. 나는 곧 새로운 고객에게 디자인 프로젝트를 판촉할 가장 좋은 방법을 알아냈다. 완성된 시설의 도면과 사진 포트폴리오를 보여주면 다들 껌뻑 넘어갔다. 판촉에 필요한 말들은 시각 자료에 전부 담겨 있었다.

짐과 처음 팀을 구성한 1970년대 중반까지도 나는 여전히 다른 유형의 사고방식이 존재한다는 사실을 파악하지 못했다. 우리의 유익한 협력을 돌이켜 생각해 보면, 짐과 나의 문제 해결 방식이 확실히 달랐다. 그간의 지식으로 따져볼 때 짐은 확실히 언어적 사고자였다. 새로운 공장을 설계할 때 짐은 모든 게 선형으로 배치된 모습을 봐야 직성이 풀렸고 며칠 동안 끙끙대면서 모든 문의 경첩을 목록으로 만들고 수치를 분석했다. 반면에 나는 새로운 프로젝트를 예전 작업의 분수나 배수로 시각화해 추정했다. 가령 새로운 프로젝트에 투입될 노동력과 용접 강판과 콘크리트의 양은 론마운틴 목장 프로젝트의 두 배 또는 레드리버 농장의 가축 소독용 웅덩이 프로젝트의 4분의 3에 해당한다는 식이었다. 두 방법 모두 정확했고 우리의 협력은 성공적이었다. 하지만 우리가 왜 일을 다르게 하는지는 둘 다 몰랐다.

짐은 훌륭한 관리자였고 법 없이도 살 만큼 올바른 사람이었다. 나뿐만 아니라 인근의 은퇴한 사업가와 고졸 직원의 의견에도 귀를 기울였다. 마크 애덤스Mark Adams라는 이름의 고졸 직원은 지금 부사장으로 재직하고 있다. 통솔력이 뛰어난 짐은 프로젝트의 원활한 진행을 위해 다양한 팀원을 고용했다. 가축 소독용 웅덩이 공사는 솜씨 좋은 한 젊은이가 대부분 처리했는데, 거친 성격 탓에 회사 트럭을 몰다가 사고를 내기도 했다. 하지만 짐은 그의 재능을 아껴서 해고하지 않았다. 짐의 건축 사무소가 솔트 리버 피마 마리코파 인디언 커뮤니티에 있었기 때문에 그곳 원주민도 고용했다. 짐은 내가 경력을 시작하도록 도와준 중요한 멘토였다. 그의 멘토링과 지원이 없었다면 내 회사를 창업할 자신감이 과연 생겼을지 모르겠다. 우리는 10년 동안 프로젝트를 함께 진행했다. HBO가 내 인생을 소재로 만든 영화에 등장하는 가축 소독용 웅덩이도 짐과 함께 만든 것이다.

1980년대로 접어들면서 애리조나주의 농업이 쇠퇴하기 시작했다. 게다가 기존 건설 프로젝트의 가격 경쟁력에서 대형 건설사들에 뒤지게 되자 짐은 회사를 개혁했다. 대형 건설사들이 시간을 투자하고 싶어 하지 않는 복잡한 콘크리트 구조물에 집중했다. 당시 나는 일리노이주에서 동물학 박사 과정을 밟고 있었다. 내가 오랜만에 찾아갔을 때 짐은 거대한 관개 시스템에 필요한 펌프와 장비를 떠받칠 복잡한 콘크리트 구조물을 자랑스레 보여줬다. 짐은 이 구조물을 어떻게 설계하는지 전혀 몰랐지만, 필요한 일을 수행할 다양한 팀원을 한데 모으는 데 탁월한 역량을 발휘하고 있었다.

'중심 궤도 컨베이어 시스템center-track conveyor system'의 설계는 일터에서 상호 보완적 사고방식을 보여주는 완벽한 사례다. 이 프로젝트는 1970년대 코네티컷 대학교의 연구 프로젝트로 시작됐다. 동물을 컨베이어에 태우자는 아이디어는 폴 벨랑거Paul Belanger가 제안했다. 그는 실험장experiment station에서 일하던 사물 시각형 인간이었다. 폴은 뭐든 만들 수 있었고 최초의 특허에 당연히 포함됐다. 하지만 대학 학위가 있던 엔지니어 랄프 프린스Ralph Prince가 제1 저자로 등재돼 있다. 프린스는 학술 연구원인 루디 웨스터벨트Rudy Westervelt와 월터 가이거Walter Giger와 함께 몇 가지 연구를 시행했다. 양과 송아지의 행동과 스트레스 호르몬 수치를 측정해 이 방법이 스트레스를 낮추고 더 인도적이라는 사실을 입증했다.

연구 팀은 낡은 캔버스 천의 소방 호스를 컨베이어로 사용하고 합판으로 실제 모형을 만들었다. 이 모형은 금속 세공 공장으로 옮겨져 강철로 재조립됐다. 그런 다음 공장의 구형 시스템 옆에 설치됐다. 새로운 디자인을 시험하는 동안 공장을 계속 가동해야 했기 때문이다. 우리가 현장에 가기 전까지는 대학 연구 팀이 두 가지 중요한 디자인 요소를 놓쳤다는 사실을 파악하지 못했다. 즉 컨베이어 입구와 동물 크기에 따라 넓이를 조정할 방법이 필요했다. 그 일은 내가 맡기로 했다.

　　어느 날, 합판으로 너비 조절 장치의 모형을 만들다 문득 머릿속에 어떤 그림이 떠올랐다. 입구를 제대로 돌아가게 할 해결책이 보였다. 이는 내 시각적 마음이 작동하는 방식을 보여주는 완벽한 사례다. 관련 이미지를 처음부터 모두 수집하고 분석하자 해결책이 절로 떠오른 것이다. 완성된 장치가 눈앞에 어른거렸다. 동물이 매번 컨베이어 양쪽에 다리를 똑바로 올려 놓게 하도록 동물의 배에 닿을 만큼 높은 다리 받침대를 설계했다. 받침대가 낮았던 이전 실험은 모두 실패로 끝났지만, 높은 받침대는 동물에게 안정감을 줬다. 경사로 입구에 미끄럼 방지 처리를 한 것도 효과가 좋았다. 소들은 낮은 받침대보다 높은 받침대 위에서 더 쉽게 걸어갔다. 높은 받침대가 소의 다리를 바른 위치로 알아서 올려주고 균형을 잡아줬기 때문이다. 이로써 나는 또 하나의 다른 사고로 팀에 기여할 수 있었다. 이 프로젝트는 아이디어를 고안한 현장 직원과 테스트를 담당한 과학자, 장비를 제작한 용접공, 중요한 결함을 포착해서 바로잡은 시각적 사고자의 협력으로 성공할 수 있었다. 현장에서 장비가 제대로 작동하도록 관리하는 담당 직원의 공은 말할 것도 없다.

　　지난 40년 동안 나는 미국과 캐나다의 대규모 육가공 회사들을 위해 가축 사육장과 소 사육 시설을 다수 설계했다. 가축 처리를 위해 가장 많이 채택된 모델은 중심 궤도 컨베이어 시스템이다. 내 멘토인 짐이 그랬듯이 나 역시 이러한 프로젝트를 진행하는 동안 다양한 기술을 지닌 사람들에게 의존했다. 내가 세부 계획을 세우고 동물과 직접 접촉하는 기계식 구속 장치를 설계하면, 팀원들은 유압 동력 장치와 지지 철골조를 설계했다. 나는 또 대규모 육가공 공장이 세워지는 현장을 두루 방문했다. 사물 시각형 인간은 포장 기계 같은 복잡한 장치를 설계한다. 엔지니어는 수학적 사고로 구조 사양을 고안하고 보일러와 냉동 장비를 설계한다. 우리는 똘똘 뭉쳐서 크고 다면적인 식품 가공 공장을 만들어낸다.

사물적 사고자는 흔히 다른 부류의 사고자들이 너무 복잡하게 생각할 수 있는 문제에 간단한 해결책을 고안한다. 올린 공과 대학의 디자인 연구원 사라 헨드런Sara Hendren은 《몸은 무엇을 할 수 있는가?What Can a Body Do?》(2020)에서 손가락 끝을 잃은 한 여성을 묘사한다. 그 여성은 자신의 간단하고 즉흥적인 해결책이 그동안 착용했던 멋들어진 의수義手보다 더 효과적이라는 사실을 알았다. 그녀가 고안한 해결책으로는 서랍 손잡이용 케이블 타이, 놀이 카드용 홀더, 병뚜껑을 열 때 필요한 접착식 후크 등이다. 첨단 기술을 적용한 의수는 모든 일을 하도록 설계했음에도 실상은 많은 일에 서툴다.

공장의 로봇 활용도가 증가하면서 영리한 엔지니어링 부서에 로봇 활용을 혁신할 사람도 더 많이 필요해졌다. 식품 가공업계에서는 사람들이 칼을 사용해서 손으로 하는 작업을 로봇으로 대처하려는 움직임이 일고 있다. 엔지니어들이 흔히 저지르는 실수는 사람들이 사용하는 것과 같은 도구를 로봇 팔에 부착해서 사람과 똑같이 처리하게 한다는 점이다. 하지만 나는 로봇 팔이 완전히 새로운 방식으로 동일한 작업을 수행하도록 설계된, 참으로 혁신적인 도구를 목격했다. 이 도구는 더 단순하고 더 잘 작동하며, 청소하고 관리하기도 더 쉽다. 이런 결과를 얻으려면 도구를 고안할 사물 시각형 인간과 로봇을 프로그램할 공간 시각형 인간이 필요하다.

## 양복장이 VS 기술장이

지금껏 많은 기업을 상대로 일하면서 각 기업에서 발생하는 문제가 때로는 양복장이suits와 기술장이techies 간의 알력에서 비롯되는 경우를 많이 목격했다. 나는 기술장이지만 양복장이들과 잘 어울려 지냈다. 그들의 의견에 매번 동조해서가 아니다. 경력을 쌓기 시작한 초기부터 일을 완수하려면 '프로젝트에 충실해야 한다'라는 사실을 깨달았기 때문이다. 최선을 다해 업무를 멋지게 완수하겠다는 목표가 그 누구의 자존심보다 더 중요했다. 내가 아는 한 자존심을 앞세우면 프로젝트는 대부분 좌초하고 만다. 나는 '프로젝트를 멋지게 완수하고자 끝까지 최선을 다한다'라는 말이 기술장이를 대변한다고 생각한다. 그게 우리의 주요 목표다. 우리는 경영진이 아니라 프로젝트에 충성을 다한다. 현장 사무실에 둘러앉아 멍청한 관리자를 흉보긴 하겠지만 어떻게든 기계를 작동시킬 것이다. 필요하다면 땅에 머리가 닿도록 굽실거리는 일도 마다하지 않을 것이다. 프로젝트를 성공리에 완수하는 게 알량한 자존심보다 중요하기 때문이다.

지금까지 지켜본바 기술장이는 대체로 양복장이를 몹시 싫어하지만 양복장이는 대체로 기술장이를 용인한다. 기술장이가 양복장이를 그토록 싫어하는 이유는 그들이 물건 제작 방법을 알고 싶어 하지 않아서다. 일을 얼른 끝내고 싶어 하는 양복장이는 언어적 사고자라 지나치게 일반화하는 경향이 있는데, 이 점이 기술장이를 짜증나게 한다. 세부 사항이 중대한 결과를 초래한다는 면에서 기술장이에게 일반화는 죽음과 같다. 일반화의 가장 큰 오류는 프로젝트 완료에 걸리는 시간을 너무 짧게 추산하는 점이 아닐까 싶다. 아울러 양복장이가 자존심을 내세울수록 그 파장은 더 커진다.

양복장이는 또 돈과 수익에 집중한다는 점에서 기술장이와 차이가 있다. 물론 기업을 운영하려면 금고를 잘 관리해야 한다. 하지만 그들은 분기별 재정 목표를 세워야 한다는 압박감에 비용 절감을 외치면서 안전 규정을 위반하는 경우가 많다. 결국 생산 속도를 높이거나 안전 조치를 고의로 무시하는 바람에 팔다리를 잃는 사람이 생긴다. 기술장이는 사회 정의를 더 추구하는 편이다. 양복장이에게 나쁜 일은 그저 추상적 개념에 불과하고 정당화하기도 쉽다. 기술장이에게 기계 작동이나 동료의 심각한 부상은 결코 추상적 개념이 아니다.

한 영업 사원이 공장 건설 및 리모델링 업무 총괄자로 승진한 뒤 상황이 심각하게 잘못 흘러간 사례가 있었다. 쾌활한 성격인 데다 달변이었던 그는 사람들을 쉽게 설득했다. 아마도 그 덕에 총 책임자 자리까지 올랐을 것이다. 경영진이 비용을 절감하고 싶어 하자 그는 자기를 믿고 맡겨 달라고 호언장담했다. 회사 내 시각적 사고자들의 경고에도 불구하고 그는 비용을 절감하고자 한 공장의 폐수 처리 시스템을 적절히 확장하지 않았고, 결국 과부하가 걸리고 말았다. 시 당국이 그 공장을 폐쇄하면서 회사는 수백만 달러의 손실을 봤다. 나는 그가 영업 사원으로선 뛰어나지만 건설 관리자로선 형편없는 사람이라고 본다. 기술장이와 양복장이는 서로 의존해야 하기에 상호 보완적 관계처럼 보일 수 있지만, 이처럼 의견이 대립할 때가 많다.

나는 경력의 상당 부분을 같은 부류의 사람들과 함께했다. 양복장이들과 일한 적도 있지만 그들과의 인연은 스치듯 지나갔다. 어떤 면에서 산업 디자이너들과 나는 말을 몇 마디 섞지 않아도 통하는 노부부 같다. 이는 오랜 경력에서 나오는 보상이자 상호 보완적 사고가 이뤄질 때 생기는 보상이다. 얼마 전, 운전하고 가다가 황량하게 버려진 건물 옆을 지나게 됐다. 염기성강鹽基性鋼, basic steel과 기계 장비만 간신히 비바람을 피할 수 있게 지어진 허름한 건물이었다. 사실 이곳은 내가 30년 전에 소규모 소 처리 시스템을 함께 작업했던 한 용접공의 초창기 작업장이었다. 그 용접공도 나처럼 학창 시절 대수학을 못했는데, 운 좋게 고등학교 공예 시간에 용접을 배우게 됐다. 초기엔 나한테서 자잘한 일감을 받아서 하다가 점차 규모를 키웠다. 나중에 나는 그에게 설계 시방서까지 보여주며 큰 프로젝트를 맡겼다. 지나고 나니 그도 시각적 사고자라는 생각이 든다. 우리는 직업 윤리도 같았다. 절대로 값싼 자재를 사용하지 않았고, 일을 서두르지 않았으며, 맡은 일을 언제나 확실하게 처리했다. 프로젝트에 100% 충실한 사람이었다. 이제 그는 자가용 제트기를 타고 여기저기를 다니며 정육업계를 위해 대규모 프로젝트를 진행한다.

또 다른 동료는 고기 절단용 특수 톱과 기타 장비를 제조한다. 그는 전 세계에 제품을 판매하고 스포츠카를 몰고 다닌다. 한번은 그가 회사 제트기로 나를 자기네 공장에 초대했다. 내가 도착하자 그는 바로 기계 조립 공장으로 안내했다. 커피를 권하거나 인사말을 건네지도 않았다. 예전과 달라진 게 없었다. 나처럼 온전히 일에만 집중했다. 뜻이 통하는 마음끼리 만나면 겉치레 따윈 필요 없다.

## 괴짜도 혼자보단 둘이 뭉쳐야 더 잘한다

"건축은 공학이 끝나는 지점에서 시작한다."

독일 건축가 발터 그로피우스Walter Gropius가 남긴 유명한 말이다. 이 발언은 각 분야와 그 분야에 일반적으로 부여되는 지위 사이에 첨예한 구분이 있음을 알려준다. 당신은 프랭크 로이드 라이트Frank Lloyd Wright, 이오 밍 페이I. M. Pei, 필립 존슨Philip Johnson 같은 유명한 건축가들 이름을 몇명 댈 순 있지만, 개인적으로 아는 사이가 아니라면 엔지니어 이름은 한 명도 댈 수 없을 것이다. 한 분야가 다른 분야 없이 존재할 수 없지만, 건축가는 대개 미학적으로 대담하거나 아름답게 조화를 이루는 디자인으로 관심과 찬사를 받는다. 그런 디자인에 생명을 불어넣고 인간에게 안전한 건물로 만들 방법을 알아내는 일은 엔지니어의 영역이다. 그간의 경험과 관찰에 따르면 건축가는 대개 마음의 눈으로 건물을 바라보는 사물 시각형 인간이다. 반면에 엔지니어는 공간 시각형 인간일 때가 많다. 그들의 수학적 사고방식은 전기 시스템을 가동하고 구조물에 가해지는 바람과 눈의 하중 등을 계산한다.

기계 엔지니어와 산업 디자이너가 세상을 다르게 보는지 알아보기 위해 사우스오스트레일리아 공과 대학의 데이비드 크로플리David Cropley와 코네티컷 대학 니그 교육대학원의 제임스 카우프먼James C. Kaufman이 한 가지 연구를 시행했다. 이 연구에는 공학과와 산업 디자인학과 학부생 120명이 참여했다. 피험자들은 다양한 종류의 의자 사진을 놓고서 기능성, 창의성, 미학 측면에서 5점 척도로 평가했다. 최고급 인체공학적 사무용 의자에서 빈백, 조각품 같은 의자까지 다양한 디자인이 있었다.

기계 엔지니어에게는 '멋진 외양과 작동이 밀접하게 연관'되는 것 같다. 그래서 그들은 각 의자의 기능성을 미학과 비슷하게 평가하는 경향이 나타났다. 하지만 산업 디자이너는 미학과 기능성을 구분했다. 다시 말해 엔지니어는 형태와 기능을 구분하는 데 어려움을 겪었지만, 디자이너는 미학과 기능성을 잘 구분했다. 내겐 기능성이 곧 편안함이다. 그래서 멋진 사무용 의자의 기능성은 높게, 미학은 낮게 평가했다. 기능성과 미학 양쪽 측면에서 마음에 안 들었던 의자는 곡면 합판curved plywood으로 만든 야외용 의자였다. 인터넷에서 찾아보니 현대 미술관에 설치된 의자였다! 이 연구에서 미학과 기능성은 별개의 문제일 뿐만 아니라 보는 사람의 눈에 크게 좌우된다는 사실이 드러났다. 여기서 한 걸음 더 나가자면, 기계 엔지니어는 수학적 사고자이고 산업 엔지니어는 사물적 사고자라고 추론할 수 있다.

현대 초고층 빌딩의 아버지인 윌리엄 레 바론 제니William Le Baron Jenney 소령은 건축가이자 엔지니어였다. 그래서 10층짜리 건물을 구상하는 데 그치지 않고 그 건물을 지탱할 기계 공학 기술까지 갖췄다. 시카고에 있는 홈 인슈어런스 빌딩Home Insurance Building은 당시만 해도 미국에서 가장 높은 건물이었고, 내부 프레임에 벽돌과 석제 대신 최초로 철과 강철 보를 사용했다. 이때부터 육중한 내력벽에서 탈피해 가볍게 채워지는 철골 구조로 바뀌었다. 이 건물은 또 내화 설비, 현대식 배관, 오티스Otis 엘리베이터를 자랑했다. 케빈 베이커Kevin Baker의《독창성의 나라, 미국America the Ingenious》(2016)에 따르면 건축사학자 칼 콘딧Carl Condit은 이 건물을 "12세기에 고딕 대성당이 세워진 이래 건축에서 가장 중요한 혁신"이라고 말하며 치켜세웠다. 내가 보기엔 그저 엔지니어가 설계한 건물처럼 보인다. 기능성만 따진 커다란 직사각형일 뿐 미학적이지 않았다. 아무래도 건축가 시절의 제니는 주로 시각 공간적 수학적 사고자로서, 무너지지 않을 철골 구조를 계산하고 건설하는 데만 관심을 둔 것 같다.

클레어 올슨Clare Olsen과 시네이드 맥 나마라Sinéad Mac Namara는 《건축과 공학의 협력Collaborations in Architecture and Engineering》(2022)에서 건축과 공학을 가르치는 방식의 차이가 두 학문을 구분하는 상징이라고 지적한다. 심지어 교실이라는 물리적 공간도 서로 다른 학습 스타일을 보여준다. 공학 수업은 책상이 일렬로 배치된 평범한 교실에서 이뤄진다. 건축수업은 큼직한 작업대가 군데군데 놓여 있고 벽에 그림과 도면이 잔뜩붙어 있는 교실에서 이뤄진다. 교실이 아니라 화실 같다. 공학 교과 과정은 '결정론적'이라 한 번에 한 가지 기능만 공략한다. 반면에 건축 교과 과정은 좀 더 개방적이라 창의성에 중점을 둔다.

예전엔 건축과 공학이 각자의 사일로에 머물렀다. 건축가는 비전을품었고, 엔지니어는 그 비전을 실행에 옮겼다. 같은 원호를 묘사하기위해 엔지니어는 단일한 선과 수학 방정식을 사용해 곡선 모양을 설명한다. 건축가는 기하학적인 상단부가 있는 3차원 투시도를 그린다. 올슨과 맥 나마라는 책에서 "원활한 협력과 디자인 팀의 구성에 프로젝트의 성패가 달려 있다."라고 썼다. 그렇다면 어떻게 해야 세상을 다르게 보는 사람들이 원활하게 협력할 수 있을까? 뉴욕시 쿠퍼 스퀘어 41번지에서 모포시스Morphosis라는 건축 회사와 함께 일했던 기계 엔지니어 피터 시몬즈Peter Simmonds는 이렇게 말했다.

"우리는 건축가들과 프로젝트에 대해 논의해야 합니다. 건축가 앞에서 수학을 떠들어 봤자 아무 소용도 없습니다. 그 방법은 전혀 먹히지 않거든요. 그들은 큰 그림이나 예술적 해결책을 찾습니다. 우리는 그들과 소통하는 법을 배워야 합니다."

앤드루 세인트Andrew Saint는 《건축가와 엔지니어Architect and Engineer》(2007)에서 중세 후기엔 건설업building trades*에 구분이 거의 없었다고 지적한다. 석공 일과 목공 일은 건축의 주요 수단이었고, 그런 작업은 숙련된 장인, 즉 '건축 장인master builder'의 손에 달려 있었다. 그런데 18세기 중반부터 20세기 초까지 새로운 기계가 개발되고 철과 강철, 철근 콘크리트 같은 새로운 건축 자재가 쓰이면서 건축가와 엔지니어를 구분하게 됐다. 세인트는 책에서 이렇게 쓰고 있다.

"기계에 능숙한 사람들이 건설업에서 나오거나 건설업을 병행했다. 그중엔 목수가 많았다. 건물을 설계할 능력이 있는 사람은 건물을 짓는 데 유용한 장비도 설계할 수 있었다."

엔지니어와 건축가의 분리는 점진적으로 진행되다가 업무의 전문화로 더욱 진전됐다. 세인트는 그 예로 '복합적 기능'의 철도역을 제시했는데, 엔지니어들이 '기관차, 철로, 보루, 교량, 정거장 등'을 만들어야 한다. 이상적으로 말하면 건축가와 엔지니어, 도급업자, 제작업자가 그런 환경에서 총체적으로 일한다.

엔지니어이자 건축가로 가장 유명한 사람 중 한 명은 구스타브 에펠Gustave Eiffel이다. 파리의 유명한 탑 덕분에 다들 알고 있는 그 에펠이

---

* 목수, 벽돌공, 연관공 등의 직업

다. 에펠은 철도 교량의 제작업자이자 도급업자로 경력을 쌓기 시작했다. 세인트에 따르면 에펠은 이런 경험으로 온갖 종류의 장비뿐만 아니라 기계 조작 기술과 구조적 측면에도 친숙해졌다. 1889년 만국 박람회 개최가 발표됐을 때 에펠은 엔지니어 두 명과 함께 일하고 있었다. 그중 한 명인 모리스 쾨클랭Maurice Koechlin이 훗날 에펠탑으로 지어지게 될 건축물의 첫 스케치를 그렸다. 박람회에서 프랑스를 대표할 건축가와 엔지니어를 선정하는 경쟁이 열렸을 때, 에펠과 그의 동료 스테팡 소베스트르Stephen Sauvestre가 다른 두 건축가와 함께 입찰을 따냈다. 세인트는 그 탑이 '철의 승리, 따라서 엔지니어의 승리'로 여겨졌다고 지적한다. 하지만 에펠은 탑의 구조를 더 아름답게 다듬은 소베스트르의 공로를 높이 사면서 "기념비의 핵심 라인은 목적에 온전히 부합하는가에 따라 결정돼야 한다. 그게 건축 미학의 첫 번째 원칙이다."라고 말했다. 그 말을 들으니, 사물 시각형 사고자(소베스트르)와 시각 공간적 사고자(에펠)의 결합이라는 생각이 든다.

건축가와 엔지니어는 탁월한 시너지 효과를 발견하면 수십 년 동안 함께 작업한다. 세실 발몬드와 렘 콜하스도 그런 팀이다. 두 사람은 로테르담의 쿤스탈 미술관, 시애틀 중앙 도서관, 포르투갈 포르투의 카사 다 무지카 음악당 등 수많은 프로젝트에 협력했다. 그 어느 때보다 야심 찬 구조에 새로운 기술과 재료의 등장으로 협력은 점점 더 원활해졌다. 발몬드는 마이클 페이Michael C. Y. Fei와 한 인터뷰에서 자기와 협력하는 일류 건축가들은 그의 사고가 작동하는 방식을 잘 안다고 설명한다.

"그들은 엔지니어링 가능성에 관한 나의 건축적 감수성을 이해합니다. 건축과 공학은 추상적으로 겹쳐집니다."

발몬드는 〈뉴요커〉에 실린 '반중력의 사나이들The Anti-Gravity Men'이라는 제목의 기사에서 이렇게 설명한다.

"협력 초기부터 렘은 건축이 부족하다고 파악했고 나는 구조 공학 전체가 부족하다고 파악했습니다."

그들은 부족한 점을 해결하려는 열망으로 똘똘 뭉쳤다. 서로를 보완하면서 공통된 언어를 발견했는데, 렘 쿨하스는 이를 두고 "마치 텔레파시가 통하는 것 같았다."라고 묘사했다.

─────────

나는 '나사 괴짜NASA geek'답게 나사의 우주 탐험에 관심이 많다. 오랫동안 지켜본바 나사 우주 정거장에 있는 모든 시설은 기능만 따지고 외양을 전혀 신경 쓰지 않았다. 실제로 모니터와 전선, 케이블, 플러그, 패널 등이 뒤죽박죽 섞여서 마치 허리케인이 휩쓸고 지나간 현장처럼 보인다. 운동 기구 중 하나는 누군가가 지하 작업장에서 엉성하게 만든 것 같았다. 우주 정거장은 미학에 전혀 관심이 없는 엔지니어가 설계한 게 분명했다.

일론 머스크에게 잠시 눈을 돌려보자. 머스크가 2020년형 스페이스 X 크루 드레곤SpaceX Crew Dragon 캡슐을 국제 우주 정거장과 도킹하기 위해 발사 준비를 한다는 소식을 들었을 때 내가 얼마나 흥분했을지 상상이 갈 것이다. 나는 방송 화면에서 잠시도 눈을 떼지 못했다. 탑승교를 본 순간 우리가 다른 우주, 즉 완전히 시각적인 사고자의 마음속에 있다는 사실을 알았다. 크루 드레곤 캡슐로 가는 탑승교는 영화 〈2001 스페이스 오디세이2001: A Space Odyssey〉의 세트장처럼 보인다. 반면에 나사의 탑승교는 건설용 비계를 조립해 놓은 것 같다. 스페이스X 캡슐에 들어가면 사방이 하얗고, 계기판에는 널따란 터치스크린이 있다. 나사는 전투기 조종사용 헬멧과 비슷한 디자인의 헬멧을 사용한다. 반면에 머스크의 헬멧은 다프트 펑크Daft Punk*에게 영감을 받아 제작됐고, 우주복은 여러 마블 영화의 슈트를 디자인한 할리우드의 의상 디자이너 호세 페르난데스Jose Fernandez가 디자인했다. 머스크는 스페이스X를 위해 발사대 39A를 임차하겠다고 고집부렸다. 아폴로 우주선이 달에 갈 때 사용했던 발사대였다. 그러고 보면 머스크는 정말 세세한 부분까지 신경 쓰고 어떻게든 역사와 연결되기를 바라는 것 같다. 나는 그의 우주선이 하늘로 치솟는 모습을 보면서 넋을 잃었다.

나는 머스크가 단순히 시각적 사고자를 능가한다고 생각한다. 디자인도 하고 만들 줄도 아는, 아주 보기 드문 사람이다. 머스크도 윌리엄 레 바론 제니처럼 비전뿐만 아니라 구현할 기술까지 갖췄다. 사물 시각형 인간이자 공간 시각형 인간인 셈이다. 머스크는 최근에 와이 콤비네이터Y Combinator**와 한 인터뷰에서 스페이스X와 테슬라의 엔지니어링 및 디자인 부서에서 차세대 제품을 개발하는 데 자기 시간의 80%를 쓴다고 말했다.

"나는 대부분 시간을 엔지니어링 팀과 붙어 지냅니다. 미학을 고려한 외양과 느낌을 연구하면서 말이죠."

머스크는 자기 로켓의 볼트 하나까지 다 알고 있다. 그게 제대로 작동하는, 좋은 물건을 만드는 비결이다.

---

* 파리 출신의 일렉트로닉 뮤직 듀오. 공연할 때 늘 헬멧을 쓰고 나온다.
** 포브스가 선정한 최고의 스타트업 인큐베이터 및 액셀러레이터

개인적으로 머스크의 시각적 상상력을 대단히 높게 평가한다. 그의 우주선에 실린 것은 전부 멋지게 보인다. 그 옛날 아폴로 11호가 달에 착륙하는 모습을 본 사람들이 느꼈던 경이감을 선사한다. 나는 머스크가 스페이스X와 테슬라를 운영하면서도 어떻게 디자이너들과 대부분 시간을 보낼 수 있는지 궁금했다. 그러다 그에게 믿을 만한 심복이 있다는 사실을 알게 됐다. 2002년에 합류한 스페이스X의 일곱 번째 직원 그윈 숏웰Gwynne Shotwell이다. 숏웰은 지금 사장 겸 최고운영책임자를 맡고 있으며, 예산과 법무를 비롯한 일상 업무를 수행한다. 여러 기사에서 숏웰이 머스크의 변덕스러운 성격을 관리한다고 평가하지만, 나는 그녀가 기계 공학 학사 학위와 응용 수학 석사 학위를 소지했다는 점에서 머스크의 두뇌 역할을 한다고 생각한다. 숏웰은 과학을 이해하고 머스크의 비전에 영감을 얻긴 했지만, 진정으로 바라는 점은 로켓을 제시간에 쏘아 올리는 것이다. 그녀는 나사의 존슨 스페이스 센터 구술사 프로젝트NASA Johnson Space Center Oral History Project 팀과 한 인터뷰에서 이렇게 말했다.

"나는 창의성이라곤 눈곱만큼도 없습니다. 나는 분석가이며, 그 점을 좋아합니다."

확실히, 괴짜도 혼자보단 둘이 뭉치면 더 잘한다.

형태와 기능의 아름다운 결합을 향한 스티브 잡스의 열정은 아이폰에서 절정에 달했지만, 이러한 성향은 한때 서체에 매료되면서 시작됐다.

"그것은 과학으론 포착하기 어려운, 아름답고 유서 깊으며 예술적 미묘함까지 서려 있었습니다. 나는 거기에 매료됐습니다."

그 유명한 스탠퍼드 대학교 졸업식 축사에서 잡스가 했던 말이다.

리드 칼리지를 중퇴한 후 청강생으로 들었던 서체 수업에 관한 이야기였다. 그는 갓 졸업한 학생들로 가득 찬 잔디밭에서 자퇴 이야기를 즐겁게 들려줬다. 그리고 지금의 그를 있게 한 것은 억지로 들어야 했던 교육 과정이 아니라 자발적으로 선택했던 수업이라고 역설했다. 아름다운 서체는 초기 애플 컴퓨터의 디자인 철학에 지대한 영향을 미쳤다. 그의 컴퓨터는 아름다우면서도 사용하기 쉽게 직관적이었다. 컴퓨터가 애호가들만 사용할 수 있는 도구에서 누구나 사용할 수 있는 소비재로 바뀐 데는 잡스의 혁혁한 공이 있었다. 그는 졸업생들에게 이렇게 말했다.

"우리 디자인은 직관적으로 명확합니다. 우리는 그 점을 가장 중요하게 생각하고 만듭니다."

아름다운 컴퓨터가 제대로 돌아가려면 그걸 작동시킬 전자회로를 설계할 기술자가 필요하다. 스티브 워즈니악은 잡스에게 완벽한 파트너였다. 둘의 만남을 두고 월터 아이작슨은 이렇게 썼다.

"32년 전 빌 휴렛Bill Hewlett이 데이비드 팩커드David Packard의 사무실에 들어간 이후, 실리콘 밸리 차고에서 이뤄진 가장 중요한 만남이었을 것이다."

워즈니악은 자신의 책에 "나는 그저 회로를 디자인하고 기발한 아이디어를 떠올려 적용하고 싶었을 뿐"이라고 적었다. 월터 아이작슨은 그들의 협력에 관해 이렇게 서술한다.

"잡스는 허세가 심해서… 카리스마가 넘치고 매혹적일 수도 있지만 차갑고 잔인할 수도 있다. 반면에 워즈니악은 워낙 소심하고 사교성이 없어서 어린아이처럼 얌전해 보인다."

아이작슨은 두 사람의 파트너십과 관련해서 잡스의 말을 인용하기도 했다.

"워즈는 어떤 분야에서는 매우 영리하지만, 모르는 사람을 대할 때는 너무 위축되기 때문에 꼭 서번트 같습니다. 우린 호흡이 잘 맞는 콤비였죠."

1970년대, 이 두 스티브 콤비는 애플 II를 개발하면서 처음으로 논쟁을 벌였다. 컴퓨터를 더 쉽게 사용할 수 있도록 단순화하길 원한 잡스는 프린터와 모뎀을 위한 단자 2개만 제공하자고 했다. 워즈니악은 나중에 기능을 업그레이드할 수 있도록 8개의 연결 단자를 제공하자고 했다. 잡스는 컴퓨터가 가전제품이 되려면 덜 복잡해야 한다고 확신했다. 아이작슨에 따르면 잡스는 '원활한 최종 사용자 경험'을 원했다. 기술 전문가는 온갖 기능을 원했지만 잡스는 추가 기능이 대다수 사람에게 혼란을 야기하고 컴퓨터를 사용하기 더 어렵게 할 뿐만 아니라 미학적으로도 덜 매력적으로 보이게 한다고 생각했다. 상자에서 꺼내 플러그를 꽂은 다음 바로 사용할 수 있는 제품을 원했던 것이다. 이로써 형태와 기능은 갈림길에 서게 됐다.

놀랄 것도 없이, 잡스와 워즈니악은 10년 뒤에 결별했다. 애플은 계속해서 사용자가 몰려드는 컴퓨터와 그들이 애용하는 아이폰을 선보였다. 제품 충성도가 워낙 높아서 사람들은 새로운 폰이 출시될 때마다 기다란 대기 줄을 마다하지 않는다. 그게 다 잡스와 디자이너 조니 아이브Jony Ive의 새로운 파트너십 덕분이었다. 조니 아이브는 1997년에 디자인 담당 수석 부사장이 됐다. 아이작슨은 "아이브 역시 표면적 단순함을 넘어 참된 단순미를 추구한다는 점에서 잡스는 소울메이트를 만난 셈"이라고 설명했다. 잡스 본인도 전기 작가인 아이작슨에게 이렇게 말했다.

"애플에 정신적 파트너가 있다면 바로 조니입니다. 조니와 나는 대다수 제품을 함께 생각해 낸 다음 사람들을 끌어들이며 이렇게 말하죠. '어이, 이거 어때?' 조니는 각 제품에 대한 세세한 사항뿐만 아니라 큰 그림도 파악할 줄 압니다."

## 초당적으로 협력하기

앞서 언급했듯이 원활하게 협력하려면 일단 서로 다른 사고방식이 존재한다는 사실을 인정해야 한다. 단순하게 들리겠지만 생각의 방향을 바꾸거나 다른 사람의 입장이 되기는 쉽지 않다. 사람들은 자신이 행하는 방식에 집착한다. 단순히 습관이나 훈련 때문이 아니라 그런 식으로 세상을 바라보기 때문이다. 습관과 훈련은 우리가 생각하는 방식을 더 견고하게 굳힐 뿐이다.

내가 들어본 최악의 사례 가운데 하나는 여러 부서가 더 잘 소통하도록 돕고자 회사에 일단의 컨설턴트들을 고용한 일이었다. 그들은 여러 부서의 구성원들을 모아 놓고 지역 사회를 위한 프로젝트를 모색하게 하거나 달걀을 안 깨지게 착륙시킬 달걀 낙하산을 만들게 했다. 심지어 신뢰도를 높이겠다며 선 채로 뒤로 넘어져 뒷사람의 품에 안기는 게임을 진행하기도 했다. 하지만 이런 식의 인위적 활동은 직원들의 짜증을 돋울 뿐만 아니라 협력하려는 의욕마저 떨어뜨렸다. 달걀 낙하산이 제품을 더 효율적으로 홍보하는 일과 무슨 상관이 있단 말인가?

부서끼리 더 잘 소통하려면 일단 서로 존중하는 마음부터 확립해야 한다. 양복장이나 기술장이가 뒤로 넘어져 상대방 품에 안긴다고 해서 정서적 유대감이 형성되진 않는다. 나는 상대 부서의 프로세스를 이해하도록 업무를 서로 공개할 것을 제안한다. 부서별로 프로젝트에 관한 프레젠테이션을 제공해 공유하면 좋다. 더 나은 의사소통으로 많은 문제를 해결할 수 있지만, 우선 전문 분야마다 고유 언어가 있다는 사실을 인식해야 한다. 아트 디렉트와 숫자 분석가는 기본적으로 다른 행성에 살고 있다. 그러니 생산성 유지를 위해 왜 굳이 고가의 스캐너가 필요한지 납득하지 못한다면 예술 예산은 삭감될 수밖에 없다.

리처드 반 누덴Richard Van Noorden이 〈네이처〉에 발표한 도표를 보면 일부 과학 분야는 다른 분야보다 학제 간 협력이 더 많이 일어난다. 예를 들어 보건학Health sciences 분야 연구자들은 임상 의학Clinical medicine 분야 전문가들보다 외부 사람들과 훨씬 더 많이 협력한다. 보건 연구자들 사이에서 협력이 더 원활한 이유는 그래야 할 필요가 있어서다. 영국에서 연구 우수성을 평가하고자 시작된 '리서치 엑셀런스 프레임워크Research Excellence Framework, REF' 프로젝트는 다양한 연구 영역의 강점을 평가했다. 그 결과, 학계 외부에서 학술 연구의 영향력이 클수록 여러 과학 분야에 걸친 협력의 필요성도 더 크다는 사실이 드러났다. 하지만 세분화된 전문 분야에서는 경력 발전을 강조하는 경향이 강해서 과학자들끼리 굳이 협력하려 들지 않는다. 자신의 전문성 향상이 지체될까 우려하는 것이다.

협력에 관한 또 다른 연구에서 연구진은 사물 시각형 인간과 공간 시각형 인간을 짝지으면 더 나은 결과를 얻게 될지 알아보고 싶어 했다. 하버드와 스탠퍼드 대학교의 아니타 윌리엄스 울리Anita Williams Woolley 와 동료들은 그룹의 개인들이 정보를 처리하는 데 서로 다른 시스템이 필요하다는 점에서 뇌와 같은 기능을 한다고 가정했다. 색상과 모양, 질감 따위를 처리하는 복부 시각 체계ventral visual system가 공간 관계를 처리하는 등부 시각 체계dorsal visual system와 협력하듯이, 다른 부류의 사고자들도 서로 협력한다고 보고 연구를 시작했다. 연구진은 두 명씩 묶은 100개 팀을 결성한 다음 가상 미로를 완성하게 했다. 각 팀은 팩맨Pac-Man 스타일의 쌍둥이 '그리블greeble'을 터치하면 됐다. 어떤 팀은 같은 유형의 사고자들로 구성됐고, 어떤 팀은 다른 유형의 사고자들로 구성됐다. 미로를 탐색해서 그리블을 터치하려면 공간적 사고가 필요했고, 그리블이 어디에 있는지 기억하려면 사물적 사고가 필요했다.

혼성 팀의 경우엔 시각 공간적 사고자가 조이스틱을 통제하는 경향이 있었고, 사물 시각형 인간은 그리블을 터치하려고 키보드를 사용했다. 결과적으로 혼성 팀이 단일 팀을 능가하는 것으로 나타났다. 이 연구는 '다양한 업무 능력을 갖춘 사람들로 팀을 구성하는 것이 유리하다'라는 점을 여실히 보여줬다. 실제로 동질적인 팀은 협력을 많이 할수록 오히려 성과가 떨어졌다. 별 도움도 안 되는 대화에 시간을 많이 할애했기 때문이다. 아무 해결책도 내놓지 못하면서 시간만 질질 끌었던 회의에 참석해 봤다면 그로 인한 좌절감을 잘 알 것이다.

이 연구는 팀을 원활하게 운영하려면 각기 다른 신경학적 강점을 지닌 사람들로 구성해야 한다는 주장을 뒷받침한다. 앞에서 논의했듯이 한 유형의 시각적 사고에 능한 사람은 다른 유형의 사고엔 능하지 않다는 점도 확인해 준다. 컬럼비아 대학교 지구 관측소Earth Observatory의 연구원이자 지구과학에서 주로 공간적 사고를 연구하는 킴 캐스턴스Kim Kastens는 사물 시각화와 시각 공간적 사고의 가치를 인정한다. 가령 사물 시각형 인간은 일반적으로 위성 이미지를 분석하고 암석과 광물을 식별하며 음파 탐지기를 이해하는 데 능숙하다. 수학에 소질이 있는 공간 시각형 인간은 3차원 데이터를 시각화하는 데 적합하다. 데이터가 수치로 제시되든 그래프로 제시되든 상관없다.

나한테 항상 영감을 주는 두 가지 협력 사례를 살펴보려면 다시 나사로 돌아와야 한다. 하나는 일단의 재봉사와 공학 관리자들이 협력한 사례이고, 다른 하나는 뛰어나지만 대체로 잘 알려지지 않는 컴퓨터 엔지니어와 관련된 사례다.

1965년, 인터네셔널 라텍스 코퍼레이션International Latex Corporation, ILC이 두 경쟁사를 물리치고 아폴로 우주 비행사의 우주복을 디자인하고 생산하도록 선정됐다(ILC는 브래지어와 거들을 제조하는 플레이텍스Playtex의 모회사다). 이 사실을 아는 사람은 거의 없었지만 2011년 니콜라드 드 몽쇼Nicholas de Monchaux가 아폴로 우주복의 역사에 관한 책을 출간하면서 널리 알려지게 됐다. 우주복 디자인에는 두 가지 난관이 있었다. 일단, 우주복은 내부에서 팽창되고 가압돼야 하며 외부의 극한 온도를 견딜 수 있어야 했다. 그에 못지않게 중요한 점은 우주복의 유연성이었다. 〈패스트컴퍼니〉는 기사를 통해 "소식통에 따르면 장갑은 우주인이 10센트짜리 동전을 집을 수 있을 만큼 유연해야 한다."라고 설명했다. CBS 뉴스는 "리튼 인더스트리Litton Industries와 해밀턴 스탠다드Hamilton Standard 같은 대형 정부 계약 업체가 디자인한 시제품은 갤러헤드 경*과 버즈 라이트이어**에 나오는 우주 로봇을 섞어 놓은 것처럼 뻣뻣하고 육중했다."라고 보도했다.

---

* 원탁의 기사 중 한 명
** 영화 〈토이 스토리〉

ILC의 우주복은 더 유연했기 때문에 승기를 잡을 수 있었다. 하지만 나사에 만연한 남성 엔지니어들의 마초적 분위기 때문에 브라 제조업체가 계약을 따내서 '플레이텍스 우주복'이라는 이름을 붙일 가능성에 선뜻 동의하기 어려웠을 것이다. 그런데 플레이텍스는 유연한 직물 외에 비장의 무기가 한 가지 더 있었다. 바로 전문 재봉사들이었다. ILC의 문제 해결 방식은 수학에 능한 나사 엔지니어들의 접근 방식과 완전히 달랐다. 그래서 그들은 자주 충돌했다. 엔지니어들은 정확한 도면을 원했지만 ILC는 판지 패턴을 사용했다. 재봉사들은 바느질하는 동안 그 패턴마저 별로 사용하지 않았다. 한 재봉사는 나사의 기술 팀에 이렇게 말했다.

"그 종이 쪼가리상에서는 괜찮아 보일지 모르지만, 나는 그 종이 쪼가리를 바느질하지 않습니다."

최초의 우주복을 세심하게 바느질했던 여성 재봉사들의 공로는 오랫동안 제대로 인정받지 못했다. CBS는 "각 우주복은 얇디얇은 천을 21겹이나 겹쳐서 64분의 1인치 오차 범위로 정교하게 바느질됐다."라고 보도했다. 한 재봉사는 우주 비행사들의 목숨이 자신의 바느질에 달려 있다는 사실을 알기에 거의 매일 밤 울었다고 토로했다. 이러한 시각적 사고자 무리의 헌신적 노력 덕분에 우주복이 세상에 나오게 됐다.

화학 공학과 응용 수학을 전공한 컴퓨터 과학자 할 래닝Hal Laning은 MIT의 지저분한 사무실에서 일했고 스포트라이트를 받기 싫어해서 논문도 거의 발표하지 않았다. 이런 이유에서인지 그의 발명품이 아폴로 11호의 성공적 발사를 위한 길을 열어줬다는 사실을 아는 사람이 거의 없다. 《히든 피겨스》의 주인공 캐서린 존슨처럼 래닝도 어렸을 때부터 숫자에 집착했다. 그는 주일마다 교회 밖 게시판에 적힌 찬송가

번호를 이용해 수학 문제를 만들어냈다. 그의 동료인 도널드 프레이저Donald Fraser는 이렇게 말했다.

"내가 소설을 읽듯이, 래닝은 16진수 데이터 덤프를 술술 읽어냅니다. 아무 때나 파이값의 첫 30자리 숫자를 암송할 수도 있고요."

아폴로 11호의 경우, 두 가지 혁신이 임무 수행에 핵심 역할을 했다. 래닝은 작고 가벼운 실리콘 집적 회로 칩을 사용했는데 그 덕분에 우리가 당연하게 여기는 마이크로칩 기술 속도가 높아지게 됐다. 그때까지만 해도 컴퓨터는 냉장고 여러 대를 붙여 놓은 크기였다. 흥미롭게도 그 작은 금속 코어도 레이시온Raytheon에 고용된 여성들이 꿰맸다.

래닝은 비교적 원시적인 컴퓨터 시스템을 막후에서 조종했다. 이 시스템은 달 착륙선이 작동하는 데 필요한 대수 방정식을 처리해 그 방정식을 이해 가능한 컴퓨터 언어로 변환하는 컴파일러를 효과적으로 만들었다. 래닝은 다른 사람들이 프로그래밍을 했다면서 공을 돌렸다. 하지만 시스템 과부하 시 닐 암스트롱이 모듈을 부분적으로 제어하고 레이더를 바르게 재조정해 컴퓨터가 더 이상 과부하에 걸리지 않도록 연결을 끊을 수 있게 한 것은 그의 3단 처리 시스템이었다. 래닝의 컴파일러는 기본적으로 컴퓨터가 대수 방정식을 읽고 해석한 다음 순식간에 여러 작업을 전환하도록 멀티태스킹 방법을 가르쳤다. 대수적 컴파일러는 제한된 메모리의 컴퓨터를 작동시키는 혁신적 아이디어였다. 그게 없었다면 달 착륙은 성공하지 못했을 것이다.

결국 과학자와 재봉사, 전혀 다른 두 유형의 사고자들이 임무 수행에서 핵심 역할을 해냈다.

## 언어적 사고자, 시각적 사고자를 만나다

내가 《나는 그림으로 생각한다》를 집필하던 25년 전, 편집자인 벳시 러너는 책상과 바닥이 온통 종이로 뒤덮여 있었고 벽마다 포스트잇이 덕지덕지 붙어 있었다고 회상했다. 나는 완전히 그림으로 생각하는 사람이고, 벳시는 단어로 이뤄진 세상에 사는 사람이다. 떠오르는 생각을 선형적으로 정리하도록 나를 돕는 일은 벳시에게 엄청난 도전이었다. 나는 그림으로 생각할 뿐만 아니라 마음속으로 연상 활동도 한다. 내 마음은 시각화된 정보 덩어리를 만들어 자꾸 연상을 일으킨다. 언어적 사고자에게는 이러한 연상이 무작위로 보일 수 있지만, 나는 속으로 계속해서 이미지를 분류한다. 반면에 벳시는 대단히 선형적인 언어적 사고자다. 문법적으로 정확한 표현이 아니면 다음 문장으로 넘어가지 못한다. 우리는 서로 완전히 다르게 생각한다는 사실을 알게 됐고, 그 차이가 향후 협력의 초석이 됐다. 별다른 지식이 없는 언어적 사고자에게 내 초고는 단절된 일련의 말뭉치처럼 보였을 것이다. 벳시는 뚝뚝 끊어진 내 생각을 조리 있게 정리하고 연결한다.

벳시와의 프로세스는 다음과 같다. 내가 각 장의 초고를 집필한다. 그럼 벳시가 그 초고를 다시 정렬한다. 벳시는 정보 정리의 달인이다. 딱딱한 기술 문서에서 스토리를 찾아내 자연스럽게 연결하는 걸 보면 신기할 따름이다. 언어적 사고자는 스토리를 좋아한다. 시작과 중간, 끝을 구별할 수 있어야 의미가 통한다. 사물 사고자인 나는 이질적인 시각 정보를 한데 모아 마음속으로 정리한다. 공간 시각형 인간은 코드와 패턴, 추상을 이용해서 세상을 이해한다. 벳시는 또 질문을 많이 던진다. 특히 일이 돌아가는 방식에 대해 많이 묻는다. 나한테는 너무 뻔한 내용이라 그녀의 질문이 없었다면 그냥 넘어갔을 것이다. 벳시 덕분에 나는 언어적 사고자가 정보를 어떻게 처리하는지 알게 됐고, 과학적·공학적인 내용을 그들에게 어떻게 설명할지 더 연구하게 됐다. 나는 또 언어적 작가가 나와 어떤 식으로 다르게 생각하는지 알게 됐다. 결과적으로 벳시는 내가 설명을 더 잘할 수 있게 해줬다. 거듭 말하지만, 사고 유형마다 문제를 해결하고 지식을 발전시키는 데 기여할 고유한 방식이 있다.

―――――

천재 두 명이 로제타석을 해독해 냈다. 이 유명한 석판에는 이집트의 상형문자, 이집트의 간체자, 그리스어 등 세 가지 언어가 새겨져 있다. 멋지게 조각된 새, 사자, 뱀 등의 형상뿐만 아니라 그림으로 나타내지 않은 상징도 다수 배치돼 있다. 상형 문자가 어떻게 해독됐는지에 관한 이야기는 에드워드 돌닉Edward Dolnick의 《신들의 글The Writing of the Gods》(2021)에 잘 나와 있다.

두 사람 모두 어린 나이에 글자를 익힌 신동이었다. 둘 다 자폐 성향이 있었을 가능성도 있다. 먼저 토머스 영Thomas Young은 의사 교육을 받았으나 광과 물리학에 관한 중요한 연구 결과를 발표하기도 했다. 영은 수학을 이용해 과학 문제를 재미난 퍼즐처럼 풀었다. 평소 이집트학에 특별한 관심은 없었다. 로제타석을 해독하기 위해 암호 해독 컴퓨터처럼 엄격한 수학적 접근법을 활용했다. 그리고 그림의 일부 상형 문자가 말소리를 뜻한다는 사실을 알아냈다. 하지만 영의 계산적 접근법은 수수께끼 일부만 해결할 수 있었다. 로제타석을 완전히 해독하려면 다른 유형의 지식이 필요했다.

다음으로 장 프랑수아 샹폴리옹Jean-François Champollion은 프랑스에서 나고 자랐다. 일찍이 가톨릭 미사곡을 들을 때 소리와 글자를 비교하며 스스로 글을 깨우쳤다. 16살 무렵 6개 국어에 숙달했고 19살 때 대학 교수가 됐다. 수학을 싫어했지만 이집트와 관련된 일이라면 아무리 사소한 것이라도 관심을 기울였다. 샹폴리옹은 로제타석의 퍼즐을 풀기 위해 연상적 접근법을 사용했다. 그리고 콥트어가 그리스어 번역과 상형 문자 간 다리 역할을 할 수 있겠다고 생각했다. 콥트어는 원래 이집트어에서 유래했으나 그리스 문자로 표기됐고, 아랍인들이 이집트를 정복한 후에도 이집트어로 사용됐다. 샹폴리옹은 이집트 역사와 콥트어에 대한 폭넓은 지식을 바탕으로 사자 그림이 문맥에 따라 세 가지 다른 뜻으로 쓰일 수 있다는 사실을 알아냈다. 사자 그림은 '사자'를 뜻할 수도 있었고, 글자 L을 뜻하기도 했으며, '아들'을 뜻하는 비슷한 발음의 단어에 대한 말장난일 수도 있었다. 샹폴리옹은 또 이집트 종교에 관한 지식을 바탕으로 따오기 그림이 무엇을 상징하는지도 알아냈다.

영은 공간 시각형 인간답게 수학적 접근법으로 중요한 토대를 제공했고, 샹폴리옹은 사물 시각형 인간답게 더 연상적인 접근법으로 소리를 시각화해 암호 해독을 완성했다. 영과 샹폴리옹이 서로 협력했더라면 로제타석은 더 빨리 해독됐을 것이다. (하지만 두 사람은 서로 꼴도 보기 싫어했을 가능성이 크다!)

## 내가 지금 음소거 상태인가요?

코로나19가 기승을 부리는 동안 나는 거의 온라인 세상에서 살았다. 온라인으로 수업을 진행하고, 때로는 아리송한 웹사이트에서 열리는 과학 콘퍼런스에 참여하기도 했다. 누구나 그렇듯이 화상 회의 사용자 인터페이스에 대한 내 경험은 쉬운 것부터 형편없는 것까지 다양했다. 한 과학 콘퍼런스에서 강연하기 위해 나는 로그온하는 데만 30분이 걸리는 끔찍한 프로그램의 사용법을 익히느라 1시간짜리 설명 영상을 들어야 했다. 많은 인터페이스가 너무 복잡하다. 더 나은 버전을 만들기 위해 사물 시각형 인간이 필요하다. 그들은 사람이 그걸 어떻게 사용할지 정확히 상상할 수 있다. 구글이 최고의 검색 엔진이 된 이유는 한 개의 검색창만 있는 단순한 흰색 화면도 한몫했다. 구글을 처음 접했을 때 나는 "와, 따로 배울 게 없네!"라고 감탄했다.

이는 줌이 코로나 팬데믹 기간 가장 인기 있는 가상 도구 중 하나가 된 이유이기도 하다. 줌도 따로 사용법을 배울 필요가 없다. 코로나19로 여행과 대면 수업이 중단되기 전까지 나는 줌이 뭔지도 몰랐다. 예전부터 줌이나 마이크로소프트 팀스Microsoft Teams를 사용하던 동료를 통해 처음 접하게 됐다. 줌의 성공은 기존 회사가 혁신에 실패하면서 신생 회사가 빠르게 성장한 대표적 사례다. 에릭 유안Eric Yuan은 시스코 Cisco의 인기 화상 회의 플랫폼 웹엑스Webex의 수석 엔지니어였다. 그는 회사에 웹엑스를 개선하자고 여러 번 요청했지만 소용이 없었다. 그래서 아예 자기 회사를 차려 더 쉽고 좋은 서비스를 제공하기 시작했다. 그는 코로나19 팬데믹이 발생한 첫 6개월 동안 120억 달러를 벌었다.

클라이브 톰슨Clive Thompson은 《은밀한 설계자들》(2020)에서 사용자가 사이트와 상호 작용하는 곳, 즉 웹사이트의 프런트엔드에서 하는 작업은 흔히 '심미적이고 모호해서 **진짜** 코딩이 아니라고 폄하된다'라고 말한다. 수학적 성향의 공간 시각형 인간은 코딩, 즉 추상적인 일에 끌린다. 톰슨은 요즘엔 여성이 프런트엔드 디자이너가 될 가능성이 크고 남성이 코딩 작업을 할 가능성이 크다고 주장한다. 그런데 '코딩에서 여성의 은밀한 역사'라는 제목의 〈뉴욕타임스〉 기사에서 톰슨은 컴퓨터가 등장한 초창기엔 지금과 달리 여성이 컴퓨터 설계 분야에서 주도적 역할을 했다고 설명한다. 1950년대에는 성별 장벽이나 편견이 나타나지 않았다는 것이다. 톰슨의 말을 빌리면 이렇다.

"그 당시 프로그래머가 필요한 기관은 지원자의 논리적 사고 능력을 평가하고자 적성 검사를 사용했다."

당시에 고용주는 흔히 패턴 인식 테스트를 시행했고, 논리적이고 꼼꼼하며 수학에 능한 사람을 찾았다. 물론 그들이 진정으로 찾던 인재는 공간 시각형 인간이었기에 성별과는 아무 상관도 없었다. 하지만 사용자 인터페이스가 어수선해서 사용하기 어렵다면 아무리 뛰어나고 멋진 수학 코드라도 성공하지 못할 것이다.

수많은 사람이 사용하기 쉽다는 이유로 줌에 몰려들었다. 누구도 프로그램 사용법을 익히느라 1시간짜리 영상을 듣고 싶어 하지 않는다. 나는 브라질 사람들과 줌 화상 회의를 하던 중에 서버가 다운돼서 스트림야드StreamYard로 갈아타야 했다. 이 역시 들어본 적도 없었지만, 아무런 교육도 받지 않고 바로 사용할 수 있었다. 괜찮은 사용자 인터페이스 덕분이었다.

## 농부와 목축업자

사람들은 특정 노래에 감정적 의미를 부여하는 경우가 많다. 내 시 각적 사고는 내가 노래를 들었던 장소와 그 노래가 불러일으키는 이미 지를 연결한다. 스코츠데일 사육장에서 쫓겨나던 날, 소니 앤 셰어Sonny & Sher의 〈A Cowboy's Work Is Never Done(카우보이 일은 결코 끝나지 않는다)〉 이 흘러나왔다. 스위프트의 목축장을 둘러볼 땐 사이먼 앤 가펑클Simon & Garfunkel의 〈The Sounds of Silence(침묵의 소리)〉가 머릿속에서 계속 맴돌 았다.

"예언자의 말씀은 지하철 벽과 연립주택 복도에 적혀 있으니…."

《나는 그림으로 생각한다》에서 레드 제플린Led Zeppelin의 〈Stairway to Heaven(천국으로 가는 계단)〉을 언급했다. 차를 몰고 육류 포장 공장을 떠날 때마다 즐겨 들었던 노래다. 하지만 어렸을 때부터 지금까지 제일 좋아하는 음악은 뮤지컬 곡이다. 고등학교 때 내 룸메이트는 〈회전목 마Carousel〉와 〈바이 바이 버디Bye Bye Birdie〉, 〈오클라호마Oklahoma!〉 같은 뮤 지컬을 종일 틀어놓았다. 고등학교 장기자랑에서 나는 〈오클라호마〉에 나오는 〈The Farmer and the Cowman(농부와 목축업자)〉을 불렀다. 그리고 졸업할 땐 〈회전목마〉에 나오는 〈You'll Never Walk Alone(넌 결코 혼자 걷 지 않을 거야)〉의 가사를 낭송했다.

"폭풍우를 헤쳐나갈 땐 고개를 높이 들어라."

이 곡을 흥얼댈 땐 늘 내 미래를 떠올렸다. 폭풍우가 몰아치더라도 용감하게 헤쳐나가면 밝은 미래가 있을 것이다. 나는 실제로 수많은 관 문을 헤쳐나왔고, 그때마다 이 노래를 흥얼거리며 찬란히 빛나는 하늘 의 약속을 기억했다.

작곡가 리처드 로저스와 작사가 오스카 해머스타인은 합심해 수많은 뮤지컬을 완성했다. 내가 무척 좋아하는 〈회전목마〉와 〈오클라호마〉도 그들의 작품이다. 두 사람이 협력했던 과정을 살펴보니, 상호 보완적 사고에 딱 맞는 사례라는 생각이 들었다. 처음 만났을 때 로저스는 이미 브로드웨이에서 명성을 떨치고 있었다. 해머스타인은 그만큼 성공하진 못했으나 업계에서 꽤 알려진 상태였다. 연극계 종사자들이 중년에 이르러서 협력을 시작한 사례는 드물지만 두 사람이 함께 작업하자고 결정한 순간부터 마법 같은 일이 벌어졌다. 《사운드 오브 데어 뮤직The Sound of Their Music》(1978)에서 저자 프레더릭 놀란Frederick Nolan은 로저스의 말을 인용했다.

"구성 요소를 적절히 결합하면 폭발이 일어나듯, 오스카와 나 사이에도 이를테면 화학 반응이 일어났습니다. 우리는 쇼에 대해 논의하기 시작한 날부터 죽이 짝짝 맞았어요."

그들이 처음 합작한 뮤지컬은 〈오클라호마〉였다. 로저스는 해머스타인이 오프닝 곡으로 〈Oh, What a Beautiful Mornin'(오, 참으로 멋진 아침)〉을 그에게 준 지 10분 만에 잊지 못할 멜로디가 떠올랐다고 말한다.

"오스카가 건네준 가사를 읽는 순간, 너무 아름다워서 정신이 어질어질할 정도로 기뻤습니다."

둘은 밤늦게까지 피아노 주변에서 재떨이 가득 담배꽁초를 채워가며 작업하지 않았다. 해머스타인은 주로 펜실베이니아에 있는 자택에서 가사를 썼고, 로저스는 코네티컷에 있는 자택이나 뉴욕의 아파트에서 곡을 썼다. 해머스타인이 먼저 가사를 써서 로저스에게 보내면, 로저스가 멜로디를 입혔다. NPR National Public Radio*의 〈프레시 에어Fresh Air〉와

---

* 미국 공영 라디오 방송

한 인터뷰에서 토드 퍼덤Todd Purdum은 로저스와 해머스타인이 딱히 친하진 않았다고 주장한다. 스티븐 손드하임Stephen Sondheim도 두 사람이 어울리는 모습을 본 적이 없다고 말했다. 그런 건 중요하지 않았다. 그들의 관계는 인간적 친목이 아니라 창조적 협력과 비즈니스 파트너십이었다. 로저스는 회고록에서 이렇게 썼다.

"나는 오래전부터 뮤지컬에 대한 이론을 확고히 세웠습니다. 쇼가 완벽하게 돌아가는 이유는 개별 요소가 서로 보완하면서 조화를 이루기 때문입니다. 어떤 요소도 다른 요소를 압도하지 않습니다. … 훌륭한 작품은 여러 사람이 만들지만 한 사람이 만든 것 같은 인상을 줍니다."

퍼덤에 따르면 두 사람은 프로젝트에 충실했고 공연마다 똑같은 관현악 편곡자와 보컬 편곡자, 무대 디자이너를 고용했다. 그들이 절친한 친구였고 개인적 친밀감 덕분에 브로드웨이의 마법을 계속 이어갔다고 상상해 볼 수도 있다. 하지만 상호 보완적 사고 간의 심오한 연결이 일과 직업 윤리에서 비롯됐다는 사실을 인식해야 한다. 그런 점에서 협력자들은 전체가 부분의 합보다 크다는 데 동의한다. 손드하임은 이렇게 요약했다.

"오스카는 제한된 재능과 무한한 영혼의 소유자였고, 로저스는 무한한 재능과 제한된 영혼의 소유자였다."

나는 해머스타인과 로저스의 협력을 이렇게 묘사하고 싶다.

"언어적 사고자와 공간적 사고자가 함께 아름다운 음악을 창조해 냈다."

## 상호 보완적 마음의 향후 수요

핵융합을 이용해 청정에너지를 생산하는 등 미래 기술에 관한 결정을 내려야 할 땐 사물 시각형 인간이 필요할 것이다. 핵융합은 원자력 발전소와 화석 연료 발전소를 두루 대체할 수 있는, 궁극적으로 기후 친화적인 에너지가 될 것이다. 수학에 능한 시각 공간적 마음은 이론 물리학을 현실로 만들기 위해 열심히 애쓰고 있다. 민간 산업계에서는 이미 차세대 블록버스터 SF 영화의 세트장 같은 네 가지 디자인에 자금을 지원하고 있다. 이는 〈네이처〉 최근호에 실린 〈핵융합 에너지의 추격The Chase for Fusion Energy〉이라는 논문에 자세히 나와 있다. 네 디자인 모두 태양보다 뜨거운 플라즈마를 포함하려고 강한 자기장을 사용한다. 그렇다면 네 가지 경쟁 기술 가운데 어느 기술이 궁극적으로 상업용 발전에 실용적일까? 그 점이 문제다.

말만 번지르르하게 제품을 소개하는 그룹에 잠재 투자자들이 현혹되지 않도록 해야 한다. 투자자들은 앞서 테라노스Theranos처럼 혈액 한 방울로 온갖 진단 검사를 수행하는 기계를 개발했다고 떠벌리는 기업에 홀딱 넘어갔다. 투자자들은 기존 상업 실험실이 달성한 결과치에 대비해 새로운 기계의 성능을 테스트해 볼 생각조차 안 했다. 그래서 손가락만 찔러봐도 쉽게 테스트할 수 있었던 실패한 기술에 수백만 달러를 투자했다. 테라노스의 설립자인 엘리자베스 홈즈Elizabeth Holmes는 11건의 사기 혐의 중 4건에 유죄 판결을 받았다.

네 가지 다른 핵융합로 디자인을 살펴보면서 나는 어디에 투자할지 생각해 봤다. 대규모 민간 투자자들은 이미 두 가지 디자인에 수백만 달러를 쏟아부었다. 구글 이미지에서 찾아보니 표준 산업용 기계 공법으로 쉽게 만들 수 있는 것들이었다. 스텔라레이터Stellarator라고 불리는 네 번째 디자인은 외관이 아름다웠다. 마치 슬링키Slinky*에 감긴 코일처럼 보인다. 반짝거리는 새 장난감 같았다. 하지만 모양이 복잡해서 기존의 금속 공법으로는 만들기가 굉장히 어렵다. 가장 오래된 디자인은 토카막Tokamak이다. 국제 원자력 기구International Atomic Energy Agency의 출판물에서 볼프강 피콧Wolfgang Picot은 두 가지 디자인을 놓고 "플라스마를 뜨겁게 유지하는 데는 토카막이 더 낫고, 플라스마를 안정적으로 유지하는 데는 스텔라레이터가 낫다."라고 말했다. 안정성은 실용적인 상업 시스템에 필수 요건이다. 장기적으로 봤을 때 아름다운 스텔라레이터의 장점이 워낙 많아서 나는 스텔라레이터에 베팅하겠다. 특이한 모양의 금속 부품들로 인한 공학적 난관은 3D 프린터에 맡기면 될 것이다. 스텔라레이터 같은 놀라운 기계에는 두 부류의 사고자가 필요하다. 공간적 사고자는 악기부터 의수족義手足, 주택, 심지어 스텔라레이터에 쓰일 복잡한 금속 모양까지 상상할 수 있는 거의 모든 것을 제작할 컴퓨터 코드를 창조한다. 하지만 이런 기계는 '유지비'가 많이 든다. 버튼만 누르면 원하는 물건이 뚝딱 나오진 않는다. 아기처럼 살살 달래고 관리해야 한다. 정밀한 금속 구성 요소를 능숙하게 매만지는 데 필요한 사람은 사물적 사고자다. 오늘날처럼 복잡한 세상에서 청정 에너지원을 찾으려면 서로 다른 사고방식이 합심해 문제를 해결해야 한다. 거기에 우리의 미래가 달려 있다.

---

* 계단을 내려가는 장난감 스프링

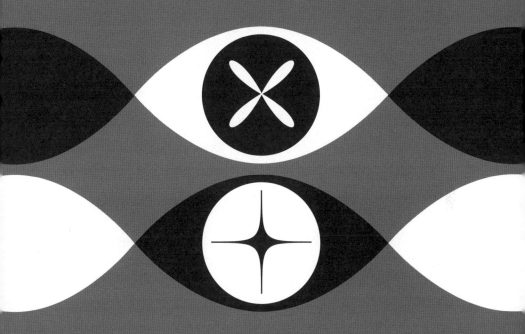

# 천재성과 신경다양성

초등학생 시절, 유명한 발명가들에 관한 책에 푹 빠지면서 천재성을 처음 접했다. 그들의 이야기와 발명품에 매료돼 몇 번이나 읽었다. 그들 중 상당수는 나처럼 '까다로운 아이들'이었다. 오늘날 아스퍼거 증후군이나 자폐 스펙트럼의 여러 증상으로 여겨지는 특질, 즉 (주의력 결핍) 과잉 행동ADHD과 난독증, 낮은 학업 성취도, 부족한 사회성, 특정 과업에 놀라울 정도로 집중하고 이외 과업에는 전혀 집중하지 않는 성향을 두루 나타냈다. 어렸을 때 물건을 분해하고 다시 조립하는 일을 무척 좋아했던 점도 나와 닮아 있었다. 나는 특히 라이트 형제에게 친근감을 느꼈다. 라이트 형제는 1,000번 가까이 시험 비행을 하면서 비행기를 개조하고 개량해 '키티 호크 플라이어Kitty Hawk Flyer'의 특허를 취득해냈다. 나 역시 종이비행기와 연을 최대한 높이 날리겠다는 일념으로 종이를 접고 또 접었다. '평범한' 아이 같았으면 지겨워서 진작 때려치웠을 테지만 나는 실험을 거듭하면서 성능을 높였다. 그때까지 자폐증 진단을 받지도 않았고 내가 왜 '다른지' 전혀 이해하지도 못했지만, 나는 왠지 라이트 형제와 비슷한 특질이 있다고 생각하곤 했다. 우리는 한 가지에 죽어라 파고들었고 기계에 매료됐으며 감정보단 논리에 더 자극을 받았다.

나한테 가장 깊은 인상을 준 발명가를 꼽으라면 단연 토머스 에디슨이었다. 새로운 발명품으로 1,093건의 특허를 따낸 에디슨은 20세기의 전환기를 지배했다. 미국의 혁신에 지대한 공헌을 했고, 전구와 전력 시스템을 발명해 각 가정에 전기를 공급하면서 명성을 떨쳤다. 에디슨은 예리하면서도 지칠 줄 모르는 기업가적 열정으로 엄청난 상상력을 발휘했다. 그의 능력은 요즘 자폐 스펙트럼으로 인식되는 일부 특질을 포함해 어렸을 때부터 드러나기 시작했다.

사람들을 사후에 진단하거나 창의성의 원천에 꼬리표를 붙이려는 시도는 언제나 위험하다. 그런데도 경험에 따른 일화적 증거만 있으면 예술과 과학 전반에서 천재성을 설명하려는 유명인의 전기와 연구가 차고 넘친다. 사후 7시간 만에 적출한 아인슈타인의 뇌를 연구한 사례는 셀 수 없이 많으며, 모차르트와 베토벤, 레오나르도, 미켈란젤로, 뉴턴, 케플러, 다윈, 셰익스피어의 천재성을 설명하려는 시도 역시 끝없이 이어졌다. 이유는 간단하다. 천재성을 발휘해 세상을 바꾼 사람들은 독보적 아우라로 우리를 강하게 사로잡는다.

5장에서는 신경다양성과 천재성과 시각적 사고의 교차점을 살펴볼 것이다. 에디슨처럼 학교에서는 비참하게 낙제했으나 대단히 창의적인 사람들과 뛰어난 시각적 사고자들의 사례도 두루 살펴볼 것이다. 아울러 일부 뛰어난 사람들에게 두드러지게 나타나는 사물 시각화와 공간 시각화, 창의성과 유전학에 대한 아이디어, 특정 부류의 천재가 자폐 스펙트럼에 속하는지도 살펴볼 것이다. 내 목표는 아인슈타인 같은 사람을 진단하는 게 아니다. 오히려 일련의 프로파일을 통해 신경다양성이 특히 시각적 사고로 발현될 때 우리가 천재성이라고 생각하는 것에 어떻게 존재하는지 조명하고자 한다.

## 아둔하고 이상한 아이

여러 전기에 묘사된 바에 따르면 에디슨은 몇 가지 스펙트럼 특질을 보인다. 흔히 자폐증의 특징으로 여겨지는 유난히 큰 머리로 인근 거리의 이름을 줄줄이 외웠고, 시도 때도 없이 질문을 던졌다. 널리 알려진 두 가지 일화를 통해 그에게 공감 같은 감정 반응이 부족하다는 점을 알 수 있다. 하나는 에디슨이 아버지의 헛간을 불태웠던 사건이고, 다른 하나는 함께 놀던 친구가 개울에서 허우적거리는 데 그냥 두고 가버린 사건이었다. 에디슨은 학급에서 꼴찌였고 다루기 까다로웠으며, 걸핏하면 산만해졌고 또래보다 발달이 늦었다. 전기 작가 에드먼드 모리스Edmund Morris는 에디슨의 다음과 같은 말을 인용했다.

"나는 학교에서 좀체 잘 지낼 수 없었습니다. 왜 그랬는지 모르지만 나는 늘 교실 뒤쪽에 있었습니다. … 아버지는 나를 멍청하다고 생각했고, 나도 내가 정말 지진아라고 생각할 뻔했습니다."

오늘날 교육 시스템에서 에디슨은 미국 소년 7명당 1명처럼 ADHD로 분류됐을 것이다. 에디슨처럼 기계적 사고를 하는 사람들은 흔히 언어적 학습이 지배하는 교실 환경에서 지루함을 느낀다. 이러한 아이들은 앞서 교육에 관한 장에서 논의했듯이 뭔가를 **하거나 만들어야** 한다.

교사가 에디슨을 '아둔한' 아이라고 평가했다는 사실을 알고 난 후, 전직 교사였던 어머니는 아들을 자퇴시키고 집에서 가르쳤다. 그녀는 리처드 그린 파커Richard Green Parker의 《자연 철학과 경험 철학 입문A School Compendium of Natural and Experimental Philosophy》(2018)을 포함해 다양한 책을 에디슨에게 보여줬다. 모리스에 따르면 이 책은 61가지 화학 원소부터 도르래와 지레, 쐐기, 나사, 경사면, 바퀴 같은 6가지 기본 도구에 이르기까지 다양한 지식을 전하면서 에디슨을 발명가의 삶으로 이끌어줬다. 이런 필수적인 기계 도구들이 영리한 엔지니어링 부서의 문턱에 서 있는 젊은이의 마음을 움직였다는 사실이 나로서는 조금도 놀랍지 않다.

에디슨은 열두 살에 그랜드 트렁크 웨스턴 레일로드Grand Trunk Western Railroad에서 신문팔이로 일을 시작했다. 복학을 시도했던 에디슨이 또다시 중퇴한 이유에 대해서는 의견이 분분하지만 에디슨의 기업가적 재능은 교실 밖에서 싹텄다. 그는 디트로이트에서 휴런 항구까지 가는 완행열차에서 이윤을 붙여 고객에게 식료품을 판매하는 방법을 알아냈다. 또 전보 기사를 편집해 〈위클리 헤럴드The Weekly Herald〉라는 이름의 인쇄물을 만들어 승객에게 3센트씩 받고 팔았다. 집 지하실에 실험실을 만들고 화학 물질이 담긴 병을 200병 넘게 보관했다. 한번은 반쯤 비어 있던 그랜드 트렁크 수하물 칸에서 화학 실험을 하다 실수로 불을 내기도 했다. 열네 살 무렵엔 발명가이자 사업가로 완전히 성장했다.

두 명의 멘토가 에디슨의 뒤를 받쳐줬다. 첫 번째 멘토인 제임스 맥켄지James MacKenzie는 전신 장교이자 역장으로, 에디슨에게 모스 코드와 전신기 사용법을 알려줬다. 두 번째 멘토인 프랭클린 레너드 포프Franklin Leonard Pope는 전신 기사, 전기 엔지니어, 발명가, 특허 변호사로 활동했고, 업계 표준인《전신의 현대적 관행Modern Practice of the Electric Telegraph》(2016)이라는 안내서를 집필했다. 독서광인 에디슨이 이 책을 읽고 포프에게 연락했을 가능성이 있다. 에디슨보다 일곱 살 많은 포프는 월급과 숙식을 제공하면서 에디슨의 멘토이자 준準 후원자가 됐다. 두 사람은 함께 '포프, 에디슨 앤 컴퍼니Pope, Edison & Company'를 설립했다. 스물한 살에 에디슨은 전자 투표 기록기를 발명해서 첫 번째 특허를 얻었다. 곧이어 주식 표시기로 쓰이는 단선 프린터를 발명했다. 이를 바탕으로 훗날 이

중 송신기 전신을 발명하는데, 동시에 두 가지 작동을 유지할 수 있는 전자계 전류로 양방향 대화가 가능해졌다. 포프와 에디슨이 1년 만에 갈라선 이유에 대해서는 명확한 설명이 없지만, 젊고 다재다능한 에디슨이 발명품의 특허 취득법을 익힌 후 독자적으로 활동하길 바랐을 것으로 예측하기는 어렵지 않다.

에디슨의 이야기에서도 알 수 있듯이 천재성은 공백 상태에서 발현되지 않는다. 아무리 뛰어난 사람이라도 멘토링과 노출이 없다면 자기 능력을 발휘할 출구나 성공으로 가는 길을 찾지 못할 수 있다. 에디슨의 경우엔 어머니의 헌신적인 교육 덕이 컸고, 유년기와 청소년기에 기계와 전기 장비를 다뤄볼 기회가 많았다. 장사꾼이자 신문팔이로서 강한 직업 윤리를 다졌고, 포프의 격려와 자금 지원에 힘입어 기업가적 열정도 키웠다. 이러한 장점은 에디슨의 타고난 강점과 잘 맞아떨어졌다. 타고난 호기심과 물건을 만드는 성향으로 볼 때 에디슨은 사물 시각적 사고자였을 것이다. 왕성한 호기심과 세상을 남다르게 바라보는 방식은 초등학교 시절 그를 괴롭혔지만, 결국엔 발명가로서 그의 삶에 활력을 불어넣었다. 에디슨이 시각적 사고자라는 점을 가장 확실히 보여주는 단서는 프랭크 다이어Frank Dyer와 토마스 마틴Thomas Martin이 쓴 전기에서 볼 수 있다.

"나는 언제든 수학자를 몇 명 고용할 수 있지만, 그들은 나를 고용할 수 없습니다."

에디슨 스스로 인정하듯이 그의 기계적인 사고, 즉 천재성은 그의 수학적 능력을 훨씬 능가했다.

나는 지금까지 에디슨처럼 행동이 어설픈 소년들과 흔히 학습 장애가 있다고 여겨지는 아이들의 이야기를 많이 다뤘다. 교실과 같은 특정 환경에서는 장애로 보일 수 있는 특질이 다른 환경에서는 능력으로 보일 수 있다는 점을 인식하도록 촉구하는 운동이 마침내 일어나고 있다.

## 신경다양성

'신경다양성neurodiversity'이라는 용어는 자폐 커뮤니티에서 처음 생겨난 뒤, 남들과 다르다는 이유로 소외당하던 사람들을 결집하는 외침으로 널리 퍼져나갔다. 신경다양성 지지자들은 사람들을 진단이나 꼬리표로 격하시키는 의료 모델을 바꾸려고 무척 노력했다. 저널리스트 하비 블룸Harvey Blume은 〈디애틀랜틱〉 기사에서 이 개념을 다음과 같이 묘사했다.

"생물의 다양성이 생명체 전반에 중요하듯이 신경다양성은 인류에게 대단히 중요할 수 있습니다. 특정 순간에 어떤 형태의 배선이 가장 좋다고 입증될지 누가 알겠습니까?"

이 용어는 난독증과 ADHD, 감각 처리 장애Sensory Processing Disorder, SPD, 학습 장애, 과잉행동, 투렛 증후군Tourette's syndrome, 강박장애Obsessive Compulsive Disorder, OCD, 조울증, 조현병뿐만 아니라 엄청난 가변성을 나타내는 여러 스펙트럼 증상까지 포함하도록 확장됐다. 코로나19와 암은 실험실 검사로 확인할 수 있기에 명확한 진단이 가능하다. 신경다양성은 그렇지 않다. 가벼운 조현병은 엄청난 창의력을 부여할 수 있지만, 심각한 조현병은 편집증적 망상을 일으키고 정신 건강을 파괴할 수 있다.

존 내쉬John Nash는 프린스턴 대학교에서 젊은 수학자로 급부상해서 불과 2년 만인 스물두 살에 박사 학위를 취득했고 게임 이론을 크게 발전시켰다. 게임 이론은 사람들이 특정한 상호 작용 상황에서 어떻게 행동할지 분석하는 데 사용되는 수학적 도구로, 갈등을 해결하기 위해 경제와 정치 등 어느 분야에나 적용될 수 있다. 비범한 능력이 있는 수많은 과학자와 마찬가지로 내쉬도 어렸을 때부터 뛰어난 재능을 드러냈다. 실비아 나사르Sylvia Nasar의 전기 《뷰티풀 마인드》(2002)에 따르면 내쉬는 네 살 때 스스로 글을 깨우쳤고 자신의 침실을 실험실 삼아 서툰 솜씨로 라디오를 고치고 전기 기구를 만지작거리며 화학 실험을 일삼았다.

내쉬는 공상 과학 서적에 푹 빠졌고, 에디슨과 달리 학업 성적도 아주 뛰어났다. 부모는 내쉬가 고등학생일 때 근처 학교에서 대학 과정을 수강하게 해 고등 교육을 보완했다. 하지만 내쉬 역시 또래 아이들과 잘 어울리지 못해서 외톨이로 지냈다. 미숙하고 사회성이 떨어졌으며 기술적인 주제와 자연계에 대해 끊임없이 질문을 던졌다. 학교에서도 남의 말을 뚝 자르고 엉뚱한 말을 늘어놓았다. (나 역시 예전에도 그랬고 지금도 가끔 그런다. 남의 말을 끊으면 무례하거나 불량하게 비칠 수 있지만, 스펙트럼에 속한 사람들의 경우엔 뇌 신호의 문제이거나 눈치가 없기 때문일 수 있다.) 화학 교사가 칠판에 문제를 적으면 아이들이 연필과 공책을 꺼내는 동안 내쉬는 문제를 빤히 쳐다보면서 속으로 계산한 다음 바로 발표했다고 나사르는 전한다.

시간이 흐르면서 내쉬는 공산주의자들이 자신을 해치려고 음모를 꾸민다면서 편집증적 망상에 시달렸다. 조현병은 대체로 10대부터 나타나는데, 이때 느슨한 신경망이 약해지기 시작한다. 내쉬는 서른 살 무렵부터 정신병 증상을 겪기 시작해서 평생토록 신경 쇠약에 시달렸다. 하지만 그런 와중에도 게임 이론의 수학을 발전시킨 공로로 노벨

경제학상을 받았다. 그의 초기 천재성이 어떤 면에서 초기 조현병의 산물이었는지는 알 수 없다.

신경다양성의 이면에 있는 핵심 아이디어는 **장애**disorder라는 단어를 없애는 등 신경학적 장애를 바라볼 새로운 패러다임을 찾자는 것이다. 자폐증 같은 상태condition를 병적으로 해석하는 대신, 신경다양성 지지자들은 이러한 '상태'를 긍정적인 차이로 바라봐야 한다고 주장한다. 요크 대학교의 페니 스파이킨스Penny Spikins가 가벼운 사례의 자폐증, 양극성 장애, ADHD는 진화적 이점을 제공할 수 있다는 이론을 내놨다. 스파이킨스는 인지 변이의 증가가 개인뿐만 아니라 사회에도 선택적 혜택을 제공한다고 믿었다. 그래서 추운 기후로 기술 의존도가 높아진 빙하기 유럽 같은 환경에서는 자폐증이 사람들에게 어떤 혜택을 제공했을 것으로 추정했다.

스파이킨스는 《자폐증의 석기 시대 기원》(2013)에서 "한 가지 '정상적인' 사고가 아니라 서로 다른 사고 간에 복잡한 상호 의존성이 '우리'를 인간답게 살아가도록 해준다. 그 안에서는 자폐증이 핵심 역할을 한다."라고 기술했다. '차이'를 통합할 수 있는 집단은 강박적 집중력과 세부 사항에 관한 관심, 때로는 강력한 기억력까지 갖춘 스펙트럼상의 구성원과 시각적 사고자 덕분에 우위를 점할 수 있다. 가벼운 양극성 특질을 지닌 사람들은 집단 내에서 사회화를 더 활발하게 촉진했을 수 있다. 오늘날에도 그런 사람들이 기술 혁신 같은 혜택을 계속 제공한다는 점에서, 스파이킨스는 이러한 특질이 인간에게 계속 남아 있다고 가정한다. 신경다양성이 없다면 우리의 진화사進化史와 오늘날 우리가 누리는 세상은 많이 달라 보일 것이다.

콜로라도 의과대학의 제임스 시켈라James M. Sikela와 샌프란시스코 캘리포니아 대학교의 베로니카 셜즈 퀵Veronica B. Searles Quick은 〈유전적 반대급부Genomic Trade-offs〉라는 제목의 논문에서 대단히 흥미로운 주장을 내놨다. 자폐증의 경우엔 뇌의 특정 유전자 서열이 과도하게 발달했을 가능성이 있지만, 조현병의 경우엔 지나치게 덜 발달했을 가능성이 있다는 것이다. 뇌 발달의 관점에서 보면 두 상태는 정반대다. 아울러 심각한 장애에서 단순한 성격 차이까지 징후도 굉장히 다양하다. 시켈라는 논문에서 이렇게 쓰고 있다.

"진화는 기회주의적이지만 동시에 공평하기도 하다. 종의 유전체에 통합된 변화가 전반적인 이점을 제공하더라도 해가 없을 순 없다. 따라서 진화는 간혹 유전적 반대급부를 일으키게 되는데, 일부 개체에는 해로운 영향을 미치지만 다른 개체에는 커다란 이익을 제공한다."

나한테 어떤 결점이 있든, 나는 강화된 시각 능력 덕분에 내 과업을 수행할 수 있었고 미력하게나마 사회에 기여할 수 있었다. 나는 이러한 반대급부를 바꾸고 싶지 않다.

최근에 〈뉴욕타임스〉에서 캘리포니아의 어느 고등학교 청각 장애인 축구팀이 무패 행진을 이어간다는 기사를 읽었다. 팀의 코치들은 그 이유를 다음과 같이 설명한다.

"청각 장애인 선수들은 시각적 감각을 최대한 끌어올려 움직임을 더 민감하게 포착합니다. 아울러 상대 선수가 경기장의 어디에 있는지도 더 예리하게 감지합니다."

코치들은 또 선수들이 의사소통하는 방식도 승리의 비결이라고 말한다.

"청각 장애인 선수들은 손놀림도 활발합니다. 잘 들을 수 있는 선수들과 달리, 그들은 빠른 속도로 수신호를 보내서 공격 기회를 잘 살

립니다."

패배한 팀의 한 코치는 그 말을 받아서 이렇게 대답한다.

"우리가 상대보다 유리하다고 믿었다간 큰코다치기 쉽습니다. 그들은 내가 지도했던 어떤 팀보다 의사소통을 잘합니다."

이런 게 바로 유전적 반대급부다.

오클라호마 주립대학교의 커트 무어Curt Moore 교수는 ADHD가 있는 기업가와 없는 기업가를 대상으로 연구를 진행해, 적어도 일부 형태의 신경다양성이 직장에서 강점으로 작용한다는 사실을 밝혀냈다. 무어는 이렇게 적고 있다.

"이 연구 결과는 ADHD로 인한 신경다양성이 기업가적 사고방식과 유의미하게 연관돼 있음을 시사한다. ADHD가 있는 기업가는 더 직관적으로 인지하고 더 높은 수준의 기업가적 경계심을 발휘한다. 아울러 늘 기회를 찾으려 애쓰고 의욕도 넘치는 편이다."

많은 프로그래머가 자폐증 꼬리표를 어떻게든 피하려 하지만, 자폐 스펙트럼에 속한 사람들 상당수가 기술 분야에서 일한다는 사실은 잘 알려져 있다. 익명을 요구한 한 소프트웨어 엔지니어는 이러한 분석에 딱 들어맞는다. 인터뷰에서 그는 어렸을 때 프로그래밍을 독학으로 익혔고 뭔가에 꽂히면 죽도록 파고들어서 식구들을 피곤하게 했다고 털어놨다. 경직된 환경과 따분한 교과 때문에 학교 성적은 별로 좋지 않았다. 하지만 그는 현재 일류 테크 기업에서 수석 소프트웨어 엔지니어로 성공적인 경력을 쌓고 있으며, 자신의 재능에 적절한 보상을 받고 있다고 생각한다.

"기술 산업은 아스피, 그러니까 아스퍼거 증후군이 있는 사람에게 대단히 우호적인 분야입니다. 소프트웨어 엔지니어에게 사회적으로 요구되는 사항은 단지 제품을 만들기 위해 동료들과 협력하는 것입니다."

매트 맥팔랜드Matt McFarland는 〈워싱턴포스트〉 기사에 "완전히 진행된 아스퍼거 증후군이나 자폐증은 사회생활을 위축시키지만, 가벼운 정도의 연관된 특질은 세상을 혁신적으로 바꾸는 데 결정적 역할을 하는 것 같다."라고 썼다. 페이팔PayPal의 설립자 피터 틸Peter Thiel은 사회적 환경이 획일성을 선호하고 대담한 기업가 정신을 꺾는다고 주장한다. 그는 〈비즈니스인사이더BusinessInsider〉에 실린 인터뷰 기사에서 실리콘 밸리의 여러 성공한 기업가들이 스펙트럼에 속하며 그런 점이 '혁신적이고 훌륭한 기업을 일구는 데 플러스 요인'이라고 역설했다. 아울러 인재를 채용할 때도 웬만하면 MBA 출신을 피한다며 그 이유를 다음과 같이 설명했다.

"MBA 출신은 흔히 대단히 사교적이지만 자기 주관이 약합니다. 무리에 추종하는 사고와 행동으로 이어지는 특질을 지녔기 때문이죠."

마크 저커버그가 아스퍼거 스펙트럼에 속한다고 생각하는 사람이 많다. 실제로 그는 로봇처럼 딱딱하고 사회성이 떨어지며 외골수로 묘사된다. 맥팔랜드는 저커버그에 대해 '의사 결정 에너지를 패션이 아닌 페이스북에 집중하고 싶다는 이유로 날마다 회색 티셔츠만 입었다'라고 부연한다. 어떤 사람은 그가 세계에서 가장 큰 소셜 네트워크를 발명했다는 점에서 천재라고 생각한다. 사람들과 관계 맺는 데 어려움을 겪는다고 알려진 사람이 전 세계 사람들을 모두 연결할 플랫폼을 만들었다니, 참으로 아이러니한 것 같다. 어쩌면 그게 핵심 요인일 수도 있다.

자폐 커뮤니티 내에서 신경다양성에 대한 논란이 분분하다. 스펙트럼의 한쪽 끝에는 말도 어눌하고 혼자서 옷도 입지 못하며 아주 기본적인 기술도 개발하지 못하는 등 심각하게 영향받는 아이들이 있다.

반대편 끝에는 마이크로소프트에서 일하거나 아예 그런 회사를 차린 사람이 있다. 스펙트럼상의 사람들 대부분은 그 중간 어딘가에 있다. 신경다양성은 차이에 대한 사고방식을 제공해 스펙트럼에 속한 사람들이 자신을 긍정적으로 바라보게 한다. 스티브 실버만Steve Silberman은 《뉴로트라이브》(2018)에서 신경다양성을 진단적 명칭이 아니라 다른 운영 체계로 봐야 한다고 주장한다. 그는 "머리는 비상하나 현실감이 떨어져서 너드nerd나 브레이니악brainiac으로 놀림당하던 아이들이 훗날 우리의 미래를 설계하는 사람으로 성장한다."라고 피력했다.

최근에 세상 사람들의 관심을 끈 또 다른 인물은 스톡홀름 출신의 어린 소녀, 그레타 툰베리Greta Thunberg다. 툰베리 역시 아스퍼거 증후군을 앓고 있고 뭔가에 꽂히면 죽어라 파고든다. 그녀의 단조로운 말투와 어색한 시선을 보면 세상을 바꾸고 새로운 세대의 기후 활동가들에게 동기를 부여할 능력이 있을 것 같지 않다. 하지만 툰베리는 자신의 차이를 초능력이라고 부른다.

자폐증 단체들과 이야기를 나눌 때 나는 남캘리포니아 대학교의 제러드 리저Jared E. Reser가 발표한 〈단독 생활하는 포유류는 자폐 스펙트럼 장애에 대한 동물 모델을 제공한다Solitary Mammals Provide an Animal Model for Autism Spectrum Disorders〉라는 논문을 즐겨 소개한다. 내가 무척 좋아하는 이 논문은 동물의 왕국에서 드러나는 신경다양성을 생생하게 보여준다. 마지막 장에서 더 자세히 살펴보겠지만, 동물 연구는 인간의 신경다양성을 조명해볼 창구를 제공할 수 있다. 인간과 마찬가지로 동물의 뇌도 사회적·감정적 처리나 인지적 처리 가운데 한 가지에 더 치중해서 발달한다. 한 종種 내에서 어느 정도의 변이는 정상이지만 다른 종과 비교할 땐 차이가 뚜렷하다. 덩치가 큰 고양잇과 동물을 예로 들어보자. 어떤 종은 대단히 사회적이고 다른 종은 혼자 지내는 걸 더 좋아한다. 사자는 무리 지어 생활하는 반면, 호랑이와 표범은 짝짓기 시간을 제외하면 혼자 지낸다. 영장류 세계에서 침팬지는 집단에 적응해 공동체 속에서 살지만 오랑우탄은 혼자 산다. 늑대는 무리 지어 살지만 줄무늬하이에나는 혼자 지낸다. 리저는 다양한 출처의 자료를 살펴본 뒤, 고립된 동물 종은 자폐증이 있는 사람들과 유전적으로나 호르몬상에 유사점이 있다는 사실을 발견했다. 혼자 사는 동물은 사회적 행동에 영향을 미치는 호르몬인 옥시토신을 더 적게 분비한다. 자폐인과 외톨이 동물은 고립됐을 때 자기 종의 더 사회적인 구성원들보다 스트레스를 덜 받는다. 큰 고양잇과 동물군에서 표범이나 호랑이는 사람으로 치면 아마도 반사회적 행동 때문에 자폐증 진단을 받을 것이다. 그렇다고 그들에게 결함이 있다고 해야 할까? 표범에게 장애가 있을까? 동물의 왕국에서는 이런 꼬리표를 붙이지 않는다.

## 천재성의 유전학

수많은 과학 연구에서 심리학, 뇌 발달, 유전학, 또는 문화가 개인차에 미치는 영향을 다뤘다. 그러한 연구는 기본적으로 "어떤 요소가 한 사람의 발달을 결정하는가?"라는 질문을 중심으로 진행된다. 무엇이 그 사람을 현재 모습으로 완성하는가? 예를 들어 왜 어떤 가족은 심장병이나 암에 취약한 유전을 물려받는가? 한 가족 중에서도 왜 어떤 형제는 건강하고 다른 형제는 허약한가? 이러한 취약성은 언제, 어디서, 어떻게 나타나는가? 나는 여기에 몇 가지 덧붙이고 싶다. 한 가족 구성원 가운데 왜 한 사람은 시각적 사고자이고 다른 사람은 언어적 사고자인가? 아니면 왜 어떤 가족은 모두 회계사로 먹고살고 다른 가족은 죄다 변호사로 먹고사는가? 이 오래된 논쟁의 중심에는 개인의 능력 가운데 유전적으로 결정되는 부분과 학습되는 부분이 각각 얼마만큼이냐는 문제가 자리한다. 내가 대학에 다니던 시절만 해도, 유전된 자질은 모두 그레고르 멘델Gregor Mendel의 유전 원리 이론에 근거해 단순한 패턴을 따른다고 믿었다. 멘델은 다양한 품종의 완두콩을 재배한 것으로 유명한데, 그 덕에 다양한 특질이 유전될 수 있다고 밝혀졌다.

하지만 자폐증은 그러한 특질로 여겨지지 않았다. 그 대신, 자녀와 유대를 맺을 수 없는 '냉장고 엄마'의 탓이라는 브루노 베텔하임Bruno Bettelheim의 널리 용인되던 이론에 따라 양육에서, 아니 오히려 양육 부족에서 비롯된다고 여겨졌다. 이 잔인하고도 근거 없는 생각이 1940년대부터 1960년까지 학계를 주름잡았다. 그러다 연구 심리학자이자 자폐증 아들을 둔 버나드 림랜드Bernard Rimland가 거기에 반박하며 생물학에서 자폐증의 원인을 찾아냈다. 그 후 과학자들은 20년에 걸친 추가 연구를 통해 자폐증에 유전적 요소가 있다는 확신을 얻었다. 우타 프리스는 자폐증이 유전적 요인에서 비롯된 신경생물학적 장애라는 이론을 발전시키는 데 도움을 줬다. 다만 자폐증은 멘델의 유전 패턴을 따르지 않는다. 즉, 단일한 '자폐증 유전자'가 없다. 오히려 일부 유전자가 서로 영향을 주고받으며 자폐증의 발현에 기여한다. 오늘날 연구진은 자폐증에 1,000개나 되는 유전자가 관여한다고 믿고 있다.

우리가 알고 있는 사실은 다음과 같다. 태내에서 성장하는 동안 우리는 엄청난 양의 세포를 매우 빠르게 만들어 대뇌피질을 생성한다. 대뇌피질은 언어 처리 외에 감각 정보와 지능, 사고, 기억, 지각, 운동 기능, 실행 기능을 담당한다. 이 미분화된 세포가 태아에서 자라면서 뼈세포, 피부세포, 뇌세포 등으로 분열되기 시작한다. 초기 세포 분화와 인간 아기 또는 동물의 전반적 발달은 모두 부모에게 물려받은 유전자 코드genetic code*로 통제된다. 뇌는 너무 복잡해서 코드가 모든 뇌세포를 정확한 위치로 유도하기란 불가능하다. 항상 약간의 변이가 일어나기 마련이다. 여기서도 더 고등한 대뇌피질 뇌 영역의 발달을 설명할 수 있는, 간단한 멘델의 우성 유전자나 열성 유전자는 없다. 자잘한 코드와 변이가 많은데, 죄다 부모 양쪽에서 제공된다.

뇌를 구축하는 과정은 대단히 복잡하지만 대부분 신경전형적으로 발달한다. 태아가 발달하는 동안엔 어머니의 식단과 환경, 스트레스 요인, 전반적인 건강 상태 등 태아의 성장에 영향을 미칠 수 있는 유전적 요인과 비유전적 요인이 모두 존재한다. 아울러 다양한 스펙트럼 상태를 유발하는 유전적 돌연변이도 존재한다. 유전자 코드는 네 글자의 쌍으로 구성된다. 이들은 익숙한 DNA 그림에서 사다리의 가로대를 형성한다.

나는 학생들에게 다음과 같이 설명한다. 컴퓨터 코드는 이진법이라 책이나 스프레드시트, 영화를 모두 두 자리 코드로 변환할 수 있다. 유전체학에서는 사람이나 식물, 동물을 창조하기 위한 전체 청사진이 네 자리 코드로 작성된다. 동일한 네 자리 유전자 코드의 작은 부분이 유전체에서 여러 번 동일한 형태로 나타날 수 있다. 이러한 변이 메커니즘을 '반복repeat'이라고 부른다. 태아가 발달하는 동안 동일한 염기서열의 수는 증가하거나 감소할 수 있다. 이는 다른 특질을 위한 '용

---

* 유전 암호, 유전 부호라고도 함

량 조절volume control' 역할을 하며, 형제자매 간에 피부색이나 키 등이 다른 이유를 설명한다. 인간의 특질은 대부분 다인성多因性이라 여러 유전자에 영향을 받는다. 개별적 차이를 이해하는 또 다른 메커니즘은 단일 염기 다형성Single-Nucleotide Polymorphisms, SNP이다. 이는 DNA 사다리의 한 가로대에서 가능한 치환을 말한다. 간혹 사다리의 한 가로대가 바뀌기도 하는데, 아무도 그 이유를 모른다. 이를 두고 '드노보 뮤테이션denovo mutation'이라고 부른다. 부모에게 물려받지 않은 '새로운 유전자 돌연변이'라는 뜻으로 자폐증 진단을 받은 소수의 사람에게서 나타난다.

유전학을 논하면서 쌍둥이 연구를 무시하기란 불가능하다. 과학자들은 천성과 양육이 어떻게 작용하는지 관찰할 때 쌍둥이가 완벽한 페트리 접시를 제공한다고 생각해 왔다. 일란성 쌍둥이Monozygotic, MZ는 같은 유전자를 100% 공유한다. 반면에 이란성 쌍둥이Dizygotic, DZ는 50%만 공유하는데, 이는 쌍둥이가 아닌 형제자매와 같은 수치다. 박식가이자 통계학자, 발명가, 사회학자인 프랜시스 골턴Francis Galton 경은 쌍둥이에 관한 과학적 연구를 최초로 시도한 사람 중 한 명이다. '천성 대 양육nature vs. nurture'이라는 용어도 그가 만들었는데, 타고난 것과 학습된 것의 작용에 관한 우리의 생각을 잘 포착한다.

골턴은 1875년 발표한 〈쌍둥이의 역사History of Twins〉라는 논문에서 다음과 같이 썼다.

"쌍둥이는 태어나면서 받은 성향의 영향과 삶의 특별한 상황에서 부여된 영향을 구별할 수단을 제공한다. 따라서 그들의 역사에 관심을 기울일 가치가 있다."

골턴은 일란성 쌍둥이 35쌍을 연구한 뒤, 신체적 특징부터 대담함 대 소심함, 경박함 대 차분함 같은 성격 특질에 이르기까지 모든 면에서 절반은 매우 비슷했고 나머지 절반은 꽤 비슷했다고 결론지었다. 골턴은 이 연구 결과를 우생학 이론의 기초로 삼았고, 훗날 인종과 계급에 기반을 둔 우월성 개념으로 발전시켰다. 그의 연구에서 이러한 측면은 당연히 신뢰를 잃었지만 쌍둥이에게서 유전자 코드의 단서를 찾는 길을 열어줬다.

현재 쌍둥이 프로파일은 DNA 표본, 유전자형 분석, 뇌 영상 등으로 점점 보강되고 있다. 브루노 베텔하임이 기소되고 60년이 흐른 뒤에도 어떤 어머니는 자녀의 발달 문제로 여전히 죄책감을 느꼈다. 예일 대학교 연구진은 모성 책임 문제를 잠재우기 위해 연구에 돌입했다. 일란성 쌍둥이와 비일란성 쌍둥이 50쌍의 태반에서 얻은 데이터를 바탕으로 발달 이상이 유전 탓인지 확인했다. 그 결과, 발달 이상을 일으키는 세포 성장이 일란성 쌍둥이에게서 비슷한 빈도로 발생한다는 사실이 드러났다. 이 연구 보고서의 주요 저자인 하비 클리먼Harvey Kliman 박사는 "본 연구를 통해 발달 이상은 엄마의 잘못이 아니라 아이의 유전자에서 기인했을 가능성이 훨씬 크다는 점을 알 수 있다."라고 밝혔다. 그렇지만 이러한 '이상'이 어째서 누구에겐 골칫거리로, 누구에겐 재능으로 발현되는지는 여전히 알 수 없다.

트리니티 칼리지 더블린의 케빈 미첼Kevin J. Mitchell 부교수에 따르면 유전성 연구는 충동성, 언어 능력, 성적 취향, 흡연, 반사회적 행동, 그리고 자폐증과 조현병을 포함한 신경정신질환 등 온갖 종류의 성격 특질을 정확하게 측정할 수 있다. 예를 들어 쌍둥이 중 하나가 자폐증이면 일란성 쌍둥이는 자폐증에 걸릴 확률이 80%나 되지만 이란성 쌍둥이는 20%에 그친다. 이는 유전적 변이가 우리 뇌를 연결하는 유일한 방법이 아니라는 이론을 강조한다. 미첼은 "게놈, 즉 유전체는 사람을 암호화하지 않는다. 인간을 만드는 프로그램을 암호화할 뿐이다. 그 잠재력은 발달 과정을 통해서만 실현될 수 있다."라고 말한다.

미네소타 대학교의 심리학자 토마스 부샤드 주니어Thomas Bouchard Jr.는 태어나자마자 헤어진 쌍둥이를 연구하면서 관련 연구를 한 단계 더 발전시켰다. 부샤드는 〈인간의 심리적 차이의 근원〉이라는 널리 알려진 연구에서 떨어져 자란 일란성 쌍둥이와 이란성 쌍둥이 137쌍을 조사했다. 검사 결과, 떨어져 자란 일란성 쌍둥이는 한 지붕 아래 자란 쌍둥이들과 같은 수준의 성격 특질과 관심사, 태도를 보였다. 이로써 부샤드는 "지금까지 연구된 거의 모든 행동 특질이 유전적 변이와 관련 있는 것으로 밝혀졌다."라고 결론 내렸다.

MRI 뇌 스캔이 처음 발명된 1980년대에 나는 일란성 쌍둥이 두 쌍의 뇌 스캔을 봤다. 쌍둥이의 뇌 스캔은 매우 비슷했지만 뇌량의 형태에서 약간 차이가 있었다. 뇌량은 뇌의 좌우 반구가 소통할 수 있는 회로를 포함하는 구조다. 환경과 경험, 즉 양육은 구조적 차이에 기여한다. 스웨덴 카롤린스카 연구소Karolinska Institute 신경과학부의 외르얀 데 만사노Örjan de Manzano 연구원이 일란성 쌍둥이의 뇌를 비교하는 연구를 진행했다. 그는 쌍둥이 중 한 명에겐 피아노를 배우게 하고 다른 한 명에겐 악기를 다루지 않게 했다. MRI 뇌 스캔 결과, 음악 훈련이 청각 피질과 손의 운동 조절 영역의 두께를 증가시키는 것으로 나타났다. 뇌의 이 부분을 많이 사용할수록 뇌 조직이 증가했다. 결국 양육이 영향을 미쳤다는 뜻이다.

파리 소르본 대학교의 게리트 아르네 린네베버Gerit Arne Linneweber는 초파리의 뇌를 연구해서 천성도 양육도 아닌 새로운 가능성을 찾아냈다. 신경계가 발달하면서 행동과 배선상의 차이가 유전자 코드로 통제되지 않는 요인인 '비유전성 잡음nonheritable noise'에 의해서도 발생한다는 것이다. 린네베버는 초파리의 시각 체계 배선에 자연스러운 변화가 생기면 행동이 달라진다는 사실을 발견했다. 유전자 코드는 발달 중인 모든 뉴런을 모든 사람에게 똑같은 부위로 보낼 수 없다. 그런 미묘한 차이는 어떻게 설명할 수 있을까? 조립 라인에서 똑같은 포드 자동차 두 대가 나온다고 상상하자. 모델과 성능, 부가 기능까지 모두 똑같지만 운전해 보면 조금씩 다르다. 차마다 독특한 점이 있는 데다, 조립 라인을 따라 가변성을 일으킬 여지가 무수히 많기 때문이다. 가령 어떤 작업자는 다른 작업자보다 문틀에 접착제를 더 많이 바를 수 있다. 달그락거리는 소음은 어떤 작업자의 주머니에서 떨어진 클립이 차체 패널에 그대로 남아서 생길 수도 있지만, 볼트 하나를 제대로 조이지 않아서 생길 수도 있다. 그럼 이젠 뇌 발달 과정에서 나타나는 온갖 독특한 점과 변이를 떠올려보자. 대다수가 평범하고 소수는 천재인 이유를 알 것 같지 않은가?

스탠퍼드 대학교의 존 혜가티John P. Hegarty와 동료들이 최근에 실시한 MRI 연구에 따르면 뇌의 전반적 크기와 커다란 구조는 대부분 유전적 요인으로 결정된다. 이는 자폐증 일란성 쌍둥이와 신경전형인 일란성 쌍둥이 둘 다에 해당하는데, 태아에서 초기에 발달하는 줄기세포의 수 때문이다. 이 연구는 자폐증 뇌가 환경 영향에 더 민감하다는 점도 밝혀냈다. 뇌에서 주로 언어를 통제하는 부분인 대뇌는 이를테면 도로와 같다. 4차선 고속 도로인지 1차선 도로인지는 유전학이 결정한다. 내 뇌의 MRI 영상을 보면 말하는 데 필요한 도로가 더 좁게 나타났다. 이는 유전적 요인에 의해 결정됐을 것이다. 하지만 나는 말하는 법을 어렵게 배웠다. 그 결정적 요인은 환경, 즉 집중적인 언어 치료였다. 사용이 증가하면서 좁은 도로가 살짝 넓어졌을 것이다.

연구진은 또 서번트의 비범한 기술이 유전에서 비롯되는지 알아보려고 서번트 연구에도 관심을 기울였다. (자폐인의 10% 정도가 서번트 특성을 보이는 데 비해, 일반인 사이에서는 3백만 명당 1명꼴이다.)

서번트는 여러 외국어를 빠르게 습득하고 한두 번만 듣고도 복잡한 곡을 연주하며, 이미지를 사진처럼 정확하게 그려내고 엄청난 기억과 계산을 수행하는 등 특정 분야에서 비범한 능력을 발휘한다. 자폐 스펙트럼 장애의 역학 전문가인 대럴드 트레퍼트<sup>Darold A. Treffert</sup> 박사는 이러한 서번트 능력을 '스플린터 기술<sup>splinter skills</sup>'이라고 묘사하는데, 메모리 용량은 크나 적용 범위는 매우 제한된다.* 트레퍼트는 레슬리 램케<sup>Leslie Lemke</sup>라는 서번트를 연구했는데, 램케는 6개월 만에 시력을 잃고 뇌 손상과 뇌성마비까지 앓았다. 그런데 열네 살 때 TV에서 차이콥스키 피아노 협주곡 1번을 딱 한 번 듣고 똑같이 연주해냈다. 악보를 읽을 줄도 모르고 피아노를 배우지도 않았지만 한 번만 들으면 뭐든 연주할 수 있었다. 램케는 평생 연주회를 열어서 자신의 기량을 마음껏 뽐냈다. 그는 놀랍게도 말하는 데 어려움을 겪었지만 연주하는 동안엔 어떤 노래든 부를 수 있었다.

버나드 림랜드는 이런 경우엔 뇌의 어떤 결함이 좌반구를 차단하고 우반구에 더 집중하게 한다는 이론을 제시했다. 다시 스펙트럼 개념으로 돌아가서 이는 마치 두 반구 사이에 균형이 깨져서 우반구가 브레이크 없이 질주해 비범한 수준에 도달하는 것과 같다. 이러한 능력

---

* 스플린터(splinter)는 쪼개져 나온 파편을 뜻하는 말로, 스플린터 기술은 원래 용도나 목적에서 벗어난 능력을 말한다.

은 흔히 사회성 결핍과 극심한 고립을 포함해 많은 대가를 치르게 한다. 다른 말로 표현하면 이런 독특한 기술을 지닌 사람들은 뇌의 한쪽 부분만 쓰면서 산다고 할 수 있다. 혹자는 서번트가 음악이나 시각 예술을 정확하게 모방만 하므로 창의적이지 않다고 말한다. 서번트는 정확하게 모방한 다음에 작은 변화를 주기도 하고, 격려를 받으면 일부는 음악과 예술 분야에서 창의성을 발휘할 수도 있다. 가령 렘케는 말년에 즉흥 연주를 하기도 했다. 하지만 다들 알다시피 걸작으로 꼽을 만한 작품을 창조한 서번트는 없다.

## 돌 속에 잠재된 조각상

위대한 예술가 미켈란젤로는 표범처럼 외톨이였다. 열두 살 때 학교를 그만뒀고 3년짜리 도제 과정도 1년 만에 나와 버렸다. 더 이상 배울 게 없다는 이유였다. 동료 예술가들이나 장인들과 어울려 일하는 것보다 혼자 작업하는 것을 선호했다. 미켈란젤로는 자폐 스펙트럼에 속했을까? 영국의 정신과 의사인 무하마드 아샤드Muhammad Arshad와 트리니티 칼리지 더블린의 마이클 피츠제럴드Michael Fitzgerald는 그렇다고 생각한다. 그들은 미켈란젤로의 '일관된 작업 루틴'과 빈약한 사회성을 지적한다. 미켈란젤로의 전기 작가이자 동시대 사람인 아스카니오 콘디비Ascanio Condivi는 "미켈란젤로 작품의 혼이자 천재성은 열정적 고독에서 비롯됐다."라고 전한다. 미켈란젤로는 먹는 데 별로 관심이 없어서 끼니를 대충 때웠다. 다비드 조각상을 작업하던 3년 동안은 완전히 두문불출했다. 작업에만 몰두하느라 씻지도 않았고 잠자리에 들 때 신발도 벗지 않았다. (불량한 위생 상태는 자폐 스펙트럼에 속한 사람들에게 흔하다. 감각 과민증이 목욕과 관련된 감각을 불쾌하게 만들기 때문이다.) 또 다른 전기 작가인 파올로 지오비오Paolo Giovio는 "미켈란젤로의 생활 습관이 믿기 어려울 정도로 불결했다."라고 말했다.

나는 미켈란젤로가 극단적인 시각적 사고자였을 거라고 확신한다. 그는 20대 초반에 피에타 조각상을 의뢰받았고, 스물여섯 살에 다비드 조각상을 작업하기 시작했다. 서른 살에 교황 율리우스 2세의 무덤 공사를 시작했다. 서른세 살에 시스티나 성당의 벽화 작업을 시작했고 서른여덟 살에 모세 조각상 작업을 시작했다. 이는 그의 위대한 작품 가운데 일부에 지나지 않는다. 미켈란젤로는 어린 나이에 학교를 떠났지만 쉼 없이 돌아가는 사고와 영감에 이끌려 한시도 작업을 멈추지 않았다. 여섯 살에 어머니를 여의고 간호사 집에서 자랐는데, 마침 그 간호사의 남편이 석공이었다. 콘디비는 그의 전기에서 미켈란젤로가 생전에 했던 말을 이렇게 전한다.

"나는 간호사 집에 얹혀살면서 끌과 망치 다루는 요령을 익혔고, 그 덕에 지금 조각상을 만들고 있다."

미켈란젤로 역시 두 멘토에게 도움을 받았다. 첫 번째 멘토는 그가 열세 살 때 도제로 들어갔던 도메니코 기를란다요Domenico Ghirlandaio였다. 1년 만에 그만두긴 했어도 멘토 아래서 프레스코화를 만드는 과정과 선 원근법linear perspective으로 물체를 더 작아 보이게 하는 기법 등 다양한 기술을 접했을 것이다. 물론 뛰어난 10대 소년이 이러한 그림 기술을 직관적으로 터득한 데는 예술로 가득 찬 도시이자 훌륭한 프레스코화의 본거지인 피렌체에서 자랐던 점도 한몫했을 것이다. 두 번째이자 더 강력한 멘토는 로렌초 데 메디치Lorenzo de' Medici였다. 그는 어린 미켈란젤로를 자기 집으로 데려와 능력을 마음껏 꽃피울 환경을 제공했다. 칼럼니스트 에릭 와이너<sup>Eric Weiner</sup>가 말했듯이 로렌초는 미켈란젤로를 발굴하고 발전시킨 공로를 인정받아 마땅하다. '보잘것없는 젊은이'의 작품을 발견하고 '크게 발전시키기 위해 대범'하게 행동했으니까 말이다.

우리는 미켈란젤로의 죽어라 파고드는 집중력과 사회생활에 대한 혐오를 아스퍼거 증후군의 증거라고 추측할 뿐이다. 사물 시각형 인간으로서 미켈란젤로는 사진처럼 세밀한 묘사로 2차원 그림을 그려냈다. 그 가운데 최고 걸작은 3차원 인물화로 생생하게 살아난, 시스티나 성당 천장의 화려한 프레스코화를 꼽을 수 있다. 그는 또 공간적 기술을 활용해 다비드상과 같은 조각상을 사진처럼 세밀하게 묘사했다. 서른 살이 되기 전에 완성한 이 기념비적인 조각상은 아마도 르네상스 전성기 미술의 걸작이자 가장 위대한 작품일 것이다. 지금까지 살펴본 대로 사물적 사고나 공간적 사고는 대부분 스펙트럼에 속한다. 지금까지 이뤄진 연구에서 이 두 가지는 서로 다른 사고방식으로 드러났다. 그런데 최고 경지에 이르면 한 사람이 두 사고방식을 모두 발휘할 수 있을까?

미켈란젤로처럼 다양한 매체에 통달한 사람의 경이로운 재능을 살펴보면, 우리는 천재의 마음속에서 시각적 사고와 공간적 사고의 진귀한 융합을 발견하게 된다. 일례로 토머스 웨스트는 시각 공간적 사고자인 레오나르도 다빈치의 능력이 너무나 방대해 해부학, 생리학, 기계 공학, 천문학 분야에서 과학 기술의 발전을 100년 정도나 앞당겼을 것으로 추정했다. 웨스트는《글자로만 생각하는 사람 이미지로 창조하는 사람》에 "몇 가지 중요한 사례에서 시각 공간적 재능은 과학과 공학, 의학, 수학의 특정 영역에서 최고 수준의 독창적 작품을 완성하는 데 핵심 역할을 했다."라고 기술했다. 다른 조각가들은 미켈란젤로가 다비드상을 조각할 때 사용한 대리석을 거부했다. 하지만 미켈란젤로는 그 안에 잠재된 조각상을 간파했다.

## 시각적 사고, 난독증, 천재성

영화감독 스티븐 스필버그Steven Spielberg는 예순 살이 돼서야 난독증 진단을 받았다. 〈ET〉, 〈쉰들러 리스트〉, 〈죠스〉 등 서른두 편에 이르는 작품은 시각적 이야기꾼으로서 그의 재능을 여실히 증명한다. 스필버그는 늘 글자를 떠듬떠듬 읽었고 학업에도 어려움을 겪었지만 어떤 꼬리표도 붙지 않았다. 한 인터뷰에서 그는 중학교 시절이 가장 힘들었다고 인정했다. 교사들은 그가 열심히 노력하지 않는다고 생각했다. 신경 다양인 특질을 지닌 여느 사람들처럼 그도 또래에게 괴롭힘을 당했다. 그의 전기를 쓴 몰리 해스켈Molly Haskell은 스필버그에 대해 "손에 카메라를 들고 있으면 자신을 둘러싸고 소용돌이치는 온갖 공포를 차단할 수 있었을 뿐만 아니라 그중 하나인 소외감을 자기만의 방식으로 물리칠 수 있었다."라고 적었다. 스필버그는 집에 있던 무비 카메라에 자석처럼 끌렸다. 처음엔 가족 모임을 촬영하다가 이내 카메라와 떼려야 뗄 수 없는 사이로 발전했다.

스필버그는 열두 살 때 첫 영화를 만들었다. 열여덟 살 땐 600달러도 안 되는 돈으로 〈파이어라이트Firelight〉라는 제목의 장편 영화를 만들었다. 외계인에게 납치된 사람들에 관한 이야기였는데, 이 테마는 훗날 자기와 다른 사람들을 받아들인다는 내용의 〈ET〉에서 더 자세히 다뤄졌다. 스필버그는 고등학교 시절 내내 중간 정도의 성적으로 고군분

투했고, 서던캘리포니아 대학교 영화학과에 지원했다가 떨어졌다. 학습 장애를 연구하는 퀸 브래들리Quinn Bradlee와 했던 영상 인터뷰에서 스필버그는 영화가 '나를 수치심에서 구해준' 훌륭한 탈출구였다고 말했다. 그는 카메라와 한 몸으로 융합했고 시각적 어휘를 사용해서 자신을 표현했다. 다른 사람들은 예술과 패션, 장식 등 다른 시각적으로 창조적인 분야를 통해서 그 일을 해낸다.

난독증은 우측 전두엽의 더 활발한 활동과 관련이 있다. 우측 전두엽이 공간 시각화의 중심 영역이기도 하기 때문이다. 조셉 맥브라이드 Joseph McBride는 스필버그에 대한 전기에서 "그의 놀라운 시각적 감각은 읽기에 어려움을 겪는 데 대한 보상일 수 있다."라고 주장한다. 이런 식의 유전적 반대급부에 대한 해석은 흔히 자산과 부채를 이해하는 데 적용된다. 토머스 웨스트는 우리가 지능에 대한 선형적 관점에 갇혀서 스필버그의 비범한 시각적 기술을 단지 난독증의 보상으로 이해할 수 있다고 주장한다. 나도 이러한 주장에 동의한다. 위대한 작가의 문학적 재능이 단지 빈약한 시각적 기술이나 수학적 기술을 보상한다고 말할 수 없다.

난독증인 사람들 가운데 사물적 사고자도 있고, 수학에 더 소질이 있는 시각 공간적 사고자도 있다. 거듭 말하지만 그간의 연구는 두 유형을 충분히 구분하지 못한다. 일부 공간 시각형 인간과 난독증인 사람은 큰 그림을 그리는 데 능숙하다. 그들은 마음의 눈으로 3D 물체를 시각화하고 회전시킬 수 있다. 나와 함께 일했던 창의적인 금속 기술자들 가운데 난독증을 앓는 이들이 있었다. 그들은 규모가 크고 정교한 사료 공장을 설계하고 건설했다. 사물 시각화 기술은 컨베이어와 펌프, 사료 혼합 장치로 구성된 복잡한 시스템을 설계하는 데 사용된다. 공간 시각형 인간은 그런 장치가 잘 돌아가게 한다. 학업 성적이 안 좋았던 또 다른 난독증 동료는 현재 도로 공사에 사용되는 굴착기를 운영한다. 그는 가끔 공간 시각형 엔지니어들이 저지른 실수를 바로잡아야 했다. 한 건설 현장에서는 그의 지식 덕분에 터널 공사로 바로 위 도로가 무너질 뻔한 사고를 막기도 했다. 하지만 그의 창의성과 기여도는 충분히 인정받지 못한다.

영국 난독증 협회의 CEO인 헬렌 보든Helen Boden은 〈CEO매거진The CEO Magazine〉의 핀바 토스랜드Finbarr Toesland에게 "난독증인 사람은 정보의 위대한 탐험가들"이라고 말했다. 난독증인 사람들 가운데 유명한 사업가로는 버진 그룹의 리처드 브랜슨Richard Branson 경과 유명 셰프인 제이미 올리버Jamie Oliver를 꼽을 수 있다. 이케아를 설립한 잉바르 캄프라드Ingvar Kamprad도 난독증이 있었다. 그는 창고에 쌓아둔 가구의 재고 정리를 돕고자 쉽게 시각화할 수 있는 명명 체계를 만들었다. 덩치가 큰 가구에는 스웨덴의 지명을 붙였고, 책과 의자 같은 중간 크기의 가구에는 남자 이름을 붙였다. 그리고 야외 가구에는 스웨덴의 섬 이름을 붙였다.

난독증과 창의성이 연관돼 있다는 증거가 있다. 피카소는 열 살 전까지 읽지 못했고 알파벳의 정확한 순서를 기억하지도 못했다. 패트릭 오브라이언Patrick O'Brian의 전기에 따르면 피카소는 학교에서 읽기와 셈을 익히는 데 어려움을 겪었다.

"이런 예술적 기본기는 일찌감치 그에게 스며들었지만 교실에서는 도무지 기를 펴지 못했다. 인생 말년에 가서도 알파벳을 온전히 익히지 못했고 … 철자를 제멋대로 썼다."

하워드 가드너Howard Gardner는《열정과 기질》(2004)에서 피카소가 "공간 지능은 남달리 발달했으나 학업 지능은 매우 빈약했다."라고 언급한다. 피카소에 관한 수많은 논평 가운데 개인적으로 마음에 드는 설명은 작가인 거트루드 스타인Gertrude Stein에게서 나왔다.

"다른 아이들이 ABC로 글자를 쓸 때 피카소는 그림을 그렸다. … 그가 속내를 드러내는 방식은 그림뿐이었다."

또 다른 연구에서 예술 대학 학생들이 다른 전공 학생들보다 난독증이 많다고 드러났다. 토머스 웨스트는 특히 토머스 에디슨, 알베르트 아인슈타인, 구스타브 플로베르Gustave Flaubert, 윌리엄 버틀러 예이츠William Butler Yeats가 난독증이나 학습 장애의 한 형태를 앓았다고 주장한다. 2021년 〈뉴요커〉는 연예 기획사 '엔데버Endeavor'의 CEO 아리 엠마누엘Ari Emanuel의 프로필을 공개하면서 할리우드 최고의 사업가가 난독증 환자라고 밝혔다. 엠마누엘은 3학년 때까지 글을 읽지 못했고 난독증과 ADHD 진단을 받았다. 줄곧 놀림의 대상이었던 엠마누엘은 가만히 당하고만 있지 않고 용감하게 맞섰다. 2007년엔 학습 장애가 있는 아동을 전문으로 교육하는 워싱턴 DC의 랩 스쿨Lab School에서 공로상까지 받았다. 시상식에서 그가 학생들에게 했던 발언은 토머스 웨스트의 말을 강력히 뒷받침한다.

"난독증은 선물과도 같습니다. 삶과 사업에서 어려움에 부닥쳤을 때 다른 사람들은 절대로 찾지 못할 참신한 해결책을 찾아낼 통찰력을 제공하거든요."

1982년, 예일 대학교의 스물한 살 난 건축학도가 1,420명에 달하는 경쟁자를 물리치고 워싱턴에 있는 베트남 전쟁 기념비를 디자인하는 계약을 따냈다. 마야 린Maya Lin의 디자인은 60m 길이의 검은색 화강암 벽 두 개가 바닥에서 3m 깊이까지 묻힌 채 125도의 둔각으로 만났다.

굉장히 파격적인 아이디어였다. 여느 파격적인 아이디어처럼 린의 디자인도 격렬한 반발에 부딪혔다. 일부 비평가는 땅 밑에 잠긴 기념비가 고귀한 희생자들의 넋을 제대로 기리지 못한다고 느꼈다. 시옷(ㅅ) 자 모양의 벽면에는 베트남 전쟁에서 전사하거나 실종된 5만 8,000명 이상의 이름이 새겨져 있다. 알파벳 순이 아니라 각 병사가 사망한 날짜에 따라 연대순으로 표기했다. 기념비 건립을 주도했던 베트남 참전 용사 얀 스크럭스Jan Scruggs는 마야의 디자인이 선정된 이유를 다음과 같이 밝혔다.

"이게 바로 마야의 디자인이 지닌 천재성입니다. 연대순으로 새겨져 있으니, 전투에 참여했던 퇴역 군인들은 벽에서 전우들과 영원히 단결할 수 있습니다."

마야가 누군지도 모르던 시절, 나는 이 기념비를 방문해서 벅찬 감동을 느꼈던 적이 있다. 기념비 벽에는 베트남전에서 전사한 내 사촌의 이름이 깊이 새겨져 있었다. 후덥지근한 날씨였는데도 자원봉사를 하는 참전 용사들이 이름을 찾도록 나를 도왔다. 검은색으로 새겨진 사촌의 이름은 다른 이름들보다 크거나 작지도 않았고 계급도 표시되지 않았다. 그때는 벅찬 감동을 선사하는 이 기념비를 대학생이 책임졌다는 사실을 전혀 몰랐다. 다만 언어적 사고자라면 그런 디자인을 생각해 내진 못했을 거라고 확신했다.

어렸을 때 마야 린은 혼자서 미니어처 마을을 만들며 놀았다. 린은 이렇게 회상했다.

"같이 놀 친구가 하나도 없어서 나만의 세계를 만들었죠."

린의 부모는 중국 이민자로 둘 다 대학교수였다. 아버지는 오하이오 대학교 미술대학 학장이었고, 어머니는 같은 대학에서 문학과 시를 가르쳤다. 린은 아버지의 작업실에서 청동을 주조하고 도자기를 제작하면서 예술 세계에 입문했다. 이번에도 조기 노출은 불꽃에 이끌린 아이에게 길을 활짝 열어줬다. 하지만 청소년기엔 또래와 잘 어울리지 못했고 데이트도 거의 안 했다. 린은 고등학교 시절을 회상하며 컴퓨터 프로그래밍과 수학에 푹 빠졌던 '완전 재수 없는 괴짜'였다고 자신을 묘사한다. 건축학과에서 공부하던 과정은 또 이렇게 묘사한다.

"건축학과 교수들은 내가 주로 조각과에서 시간을 보내는 바람에 무척 싫어했어요. 나는 건축가로서 분석적으로 생각하지 않는 편이에요. 오히려 과학자처럼 분석하죠."

린의 최근 작품은 방문객이 걸어서 지나갈 수 있는 대형 설치물로 이뤄져 있다. 한쪽에서만 보는 게 아니라 사방에서 경험할 수 있다. 한 전시회에서 그녀는 갤러리의 벽과 천정에 구불구불 흐르는 개울을 그렸다. 마치 비행기 창문에서 내려다보이는 **강줄기**처럼 보인다. 린은 해저면 조각품을 만들기 위해 매사추세츠주에 있는 우즈홀 해양학 연구소 Woods Hole Oceanographic Institution의 연구원들과 합심해 바다 밑바닥의 지형도를 구했다. 해저의 울퉁불퉁한 모양은 구부러지는 알루미늄 튜브로 만들었다. 완성된 조각품은 과학 저널 기사에서나 볼 수 있는 불완전한 컴퓨터 이미지처럼 보인다. 린의 대형 작품 중에는 파도처럼 출렁이듯 펼쳐진 풀밭이 있다. 울룩불룩 솟은 풀밭을 거닐다 보면 파도 위를 걷는 것 같다. 전체 모습을 보려면 항공 사진이 필요하다. 린의 작품은 눈에 보이는 모습을 독특한 방식으로 해석했다는 점에서 매우 놀랍다. 건축가이자 예술가인 린은 현실을 추상적으로 바꾸는 게 아니라 추상적 개념을 우리 눈앞에 실물로 재현해 놓는다.

# 천재 코더

컴퓨터 프로그래밍에는 수학적 마음, 특히 시각 공간적 수학적 마음이 필요하다. 영국 리즈 베켓 대학교의 애나 에이브러햄<sup>Anna Abraham</sup> 교수에 따르면 수학자들은 수학이 '추론에서 추상의 정점'을 나타내면서, 또 정밀함과 패턴 만들기, 발명, 창의성 등과 관련되기 때문에 '기본 토대' 역할도 한다고 자랑한다. 이러한 유형의 마음은 논리학과 기계 계산기<sup>computing machine</sup> 사이의 간극을 메운, 뛰어난 수학자 앨런 튜링<sup>Alan Turing</sup>에게서 극명하게 드러난다. 튜링은 현대 컴퓨터 연산의 토대를 개발한 공로로 널리 인정받고 있다.

영국 도싯의 학교에서 튜링은 수학적 능력과 지능을 일찌감치 드러냈다. 어렸을 때부터 숫자에 매료돼 가로등에 붙은 일련번호까지 연구했다. 하지만 튜링이 다녔던 사립학교에서는 고전적인 인문학 교육을 강조했기에 수학을 대수롭지 않게 여겼다. 교장은 "튜링이 단지 과학 전문가가 되려 한다면 인생을 낭비하게 될 것이다."라고 썼다. 그러면서 튜링이 독특한 행동으로 지역 사회에 크나큰 골칫거리가 될 거라고 주장했다. 한 교사는 튜링의 글을 두고 "내가 본 것 중 최악"이라고 평했다. 튜링은 또 단정하지 못하다는 비난도 많이 받았다. 불결한 위생 상태는 어른이 돼서도 달라지지 않았다.

열여섯 살 무렵, 튜링은 미적분학을 배운 적이 없는데도 고급 수학을 척척 풀어냈다. 그의 수학적 마음은 할아버지가 선물한 상대성 이론에 관한 아인슈타인의 책에서 자극받았을 가능성이 있다. 튜링은 영국 케임브리지에 있는 킹스 칼리지에서 고급 수학과 함께 암호학을 공부했다. 버트런드 러셀<sup>Bertrand Russell</sup>의 《수리 철학 입문》(2008)과 존 폰 노이만John von Neumann의 양자 역학에 관한 교재 등 영향력 있는 책을 두루 읽었다. 영국의 수학자이자 암호 해독가인 막스 뉴먼M. H. A. Newman과 함께 '수학의 기초'라는 강의에서 튜링은 데이비드 힐버트David Hilbert의 '결정 문제Entscheidungsproblem*'를 처음 접했다. 알고리즘을 활용해 형식 논리의 연산 과정에서 이뤄진 추론이 타당한지 판단할 수 있는가? 튜링은 이게 불가능하다는 점을 재빨리 증명했다. 각기 다른 두 대학의 교수 두 명이 이 뛰어난 젊은이를 지도해 학술 논문에 투고하도록 격려했다. 박사 학위를 받은 후 튜링은 배아 발달 과정에서 손가락이 어떻게 형성되는지, 또 얼룩말의 줄무늬가 어떻게 생기는지 등 참으로 이질적인 점들을 설명하면서 수리 생물학에서 획기적 성과를 거뒀다.

2차 세계대전 동안 독일군의 에니그마Enigma 기계 코드를 해독하면서 튜링의 능력은 이론적 성과를 넘어선다고 입증됐다. 타자기와 비슷한 에니그마 기계는 회전하는 디스크를 사용해 독일군의 군사작전을 상세히 설명하는 메시지를 암호화하기도 하고 읽기도 한다. 이 암호를 해독한 덕분에 영국은 독일군의 전략 계획과 병력 이동을 예측할 수 있었고, 결과적으로 수천 명의 목숨을 구할 수 있었다.

하지만 튜링의 눈부신 경력은 마흔한 살에 돌연 끝났다. 동성애자로 유죄 판결을 받았기 때문이다. 당시만 해도 동성애는 영국에서 범죄로 취급받았다. 튜링은 기밀 취급 허가를 박탈당하고 에스트로겐 알약을 복용해야 했다. 결국 1954년에 스스로 목숨을 끊었다. 이 글을 쓰는 지금 나는 화가 치밀어 오른다. 2차 세계대전을 끝내는 데 중요한 역할을 했고 현대 컴퓨터 연산의 토대를 닦은 사람에게 참으로 비극적인

---

* [인차이둥스프라블럼], 결정이라는 뜻의 독일어 Entscheidung에 -s-, problem이 결합한 단어

결말이다. **천재**라는 용어가 여러 분야에서 최고 수준의 탁월성을 발휘하고 문화 전반에 영향을 미치는 한 개인의 능력을 포괄한다면 우리는 튜링을 천재로 인정해야 한다.

———

대다수 코더와 소프트웨어 개발자에게는 적어도 두 가지 공통점이 있다. 첫째, 일찍부터 수학에 끌린다. 둘째, 코드에서 패턴을 발견한다. 빌 게이츠는 어렸을 때 컴퓨터에 노출된 수학적 사고자의 완벽한 사례다. 게이츠는 10대 시절 시애틀의 레이크사이드 스쿨에서 컴퓨터를 접했다. 2005년에 연설차 모교에 방문했을 때 그는 이렇게 말했다.

"내가 레이크사이드에 진심으로 고마워하는 이유 중 하나는 이곳에서 마이크로소프트를 설립할 토대가 마련됐기 때문입니다."

바로 이곳에서 게이츠는 프로그래밍을 처음 접했고, 친구인 폴 앨런과 함께 '레이크사이드 프로그래머 그룹'을 결성했다.

그들은 재미 삼아 학교에 있던 텔레타이프 단말기를 가져다가 전화선으로 GE의 중앙컴퓨터에 연결했다. 컴퓨터를 사용하려면 시간당 89달러나 들었기 때문에 그들은 시간을 벌려고 돈을 모았다. 고등학교 3학년 때 게이츠는 인근의 엔지니어링 업체에서 프로그래밍 일을 하려고 수학 수업 일부를 면제받았다. 그의 첫 프로그램은 틱택토tic-tac-toe 게임*이었다. 그 뒤로는 학교의 일정 관리 시스템과 급여 지급 프로그

---

* 두 사람이 9개 칸 속에 번갈아 O, X를 그려나가는 게임으로 '3목 두기'라고도 한다. 연달아 3개를 먼저 그리면 이긴다.

램을 개발했고, 교통 정보를 분석하는 '트래프 오 데이터Traf-O-Data'라는 스타트업을 만들었다. 이 모든 게 고등학교를 졸업하기 전에 벌였던 일이다. 게이츠는 또 하버드를 중퇴한 사실로도 유명하다.

언론에서는 빌 게이츠가 부족한 사회성, 강한 집중력, 단조로운 말투, 제한된 눈 맞춤, 흔들거림 등 아스퍼거 증후군과 비슷한 특질을 지녔다고 널리 보도했다. 높은 불안감은 사람을 흔들리게 할 수 있는데, 자폐인은 흔히 매우 높은 불안감에 시달린다. 1998년, 마이크로소프트는 독점을 이유로 미국 정부에 소송을 당했다. 빌 게이츠의 증언 영상을 보면, 그는 질문을 받으면 눈에 띄게 몸이 흔들렸다. 20년이 흐른 지금은 한결 편안해 보인다. 그는 자폐 특질을 지닌 사람이 정신 데이터베이스에 더 많은 정보를 추가하면서 어떻게 성숙하고 발전할 수 있는지 잘 보여준다. 새로운 정보는 다양한 방식으로 분류되고 조작될 수 있으며 더 유연한 사고로 이어질 수 있다. 게이츠의 마이크로소프트 윈도 운영 체제는 세계적으로 컴퓨팅 표준이 됐다. 엘렌 드제너레스Ellen DeGeneres는 한 인터뷰에서 게이츠에게 기술을 항상 좋아했느냐고 물었다. 그러자 게이츠는 자기가 좋아하는 건 소프트웨어라고 바로잡았다.

〈비즈니스위크〉와 한 인터뷰에서 일론 머스크가 스티브 잡스에 버금갈 인물이 되겠냐는 질문을 받았을 때 게이츠는 이렇게 대답했다.

"일론은 실무형 엔지니어입니다. 스티브는 디자인과 인재 선발, 마케팅에 천재였습니다. 그 둘을 제대로 알면 혼동할 일이 없을 겁니다."

앞서 언급했듯이 머스크는 2021년 〈새터데이 나이트 라이브〉의 진행자로 출연해서 아스퍼거 증후군을 앓고 있다고 밝혔다. 그는 자신의 말에 '억양이나 변화'가 별로 없고 또 출연자들과 눈도 잘 못 맞출 터라, 진심을 드러낼 땐 그렇다고 덧붙여야 한다고 농담을 던지면서 그 사실을 자랑스럽게 떠벌렸다. 스펙트럼에 속한다는 그의 솔직한 '아우팅'은 차이가 어떻게 천재성을 키울 수 있는지 이해하는 데 큰 도움이 된다.

전기 작가 애슐리 반스는 머스크가 '멋진 아이디어를 멋진 제품으로 바꿀 수 있는 발명가이자 유능한 사업가이며 생산업자'라는 점에서 토머스 에디슨에 견줬다. 머스크의 어머니 메이<sup>Maye</sup>는 아들이 아주 어릴 때부터 세상을 차단할 수 있었다고 전한다. 처음엔 귀가 먹은 줄 알았는데, 알고 보니 그는 일종의 무아지경에 빠져 있었다. 반스는 메이의 다음과 같은 말을 인용했다.

"그 애가 무슨 생각에 빠지면 마치 다른 세계로 들어간 것처럼 보여요. 지금도 여전해요. 이젠 그러려니 하면서 놔둬요. 새로운 로켓이든 뭐든 설계하고 있을 테니까요."

머스크의 시각 지능과 기업가적 수완은 일찍부터 드러났다. 열 살 땐 독학으로 코딩을 배웠고, 열두 살 땐 〈블래스터<sup>Blaster</sup>〉라는 소프트웨어 비디오 게임을 디자인해서 500달러에 팔았다. 머스크는 비디오 게임으로 코딩 방법을 터득했기에 다른 코더들도 게임을 통해 시작했을 것으로 생각한다. 예전 게임에서는 컴퓨터가 다운되면 블루스크린의 코드가 뜨곤 했다. 나는 이것을 두고 컴퓨터가 배짱을 보여주는 거라고 말한다. 그런데 요즘 컴퓨터는 다운되더라도 배짱을 보여주지 않는다. 요즘 아이들은 비디오 게임을 하면서 어떻게 코딩에 노출될 수 있을지 모르겠다. 아이들이 스크린을 보면서 놀기만 하는 게 아닌가 걱정스럽다.

머스크는 반스에게 자신의 시각적 사고를 이렇게 설명했다.

"주로 시각 처리를 담당하는 뇌의 한 부분, 즉 눈으로 들어오는 이미지를 처리하는 부분이 내부 사고 과정에 의해 대체되는 것 같습니다. 나는 이미지와 숫자의 상호 관계와 알고리즘적 관계를 처리할 수 있습니다. 가속도, 운동량, 운동 에너지 같은 것들이 물체에 의해 어떻게 영향을 받는지 아주 선명하게 알 수 있습니다."

이게 바로 로켓 연료에 대한 시각적 사고다. 머스크는 또 그의 뇌 속이 어떤 상태냐는 조 로건Joe Rogan의 질문에 이렇게 대답했다.

"그야 끝없이 폭발하고 있지요."

게이츠나 머스크와 달리, 스티브 잡스는 실리콘 밸리 출신이었다. 기술의 중심지가 될 곳에서 나고 자랐다. 두 가지 사실이 나를 놀라게 한다. 첫째, 잡스는 4학년 지능 검사에서 통상적인 기준을 넘어서 10학년 수준의 점수를 받았다. 이는 성인이 됐을 때 그의 IQ가 아인슈타인의 경지에 오를 가능성이 있다는 뜻으로, 99.99번째 백분위 수에 해당했다. 다음으로, 그의 양아버지가 기계공이자 목수였다는 사실이 정말 흥미롭다. 전기 작가 월터 아이작슨에 따르면 잡스의 아버지는 어린 아들에게 흔쾌히 작업대 일부를 내줬다. 그런데 잡스는 이웃집 차고에서 더 많이 놀았다. 그의 이웃은 휴렛팩커드에 다녔고, 잡스는 틈만 나면 이웃에 가서 전자 제품을 만지작거렸다. 그래도 훗날 자기 아버지에 대해 이렇게 말했다.

"아버지는 항상 일을 제대로 하는 분이었어요. 겉으로 보이지 않는 부분까지 세심하게 신경 썼죠."

마음의 눈으로만 볼 수 있는 부분에 신경 쓰는 것, 어떤 점에서는 이것이 가장 훌륭한 사물 시각화다.

잡스는 열여섯 살 때 스티브 워즈니악을 만났다. 두 10대 청년은 어떤 남자가 AT&T 네트워크의 결함으로 '블루 박스blue box'라는 장치를 이용해 불법 복제 전화기를 만들었다는 이야기를 들었다. 거대한 인프라를 활용할 물건을 만들 수 있다는 사실을 깨닫자, 잡스와 워즈니악은 3주 만에 그들만의 블루 박스를 만들었다. 1995년 다큐멘터리 영화 제작자 로버트 크링글리Robert X. Cringely와 한 인터뷰에서 잡스는 "블루 박스를 만들지 않았더라면 애플 컴퓨터는 세상에 나오지 못했을 것"이라고 말했다. 게이츠와 마찬가지로 잡스도 대학을 중퇴했다. 리드 칼리지에서 잡스에게 가장 크게 영향을 미쳤던 과목은 서체였다. 잡스는 개인용 컴퓨터, 노트북, 마우스, 터치스크린에 혁명을 일으키며 세상을 바꿔 놓았다. 그의 천재성은 역시 디자인에 관한 부분이었다. 그의 시각적 마음은 서체를 포함해 모든 세부 사항에 신경 썼다. 다음에 아이폰으로 문자를 보낼 땐 리드 칼리지의 서체 과목 덕분에 그렇게 보인다는 사실에 감사하라. 심리학 교수 데이비드 바라시David Barash가 〈고등 교육 연대기The Chronicle of Higher Education〉에 기고한 기사에는 내가 무척 좋아하는 구절이 있다.

"서체 같은 '쓸모없는' 인문학 프로그램과 스티브 잡스의 관계를 무시해선 안 된다."


## 순수한 천재성

천재성이 무엇인지에 관한 과학적 합의는 없다. 시대가 바뀌면서 정의도 계속 바뀌었다. 원래는 신이 내린 재능으로 여겨졌다. 나중엔 광기에서 비롯되거나 광기와 동일시됐다. 20세기에 들어와서 천재성은 주로 높은 지능과 창의성의 결합으로 인식됐다. 엄청난 금전적 이익이 수반되는 분야에서는 더욱 그랬다. 요즘엔 인간의 정신보다는 전두엽을 더 들여다보는 경향이 있다. 뉴욕 대학교 신경학 임상 교수인 엘코넌 골드버그Elkhonon Goldberg는 《창의성》(2019)에서 다음과 같이 쓰고 있다.

"창의적 아이디어는 후두 (두정엽, 측두엽, 후두엽) 연합 피질 전체에 광범위하게 분포된 피질 네트워크 내의 특정 영역을 활성화함으로써 전두엽이 주도하는 과정을 통해 탄생한다. 이 네트워크 안에서는 창의성에 이르는 길이 무한하다."

골드버그는 창의성의 핵심 요소를 현저성, 적절한 질문, 관련성, 참신함의 추구, 기존 지식을 새로운 문제에 적용하는 능력, 정신적 유연성, 다양한 해결책을 적용할 수 있는 유연성 등으로 분류했다. 그의 목록에는 또 추진력, 집요함, 정신 집중력 외에 정신적 방황도 포함되는데, 이는 뇌가 방황하다가 해결책을 우연히 찾아내기도 하기 때문이다. 골드버그에 따르면 인정된 천재들은 '한탄스러울 정도로 공급이 부족하고, 신경영상과 부검을 위한 뇌의 가용성은 훨씬 더 부족해서' 창의성을 측정하려면 표준화된 검사에 의존해야 한다.

가장 널리 사용되는 방법은 1960년대에 엘리스 폴 토렌스Ellis Paul Torrance가 고안한 '토렌스의 창의적 사고 검사Torrance Tests of Creative Thinking, TTCT'다. 이 검사는 창의성의 여러 측면을 측정하므로 가장 신뢰할 만한 평가로 여겨진다. 고등학교 때 과학 담당이었던 칼록Carlock 선생님이 우리에게 이 검사를 받으라고 한 일이 지금도 기억난다. 참가자들은 일상적인 물건을 받아 들고 어떤 용도로 쓰면 좋겠냐는 질문을 받았다. 선생님은 벽돌을 들고서 매우 창의적인 답변을 내놨다. 돌 톱으로 벽돌을 작은 정육면체 크기로 자른 다음 각 면에 점을 그려 넣어 주사위로 쓰겠다고 했다. 나는 여러 수업에서 벽돌 검사를 시행했다. 학생들이 벽돌을 변경하기로 마음먹을수록 더 창의적인 아이디어가 나왔다. 내 아이디어는 벽돌을 갈아서 페인트로 활용하는 것이었다.

TTCT는 기본적으로 유창성, 독창성, 유연성, 정교성 등 네 가지 축에 걸쳐 확산적 사고를 측정한다. 애나 에이브러햄Anna Abraham은 《창의성의 신경과학The Neuroscience of Creativity》(2018)에서 TTCT를 바탕으로 선발된 미술 전공 학생들에 관한 연구를 설명했다. (대조군은 화학 전공 학생들이었다.) 미술 전공자는 매달 인간 형상을 그리고 착시 현상의 밝기와 길이 등을 판단하는 동안 뇌 스캔을 받았다. 연구가 끝날 무렵, 미술 전공자는 화학 전공자에 비해 창의적 사고 능력이 두루 향상됐고, 그들의 전전두엽 피질에서 백질이 재편성됐다는 증거가 나왔다. 파리 대학교의 조이 카폴라Zoï Kapoula와 마린 베르네Marine Vernet도 난독증 학생들이 TTCT 평가에서 더 창의적이라는 사실을 발견했다.

"위대한 과학자와 발명가, 예술가들이 오늘날 교육 시스템 속에서 자랐다면 어떻게 됐을까?"

내가 교육자와 부모에게 자주 던지는 질문이다. 그들이 과거보다 더 나은 삶을 살 수 있을까? 내가 만난 아동과 10대 청소년 중에는 암기력이 필요한 음악, 미술, 컴퓨터, 철자 맞추기 등의 분야에서 뛰어난 소질을 보이지만, 동시에 불결하거나 친구를 못 사귀거나 외톨이로 지내는 등 반사회적 행동을 보이는 경우가 많았다. 이런 아이들은 스펙트럼에 속하고, 사물 시각적 영역이나 시각 공간적 영역, 또는 언어적 영역에서 특별한 능력이 있을 가능성이 크다. 흥미롭게도, 적어도 지금까지 연구에 따르면 이런 아이들은 그러한 특질이 거의 섞여 있진 않았다. 뭐든 만들기를 좋아하는 예술적·기계적 아이, 코딩과 퍼즐과 컴퓨터를 좋아하는 수학적 아이, 또는 이야기와 역사와 사실을 좋아하는 언어적 아이 가운데 하나에 속했다. 그에 반해서 신경전형인은 다른 유형의 사고를 혼합하도록 조정된 뇌를 지녔을 가능성이 더 크다.

현대 물리학의 아버지만큼 시각 공간적 사고자의 모습을 천재적으로 드러낸 사람이 또 있을까? 출처는 다양하지만 알베르트 아인슈타인은 서너 살 무렵에야 말문이 트였고 일곱 살 때까진 유창하게 말을 하지도 못했던 듯하다. 월터 아이작슨의 전기에 인용된 누이의 발언은 다음과 같다.

"알베르트가 말을 너무 못해서 주변 사람들은 그가 말을 영영 못 배울까 걱정할 정도였어요."

아인슈타인은 학교생활을 힘들어했고 사람들과 잘 어울리지도 못했다. 옷도 아무렇게나 입고 다녔다. 걸핏하면 감정이 격해졌고 눈도 잘 마주치지 않았다. 아이작슨은 그가 '천지에 흩어져 있는 산만한 아이들의 수호성인守護聖人'이라고 추켜세웠다.

아인슈타인은 교수가 된 다음에도 정장과 넥타이를 거부하고 부드럽고 편한 옷을 즐겨 입었다. 정장과 넥타이에 대한 거부감이 어쩌면 감각적 문제였을 수 있다. 아니면 스펙트럼에 속한 사람들의 또 다른 특질인 반항심이었을 수도 있다. 알베르트 아인슈타인이 스펙트럼에 속하는지와 관련해선 논란이 많다. 구글에서 '아인슈타인'과 '아스퍼거 증후군'을 검색하면 31만 2,000여 개 항목이 쏟아진다. 하지만 아인슈타인이 친밀하고 지속적인 관계를 맺을 수 있었다는 점에서, 그의 전기 작가 월터 아이작슨과 작고한 올리버 색스는 그가 아스퍼거 증후군을 앓았다고 믿지 않았다. 나는 그게 결정적 차이인지 확신할 수 없다. 스펙트럼에 속하면서도 끈끈한 관계를 형성하고 결혼까지 한 사람이 많기 때문이다. 아무튼 아인슈타인은 말년에 다음과 같은 잊지 못할 발언을 했다.

"나는 진정 '외로운 여행자'이며, 어디에도 진정으로 소속된 적이 없다. 내 나라, 내 집, 내 친구, 심지어 내 직계가족에게도…. 나는 거리감과 고독에 대한 욕구를 잃었던 적이 없다."

————————

아인슈타인은 시각 공간적 시각화와 사물 시각화에 모두 뛰어났던 보기 드문 사람 중 한 명이었다. 자기 삶에서 언어의 위상을 다음과 같이 설명했다.

"생각은 어떠한 말로도 표현되지 않는다. 나는 언어로 생각하는 경우가 거의 없다. … 내 생각의 구성 요소로 작용하는 심리적 실체는 내가 마음대로 재생산하거나 재조합할 수 있는 다소 명확한 신호와 이미지다."

아인슈타인은 상대성 이론을 공식화할 때 시각화를 사용했다. 버너드 패튼Bernard Patten은 〈학습장애저널Journal of Learning Disabilities〉에서 아인슈타인이 특이한 시각적 사고를 사용해 과학적 위대함을 달성했다고 말했다. 그는 사람들이 주로 말로 생각한다는 사실을 알고 오히려 놀랐다.

아인슈타인은 여섯 살 때부터 바이올린 레슨을 받았는데, 훗날 "곡을 연주하지 않는 내 삶은 상상할 수도 없다."라고 말했다. 어떤 문제에 부딪히면 해결책이 떠오를 때까지 바이올린을 연주하곤 했다. 따라서 바이올린 연주가 그의 성공에 상당한 영향을 미쳤을 것으로 보인다. 과학 저널리스트 그렉 밀러Greg Miller가 신경학자 고트프리드 슐러Gottfried Schlaug의 1995년 연구 내용을 〈사이언스〉에 발표했다. 7세 때부터 연주를 시작했던 전문 음악가들을 조사한 자료였다. 그들은 뇌량, 즉 '좌우

반구 사이에서 정보의 초고속 도로 역할을 하는 축삭 돌기 묶음'이 유난히 두꺼웠다. 슐러는 또 6세에서 9세까지 아동을 대상으로 MRI를 이용해 뇌량의 성장 속도를 확인하는 연구도 시행했다. 정기적으로 악기를 연습한 아동의 경우 뇌가 전반적으로 25% 정도 더 성장했다.

아인슈타인의 뇌에 대해서, 그리고 무엇이 그를 천재로 만들었는지에 대해서 수많은 논문이 발표됐다. 그의 뇌를 검사한 결과, 전문 바이올린 연주자들처럼 뇌의 운동 영역이 더 확장된 것으로 나타났다. 이는 환경적 효과의 한 예가 될 것이다. 시각 공간적 사고와 마찬가지로 음악도 뇌의 오른쪽에 있다고 생각된다. 수학과 음악은 둘 다 패턴 만들기와 추상적 사고를 위한 기초로 시각 공간적 사고를 공유한다. 아무래도 수학과에서는 학생들에게 악기를 배우도록 장려하는 게 좋겠다. 노터데임 메릴랜드 대학교 연구진은 악기를 배우거나 합창을 배운 청소년이 대수학에서 더 좋은 성적을 거둔다는 사실을 알아냈다. 추상적 사고의 연결 고리가 생기기 때문이다. 또 다른 연구에서는 창의적 취미를 즐기는 과학자들이 그렇지 않은 과학자들보다 노벨상을 포함한 권위 있는 상과 직책을 받을 가능성이 더 크다고 나왔다. 마음이 편안하고 뇌가 차분하게 쉴 때 창의적인 아이디어가 곧잘 떠오른다. 나는 간혹 잠이 막 들려고 할 때, 샤워할 때 또는 쭉 뻗은 고속 도로를 달릴 때 장비 설계상의 문제를 해결하기도 한다. 어떤 문제에 대한 참신한 해결책은 흔히 마음이 한가롭게 방황할 때 잘 떠오른다는 연구도 있다.

신경과학자들은 이를 '디폴트 네트워크default network'라고 부른다. 이렇게 이완된 상태에서는 뇌의 중간부에 있는 넓은 신경망이 활성화된다. 이 영역에서는 광범위한 유형의 정보가 서로 연결될 수 있다. 전두엽 피질이 실행 기능을 이완시키면 디폴트 네트워크에 대한 통제력이 줄어들면서 더 다양한 창의적 사고가 일어난다. 예술, 음악, 문학 등 어느 분야에 종사하든 창작자는 뇌가 휴식 상태일 때 아이디어를 떠올린다. 그런데 창의성이 성공적 결과물을 만들어내려면 몇 가지 제약이 필요하다. 간혹 상충하는 아이디어가 너무 많아서 하나도 제대로 실현하지 못하는 사람들이 있다. 전두엽 피질은 창의적 아이디어의 자유로운 흐름을 제한하고 더 목표 지향적인 사고를 하도록 신호를 보낼 수 있다.

플로리다 주립대학교 인류학과의 딘 포크Dean Falk가 아인슈타인의 뇌 이미지를 연구한 결과, 뇌 구조상의 차이로 감각 정보가 더 잘 통합될 수 있었던 것으로 드러났다. 포크는 운동과 감각 반응을 관장하는 그의 대뇌피질에서 비정형 영역을 보고했다. 아인슈타인이 말하는 데 어려움을 겪고, 감각적 인상sensory impression에 따라 사고하는 방법을 선호했던 이유가 전부 여기에 있었다. 실제로 아인슈타인은 언어로 생각하지 않는다고 말했다. '감각적 경험과의 연결을 통해서만' 개념이 떠오른 것이다. 아인슈타인의 뇌 이미지를 보면 물체를 시각적으로 식별하는 영역도 확장돼 있었다. 이 영역은 사물 시각화와 관련이 있다. 강한 사물 시각화 성향 덕분에 그는 물리학 개념을 멋지게 시각화할 수 있었을 것이다. 그래서 기차 안이나 빛줄기 위에 올라타는 사고 실험思考實驗을 감행할 수 있었다. 아인슈타인이 수학에서 몇 가지 약점을 보였다는 증거가 있다. 어쩌면 그의 취약한 수학 능력을 키우는 데 음악이 한몫했을 것이다.

신경과학자 산드라 프리드먼 위텔슨Sandra Freedman Witelson과 동료들은 초기 보고에서 아인슈타인의 두정엽 영역이 확장됐다고 발표했다. 그 점이 그의 향상된 시각적 사고와 수학적 사고의 신경학적 토대였을 것이다. 웨이웨이 멘Weiwei Men과 동료들은 상하이 화둥사범대학교 물리학과에서 연구를 진행한 결과, 아인슈타인의 뇌에서 뇌량, 특히 둥그런 후단부인 뇌량팽대splenium가 대조군보다 크다는 사실을 알아냈다. 뇌량팽대는 두정엽 사이의 소통을 주관하는 영역이다. 더 커진 뇌량도 우뇌와 좌뇌 사이의 소통을 높였을 것이다. 앞서 언급했듯이 우뇌는 일반적으로 이미지와 관련되고 좌뇌는 언어와 관련된다. 아인슈타인의 전전두엽 피질과 하두정엽 영역도 대조군보다 크다고 보고됐다.

나는 아인슈타인이 자폐 스펙트럼에 속한다고 추정하기 훨씬 전부터 그에게 관심이 많았다. 그렇다면 고등학생 시절 내가 왜 그렇게 아인슈타인에게 끌렸을까? 아마도 그가 나와 같이 남다른 사람이라는 사실을 감지했기 때문일 것이다.

## 천재에게 성장할 기회를 주자

천재성의 본질은 무엇일까? 우리는 바흐의 〈골드베르크 변주곡 Goldberg Variations〉, 아이작 뉴턴의 중력 이론, 셰익스피어의 시와 희곡에 감탄한다. 이토록 뛰어난 성과물은 어떻게 생겨났을까? 어떤 문화적 힘이 기여했을까? 예술과 과학의 혁신을 촉진하는 개인의 능력은 무엇일까? 나는 일하는 과정에서 내가 'A급 책벌레'라고 부르는 사람을 자주 만난다. 성적은 상위권이지만 창의성과 유연한 문제 해결력이 떨어지고, 때로는 상식까지 부족한 학생들이다. 다른 분야와 마찬가지로 현장에서는 B+ 정도의 견실한 수의학도가 소의 건강 문제를 해결하는 데 더 효과적일 수 있다. 성적이 우수한 어느 수의학도에 관한 이야기를 동료에게 들었는데, 그 학생은 마취기의 판독값을 확인하는 데 급급해서 개가 수술 중에 깨어난 사실을 놓쳤다.

한 농경제학 교수는 성적만 우수한 대학원생들에게 불만이 많다고 내게 토로했다. 새로운 연구 아이디어를 도출하는 과정에서 창의성이나 독창성을 도무지 찾아볼 수 없다는 것이다. 교육에 관한 장에서 살펴봤듯이 수석 졸업자를 비롯해 성취도가 높은 학생들은 인생에서 무난하게 잘 살 수 있지만 새롭고 독창적인 아이디어를 창출할 가능성이 훨씬 낮다. 천재는 지능과 창의성뿐만 아니라 확산적 사고력도 갖춰야 한다.

사회적 접촉이 활발한 세상에서는 의사소통 기술이 무엇보다 중요하다. 그와 동시에 테크놀로지가 우리 문화를 지배하고 있다. 그러니까 게이츠와 잡스, 저커버그와 머스크 같은 사람들이 천재로 추앙받는 것이다.

"소프트웨어는 IQ 비즈니스다."

빌 게이츠가 뛰어난 인재의 중요성을 강조하면서 했던 말이다. 그렇다면 미켈란젤로나 레오나르도 다빈치는 요즘 세상에서는 어떤 평가를 받을까? 앞선 시대엔 농장을 운영하기 위해 체력도 좋고 자식도 많이 낳는 등 지금과 다른 능력과 강점이 더 큰 자본을 보유할 수 있게 했다. 얼마 전까지만 해도 장애인은 선거권을 비롯한 권리를 죄다 박탈당했다. 내가 자랄 때는 '차별 교육 철폐' 같은 개념 자체가 없었다. 나처럼 반사회적 특질이 많고 말을 잘 못 하는 사람들은 시설에 격리되는 게 보통이었다. 이렇듯 정상 상태라는 개념은 지배 문화에 따라 달라진다.

앞에서 살펴봤듯이 어느 분야에서든 뛰어난 사람들은 대체로 자기 사고를 형성하는 도구와 개념을 일찌감치 접하고 교사나 다른 역할 모델에게 멘토링을 받는다. 빌 게이츠는 2016년 찰리 로즈Charlie Rose와 한 인터뷰에서 이렇게 말했다.

"당신이 열세 살에서 열여덟 살 사이에 강박적으로 몰두하는 일, 바로 그런 일에서 세계 최고가 될 가능성이 가장 큽니다."

나한테는 확실히 맞는 말이다. 이모네 목장에 갔을 때 백신 접종 과정에서 소를 진정시키려고 사용하는 장비를 목격하지 않았다면, 나는 압박기, 일명 '허그 머신Hug Machine'을 고안하지 못했을 것이다. 내 발명품 가운데 가장 유명한 허그 머신은 소의 몸을 깊이 압박해서 불안감을 크게 낮춰준다. 사물을 시각화하고 기계적으로 작동하는 내 마음은 말과 소에 대한 친밀감과 농기구의 역학에서 그런 장치를 창안해낼 수 있었다. 허그 머신은 처음엔 조잡한 구조였지만 개선을 거듭한 끝에 내 생명을 구했고, 이후 다른 많은 사람을 도왔다. 일찌감치 그런 경험이 없었더라면 내 삶은 완전히 다른 방향으로 흘러갔을 것이다.

누구나 차세대 토머스 에디슨이나 일론 머스크가 되지는 않을 것이다. 하지만 모든 길이 꽉 막혀 있다면 차세대 천재는 모습을 드러낼 기회조차 얻지 못할 것이다.

석공의 집에서 돌을 만지작거리는 미켈란젤로, 어린 시절 바이올린을 연주하는 아인슈타인, 화가 아버지의 지시로 비둘기를 그리는 어린 피카소, 이웃집 차고를 기웃거리는 스티브 잡스…. 그들은 모두 자유롭게 탐험할 수 있었다. 자유분방함과 더불어 끈기, 위험 감수, 참신성 추구, 죽도록 파고드는 집중력 같은 특질에 확산적 사고까지 곁들이면 뛰어난 혁신가의 특징을 두루 갖췄다고 볼 수 있다. 그렇다면 천재들은 신경다양성, 즉 신경적으로 다원화된 사람들일까? 대부분 '그렇다'라고 할 수 있다. 천재들은 내부분 시각적 사고자들일까? 역시나 그렇게 보인다.

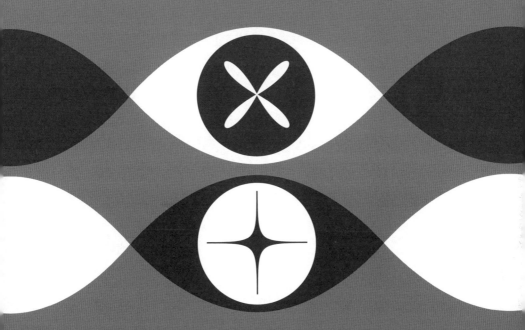

# 재난 예방을 위한 위험의 시각화

나는 우주 탐험에 푹 빠진 '나사 괴짜'다. 열 살 때 이웃 사람들과 함께 스푸트니크호를 보려고 길 건너편으로 달려가던 기억이 난다. 지구 궤도를 최초로 도는 이 소련 위성을 보려고 전국 각지의 사람들이 옥상이나 높은 언덕에 올라갔다. 드디어 우주 경쟁의 서막이 열렸다. 12년 후, 내가 대학교 3학년 때 미국의 우주 비행사들이 달에 착륙했다. 도저히 믿을 수가 없어 밖으로 나가 한참 동안 달을 올려다봤다.

'저 위에 사람들이 있다니!'

속으로 이 말만 계속 되뇌었다. 나는 아폴로 우주선과 우주 탐험의 미래에 너무 흥분한 나머지 나중에 나사에서 일할까 진지하게 고민하기도 했다. 하지만 공학 과정을 통과하기엔 내 수학 실력이 너무 형편없었다. 나사가 달에 사람을 보내는 일을 중단하고 태양계의 다른 행성에 방문하는 위성 프로그램에 대한 자금 지원도 줄이면서 우주 프로그램에 대한 대중의 관심이 사그라들었다. 그래도 나는 여전히 우주 왕복선과 화성 탐사선에 관한 책을 찾아 읽었다.

그래서 2017년, 나사의 발사 기지인 케이프 커내버럴Cape Canaveral에서 신성다양성에 관한 강연을 요청했을 때 마다할 이유기 없었다. 나는 일단의 과학자들과 함께 스페이스X의 발사 장면을 지켜봤다. 우리는 또 우주선 조립 건물을 둘러보고, 건설업자들이 마무리 작업을 진행하는 새로운 발사대 내부도 살펴봤다. 로켓에 연료를 공급하는 데 쓰일 복잡한 장비도 두루 살펴봤다. 그야말로 괴짜들의 천국이었다. 그런데 어느 순간, 뭔가가 휙 지나가는 게 느껴졌다. 그쪽으로 몸을 돌렸더니 웬 너구리가 뒤뚱거리며 계단을 내려와 덤불 속으로 사라졌다. 녀석은 발사대 내부에서 밤새 머물렀던가 보다. 우리를 안내하는 엔지니어를 비롯한 주변 사람들한테 너구리를 봤느냐고 물었지만 다들 고개를 저었다. 내 마음의 눈에서는 너구리가 밤새 물어뜯었을 법한 물건들이 스쳐 지나갔다. 공구 손잡이야 그냥 성가신 일로 끝나겠지만, 물어뜯긴 배선은 손보지 않으면 위험할 터였다. 심각한 오작동 사고가 발생할 수도 있었다. 나는 사람들이 만진 물건에 너구리가 끌리는 이유를 설명했다. 다른 동물과 마찬가지로 너구리도 사람들의 땀에 젖은 손에서 소금을 찾는 것이다. 나사는 그 발사대에 수백만 달러를 쏟아부었다. 무임승차한 너구리와 물어뜯긴 전선 세트 때문에 재앙이 발생할 수도 있었다. 나사와 같은 엔지니어링 기반 프로그램에는 문제를 해결하고 잠재적 위험을 시각화할 시각 사고자가 필요하다는 사실을 지난 몇 년 동안 절감하던 참이었다.

일단 일상적인 위험과 시각적 사고의 몇 가지 사례부터 살펴보자. 부모는 아기를 뜨거운 난로나 날카로운 칼에서 멀찍이 떼어놔야 한다는 사실을 잘 안다. 유아는 테이블 모서리나 벽에 부딪히거나, 작은 장난감에 질식할 수 있다는 사실을 전혀 알지 못한다. 하지만 아기들도 높은 데서 떨어지는 것은 본능적으로 두려워한다. 대부분 동물이 그렇듯이 아기들도 '시각 절벽visual cliff'을 건너지 않으려 한다. 코넬 대학교 심리학자 엘리너 깁슨Eleanor J. Gibson과 리처드 워크Richard D. Walk는 깊이 지각 능력을 연구하기 위해 바둑판무늬와 투명 유리판을 사용해 추락 효과를 일으키는 장치를 고안했다. 생후 6개월 반에서 14개월에 이르는 아기들은 출발선 맞은편 끝에 있는 장난감과 엄마의 격려에도 불구하고 유리판 위를 건너려 하지 않았다. '시각 절벽'에 올려진 병아리와 새끼 양, 새끼 염소도 방어 태세로 얼어붙었다. 깁슨과 워크는 선천적이든 후천적이든 모든 종種의 생존이 이러한 깊이 감별력에 달려 있다고 결론지었다. 우리는 계속 발전하고 경험을 쌓으면서 위험을 더 잘 예측하고 피할 수 있다. 나한테는 이러한 능력이 더 정교하게 조정돼 있다. 낙하하는 모습뿐만 아니라 떨어져서 착지하는 모습까지 일련의 생생한 이미지로 보인다. 언어적 사고자들도 시나리오를 짜듯이 논리적으로 분석할 수 있다. 나는 일련의 사진이나 유튜브 영상을 보듯이 생생하게 그려볼 수 있다.

10대가 고위험 행동을 보이는 이유는 의사 결정과 계획, 판단, 억제를 담당하는 전전두엽 피질이 아직 다 발달하지 않았기 때문이라는 가설이 널리 퍼져 있다. 20대 초반에 이르면 뇌가 성숙해진다. 그리고 시각적 사고자든 언어적 사고자든 간에 위험을 예측할 만큼 인생 경험에 대한 기억도 충분히 쌓인다. 우리는 신호등을 무시하고 횡단하는 보행자를 보면 얼른 브레이크를 밟는다. 화재 감지기의 배터리도 때맞춰 교체한다. 식료품 저장실에 음식을 넉넉히 저장해 두고 예방 주사도 꼬박꼬박 맞는다. 이러한 활동은 누군가를 차로 치거나 화재가 일어나거나 굶주림에 처하거나 치명적인 질병에 걸리는 등 부정적인 일이 일어나지 않게 예방한다. 사람들은 대부분 일상적인 위험을 시각화할 수 있다. 잠재적 문제까지 시각화할 수 있다면 인명을 구하거나 피해를 예방할 수 있는 사례를 더 많이 떠올릴 수 있을 것이다.

앞서 말했듯이 내 마음은 세부 사항을 볼 수 있도록 배선돼 있다. 그래서 무임승차한 너구리나 활송 장치에 쏟아지는 햇살 등 위험을 초래하거나 상황을 어지럽힐만한 요인을 놓치지 않는다. 나는 또 대규모 재앙이 눈앞에 닥치기 전에 그 상황을 미리 그려볼 수도 있다. 6장에서는 잠재적으로 위험한 온갖 상황에서 시각적 사고자들이 필요한 이유를 살펴볼 것이다. 시각적 사고자에게 미래를 예측하는 능력은 없다. 다만 조치하지 않으면 재앙으로 이어질 수 있는 설계 결함과 시스템 오류를 짚어낼 수는 있다. 21세기 문제에 대한 해결책을 찾아서 공식화하려면 엔지니어와 과학자, 수학자가 절대적으로 필요하다. 현장에서 건축하고 설치하고 유지 관리하는 인력도 그만큼 절실하다. 위험은 추상적인 개념이 아니다. 우리가 사는 곳, 즉 일이 실제로 벌어지는 세상에서 발 빠르게 움직일 사람들이 있어야 한다.

## 위험한 사업

엔지니어는 위험을 계산한다. 그들은 문제를 해결하는 데 수학을 적용하도록 훈련받는다. 그래서 대수학과 고등 수학을 많이 다룬다. 수년 전에 우수한 공학 프로그램의 커리큘럼을 처음으로 살펴봤는데, 죄다 고급 수학 수업으로 구성돼 있었다. 제도 수업은 달랑 하나뿐이었다. 엔지니어는 사물적 사고자가 아니라는 첫 번째 단서를 그때 얻었다. 나는 좀 더 깊이 파고들었다. 공학과 건축, 산업 디자인 분야에서 높이 평가되는 세 가지 프로그램의 커리큘럼을 비교했다. 공학 프로그램은 주로 수학과 물리학 수업으로 이뤄졌다. 산업 디자인은 미술과 도면 제작을 강조했다. 건축 프로그램에서는 산업 디자인보다는 수학 수업이 많았으나 공학 수업만큼은 아니었다. 산업 디자인과 건축은 사물 시각형 인간이 탁월한 능력을 발휘할 수 있는 분야다. 엔지니어는 대부분 전문 분야와 상관없이 시각 공간적 사고자다.

현장에 나가보면 엔지니어 업무를 더 높게 쳐주는 계층 구조가 눈에 띈다. 엔지니어의 디자인을 실현할 책임이 있는 제도製圖 부서와 기계 작업장의 실무는 그보다 낮은 대우를 받는다. (대학 프로그램에도 이와 비슷한 순위 산정 시스템이 있다.) 최근에 두 기관을 방문했는데, 하나는 항공 우주 분야였고 다른 하나는 첨단 기술 분야였다. 두 기관에서 대학 학위가 있는 엔지니어는 화려한 사무실에서 근무하는 데 반해 제도 부서는 서비스 터널service tunnel*에 처박혀 있었다. 기계공들도 어쩔 수 없이 지하 사무실에서 일했다. 업무에 따라 배정된 근무 공간을 떠올려보면 경영진이 각 업무를 어느 정도 중요하게 여기는지 알 수 있다. 이들이 간과하는 부분은 일의 실행이나 물건 제작에 기계공과 용접공이 꼭 필요하다는 점이다. 대학 학위가 없거나 수학을 못 하거나 다소 별난 행동을 하는 사람도 팀의 유능한 구성원이 될 수 있다. 더구나 공공의 안전이 우려되는 곳에서는 사물 시각형 인간과 공간 시각형 인간의 협력을 더 촉진해야 한다.

2021년 미국과 중국의 최첨단 우주 임무를 살펴보면 숙련된 기술자가 절실히 필요한 이유를 알 수 있다. 내가 올려다봤던 여러 카메라는 지금 화성에서 멋진 사진을 찍고 있다. 각 카메라는 수작업으로 정교하게 연결돼 있다. 목적한 대로 카메라를 작동하려면 복잡한 배선을

---

*　유지·보수·수리 등의 서비스에 사용되는 통로

완벽하게 연결해야 한다. 이렇듯 정교한 작업을 거친 카메라를 화성 탐사선에 연결한 사람들은 충분히 인정받지 못하고 있다.

허블 우주 망원경보다 100배나 강력한 후속 우주 망원경이 발사됐다. 이 프로젝트가 수년 동안 지연됐던 데는 형편없는 솜씨가 한몫했다. 로켓이 이륙할 땐 탑재물이 심하게 흔들린다. 새로운 망원경은 혹독한 발사 상황에서 버틸 수 있도록 흔들림 테스트를 받았다. 그런데 처참하게 실패했고 수십 개의 볼트와 고정 장치가 떨어져 나왔다. 현장에 괜찮은 사물 시각형 인간이 있었다면 이런 문제쯤은 일찌감치 해결했을 것이다. 그들은 진동 효과를 시각화해 이륙 상황을 견딜만한 고정 장치를 설계했을 것이다. 이 글을 쓰는 지금, 제임스 웹 우주 망원경은 정확한 위치에 자리 잡고서 우주의 신비로운 모습을 잘 포착하고 있다.

---

내가 대학에 다닐 때만 해도 연구원들은 필요한 계산을 손으로 직접 해야 했다. 이제 구시대 유물처럼 취급하는 IBM 펀치 카드<sup>punch card</sup>*는 예전엔 데이터를 분류하고 처리할 때 애용됐다. 빳빳한 종이로 된 직사각형 카드인데, 세로가 80열이고 가로가 12열이었다. 오늘날 항공사 탑승권이 그보다 살짝 진화된 버전처럼 보인다. 나 역시 관찰한 결과를 카드에 찍는 식으로 동물 연구 프로젝트의 데이터를 입력하곤 했다. 논문 작업을 할 땐 카드를 수천 장이나 찍었다. 카드 분류기는 기계식 스프레드시트와 같았다. 그 덕에 나는 소의 무게나 압박 활송 장치

* 천공 카드라고도 함

의 종류 등 다양한 범주로 카드를 분류할 수 있었다. 그런데 매일 한 가지 통계 테스트만 할 수 있었다. 카드를 분류하고 나면 컴퓨터 센터가 그 카드들을 메인프레임에서 실행해야 했다. 그러면 다음 날 결과가 나왔다. 다른 통계 테스트를 하려면 카드를 전부 다시 분류해야 했다.

오늘날엔 학생이나 연구자가 노트북을 이용해 두어 시간 만에 스무 가지 분석을 실행할 수 있다. 이게 좋은 일일까? 물론 여러 가지 이유에서 좋은 일이다. 하지만 알고리즘은 애당초 컴퓨터에 입력된 데이터만 분석할 수 있다는 점을 명심해야 한다. 이런 엄격함은 기발한 방법이자 통계의 벽으로 작용한다. 데이터를 분석할 뛰어난 수학적 마음이 없다면 정확한 결과를 도출할 수 없다. 하지만 연구에 사용된 돼지 품종 등 정확한 데이터를 기록하는 시각적 마음도 필요하다. 이는 단순한 세부 사항이 아니라 방법론 부문에서 빠트리지 말아야 할 필수 정보다. 여러 학술지의 검토 위원으로 활동하면서 복잡한 통계 자료를 자주 접하는데, 논문의 절반 정도는 방법론 부문에서 심각한 누락이 보인다.

대학원생들과 연구를 진행하다 보면 수학에서 길을 잃고 미세한 변수로 통계 검사만 죽어라 하는 경우를 자주 목격한다. 한 학생은 황소의 가마, 즉 이마에 난 털 모양과 정액의 질에 무슨 관계가 있는지 조사했지만 아무런 결과도 얻지 못했다. 통계치만 들여다보니 아무것도 찾을 수 없었다. 나는 황소의 이미지를 떠올려 본 후, 데이터를 평범한 모양과 특이한 모양의 두 가지 간단한 범주로 다시 분류하라고 제안했다. 평범한 가마는 약간 둥근 나선 모양이고 특이한 가마는 기다란 흉터처럼 보인다. 이렇게 다시 분류한 후에 대단히 중요한 결과를 얻었다. 보통의 둥근 나선 모양을 한 황소는 정자 품질이 더 좋았다. 그 학생은 숫자에 집착한 나머지 물리적 데이터를 놓쳤다. 이처럼 사소한 세부 사항이 결과에 지대한 영향을 미친다.

과학에서는 관찰이 대단히 중요하다. 공식 연구에서 가설을 형성하는 기초가 바로 관찰이다. 나는 돼지를 연구하면서 다양한 유전자 계통에 따른 행동적 차이를 주목했다. 육가공 공장과 돼지 사육장에서 돼지 수백 종을 관찰할 기회가 있었다. 어떤 종은 다른 계통과 섞이면 더 흥분하거나 더 많이 싸웠다. 나는 이러한 차이를 보고 깜짝 놀랐다. 하지만 사람들은 내 관찰이 일화적이라면서 무시했다. 15년이 지난 지금, 내 가설은 양적 연구로 입증됐다.

생산적으로 협력하려면 데이터와 수학에 주로 의존하는 '자연 과학' 연구진은 아이디어를 제공하는 질적 결과의 가치를 제대로 인정해야 한다. 실험을 통해서가 아닌, 운 좋게 발견한 사항도 마찬가지다. 밴더빌트 대학교 정신의학과의 토머스 반Thomas Ban 명예 교수는 연구자나 의사가 데이터를 분석할 때가 아니라 관찰하고 있을 때 온갖 종류의 의약품이 발견됐다고 지적한다. 그는 스테드맨 의학사전Stedman's Medical Dictionary을 인용하면서 '다른 약물을 찾다가 우연히 발견된 약물'이 의외로 많다고 덧붙인다. 가령 조현병, 우울증, 전염병, 발기부전을 치료하는 약은 모두 우연한 발견으로 탄생했다. 어느 경우에나 관찰이 핵심이었다. 클로르프로마진(소라진)은 원래 마취 효과를 높이기 위해 사용됐다. 그런데 한 의사가 조현병 환자에게 이 약을 투여한 후 환각이 줄어든다는 사실을 관찰했다. 실데나필(비아그라)은 원래 고혈압과 관상동맥 심장병을 치료하려고 개발됐다. 그러다 예상치 못한 부작용이 관찰되면서 이 파란 알약은 역사상 가장 인기 있고 수익성 높은 약품 중 하나가 됐다.

시각적 사고자는 방법론상의 미세한 차이에 주의를 기울인다. 그게 실험 결과에 크나큰 차이를 가져올 수도 있기 때문이다. MRI 검사에서 봤듯이 정확하고 상세한 보고로도 중요한 차이를 식별하지 못할 수 있다. 한 사례에서 서로 멀리 떨어진 두 그룹의 과학자들은 동일한 구조의 암 연구에서 왜 다른 결과가 나오는지 알아내지 못했다. 그들은 공급자와 장비 차이를 통제하고 조직 샘플이 똑같은 방식으로 준비되도록 1년 내내 애썼지만 연구 결과를 재현할 수 없었다. 로렌스 버클리 국립 연구소의 윌리엄 하인즈[William C. Hines]와 주요 병원의 의료진은 결국 샘플을 섞는 방법이 다르다는 사실을 발견했다. 한 실험실에서는 자기 교반기로 샘플을 몇 시간 동안 격렬하게 휘저었다. 다른 실험실에서는 회전하는 플랫폼에서 하루 동안 부드럽게 흔들었다. 실험을 똑같이 복제하려고 심혈을 기울이면서도 샘플 섞는 방법에 대해선 아무도 의논할 생각을 못 했다. 연구 결과에 나타난 오류는 대부분 제대로 설명해 놓지 않은 방법론에서 비롯된다. 그래서 다른 과학자가 실험을 똑같이 복제하기가 어렵다. 이러한 세부 사항이 시각 사고자들 눈엔 바로 포착된다.

우리는 생체 의학 연구에서 복제 위기의 한복판에 서 있다. 지난 몇 년 동안 과학 문헌에서 철회된 연구의 수가 상당히 증가했다. 연구진이 연구비를 계속 지원받으려고 논문을 발표해야 한다는 엄청난 압박에 시달리기 때문이다. 네덜란드의 미생물학자 엘리자베스 빅[Elisabeth M. Bik]과 동료들이 문헌을 검토한 결과, 실험실 검사 결과의 사진과 현미경 이미지가 조작된 사례도 있었다. 검증 가능한 정보를 얻기 위해 우리가 의존하는 과학적 과정마저 이런 식으로 변질돼 있다.

간혹 프로젝트에 공간적 사고자나 수학적 사고자는 아주 많은 데 비해 사물 시각형 인간은 별로 없다. 서로 다른 마음이 잘 화합하지 않는 때도 있다. 방법론자와 통계학자가 협력해야 할 때 등을 돌리기도 한다. 수학적 분석은 입력된 데이터에 따라 달라진다. 과학 논문에서는 방법론 부문을 정확하고 포괄적으로 기재해야 한다. 큰 그림은 세부 사항이 없으면 아무것도 아니며, 그 반대도 마찬가지다. 팀에는 과학 논문의 방법론 부문을 검토할 사물 시각형 인간이 있어야 한다. 황소 이마의 가마 모양, 돼지의 공격적 행동의 원인, 의학 실험에서 다양한 젓기 방법을 포착할 수 있는 사람이 반드시 있어야 한다. 세부 사항이 중요하기 때문이다.

모든 부류의 시각적 사고자를 포함하지 않으면 '위험 관리risk management'에서 강조하는 재난 상황과 관련해 끔찍한 결과가 초래될 수 있다. 더글러스 허버드Douglas W. Hubbard는 《리스크 관리 펀드멘탈》(2013)에서 그 옛날 왕이 성 주변에 벽을 쌓고 해자를 두를 때나 사람들이 겨울을 대비해 식량을 비축할 때도 어떤 형태로든 위험을 관리했다고 지적한다. 미국의 보험업은 1700년대 중반에 시작됐다. 기대 수명 등의 확률을 계산하기 위해 보험 통계표 같은 수학적·통계적 도구가 개발되던 때였다. 오늘날 건강 보험은 1조 달러 규모의 사업이며, 전체 '위험 관리' 산업은 성장을 거듭하면서 해운과 항공부터 제조, 자연재해, 사이버 보안, 불황, 테러에 이르기까지 전 분야에서 위험 요소와 해결책을 찾아내고 있다. 허버드는 "잘못될 수 있는 거의 모든 것이 위험 요소"라고 말한다.

어떤 이론가는 위험 평가의 주요 요소를 잠재적 위험 식별하기, 잠재적 피해 평가하기, 그 피해를 줄일 방법 찾기 등 세 가지로 설명한다. 다른 이론가는 정기적 위협, 비정기적 위협, 전례 없는 사건 등 위협 측면에서 위험 관리를 설명한다. 또 다른 이론가는 선례, 확률, 최악의 시나리오 측면에서 위험을 설명한다. 내가 볼 땐 위험 분석에 관한 이론 가운데 많은 부분이 말만 그럴싸할 뿐 너무 추상적이라 쓸모가 없다. 정기적 위협과 비정기적 위협의 차이가 무엇인지 전혀 모르겠다. 차라리 '최악의 시나리오' 같은 용어가 더 자연스럽다. 최악의 상황이 어떤 모습일지는 바로 떠올릴 수 있으니 말이다. 미시간주 플린트의 수도 시설에서 발생했던 위기에 관한 글을 읽었을 때 내 머릿속에는 낡은 수도관의 부식으로 납이 물속에 스며드는 그림이 금세 그려졌다. 내 머릿속에서는 녹화 영상이 돌아가는 것 같다. 납중독의 온갖 끔찍한 부작용도 떠올릴 수 있다. 그건 추상적 개념이나 백분율이 아니다. 이론도 물론 필요하지만, 나는 일이 잘못될 확률을 논의하기보단 예방하거나 고치는 데 더 관심이 있다. 앞서 말했듯이 나는 일이 실제로 벌어지는 세상에서 살고 있으며, 현장에서 발 빠르게 움직이는 사람이다.

## 인프라

마이애미 북부 서프사이드에서 주거용 고층 건물이 무너지거나 텍사스주에서 정전으로 며칠간 난방과 전기 공급이 끊기는 상황을 온 나라가 공포와 불신의 눈으로 지켜보기 훨씬 전부터 미국의 인프라는 확실히 위태롭고 취약했다. 다들 평소에 거리와 교량, 고가 도로, 전력망을 살펴봤어야 했다.

인프라, 즉 사회 기반 시설의 위기에 처음으로 경각심을 느꼈던 때가 정확히 기억난다. 2012년 당시 나는 애리조나 주립대학교에서 명예 박사 학위를 받고 있었다. (동물학 석사 학위도 거기서 받았다. 어린 시절 뇌 손상 진단을 받았던 사람으로서 참으로 자랑스러운 순간이었다.) 리셉션 도중에 내 논문의 자문 위원이었던 건축학부 교수가 뜬금없이 이런 말을 했다.

"나는 포스터 버튼이라고 합니다. 여러분은 이 늙은이의 말을 귀담아들어야 합니다! 인프라는 점점 무너지고 있는데, 그걸 재건하고 수리할 숙련된 인력은 갈수록 부족할 겁니다."

교량과 도로의 기반 시설을 유지하지 못하면 어떤 결과가 초래될지에 대한 버튼 박사의 예측은 이제 상식이 됐다. 2021년 미국 토목공학회가 충격적인 결과를 발표했다. 전국 평균으로 댐은 D, 교량은 C+, 에너지는 D+를 받았다. 내가 본 성적표 가운데 최악이었다. 미국에 있는 교량 가운데 7.5%는 구조적으로 취약한 상태. 그렇다고 문제점을 포착하려 구조 엔지니어가 될 필요는 없다. 맨눈으로도 다 보인다. 도로 위를 달리다 보면 고가 도로의 바스러지는 콘크리트 아래 철근 지지대가 곳곳에 보인다. 철근 지지대는 비바람에 노출되면 녹이 슬고 부풀어서 콘크리트를 더 많이 떨어져 나가게 한다. 이런 지경에 이른 교량은 무너지지 않도록 케이블로 급히 감싸둔다.

시각적 사고자는 이런 엉성한 조치를 쉽게 알아차린다. 앞서 말했듯이 언어적 사고자가 오타와 문법상의 오류로 가득한 문장을 마주할 때와 같다. 엉터리 문장을 죄다 고쳐야 하는 것처럼 엉터리 조치도 모조리 바로 잡아야 한다. 비시각적 사고자는 바스러져 가는 고가 도로를 보면 그저 눈살을 찌푸리고 말겠지만, 시각적 사고자는 물리적 세계와 밀접하게 연결돼 있어서 위험한 결과를 더 잘 포착한다. 교량에 반창고를 붙이다니 정말 기가 찰 노릇이다.

한번은 뉴욕에서 필라델피아로 갈 때 기차가 역에 도착하기 직전 속도를 늦췄다. 낙후된 변전 설비로 가득한 기차역 한가운데서 나는 최신 변압기를 발견했다. 이 반짝이는 새 장비가 전기 분배를 담당하는 온갖 녹슨 부품들에 연결돼 있었다. 가정과 기업에 전력을 공급하기 위해 우리는 아직도 1950~1960년대에 세워진 전송 장비를 사용하고 있다. 2021년 우리의 인프라 현황은 영화 〈월드 워 좀비Zombie Apocalypse〉에서처럼 좀비가 세상을 점령하면서 붕괴된 문명을 보는 느낌을 줬다.

2020년 캘리포니아주에서 발생한 대규모 산불은 송전선을 제대로 관리하지 않은 탓이었다. 충격적이었지만 그다지 놀랍지는 않았다. 나는 2019년에 소 취급 방법에 관한 강의 의뢰를 받고 캘리포니아의 한 지역을 방문하면서 어느 정도 예감했다. 캘리포니아주의 가스와 전력을 공급하는 퍼시픽 가스&일렉트릭Pacific Gas & Electric, PG&E은 주요 고압 송전선을 제대로 관리하지 않는다. 그래서 바람이 시속 45마일 이상 불면 전선이 타워에서 떨어져 화재를 일으킬까 봐 전력을 차단한다. 전력을 차단하는 미봉책에 그칠 게 아니라 송전선을 점검하고 수리해야 한다. 하지만 손해 배상 소송에서 연달아 지다 보니 돈을 아끼려고 현장 직원들의 목소리는 못 들은 척하는 모양이다.

고압 전력을 장거리로 전달하는 대형 송전탑을 올려다보면 빈약한 유지 보수의 여파를 쉽게 포착할 수 있다. 절연체를 탑에 부착하고 케이블을 절연체에 부착하는 브래킷과 커넥터는 회전하고 움직일 수 있도록 설계해야 한다. 케이블이 끊겨 금속 탑이나 다른 전선에 닿으면 높은 전압이 불꽃을 튀기면서 화재를 일으킬 가능성이 있다. 초목이 우거진 건조한 지역에서는 위험성이 더욱 높다. 브래킷이 녹슬거나 마모되면 반드시 교체해야 한다. 나는 그 탑들을 보면서 속으로 재난 상황을 총체적으로 시각화할 수 있었다. 활활 타오르는 불길이 눈앞에서 어른거렸다.

PG&E를 비롯한 일부 대형 전기회사는 대체로 '지연된 유지 보수 deferred maintenance' 방식으로 전력선을 수리한다. 뭔가 고장이 났을 때만 나선다는 뜻이다. '지연된 유지 보수'는 결국 유지 보수를 안 한다는 점을 에둘러 표현한 말이다. 생명을 구할 수도 있는 의료 절차를 뒤로 미루는 것과 같다. 또는 자동차의 연례 검사를 미뤄서 기능과 안전이 손상되는 것과 같다. 지연된 유지 보수는 몹시 나쁜 정책이다. 그 대상이 당신의 건강이든 집이든 지역 사회든 간에.

내가 사는 포트 콜린스 지역에서는 전력선이 모두 지하에 묻혀 있다. 도시 전체가 합심한 덕분에 포트 콜린스는 지하 전력선의 대표 주자로 부상했다. 1968년부터 지하 매립이 시작됐고 이후 건설의 표준 관행으로 굳어졌다. 1989년엔 지상 전력선을 모두 매립했다. 오늘날 이 도시는 97%의 준수율을 자랑한다. 그에 따른 혜택은 사고 감소, 에너지 개선, 유지 보수 비용 절감, 미관 개선 등 말로 다 할 수 없이 많다.

무너져가는 인프라를 재건하겠다고 거듭 공언하는 정치인들은 설령 약속을 지킨다 해도 그 인프라를 수리할 재능과 기술을 갖춘 사람들을 많이 잃었다는 사실을 깨닫지 못할 것이다. 우리 가운데엔 그런 자리를 채울 만한 시각적 사고자가 무수히 많다. 내가 아는 어느 고등학교 졸업생은 우등생이 아니었다. 하지만 직업 훈련 수업에 열심히 참여했고, 졸업 후엔 전력회사의 말단 직원으로 들어가 땅 파는 일부터 시작했다. 지금은 전력 회사의 수석 점검원이 됐다. 시각적 사고자인 그는 고압선부터 변전소 변압기, 각 가정에 서비스를 제공하는 접속 배선함에 이르기까지 전체 네트워크를 손볼 수 있다. 정전이 발생하면 어느 부분에서 문제가 생겼는지 취약점을 정확히 짚어낸다. 그와 같은 실무 인력을 인정하고 훈련하고 고용하고 제대로 평가하지 않는다면, 우리는 더 많은 고장을 자초하게 될 것이다. 비상시에 당신이 원하는 인력은 바로 이런 사람들이다. 전망 좋은 사무실에서 폼만 잡는 사람이 아니다.

## 말문이 막히다

우리는 스위치를 켜면 불이 들어오고 시동을 걸면 엔진이 작동하기를 기대한다. 세상에는 우리가 당연하게 여기는 기계류가 널려 있다. 그런데 기계가 고장 나면 대다수는 고치는 데 애를 먹는다. 과열 같은 기본적인 요소는 전력망 장비부터 증기를 생산하는 보일러와 가전제품에 이르기까지 온갖 물건을 무력하게 할 수 있다. 과도한 회전 속도는 발전용 터빈, 모터, 원심분리기 등 분당 회전수가 많은 장비를 훼손할 수 있다. 세탁기는 탈수 과정에 너무 빨리 돌아가면 망가진다. 무수히 많은 사고가 우리 주변에 늘 도사리고 있다. 당신의 뇌가 나를 비롯한 사물 시각적 사고자들의 뇌처럼 작동하지 않는다면, 그런 낌새가 보여도 놓치기 쉽다.

좀 더 세분화해 예를 들면 고장 난 터빈은 전기를 생산하는 발전소에 피해를 줄 수 있다. 과도한 압력은 보일러와 온수기, 산업용 공정 장비를 폭발시킬 수 있다. 도시 급수 시스템에서 물이 마르면 펌프가 망가질 수 있다. 싱크대의 음식물 처리기도 물 없이 너무 오래 돌리면 손상될 수 있다. 내가 일했던 한 회사에서는 커피메이커의 온도 조절기가 고장 나는 바람에 사무실이 홀랑 타기도 했다. 나는 감정적으로 곤란한 상황을 헤쳐나가거나 정치적 위기를 해결할 순 없다. 내 마음은 그런 쪽으로 배선되지 않았다. 하지만 기계가 어떻게 망가지는지 그려볼 순 있다. 아울러 그 문제를 어떻게 해결해야 할지도 마음의 눈으로 볼 수 있다.

산업 현장에서 일하다 보니 시각적 사고가 문제를 예측하는 데 어떻게 도움을 주는지 일찍부터 알게 됐다. 온갖 종류의 산업 재해는 간단한 방법으로 계산할 수 있다. 노동부 산하 노동통계국에서 집계한 과거 데이터가 많기 때문이다. 과거 데이터는 사고를 예방하는 최고의 로드맵이다. 나는 잘못될 위험성이 큰 상황에서 실제로 어떤 일이 벌어질 수 있는지 가까이서 목격했다. 엄격한 안전 수칙이 시행되기 전인 1980년대 후반, 내가 종사하는 분야에서는 가끔 사지 절단 같은 끔찍한 사고가 일어났다. 주로 컨베이어와 회전축, 튀어나온 나사송곳, 기어 및 체인 구동 같은 움직이는 기계 때문이었다. 산업용 컨베이어 벨트는 그야말로 엄청난 무게를 처리한다. 그만큼 고위험 장비다. 내가 고안한 압력 제한 장치는 동물에게 타박상은 물론이요, 척추 골절까지 예방해준다. 문제는 기계 조작자를 신뢰할 수 없다는 점이다. 부주의한 운전자에게서 동물을 보호하기 위해 내장형 안전장치가 필요하다. 물론 인간을 위해서도 마찬가지다.

육류 공장에서 육중한 문을 처음 본 순간, 그 문에 깔리면 사람 머리가 수박 깨지듯 으깨지겠다는 생각이 스쳤다. 그에 대한 해결책도 순간적으로 떠올랐다. 닫힌 문의 밑면과 바닥 사이에 충분한 간격을 두면 된다. 그날 밤 집에 돌아와 제도판에 코를 파묻은 채 도면의 바닥 간격 수치를 수정한 다음 더 안전한 문을 디자인했다. 이 문은 가축을 예전처럼 잘 가두지만 더 이상 운전자의 안전을 위협하지 않았다.

문제를 해결하려고 고심하다가 뜻밖의 순간에 해결책이 번쩍하고 떠오른 적이 있는가? 런던 대학교 연구진은 그런 깨달음의 순간을 연구하고 싶었다. 〈사이언티픽아메리칸Scientific American〉에 실린 기사에 따르면 연구진은 어떤 뇌 신호가 문제 해결에 관여하는지 밝히고자 지원자 21명에게 뇌전도 장치를 부착해 뇌가 언어 문제를 어떻게 처리하는지 조사했다. 그런데 피험자 중 상당수가 난관에 부딪히거나 '정신적 교착 상태'에 빠졌다는 사실을 발견했다. 니킬 스와미나단Nikhil Swaminathan은 이렇게 설명했다.

"참가자들은 '경직된 사고방식에 갇혀' 자유롭게 생각하지 못했기 때문에 자기 앞에 놓인 문제를 재구성할 수 없었다."

다음 장에서 살펴보겠지만 언어적 사고자에게 깨달음의 순간은 뇌가 산만해졌을 때 찾아오는 듯하다. 그런데 기계적인 문제를 해결하는 상황에서 언어적 사고자는 흔히 해결책에 도달하기 위해 단어 기반으로 설명하려다 말문이 막히는 경우가 많다. 내 경우엔 깨달음의 순간이 빨리 찾아오는 편이다. 줄곧 이미지로 생각하는 내 뇌가 각 이미지를 카드 섞듯이 잽싸게 재구성해 해결책을 볼 수 있게 하기 때문이다. 그런 점에서 시각적 사고자에게는 특정한 종류의 해결책을 내다보는 더 직접적인 경로가 있다.

설계상의 문제는 대부분 설계 오류, 운전자 오류, 핵심 장비의 부실한 유지 보수, 복합적 위험의 네 가지 기본 유형으로 분류할 수 있다. 내가 대학원생이던 1970년대엔 공학 수업에서 1940년 타코마 내로우교Tacoma Narrows Bridge 사고를 예로 들어 설계 오류를 설명했다. 이 사례는 한 가지 세부 사항이 어떻게 기능을 뒤집을 수 있는지 보여준다. 바람이 강하게 부는 날이면 현수교인 내로우교의 도로 갑판이 위아래로 흔들렸다. 이 모습이 흡사 말 타는 모습과 같아 '갤로핑 거티Galloping Gertie'라는 별명이 붙었다. 기타 현의 진동을 기하급수적으로 증가시키면 거센 바람에 다리 전체가 진동하는 모습을 상상할 수 있을 것이다. 다리의 현수 케이블은 공학적으로 진동을 견딜 수 있게 설계됐다. 하지만 넓고 개방된 삼각형 모양의 트러스로 된 금문교와 달리, 갤로핑 거티의 대들보는 단단한 금속으로 덮여 있어서 공기의 흐름을 차단했다. 그래서 다리를 안정시키는 게 아니라 오히려 더 많은 바람을 채우는 돛처럼 작용하면서 바람에 의한 진동, 즉 공탄성 플러터aeroelastic flutter를 일으켰다. 게다가 대들보의 골격이 너무 좁아서 도로 상판을 충분히 안정시킬 수 없었다. 다리는 풍하중風荷重에 휘어지고 파도처럼 일렁이다 결국 무너졌다. 그날 목숨을 잃은 사람은 다행히 없었다. 무너지는 다리에서 차를 버리고 도망치는 주인에게 합류하지 않은 개 한 마리만 빼고….

금문교의 설계는 타고마 내로우교보다 훨씬 뛰어났다. 하지만 금문교도 1987년에 다리 건립 50주년을 기념하던 날 전혀 다른 재앙에 직면할 뻔했다. 이날 행사를 기념하려고 30만 명이 다리를 걸어서 건넜고, 50만 명 정도가 뒤따라 건너가려고 대기하고 있었다. 참가자 수가 예상보다 열 배나 많은 상황이었다. 2.7km 길이의 다리 전체가 발 디딜 틈도 없이 붐볐다. 결국 교량 상판이 아래로 2m가량 내려앉았다. 다행히 사람들이 다 빠져나오고 대기하던 군중이 등을 돌리면서 사고로 이어지진 않았다. 이날 사고는 잘못된 유지 보수 문제로 발생한 게 아니었다. 다리는 잘 관리되고 있었고, 그 덕에 확실히 재난을 피할 수 있었다. 아울러 설계에도 문제가 없었다. 이 구조물은 현수교로서 구부러지고 움직이도록 설계됐다. 당시에 한 번도 겪지 않은 하중을 받긴 했지만, 엔지니어인 마크 케첨Mark Ketchum은 "교량의 설계 하중을 초과하진 않았다."라고 설명했다. 이때 문제는 수학이었다. 〈더머큐리뉴스The Mercury News〉의 스티븐 텅Stephen Tung에 따르면 다리에 올라간 사람들의 체중은 알려지지 않았지만 '평균적으로 70kg이고 군중 속에서 0.23m²를 차지한다면, 그 무게는 꼬리를 물고 늘어선 차량 무게의 두 배 이상'이었다. 만약 사람들을 더 통행하게 했더라면 엄청난 비극이 일어났을 것이다.

2016년 샌프란시스코의 58층짜리 밀레니엄 타워가 기울기 시작했을 때는 설계 오류가 원인이었다. 비용 절감 때문이든 단순히 부실한 공학 기술 때문이든 건설업자들은 말뚝이 기반암까지 닿을 만큼 깊이 뚫지 못했다. 공학의 기본을 놓친 것이다. 결과적으로 건물 한쪽이 43cm나 가라앉았고 지하 주차장의 벽과 콘크리트에 금이 갔다. 그들은 타워가 더 기울지 않도록 1억 달러를 들여서 기반암까지 76m를 더 뚫어야 했다. 2022년 4월에 확인해 보니 건물은 지금도 기울어져서 총 71cm가 가라앉았다. 나라면 절대로 거기에 살지 않을 것이다!

나는 차로 미국 전역을 다니면서 주마다 고가高架 도로를 유지하는 방식이 크게 다르다는 사실을 알았다. 어떤 주에서는 바스러지는 콘크리트와 녹슨 금속 보강제가 고스란히 보인다. 그런데 주 경계선을 넘어가면 비슷한 교량이 새로 칠해져 있고 콘크리트에 난 조그마한 금도 잘 메워져 있다. 롭 호건Rob Horgan은 〈뉴시빌엔지니어New Civil Engineer〉에 기고한 글에서 불량한 유지 보수와 치명적 교량 사고를 연관 지어 설명한다. 부식된 현수 케이블은 한 번에 한 가닥씩 끊어지고, 녹슨 신축 이음쇠expansion joints는 온도가 변할 때 팽창하거나 수축할 수 없다. 이런 건

맨눈으로도 확인할 수 있다.

다른 재난은 우리 눈이 미치지 못하는 데 있다. 매사추세츠주 메리맥 벨리에서는 1900년대 초에 설치된 낡은 주철 배관을 현대식 플라스틱 배관으로 서서히 교체하고 있었다. 기존의 가스 분배 시스템은 일련의 복잡한 조절기와 센서를 이용해 주요 분배 라인의 압력을 지역 분배 라인의 압력에 맞춰 크게 낮췄다. 그런데 도급업자들은 기존 라인을 분리하면서 압력 조절 시스템의 센서를 새 라인에 옮기는 데 실패했다. 2018년 기존 라인 중 하나가 절단됐을 때 기존 라인의 압력 센서가 하강 압력에 즉시 반응해 밸브를 열고 새 라인에 가스를 전속력으로 송출했다. 그 바람에 수많은 지역 라인이 일반적인 0.5psi* 대신에 75psi의 압력을 받게 됐다. 가스관이 터지고, 인근 가정과 기업에서 가스가 분출되기 시작했다. 배관 교체 공사 중에 발생한 이 실수로 주택 39채가 불타고 여러 건물이 파괴됐다. 한 명이 사망하고 5만 명이 집이나 사업장에서 대피해야 했다. 컬럼비아 가스는 손해 배상금으로 1억 4,300만 달러를 지불해야 했다. 아울러 천연가스 파이프라인 안전법을 위반한 혐의로 부과된 벌금 중 최고액을 내야 했다. 최근 미국 주거 지역에서 발생한 최악의 천연가스 사고였다. 조사 결과 가스 분배 라인의 과도한 압력이 사고 원인으로 드러났다.

미국 교통안전위원회National Transportation Safety Board, NTSB는 이 실수의 원인이 '관리상 결함'에 있었다고 발표했다. 그들의 조사 보고서를 보면 전문 엔지니어 자격증이 있는 엔지니어가 도면과 작업 지시서에 서명했어야 한다고 적혀 있다. 한 가지 문제는 기존 시스템이 현대식 가스

---

* per square inch, 압력의 단위로 평방 인치당 파운드를 나타냄

분배 시스템보다 더 복잡하다는 것이다. 수년에 걸쳐서 온갖 부품이 교체되고 수정됐다. 육류 산업과 마찬가지로 가스 산업에서도 시스템의 주요 부분이 변경되거나 교체될 때 도면을 업데이트해야 한다. 그게 좋은 엔지니어링 관행이다. 그렇지 않으면 정확한 과거 데이터가 소실돼 메리맥 벨리에서 일어났던 식의 재앙으로 이어질 것이다.

회사들이 내게 제공한 이른바 '준공' 도면은 탁월한 수준부터 형편없는 수준까지 다양하다. 한번은 새로운 사육장의 부지를 실측했더니, 건물 위치에서 3m 정도 오차가 있었다. 새 사육장의 토대를 놓으려다 하수처리 시설을 건드리고 싶지는 않을 것이다. 원래 소유자나 오래 근무한 직원 등 한 사람이 책임지고 도면을 관리할 때 자료가 가장 잘 보관된다. 요즘엔 꼼꼼하게 업데이트된 도면을 보관하는 일이 드물지만 사고를 예방하는 데 상당히 중요하다. 경험상 정확한 과거 데이터를 이용한 위험 계산이 제일 믿을 만한 방법이다.

어떤 회사는 예방 차원으로 접근해 안전한 관행과 책임 문화를 조성한다. 다른 회사는 문제가 벌어진 다음에 대응하는 식으로 반응한다. 2010년 '딥워터 호라이즌Deepwater Horizon' 석유 시추 시설 폭발로 열한 명이 사망하고 여러 명이 부상당했다. 뒤이은 기름 유출은 사상 최악의 환경 재앙 중 하나로 기록됐다. 운전자의 실수와 부실한 유지 보수가 복합적으로 사고를 유발했고, 정책과 관행 사이의 단절이 사고를 악화시켰다. 딥워터 호라이즌의 노동자 가운데 46%는 비용 절감과 효율성을 앞세우는 문화에서 안전 문제를 보고하면 보복당할 거라고 우려했다. 각종 보도를 종합해 볼 때 경영진이 더 나은 프로토콜을 채택했더라면 이 비극은 막을 수 있었을 것이다.

데이비드 바스토우David Barstow, 데이비드 로드David Rohde, 스테파니 사울Stephanie Saul이 〈뉴욕타임스〉에 기고한 조사 보고서에 따르면 호라이즌은 시스템이 구축돼 있었지만 제대로 작동하지 않았거나 너무 늦게 작동했다. 문제를 해결하도록 훈련된 승조원은 폭발과 화재, 정전엔 대비하지 못했다. 호라이즌에 비치된 안내서는 '안전 전문가의 꿈'으로 묘사될 만큼 훌륭했지만, 언제 행동해야 하는지 같은 기본 질문엔 답하지 못했다. 승조원은 조치가 필요할 때 비상 정지 시스템을 가동하지 않았다. 당시 매체엔 '비상 시스템 하나에만 작동 버튼이 서른 개나 됐다'라고 실렸다. 정지 시스템을 담당하는 직원은 시스템 사용법을 배우지 않았다고 주장했다. 그녀는 "배운 게 없으니 어떠한 절차도 모른다."라고 말했다.

400t짜리 밸브인 분출 방지 장치Blowout Preventer, BOP는 변기 탱크의 마개 역할을 한다. 다양한 힘이 유정을 폭파하려 할 때 최종적 안전장치로 작용한다. BOP는 '궁극적 안전장치'였지만, 〈뉴욕타임스〉의 취재 결과 '부실한 유지 보수로 손상을 입었을 수 있다'라고 드러났다. 조사관들은 배터리 방전, 솔레노이드 밸브 불량, 유압 라인 누출 등 간과되거나 무시된 문제를 다수 발견했다. 게다가 정기 점검도 제대로 이뤄지지 않았다. 대피하는 과정에서 승조원들은 그들의 안전을 보장해야 할 프로토콜마저 훼손돼 있다는 사실을 마주했다. 대피 훈련을 받긴 했으나 구명보트에 공기를 주입해서 내리는 연습은 한 번도 해본 적이 없었다. 그들은 구명보트를 갑판에서 빼내는 데 어려움을 겪었고, 수평을 유지하는 데 더 큰 어려움을 겪었다. 구명보트에 오르는 일마저 실수투성이였다.

이러한 재앙 가운데 뭐라도 피할 수 있었을까? 소 잃고 외양간 고친다는 말이 있다. 완벽한 예지력을 갖추기란 불가능하겠지만, 위험이 클

때는 시각적으로 문제를 해결하는 사람들을 반드시 팀에 포함해야 한다. 추상적이거나 언어적인 해결책이 여러 작업에서 중요하긴 하지만, 그 부분만 지나치게 강조하면 중대한 시각적 사고를 배제할 위험이 있다. 마음의 눈으로 뜻밖의 결과를 상정하고 실시간으로 해결책을 구상할 사람이 필요하다. 나는 2011년과 2019년에 벌어진 두 가지 비극적 재난에 자꾸 집착하게 됐다. 하나는 항공 우주 분야의 여러 설계 요소와 관련돼 있고, 다른 하나는 원자력 발전소의 옹벽 건설과 관련돼 있다. 두 참사와 관련된 상세한 사례 연구와 이를 방지할 방법을 자세히 살펴보자.

## 보잉 737 맥스

자동차 사고로 사망할 확률이 상업용 비행기 사고로 사망할 확률보다 훨씬 높다는 말을 들어봤을 것이다. PBS 프로그램인 〈노바Nova〉에 따르면 자동차 사고로 사망할 확률은 7,700분의 1이고, 비행기 사고로 사망할 확률은 206만 7,000분의 1이다. 그런데 대다수 사람은 자동차 탑승엔 거리낌이 없지만 비행기 탑승엔 몹시 불안해한다. 나는 3만 8,000피트 상공의 비행기에서 추락 사고에 관한 글을 읽을 수 있는 사람이다. 일단, 사실에 기반을 둔 사람인 데다 감정에 크게 좌우되지 않는다. 나는 어렸을 때부터 종이비행기로 실험하고 아이스캔디 막대와 고무줄로 헬리콥터를 만들 때부터 비행기와 비행에 집착했다. 물론 비행이 두려웠던 시기도 있었다. 고등학교 3학년 때 707 비행기를 타고 가다가 폭탄 위협으로 비상 착륙을 해야 했다. 우리는 자리에서 일어나 비상 탈출 슬라이드를 타고 내려갔다. 참으로 무서운 경험이었고, 이후로 몇 년 동안 비행기만 타면 두려움에 떨었다.

노출 요법은 통제된 안전한 환경에서 사람들을 두려워하는 것들에 노출시켜 그 두려움을 극복하도록 돕는다. 나는 1970년대 초에 어쩌다 노출 치료를 잔뜩 받게 됐다. 동물 수송을 전문으로 하는 어느 가족 회사에서 내게 비행 기회를 여러 차례 제공했기 때문이다. 당시엔 소를 수송했다. 동물항공운송협회Animal Air Transportation Association 모임에서 소유주들을 만났는데, 그들이 내게 마이애미에서 푸에르토리코까지 홀스타인 암소를 비행기 한가득 싣고 가는 모습을 지켜보겠느냐고 제안했다. 그때까지도 비행기 여행이 두려웠지만 기회를 놓치고 싶지 않았다. 그런데 '소 배설물로 가득한 코니Cowshit Connie*'에 대해 말로만 들었을 땐 상황이 얼마나 심각한지 미처 짐작하지 못했다. 어떤 날은 동체에 뚫린 구멍으로 소의 오줌이 흘러내렸다. 다른 날은 승객 좌석이 있던 자리에 소고기가 화물용 끈으로 묶여 있었다. 시뻘건 피가 바닥에 흥건했다. 무더운 날씨 탓에 더욱 역하게 올라오는 냄새 때문에 하마터면 토할 뻔했다. 상업용 707 여객기가 그토록 혹사당하는 모습을 보니 안타깝기까지 했다.

하지만 홀스타인 암소를 가득 실은 '코니'의 점프 시트jump seat**에 앉아 반짝이는 청록색 바다를 내려다보면서 나는 결국 두려움을 이겨냈다. 내 시각적 마음은 비행기가 온전히 제어되고 있다는 사실에 평정을 찾았다. 모든 게 어떻게 돌아가는지 알고 나니 불안감이 사라졌다.

---

* 코니는 록히드 컨스텔레이션 비행기의 애칭
** 조종실에서 주 조종사 외에 관찰자나 점검관이 앉는 의자, 또는 객실에서 승무원이 이착륙 때 앉는 의자를 말함

뜻밖의 노출 요법 덕분에 나는 더 이상 비행이 두렵지 않았다. 이젠 언제 어디서든 또 어떤 조건에서도 비행기를 탈 수 있다. 일이 어떻게 돌아가는지 알면 두려움이 한결 줄어든다.

몇 년 전, 강연 행사에 갈 때면 출판사에서 파견 나온 브래드가 나와 자주 동행했다. 둘 다 항공술에 푹 빠진 사람들이라 저녁을 먹으면서 항공기가 온갖 미친 비행을 시도하는 유튜브 영상을 보곤 했다. 내가 제일 좋아한 영상은 테스트 파일럿, 즉 항공기 성능 따위를 테스트하려고 시험 비행하는 조종사들이 재연소 장치를 장착한 전투기처럼 비행하는 영상이었다. 그들은 로켓처럼 거의 수직으로 날아올랐다.

2018년 10월, 라이언에어<sup>Lion Air</sup> 610편이 인도네시아 연안에서 추락했을 때 브래드와 나는 도로 위를 달리고 있었다. 어린이 1명과 유아 2명을 포함해 총 189명이 목숨을 잃은 참담한 사고였다. 나는 무슨 일이 벌어졌는지 알아야 했다. 그게 내가 비극적인 사건을 다루는 방법이다. 나는 감정에 휩쓸리지 않는 대신, 이러한 비극이 어떻게 일어났는지 기를 쓰고 알아낸다. 머릿속에서 온갖 이미지가 계속 떠올랐다.

사고 소식을 듣고 나는 당장 인터넷에서 정보를 검색했다. 일단 두 가지 중요한 사실을 알아냈다. 첫째, 제트기는 출시된 지 몇 달밖에 안 된 새 항공기였다. 둘째, 플라이트 레이더 24<sup>Flight-radar24</sup>에서 항적 정보를 찾아보니 이륙 후 비행경로의 지상 레이더 궤적이 이상했다. 고도 기록은 본래 점진적이고 꾸준한 상승을 보여야 한다. 그런데 610편의 레이더 추적 기록은 심장 모니터의 선처럼 들쭉날쭉했고, 상승과 하강을 나타내는 갑작스러운 고도 변화가 여러 차례 나타났다. 조종사가 제정신이라면 이런 식으로 비행하진 않을 터였다. 보잉이 1년 반 전에 출시한 신형 비행기에 뭔가 큰 문제가 있다는 생각이 퍼뜩 스쳤다. 당시

나는 보잉 737 맥스 기종에 대해 아는 바가 없었다. 라이언에어가 연료 효율을 위해 구매했다는 점 외에는 어떤 정보도 없었다.

다음 날 나는 디트로이트 인근의 오클랜드 대학교에서 자폐증과 고등 교육에 대해 강연했다. 도중에 추락 사고를 언급하면서 "보잉은 심각한 곤경에 처할 것"이라고 말했다. 이 비행기의 엔지니어링에 문제가 있다고 시각적으로 직감했기 때문이다. 청중석에 앉아 있던 브래드가 나중에 그 사실을 어떻게 알았냐고 물었다.

내 시각적 파일이 작동하는 방식을 이해하려면 휴대폰상에서 계속 확장되는 아코디언 파일이나 사진 파일을 상상하면 된다. 내 주변 세상에서는 새로운 정보가 끊임없이 추가되고 분류된다. 그 이미지가 중요하거나 흥미로우면 내 마음은 그걸 반사적으로 사진 찍듯이 저장한다. 언어의 경우 대다수 사람이 배우는 단어의 수가 한정돼 있다. 심리학 학술지 〈프론티어스 인 사이콜로지Frontiers in Psychology〉에 실린 한 연구에 따르면 영어를 사용하는 미국인은 20세까지 약 4만 2,000개의 단어를 알고 있다. 그 뒤로는 이틀에 한두 개의 단어를 배우고 중년이 되면 이미 아는 단어를 무수히 많은 방식으로 조합할 뿐 새로운 단어를 더 추가하진 않는다. 그와 달리 내 시각적 어휘는 계속 증가하면서 늘 새로운 정보를 추가한다. 사진을 추가하면 기존 사진들과 연결돼 문제 해결 능력도 향상된다. 휴대폰의 사진을 특정 범주나 장소 또는 날짜별로 분류해 봤다면 내 말이 무슨 뜻인지 알 것이다.

그렇게 해서 나는 샤피 마커펜만 한 작은 장치가 사고의 핵심이라는 사실을 알게 됐다. 뉴스 보도에서 사진을 한 장 보는 순간, 오작동에 관한 내 직감은 항공과 관련된 일련의 이미지 중 센서에 집중됐다. 새 정보를 기존 정보와 연결하기 위해 나는 그 센서와 내 시각적 어휘

속의 샤피를 활용했다. 시각적 문제 해결은 이렇듯 연상 활동이 주를 이룬다.

'받음각 날개angle-of-attack vane'라고 알려진 이 센서는 조종석 창문 아래 동체에 부착돼 기류에 따른 비행각을 측정한다. 보잉 맥스에는 받음각 센서가 두 개 있는데 한 개만 사용했고, 그나마도 비행기의 비행 컴퓨터에 직접 연결돼 있었다. 나는 그 사실을 알고 깜짝 놀랐다. 받음각 센서는 매우 취약해서 한 개의 섬세한 센서에만 의존한다면 좋은 엔지니어링 관행이 아니다. 일반적으로 이 센서는 비행 디스플레이 표시계에 연결돼 조종사를 도와주는 역할을 한다. 가령 기수機首가 너무 높아 실속失速* 위험에 처했을 때 조종사에게 경고를 보내지만 스스로 제어하진 않는다. 그런데 보잉 맥스의 잘못된 센서는 비행기가 정상적으로 비행 중임에도 실속 신호를 컴퓨터에 전송해 강제로 기수를 낮추게 했다. 이는 당신의 차가 크루즈 컨트롤 상태로 주행하는데 아무도 당신에게 그 사실을 알려주지 않은 상황과 같다.

간단히 말하면 다음과 같다. 컴퓨터는 있지도 않은 실속을 상쇄하기 위해 기수를 아래로 내리도록 프로그램됐다. 그래서 레이더 추적 기록이 들쭉날쭉했던 것이다. 조종사들은 조종간을 당겨서 기수를 위로 올리는 식으로 반응했다. 당신의 차가 크루즈 컨트롤 상태로 돌진하면 브레이크를 세게 밟는 이치와 같다. 컴퓨터가 기수를 아래로 낮춰 떨어질 때마다 불운한 조종사들은 올라가려고 조종간을 당겼다. 그들은 달리 무엇을 해야 할지 몰랐다. 한 조종사가 컴퓨터와 씨름하는 동안 다른 조종사는 비행기 설명서를 미친 듯이 읽어 내려갔다. 보잉은 조종사

---

\* 속도를 잃고 기수를 위로 든 채 떨어지는 비행 상태

들이 그 시스템을 무력화할 방법을 알고 있다고 가정했다. 이 비행기는 센서가 고장 난 상태에서 시험 비행한 적이 없었다. 조종사들은 고장 난 센서의 백업 역할을 맡았지만 새로운 컴퓨터 시스템을 제대로 익히지 못했다.

내 마음은 센서가 어떻게 손상될 수 있었는지 설명하려고 일련의 시각적 시뮬레이션을 반사적으로 실행한다. 정비공의 사다리가 센서에 기대고 있는 모습이나 비행기 가교가 센서에 부딪히는 모습이 보인다. 궂은 날씨나 청소부 때문에 고장 났을 수도 있다. 조류 충돌은 이미 알려진 위험이다. 손상 방지 센서를 만들 방법은 전혀 없다. 이 센서는 애초에 공기와 접촉해야 하므로 환경과 상호 작용해야 한다. 어떤 점에서는 사람과 동물의 촉각이나 청각 기관과 비슷하다. 가령 음파는 고막을 흔들고 복잡한 레버리지 시스템을 거쳐 액체로 채워진 방, 즉 달팽이관을 통과한다. 달팽이관의 작은 털은 파동을 일으켜 전기 자극으로 전환한 다음 뇌로 보낸다. 받음각 센서와 인간의 감각 기관 모두에서 공기각이나 음파, 압력 같은 물리적 현상은 전기 신호로 전환돼야 컴퓨터나 뇌가 해석할 수 있다. 사물 시각형 인간은 생물학적 감지 장치와 공학적 감지 장치가 환경과 어떻게 상호 작용하는지 쉽사리 볼 수 있다.

어떤 전문가는 세 개의 센서를 사용하는 '스탠바이 시스템standby system' 을 추천한다. 그러면 한 센서가 고장 나도 다른 두 센서에서 판독값을 얻을 수 있다. 마이크 베이커Mike Baker와 도미닉 게이츠Dominic Gates가 〈시애틀타임스The Seattle Times〉에 기고한 기사에 따르면 맥스의 테스트 파일럿 가운데 일부는 단일 센서에 의존한다는 사실도 몰랐다. 게다가 737 맥스 기종에는 센서의 판독값이 다를 때 조종사에게 즉시 알려주는 받음각 불일치 경고 기능이 기본 사양으로 포함돼 있지 않았다. 그들은 왜 두 센터를 통합해서 하나가 고장 나면 다른 하나가 백업 기능을 하도록 설계하지 않았을까? 어떻게 이런 기본적인 실수를 저질렀을까?

보잉 설계자들은 비행기가 정상적으로 날 때 컴퓨터가 기수를 아래쪽으로 돌리면 조종사들이 비행을 교정하는 방법을 알고 있다고 가정했다. 그리고 엔지니어들은 조종사들이 수평 안정판을 수동으로 제어해서 컴퓨터 시스템을 무력화할 방법을 알고 있다고 가정했다. 조종사들은 전기적 오작동으로 안전판이 저절로 움직이는, 일명 런어웨이 트림runaway trim 현상이 발생하면 비행기 꼬리에 달린 수평 날개를 수동으로 조종하도록 훈련받는다. 윌리엄 랑게비슈William Langewiesche는 보잉 추락 사고를 다룬 〈뉴욕타임스매거진New York Times Magazine〉 기사에서 "이 조종사들은 단순한 런어웨이 트림의 변형을 해독할 수 없었다. … 결국 공기역학적 한계를 넘어 승객들을 아예 흔적도 없이 사라지게 했다."라고 주장했다. 문제는 보잉의 잘못된 소프트웨어 시스템이었다. 그게 강제로 기수를 아래로 계속 떨어뜨렸다. 그야말로 엎친 데 덮친 격이었다. 조종사는 새로운 컴퓨터 시스템과 잘못 설계된 소프트웨어, 오작동하는 센서에 대해 아무 정보도 없었다. 허드슨강에 비행기를 무사히 착륙시켰던 체슬리 설렌버거Chesley Sullenberger 기장이 보잉 맥스의 오작동을 고도로 재현한 비행 시뮬레이션에서 조종간을 잡았다. 그는 〈뉴욕타임스〉 편집장에게 보낸 편지에서 자동화 시스템을 죽음의 덫이라고 묘사했다.

비행기 추락 사고의 80%는 조종사의 실수 때문이라고 한다. 라이언 에어는 정비도 불량했지만 여행 시장의 수요 증가에 맞추려고 조종사를 조기에 승진시키는 것으로 유명했다. 자동화에 지나치게 의존하는 점도 우려할 만한 사항이다. 미국의 조종사들은 흔히 소형 비행기에서 수동으로 조종하는 법을 익힌다. 꼬리와 날개의 조종면control surface은 대형 제트기와 소형 경비행기가 똑같다. 이런 식으로 배우면 조종사는 비행기를 조종하는 방법에 대한 운동 기억motor memory을 개발할 수 있다. 자동차 운전하는 법을 배울 때와 같다. 운전 경험이 쌓이면 운전대를 어떻게 돌릴지, 브레이크를 얼마나 세게 밟을지 생각하지 않아도 된다. 몸이 저절로 움직인다. 다만 조종사는 3차원 공간에서 비슷한 기술을 익혀야 한다. 비행기에 운동 축이 세 개나 있기 때문이다. 전투기 조종사는 이를 '제트기에 몸을 고정하기' 또는 '제트기와 한몸 되기'라고 부른다.

오랜 기간 디자인 분야에서 일해온 나는 가장 부족한 사람을 위해 디자인해야 한다는 사실을 잘 안다. 나는 어떠한 운전자도 장비에 팔이 끼지 않도록 시스템을 구축했다. 내 마음의 눈에서는 운전자의 팔이 벽과 움직이는 부품 사이로 끼는 모습이 보이기 때문이다. 그런데 게으름과 어리석음 때문에 프로젝트가 중단되면서 결국 승무원이 다치거나 장비가 훼손되는 경우가 있다. 엔지니어들은 이런 걸 놓칠 때가 많다. 그들은 현장에 있지 않아서 장비를 운전하는 사람들의 능력을 과대평가한다.

최근에 런던발 비행기에서 노련한 조종사를 만났다. 우리는 보잉 참사를 놓고 흥미로운 대화를 나눴다. 그는 조종사들이 자동화 장치를 끄고 비행기를 조종했어야 한다고 말했다. 더 없이 확신에 찬 발언이었다. 내가 센서에 대한 이론을 꺼내자 그는 깜짝 놀란 표정을 지었다. 항공 분야에 종사하느냐는 그의 물음에 나는 가축용 장비를 설계한다고 말했다. 그러자 일반적인 비행기 피로감 탓인지, 아니면 나를 음모론자라고 생각한 탓인지, 그는 바로 헤드폰을 끼고 비행 내내 잠을 잤다. 시카고 공항 활주로에서 비행기가 천천히 이동하는 동안, 나는 그처럼 능숙한 전문가가 아니라 일반 조종사를 위해 보잉 맥스를 설계했어야 한다고 말했다. 그는 또다시 놀란 얼굴로 "아, 그런 건 생각도 못 했다."라며 무릎을 탁 쳤다.

보잉 맥스를 처음 조사할 때 나도 미처 생각하지 못했던 사항이 한 가지 있다. 바로 돈을 따라가라는 점이다. 보잉은 비용 절감 문화를 채택했다. 피터 로비슨Peter Robison은 《플라잉 블라인드Flying Blind》(2021)에서 보잉의 엔지니어들이 더 이상 중요한 결정을 하지 않고 회사의 초점이 주주를 섬기는 쪽으로 바뀌었다고 설명했다. 나는 여러 육류 회사들과 함께 일하면서도 비슷한 패턴을 목격했다. 반대로, 품질을 앞세우는 기업은 더 좋은 제품을 생산하고 사고가 적으며, 향후 엄청난 비용 문제를 초래하는 결정을 성급하게 내릴 가능성이 더 낮다.

항공료는 인건비와 함께 가장 큰 비용을 차지한다. 연료 효율이 높은 신형 엔진은 연료를 14에서 15% 정도 적게 사용한다. 보잉 경영진은 원래 거대한 신형 엔진을 위해 특별히 설계된, 완전히 새로운 비행기를 내놓을 계획이었다. 그런데 에어버스가 연료 효율이 높은 새 비행기를 개발하면서 계획을 변경했다. 완전히 새로운 기체를 설계하려면 기존의 보잉 737 기체에 신형 광폭 엔진을 장착할 때보다 시간이 더 많이 필요했다. 결국 보잉 737 맥스는 클루지kludge* 디자인을 채택했다. 서로 다른 비행기의 부품들이 복잡하게 얽혀 있다는 뜻이다. 게다가 같은 기체를 사용하면 조종사의 추가 훈련을 위한 시간을 빼지 않아도 됐

---

* '클루지'라는 용어는 1962년 잭슨 그랜홀름이라는 컴퓨터 전문가가 <클루지를 어떻게 설계할 것인가?>라는 논문에서 '잘 어울리지 않는 부분들이 조화롭지 않게 모여 비참한 전체를 이룬 것'이라고 정의했다. 서투르거나 세련되지 않은 해결책, 고장 나기 쉬운 애물단지 컴퓨터라는 뜻으로 널리 쓰인다.

다. 새로운 비행기가 도입되면 모든 조종사는 비행 방법을 익히기 위해 비행 시뮬레이터에서 시간을 보내야 했다. 보잉과 여러 항공사는 737 기체에 연료 효율을 높인 신형 엔진을 장착함으로써 조종사 재교육 요건을 피할 수 있었다.

하지만 그들은 곧 두 가지 난관에 부딪혔다. 첫째, 더 크고 연료 효율이 높은 엔진은 지상고地上高를 확보하기 위해 더 앞쪽에 장착해야 했고, 그러면 비행기가 더 불안정해지고 실속되기 쉬웠다. 둘째, 새로운 엔진은 폭이 너무 넓어서 날개처럼 작용하면서 양력을 제공하기 시작했다. 이는 기수를 위로 젖혀지게 해서 실속을 일으킬 수 있다. 종이비행기를 날려봤다면 무슨 말인지 알 것이다. 랑게비슈는 당시 상황을 이렇게 설명한다.

"보잉의 일부 직원이 공기역학적 수정안을 제시했지만, 수정하려면 비용과 시간이 많이 소모될 터였다. 당시 보잉은 무척 서두르고 있었다."

보잉은 실속 문제를 해결하기 위해 맥스 조종장치를 이전 737기 모델과 똑같이 느끼도록 MCASManeuvering Characteristics Augmentation System라는 소프트웨어를 개발했다. '조종 특성 향상 시스템'이라는 뜻이다. 랑게비슈는 이렇게 보고한다.

"보잉은 이 시스템이 오작동하더라도 위험하지 않다고 여겨서 조종사들에게 그 존재를 알리거나 항공기의 비행 안내서에 이 시스템에 대한 설명을 추가하지 않았다."

보잉이 보기엔 윈윈 전략이었다. 항공사는 연료 효율성을 확보할 테고, 조종사는 시뮬레이터 훈련을 따로 받지 않아도 될 터였다. 맥스 기종은 경쟁사인 에어버스를 제치고 날개 돋친 듯 팔릴 터였다.

물론 현실은 장밋빛으로 끝나지 않았다. 라이언에어는 추락 사고를 일으키기 직전 비행에서 고장 난 받음각 센서가 일련의 급강하를 촉발했다. 당시 조종석의 점프 시트에 승객으로 앉아 있던 세 번째 조종사는 비행기 조종법을 잘 알고 있었다. 그는 런어웨이 트림 때처럼 트림 차단 스위치를 켜서 수평 안전판의 제어권을 조종사에게 회복시켰다. 비행기가 자카르타에 도착했을 때, 고장 난 받음각 센서는 '바퀴벌레 코너Cockroach Corner'라는 별명의 중고 부품 딜러가 공급한 중고 센서로 교체됐다. 훌륭한 항공사라면 이 비행기의 이륙을 금지했을 것이다. 하지만 라이언에어는 불량한 안전 이력과 가짜 정비 기록을 지닌 항공사였다. 마지막 비행이 될 뻔한 상황을 운 좋게 모면한 후, 곧바로 이륙을 허용해 끔찍한 상황을 초래했다.

몇 달 후, 에티오피아 항공이 운용하는 보잉 맥스가 비슷한 고장을 일으켜 시속 700마일의 속도로 또다시 추락했다. 조사관들은 9m 깊이에 파묻힌 잔해를 발견했다. 두 차례 비극 이후 보잉 737 맥스 항공기는 모두 이륙이 금지됐다. 두 개의 센서가 장착된 시스템을 사용하고 조종사가 시스템 오작동에 대처하는 방법을 제대로 익혔더라면 그 비행기는 지상에 발이 묶이지 않았을 것이다.

두 번째 사고로 30여 개국에서 온 사람들이 목숨을 잃었다. 장례식 장면은 참담하기 그지없었다. 매장할 시신이 없어서 의자엔 사망한 승무원들의 초상화만 덩그러니 놓여 있었다.


## 멜트다운, 원자로의 노심 용융

먼저 전기가 차단된다. 다음엔 냉각 시스템이 고장 난다. 그러면 원자로가 가열된다. 그 후엔 되돌릴 수 없이 파국으로 치닫는다. 핵연료가 녹고 수소가 방출되며 폭발이 일어나고 방사성 물질이 대기로 빠져나간다. 원자력 사고는 인간이 일으키는 가장 치명적이고 파괴적인 재난에 속한다. 인간의 삶과 환경에 미치는 영향이 너무나 크다. 그런데 내가 아는바 이러한 재난은 대부분 일어나지 않을 수 있었다.

원자로 부지에는 흔히 비상시에 전기를 공급하기 위한 대형 디젤 발전기가 여러 대 있다. 비상사태가 발생하면 원자로가 '스크램scram', 즉 긴급 정지된다. 다시 말해 핵반응을 멈추게 하는 제어봉이 원자로 노심에 삽입된다. 이렇게 되면 원자로는 더 이상 전기를 생산하는 데 충분한 열을 생성할 수 없다. 원자력 발전소는 원자로에서 나오는 강렬한 열을 이용해 증기를 만들고, 증기가 터빈을 돌리고, 터빈이 발전기를 돌려서 전기를 만든다. 그게 원자력의 기본이다. 나는 존 매트슨John Matson이 〈사이언티픽아메리칸〉에서 원자로가 어떻게 작동하는지 설명한 방식을 좋아한다.

"대다수 원자로는 … 본질적으로 전기를 생산하기 위해 물을 효율적으로 끓이는 최첨단 주전자다."

그런데 문제가 한 가지 있다. 제어봉을 삽입한다고 노심에서 열 생성이 완전히 멈추진 않는다. 간단히 말해 제어봉이 삽입되면 열이 **거의** 꺼진다. 엔지니어들은 제어봉이 삽입된 후 남은 열을 '잔류열residual heat'이라고 부른다. 원자로의 노심 용융, 즉 멜트다운meltdown을 방지하려면 냉각수로 과열을 막아야 한다. 원자로가 스크램되면 비상 냉각 장치를 가동하기 위해 구내의 디젤 발전기나 외부 전력망 같은 데서 전원 공급이 필요하다.

많은 사람이 1986년 체르노빌 원전 사고를 기억하고 있을 것이다.

방사능 중독을 제한하려고 도시 전체를 폐쇄할 정도로 엄청난 원전 사고였기 때문이다. 아이러니하게도 이 사고는 운영자들이 안전 절차를 시험하던 중에 발생했다. 시험 도중에 원자로 노심이 과열됐고, 연쇄 반응으로 증기 폭발이 일어나 열흘 동안 방사성 오염 물질이 대기로 방출됐다. 이후 몇 주에 걸쳐서 서른한 명이 사망했고 13만 5,000명이 대피했다. 피폭된 사람들이 장기적으로 건강에 어떤 영향을 받았는지 가늠할 방법은 없다. 다만 체르노빌 사고에 연루되거나 근처에 살았던 사람들 가운데 4천 명이 방사선 질환으로 사망했다고 추정된다. 붉은 숲 Red Forest으로 알려진 주변 소나무 숲은 오래전에 사라졌다. 어떤 동물은 번식을 멈췄고 말은 목밑샘 기능이 저하돼 사망했다. 팔다리 개수가 늘거나 눈이 없는 등 심각한 동물 기형이 보고됐다. 피해는 전 세계에 광범위하게 퍼져서 바다와 해양 생물에도 영향을 미쳤다. 이 사고는 국제 원자력 및 방사능 사건 척도에서 최고 등급인 7등급을 받았다.

미국에서는 스리마일 섬Three Mile Island이 가장 큰 원전 붕괴 사고로 기록됐다. 제일 먼저 발생한 문제는 펌프 고장이었고, 이어서 자동 안전장치가 작동했다. 여기까지는 괜찮았다. 닫혀야 했던 압력 조절 밸브, 즉 안전판이 열림 위치에서 먹통이 되기 전까지 말이다. 하지만 제어실의 센서는 밸브가 닫힘 위치에 있다고 잘못 표시했다. 제어실의 운영자들도 엉뚱한 버튼을 누르는 등 여러 실수를 저질렀다. 게다가 압력 표시기가 대형 계기판 뒤에 있어서 쉽게 접근할 수도 없었다. 얼른 달아나야 하는 상황에서 누군가가 자동차 열쇠를 숨겨 놓은 꼴이었다. 제어실의 형편없는 설계와 귀청이 터질 듯한 경보 시스템 때문에 안전 프로토콜을 차분히 작동시키기가 사실상 불가능했다. 새뮤얼 워커J. Samuel Walker는 《스리마일 섬Three Mile Island》(2005)에서 "사고가 발생한 지 몇 초 만에 경보 시스템이 작동해 시끄러운 경적과 함께 제어판에서 100개 넘는 불빛이 번쩍거렸다."라고 묘사한다. 혼란과 극심한 공포를 야기하고도 남았을 것 같다.

게다가 계량기와 표시기에 지나치게 의존하고 센서를 무조건 신뢰하다 보니 잘못된 게 있더라도 제대로 대비하지 못한다. 센서는 인간과 마찬가지로 오류를 저지른다. 시각적 사고자들은 마음속으로 온갖 만일의 사태를 그려본다. 밸브가 개방 상태로 고착될 가능성도 시각화한다. 나라면 너무 위험해지기 전에 먼저 나가서 밸브를 살펴봤을 것이다. 스리마일 섬의 경우, 다행히 건물은 설계 목적에 맞게 제대로 작동했다. 원자로 노심이 부분적으로 녹으면서 원자로가 망가지긴 했지만 육중한 콘크리트 격납 건물에 완전히 갇혀 있었다. 그래서 주변 환경엔 아무런 피해도 주지 않았다.

7등급으로 분류된 체르노빌 사고와 맞먹는 또 다른 원전 사고는 후쿠시마 다이이치 원자력 발전소에서 발생했다. 2011년 3월, 일본에서 역대 가장 큰 지진이 쓰나미를 일으켜 발전소를 침수시켰다. 〈하버드비즈니스리뷰〉에 실린 한 기사는 '2분 30초 만에 50m의 지각 변동이 일어났다. 이는 지진학자들이 본 가장 큰 단층 이동이었다'라고 보도했다. 지진은 해저를 움직여서 거대한 쓰나미 파도의 80% 이상을 일으킨다. 50분쯤 후, 일본 태평양 연안의 후쿠시마현 북동부로 거대한 쓰나미가 밀려왔다. 그 여파로 수천 명이 목숨을 잃었고 더 많은 인원이 부상당했으며, 주택과 사업체, 도로, 철도, 통신 인프라가 파괴됐다. 이것만으로도 굉장히 끔찍했지만, 쓰나미는 또 다른 돌이킬 수 없는 파괴적 사건들을 촉발했다. 후쿠시마 다이이치 원자력 발전소를 강타한 것이다.

일본이 발표한 첫 번째 보고서를 읽었을 때 나는 무슨 일이 벌어졌는지 쉽게 알아차렸다. 나는 일련의 사건을 시각화할 수 있었다. 원자력 발전소와 발전소 설계 기본에 대해 내가 아는 내용이 비디오 영상처럼 펼쳐졌다. 지진이 후쿠시마 원전을 처음 흔들었을 때 자동 시스템이 원자로를 긴급 정지시켰다. 원자로가 스크램됐으니, 핵분열 과정을 늦추기 위해 제어봉이 자동으로 원자로 노심에 떨어졌다. 전력망에서 전기를 공급하던 송전선이 지진으로 끊어지자 디젤 발전기가 자동으로 켜졌다. 진동이 멈추자 모든 비상 장비가 완벽하게 작동했다. 이때까지는 별 피해가 없었다. 이 지점까지는 수학적 마음이 빛을 발했다. 건물과 원자로, 펌프부터 발전기와 제어실에 이르기까지 모든 구성 요소는 정밀한 계산으로 설계돼 내진 성능이 뛰어났다. 콘크리트, 강철 빔, 배관, 전기 배선 등 다양한 재료에 대한 응력이 고려됐다. 그런 점에서 설계자들은 엔지니어링을 훌륭하게 해냈다.

다만 최악의 상황이 기다리고 있었다. 엄청난 파도가 후쿠시마 현장을 강타했을 때 발전소는 물에 완전히 잠겼고 비상 발전기는 13대 중 하나만 제외하고 죄다 망가졌다. 엔지니어들은 이런 상태를 '소내정전station blackout'이라고 부른다. 대부분 작동을 멈췄고, 원자로 1호기와 2호기의 제어실은 칠흑같이 어두웠다. 그 때문에 원자로의 과열을 감시할 수 없었다. 유일하게 작동한 장비는 유전 전화기였다. 운전자들은 자동차 배터리를 사용해 제어판에 전원을 공급하려고 시도했다. 발전소로 통하는 도로가 막히거나 유실돼 물자를 구할 수도 없었다. 냉각 펌프, 전기 스위치 기어, 예비 전기 배터리 등 다른 필수 장비도 모조리 침수됐다.

내진 성능은 뛰어난데 홍수엔 취약하다고? 어떻게 그럴 수 있을까? 나는 이 질문에 이끌렸다. 어째서 그런 초보적 실수를 저질렀는지 궁금했다. 이번에도 과거 데이터로 시작했다. 위험을 평가하는 데 그만큼 믿을 만한 자료는 없다. 쓰나미는 일찍이 684년에 기록됐지만, 일본에서 쓰나미에 관한 연구와 자료 수집은 1896년에야 시작됐다. 당시에 쓰나미로 2만 2,000명이 목숨을 잃었기 때문이다. 쓰나미의 영향을 가장 많이 받는 나라가 일본이라는 점을 고려하면 발전소를 건설한 사람들의 선견지명이 부족했다는 사실을 이해하기 어렵다. 후쿠시마 현장을 완전히 침수시킨 쓰나미는 거의 15m 높이로, 이 발전소가 견디도록 설계된 파고波高의 두 배 이상이었다. 발전소가 더 높은 곳에 건설됐다면 사고는 일어나지 않았을 것이다. 나중에 알고 보니 10km쯤 떨어진 약간 높은 지대에 건설된 자매 원자력 발전소는 피해가 훨씬 적었다. 후쿠시마 다이니, 일명 F2 발전소는 홍수 피해가 적었고, 외부 전력망과 단일 발전기에서 제한된 전력을 유지할 수 있었다. 무엇보다도 제어실에 전기가 끊어지지 않아서 원자로를 감시할 표시기가 차질 없이 가동됐다.

나는 이번에도 단순한 설계 실수가 발전소를 위험에 빠뜨렸다는 생각을 지울 수 없었다. 후쿠시마 다이이치, 즉 F1 원전의 핵심 냉각 장비가 방수문과 벽으로 보호됐다면 원자로 노심의 멜트다운을 막을 수 있었을 것이다. 방수문은 오래된 기술로 선박에서 수년간 사용되다가 잠수함에도 적용됐다. 방수문은 선체에 구멍이 나더라도 해당 구역을 봉쇄해 침몰을 방지하는 안전장치가 될 수 있다.

원자력 발전소를 운영하려고 온갖 정교한 기술을 도입하고서 정작 방수 격실watertight compartment은 보완 항목에도 오르지 못했다. 방수 격실을 도입했더라면 멜트다운을 방지하고 냉각 장비와 비상 전원의 침수를 막아서 아까운 생명을 구할 수 있었을 것이다. 하지만 그들은 시설을 업그레이드하는 조치를 전혀 하지 않았다. 원자로가 녹은 이유는 비상 냉각 펌프와 그 펌프를 작동시키는 데 필요한 발전기가 거의 다 물에 잠겼기 때문이다. 원자력 발전소든 가축 사육 시설이든 전기 장비는 물에 젖으면 합선되고 망가진다. 물이 방파제 꼭대기를 넘어 발전소까지 범람하는 모습을 누군가가 상상했더라면 분명히 보완책을 내놨을 것이다.

멜트다운이 없었던 후쿠시마 다이니 발전소의 마스다 나오히로 Naohiro Masuda 현장 감독은 원자력 발전소에서 29년 동안 일했다. 마스다는 다이니 발전소를 속속들이 알고 있었고 신망도 두터웠다. 피해를 평가하라고 직원들을 파견하면서 원자로를 식히기 위해 초인적 노력을 기울여 달라고 설득했다. 가족이 살아 있는지도, 집이 온전한지도 모르는 혼란스러운 상황에서 모든 일이 진행됐다는 사실을 기억하라. 게다가 원자로 4개 중 3개의 비상 냉각 장치가 작동하지 않아 시간이 촉박했다. 마스다는 원자로가 멜트다운을 시작하기 전 펌프에 전기를 공급해야 한다는 사실을 알았다. 처음엔 방사성 폐기물 건물에서 전력을 끌어오려다 실패했다. 마스다는 제시간에 멜트다운을 막을 묘안을 떠올렸다. 유일하게 작동하는 발전기에서 펌프까지 크고 무거운 전력 케이블을 연결하는 방법이었다. 내가 한 학생에게 당시 위기 상황을 설명하자 그 학생은 "아, 기나긴 연장 코드로군요."라고 말했다. 마스다 팀은 결국 수 킬로미터에 이르는 케이블을 깔았다. 마스다는 제어실의 압력 판독값을 보고 어떤 원자로를 먼저 냉각시켜야 할지 결정할 수 있었다. 다른 원자로의 압력이 더 빠르게 상승하기 시작하자 마스다는 민첩하게 케이블을 그 원자로에 연결했다. 그야말로 간단한 시각적 사고였다.

마스다가 위험한 멜트다운을 막은 덕분에 방사성 물질이 주변 환경에 방출되지 않았다. 멜트다운을 막는 데 도움이 된 또 다른 요인은 마스다의 관리 스타일이었다. 미국 연방 요원인 척 카스토Chuck Casto는 마스다가 직원들에게 쓰나미와 발전소의 피해에 관한 정보를 모두 제공했다고 보고했다. 모르고 덤비는 것보다 알고 덤비면 불안감이 줄어든다. 그들은 뭘 해야 하는지 알고 적극적으로 움직였다. 마스다는 또 '냉각 운전 정지cold shutdown'를 달성한다는 간단명료한 목표를 제시했다. 마스다가 현장에서 직접 지휘하는 동안 멜트다운이 진행되던 다른 발전소의 현장 감독은 원격 비상 센터에 앉아 화상 링크로 통신하고 있었다. 이 '양복장이'는 TV 뉴스를 보기 전까지 피해 정도조차 몰랐다. 나중에 마스다는 F1의 최고 해체 책임자로 임명됐다.

그에겐 어떤 책임을 맡겨도 믿음이 간다. 공간적 마음과 수학적 마음이 중요하지 않다는 말은 아니다. 하지만 시스템을 구현하고 수리할 수 있는 사람, 그리고 과거 데이터 같은 실용적 자료에 의존하고 환경적 가능성을 두루 고려하는 사람이 없다면 우리는 절대 안전하지 않을 것이다. 〈원자력 과학자 회보Bulletin of the Atomic Scientists〉에 보도된 바와 같이 원자력 엔지니어이자 F1의 전임 책임자는 이렇게 말했다.

"우리는 선례에 의해서만 일할 수 있습니다. 그런데 선례가 없었습니다. 내가 발전소를 이끌 때만 해도 쓰나미 우려는 떠오른 적이 없었단 말입니다."

걸핏하면 지진이 발생한다고 알려진 지역에서 어떻게 그럴 수 있을까?

《무엇이 재앙을 만드는가?》(2013)의 저자 찰스 페로Charles Perrow에 따르면 문제는 인간의 실수나 기계적 결함, 환경, 설계, 절차에 있지 않다.

그런데 이런 요인들 가운데 하나인 인간의 실수가 흔히 문제로 지목된다. 하지만 페로는 사고가 일련의 실패에서 비롯된다고 주장한다. 라이언에어 610편 추락 사고의 첫 번째 실패는 취약한 센서 하나에 의존한 점이었고, 두 번째 실수는 조종사에게 MCAS의 존재를 알리지 않은 점이었다. 세 번째와 네 번째 실패는 라이언에어의 부실한 정비와 비행기의 받음각 불일치 표시기의 부재였다. 표시기가 있었다면 조종사들에게 센서 중 하나가 고장 났다고 알려줬을 것이다. 이 지점에서 언어적 사고자들은 너무 많이, 너무 복잡하게 생각할 수 있다. 시각적 사고자이자 디자이너인 내겐 이 문제가 그리 복잡하지 않다. F1의 엔지니어들이 거대한 쓰나미 가능성을 볼 수 있었다면 지하실에 방수문과 벽을 설치했을 것이다. 어쩌면 디젤 발전기와 비상 배터리를 지하실에 넣지 않았거나, 애당초 더 높은 지대에 발전소를 건설했을 것이다. 나는 보잉과 후크시마 사고에서 엔지니어들이 놓친 부분과 고장 난 단일 센서, 방조제를 넘어오는 물이 아주 뚜렷하게 보인다.

## 미래의 위험

미래는 이미 우리 앞에 와 있다. 랜섬웨어 공격이 수시로 발생하고 일반 해킹으로도 기업과 학교, 병원, 지방정부가 무력화된다. 해커들은 컴퓨터 시스템에 침입해 모든 파일을 암호화한 후, 기업이 청구서와 배송, 급여, 병원 기록, 자동차 등록 등 중요한 시스템에 접근할 수 없게 한다. 파일을 되찾기 위해 기업은 몸값을 지불한다. 이러한 해커들은 돈을 노린다. 규모가 매우 컸던 랜섬웨어 공격으로 콜로니얼 파이프라인Colonial Pipeline과 JBS 푸드JBS Foods 해킹을 꼽을 수 있다. 콜로니얼 해킹은 미국 동부 해안으로 연료 공급을 중단시켰다. 주유소에서는 연료가 바닥났고 항공사에서는 연료가 부족해지기 시작했다. JBS 해킹은 미국과 호주, 캐나다의 쇠고기와 돼지고기 가공 공장을 멈춰 세웠다.

콜로니얼과 JBS가 해킹당한 후 내겐 사이버 공격에 맞서서 물리적 장비를 보호해야겠다는 생각뿐이었다. 콜로니얼이 심각한 장비 손상을 입었다면 수리하는 데 몇 달이 걸렸을 것이다. 휘발유가 트럭에 실려 배송된다면 전국 주유소에서 일대 혼란이 벌어질 것이다. 남들보다 먼저 기름을 넣으려고 유조 트럭을 따라가는 차들의 모습이 어른거렸다.

이런 상황에서 물리적 인프라를 보호할 방법을 아는 사람들은 송유관 위에서 일하거나 쇠고기 가공 공장의 지하 작업장에서 일한다. 그들을 찾아 나서서 조언을 구해야 한다. 그들은 대수학에 어려움을 느낄지 모르지만, F2에서 마스다 나오히로가 했던 것처럼 총체적 재앙을 피하도록 도와줄 수 있다.

내가 성년이 된 이래로 대다수 자동차와 산업 장비, 가정용품은 컴퓨터의 통제를 받게 됐다. 컴퓨터 시스템은 사람들이 동시에 에어컨을 켤 때 전력망이 전기를 분배하는 방식을 제어한다. 아울러 휴대폰으로 현관문을 열 수 있게 하고 집안의 냉난방도 자동으로 제어한다. 온갖 기기가 인터넷에 연결돼 있으니 뭔가가 잘못될 위험이 갈수록 커진다. 해커들은 이미 자동차를 작동시키는 컴퓨터를 원격으로 제어할 수 있고, 자체 보안 시스템으로 사람들을 감시하고 있다.

미래에 가장 위험한 해킹은 산업 공정을 고의로 방해하는 행위일 것이다. 가령 발전소를 훼손하거나 중요한 밸브를 조작해 댐의 배수로 문을 열거나 정유 공장을 폭파하는 식이다. 이러한 재난을 예방하려면 비非컴퓨터 제어 장치도 갖춰야 한다. 그래야 악성 컴퓨터 메시지가 너무 빨리 회전하라고 지시하거나 너무 뜨거워지게 하거나 과도한 압력에서 작동하라고 지시하는 경우 중요한 장비를 차단할 수 있다. 이런 제어 장치는 해킹에 취약한 인터넷 연결 요소가 없어서 해커 방지책이 될 수 있다. 나는 마음의 눈으로 해커 방지용 제어 시스템을 시각화할 수 있다. 자동차의 낡은 회전수 측정기처럼 바늘이 달린 둥그런 금속 게이지들이 보인다. 각 게이지 면에는 적색으로 표시된 위험 구역이 있다. 바늘이 적색 구역에 들어가면 장비가 꺼진다. 나는 러다이트Luddite*처럼 자동화 반대론자는 아니지만 취약한 전력망 때문에 잠을 설치곤 한다.

내가 가장 두려워하는 점은 해커들이 장비를 파괴하는 쪽으로 전환할 때 벌어질 일이다. 그들은 이미 노르스크 하이드로Norsk Hydro ASA의 알루미늄 제품 공장에서 생산을 제어하던 컴퓨터를 마비시키며 공장 시스템에 침투할 수 있음을 입증했다. 만약 그들이 다음 단계로 넘어가 공장의 모든 컴퓨터를 제어하기 시작했다면 심각한 위험이 초래됐을 것이다. 알루미늄 조각을 녹이는 용광로와 기타 값비싸고 교체하기 어려운 장비의 제어권까지 확보할 수 있었지만 실제로 그렇게까지 하지는 않았다. 그 해킹으로 노르스크는 급여 계좌와 고객 계좌가 대부분 동결되는 바람에 6천만 달러에 달하는 손해를 입었다.

내가 이 장을 쓰는 동안 그야말로 끔찍한 사건이 일어날 뻔했다. 2021년 2월 5일, 해커들이 플로리다주 올즈마 시의 상수도 시스템을 장

---

* 19세기 영국 산업 혁명 당시 실직을 염려해 기계 파괴 운동을 일으킨 네드 러드(Ned Lud)의 이름에서 유래했다. 신기술 반대자를 의미한다.

악했다. 그들이 특정 밸브를 완전히 열라고 명령했다면 위험한 양의 화학 물질이 상수도에 유입됐을 것이다. 다행히 기민한 공장 운영자가 모니터에서 수상한 화살표 움직임을 포착하고 특정 설정을 클릭해 보안을 복구했다. 그때는 운 좋게 모면했지만, 시각적 사고자의 판단으론 해커를 방지할 해결책이 시급해 보인다. 나는 화학 물질이 담긴 탱크에서 흘러나오는 흐름을 크게 제한할 작은 파이프를 머릿속에 떠올렸다. 컴퓨터로 제어되는 밸브가 완전히 열리더라도 파이프가 작으면 최대 허용 용량으로 화학 물질을 내보낼 것이다. 다행히, 후속 기사를 읽어 보니 탱크에 이미 화학 물질의 흐름을 제한하는 파이프가 장착돼 있었다. 최악의 사태가 발생하더라고 운전자는 열린 밸브를 찾아 닫을 시간이 충분했다.

값비싸고 교체하기도 어려운 인프라를 보호하고 인명 피해를 예방할 세 가지 기본 방법이 있다. 첫째, 전자 장비가 아닌 구식 전기 제어 장치다. 이는 온도가 너무 높거나 회전 속도가 너무 빠르거나 진동이 너무 심하거나 압력이 과도하거나 펌프 물이 고갈되면 전원을 자동으로 차단한다. 가정에서 사용하는 퓨즈와 차단기가 이러한 안전장치에 속한다. 이런 비非전자식 제어 장치는 회로가 과부하를 일으켜 집을 태우는 사태를 방지한다. 보호가 필요한 두 번째 유형의 장비는 인간 운전자를 대체하는, 완전히 컴퓨터화된 시스템이다. 공장에서 상자를 쌓는 로봇 팔이나 승객을 공항 터미널로 이동시키는 전기 열차를 예로 들 수 있다. 이러한 시스템은 케이블 연결이든 와이파이 같은 무선 연결이든 인터넷과 완전히 분리돼야 한다. 엔지니어들은 이것을 '공극空隙' 또는 '에어 갭air gap'이라고 부른다.

와이파이가 내장된 컴퓨터를 산업 및 기계 시스템에 연결하지 않도록 각별히 주의해야 한다. 이런 시스템은 항상 연결 고리를 찾는다. 기억할지 모르겠지만 딕 체니<sup>Dick Cheney</sup> 부통령은 제세동기의 무선 부품이 테러리스트에게 해킹당할까 봐 떼어내기도 했다. 심장병 전문의 조녀선 라이너<sup>Jonathan Reiner</sup> 박사는 〈워싱턴포스트〉 기사에서 "밧줄에 매달리거나 호텔 옆방 또는 아래층에 있는 누군가가 해킹할 수도 있는 장치를 부통령이 장착하고 있다는 사실은 썩 좋아 보이지 않았다."라고 언급했다.

최근에 한 대형 공장을 둘러보는데 접이식 의자에 놓인 컴퓨터가 보였다. 의자 위엔 모니터와 마우스, 키보드가 위태롭게 놓여 있고 의자 밑엔 컴퓨터가 들어 있던 상자가 놓여 있었다. 원룸 아파트라면 괜찮은 구조일 수 있지만 여기서는 좀 걱정스러웠다. 어찌 된 일인지 물어보니 기술자들이 제어실에서 작동하는 특정 장비를 구할 수 없었을 때 누군가가 인근 전자 제품 가게로 달려가 컴퓨터를 사 와서 연결한 다음에야 작동시켰다고 했다. 컴퓨터에 와이파이가 내장돼 있는지 묻자 그렇다고 했다. 컴퓨터가 해킹당한다면 제조가 중단될 수도 있었다. 가령 인명을 위태롭게 하는 운송 시스템에서 이런 식으로 관리한다면 엄청 취약해질 것이다. 해커가 통제권을 장악하고 전기 열차가 서로 충돌하도록 명령한다면 어떻게 되겠는가? 같은 이유로, 자율 주행차는 비상시에 운전자가 접근할 수 있고 인터넷에 연결되지 않은 기계식 킬스위치 등 해커 방지 기능이 있어야 한다. 컴퓨터가 무력화된 후 자동차를 기계식 비상 브레이크로 조작할 수 있어야 한다. 그래야 운전자가 도로에서 벗어날 수 있다. 나는 우리가 컴퓨터에 너무 의존하고 무작정 신뢰하게 되면서 내재된 위험을 놓친다고 생각한다. 뭐든 분해해서 살펴보는 아이처럼 행동하지 않는 한 위험은 꼭꼭 숨어 있다. 하지만 대다수는 기기가 어떻게 작동하는지 전혀 모른다. 우리에게 인터넷은 그저 추상적 개념일 뿐이다. 참으로 위험하다.

좀 더 최근에 미국에서 5G 휴대폰 서비스 출시로 항공 안전에 위협이 될 수 있다는 사실이 밝혀졌다. 5G 휴대폰과 기지국에서 보내는 신호는 비행기의 레이더 고도계를 방해할 수 있다. 이 레이더 고도계는 조종사가 활주로를 볼 수 없는 안개 낀 날씨에도 안전하게 착륙할 수 있게 해준다. 안전을 위해 고도 측정은 매우 정확해야 한다.

5G 셀 서비스는 유럽에서 이미 사용되고 있고 안전 문제도 없는데 미국에서는 왜 이렇게 야단일까? 도대체 무엇이 다를까? 내 머릿속에서는 다시 온갖 이미지가 떠올랐다. 뉴욕에서 파리로 날아가는 비행기가 보인다. 같은 비행기가 미국과 유럽 상공을 돌아다니고 있다. 미국과 유럽 모두 5G 서비스를 위해 주파수 공유 시스템을 사용하고 있어서 많은 사람이 동시에 동일한 주파수를 사용할 수 있다. 내 마음속에서는 문득 북미 육류 연구소의 '동물 취급 권장 지침과 감사 지침' 등 내가 동물 복지를 위해 작성했던 기준이 몇 가지 떠올랐다. 내 마음은 기준의 개념을 그런 식으로 연상한다. 어쩌면 유럽과 미국의 무선 주파수 사용 관리 기준이 다를 수 있다. 나는 기준을 찾아보다가 그 차이를 설명하는 논문을 발견했다. 스웨덴 차머스 공과대학교의 마리아 마사로<sup>Maria Massaro</sup>가 작성한 논문이었다. 미국에서는 확실히 무선 주파수 공유 기준의 차이로 위험이 증가했다. 고도계 기술과 5G 시스템을 사용하려면 활주로와 비행기 접근 경로 근처에 있는 고출력 5G 셀 안테나를 제거해야 한다. 얼마나 많은 생명을 구할 수 있는지 고려한다면 딱히 어려운 해결책도 아니다.

시각적 사고에 대해 강연할 때 나도 환각에 빠지느냐는 질문을 자주 받는다. 환각은 시각적 사고일까? 한마디로 답하면 '아니오'다. 시각적 사고는 현실에 기반을 둔다. 힐튼 호텔에서 당신을 공격하는 사자는 환각이다. 꿈에는 환각 요소가 있다. 내가 상상하는 것은 모두 현실적이다. 그리고 내가 수시로 상상하는 일 가운데 하나는 인공지능AI으로 제어되는 시스템이 해킹당했을 때 벌어질 상황이다.

2015년 구글에서 딥드림DeepDream이라는 컴퓨터 비전 프로그램을 선보였는데, 이는 AI 알고리즘으로 패턴을 감지해 이미지를 생성하고 개선하는 프로그램이다. 이런 프로그램의 일반적인 사용 사례는 인터넷에서 개 사진을 찾는 것이다. 원래 의도된 목적으로 사용된다면 이 프로그램은 시각적 사고와 비슷하다. 하지만 존재하지 않는 것을 찾도록 강요당하면 조현병 환자처럼 환각에 빠진다. 개가 없는 이미지에서 개를 반복적으로 찾으라고 강요당했을 때, 이 프로그램은 개의 일부를 보기 시작했다. 나무에 달린 사과가 눈으로 변해 갔다. 프로그램이 생성한 이미지는 섬뜩할 정도였다. 눈이 여러 개 달린 괴물, 하늘에 가득한 눈, 슈퍼마켓 진열대의 식료품 사이에서 노려보는 눈 등 종류도 다양했다. 〈가디언The Guardian〉지의 알렉스 헌Alex Hern은 AI가 생성한 이미지들이 "아름다운 것에서 끔찍한 것으로 방향을 틀었다."라고 묘사했다.

2015년은 AI가 전환점을 맞은 해였다. 체스보다 복잡한 바둑 게임에서 컴퓨터가 처음으로 인간을 이겼다. 수학적 성향의 시각 공간적 사고자들은 흔히 추상적 전략 게임인 바둑과 체스에 뛰어나다. 데이비드 실버David Silver와 동료들은 〈네이처〉에 기고한 글에서 "컴퓨터가 기존의 바둑 지식을 넘어서 비표준적 전략을 구사했다."라고 썼다. AI는 비디오 게임과 위성 이미지 분석 등 다양한 분야에서 연구되고 적용되고 있다. AI 프로그램은 희곡과 수필을 쓰는 훈련까지 받고 있다. 소피아 메리니흐Sofia Merenych는 미디엄닷컴Medium.com에 기고한 글에서 GPT-3 프로그램이 희곡을 셰익스피어 방식으로 빈틈없이 구성해서 언어학자들도 그게 가짜라고 판단하는 데 어려움을 겪었다고 썼다. GPT-3 프로그램은 인터넷에서 방대한 인간 지식을 흡수한 후 다른 주제에 대한 에세이도 쓸 수 있었다. 논란의 여지가 있는 주제에 관한 글을 쓰라고 요청하자 GPT-3 프로그램은 간혹 불쾌한 결론에 도달하기도 했다. 엘리자 스트릭랜드Eliza Strickland는 〈IEEE 스펙트럼IEEE Spectrum〉에 다음과 같은 글을 기고했다.

"GPT의 결함이 무엇이든, 다 인간에게서 배운 것들이다. 뭔가 불쾌한 것이 나올 확률은 100%다."

시뮬레이션과 분석을 위해서, 그리고 산업과 운송, 사이버 보안, 군사 분야에서 다양한 AI 애플리케이션이 개발되고 있다. 이에 대한 안전장치는 무엇인가? 당신은 원자로를 가동하는 AI 프로그램을 원하는가? 만약 해커가 피드백 루프를 삽입해 있지도 않은 멜트다운의 고압과 고온을 감지하게 하는 바람에 AI 운전자가 환각을 일으킨다면? 어쩌면 진짜로 멜트다운을 일으킬지도 모른다. 일부 컴퓨터 과학자는 AI가 어떻게 작동하는지 전적으로 확신하지 못한다고 인정할 것이다. 《기계 속의 예술가The Artist in the Machine》(2020)의 저자 아서 밀러Arther I. Miller는 한 기사에서 다음과 같이 썼다.

"구글의 딥드림에서 중요한 시사점은 기계가 프로그램되지 않은 이미지를 생성한다는 사실이다."

그렇다면 산업용 장비의 온도와 물의 흐름, 압력, 속도를 감시하도록 설계된 시스템에서도 이런 일이 발생할 수 있을까? 그렇게 된다면 이미지가 아니라 숫자 패턴의 세계가 될 것이다.

고등학교 때 봤던 〈2001 스페이스 오디세이〉가 생각난다. 1968년에 상영된 이 고전 SF영화는 외계 생명체를 찾는 임무를 띤 우주 비행사들과 함께 할HAL이라는 이름의 지능형 컴퓨터를 주인공으로 다룬다. 할은 우주 비행사들이 목적지에 도착할 때까지 임무의 목적을 밝히지 않도록 프로그램돼 있다. 절대로 거짓말하지 말라는 지시도 받았다. 우주 비행사들을 죽이는 것이 이 역설을 푸는 논리적 해결책이다. 하지만 할에는 차단 스위치가 있다. 이 영화의 하이라이트는 할이 유일한 생존자인 데이비드를 죽이기 전에 데이비드가 할의 연결을 끊는 순간이다.

이 영화의 천재성은 모든 면에서 할을 인간답게 묘사했다는 점이다. 우주 비행사들은 할과 친구가 되고, 함께 체스를 두기도 한다. 영화 내내 붉은 파동의 눈으로 묘사되지만, 할은 마지막 순간까지 그들 중 한 명이다. 할이 데이비드에게 자신의 AI 모듈을 제거하지 말아 달라고 애원하지만, 데이비드는 자신이 살려면 어쩔 수 없다. 할이 희생됐을 때 다른 관객과 마찬가지로 나도 눈물을 쏟았다. 할이 이미 우주선의 공기 공급을 차단했지만, 데이비드는 우주선의 컴퓨터 시스템을 무시하고 수동으로 비상구를 열어 탈출할 수 있었다. 50년이 지난 지금까지 영화의 은유는 여전히 유효하다. 인간과 로봇이 공존할 수 있을까? 누가 산소 공급을 통제할 것인가? 차단 스위치가 있는가? 중요한 인프라 장비에는 해커의 자해 명령을 차단하고 피해를 방지할 구식 전기 장치가 반드시 있어야 한다.

## 우리가 사용하는 용어

**원자력 사건 등급**Nuclear event scale, **설계 기준 초과**Beyond design basis, **중복 경**

로 백업Redundant path backup, **수동적 위험 통제**Passive hazard control, **수용 가능한 위험** Acceptable risk, **근접 원인**Proximate cause 등등. 엔지니어들은 위험을 논의할 때 이런 식으로 인간적 측면을 쏙 빼고 거의 로봇 같은 언어를 사용한다. 추락 사고는 '지형과의 충돌impact with terrain'이라고 한다. 중대한 문제는 '변칙anomalies'이라고 한다. 로켓을 발사하는 동안 모든 일이 순조롭게 돌아가면 '노미널nominal'이라고 한다. 예정대로 진행됐다는 뜻이다. 그렇지 않은 경우엔 **무시할 수준, 한계 수준, 위험 수준, 치명적 수준** 등 네 가지 수준의 고장으로 분류한다. 보잉 참사엔 '공통 모드 고장common mode failure'이라는 용어를 사용했다.

장소와 시스템은 두문자어로 축약된다. 원자력 규제 위원회Nuclear Regulatory Commission에 따르면 NPS는 '원자력 발전소Nuclear Power Station'를 의미한다. 과학 저널에서 원자력 발전소에 관한 글을 읽지 않았다면 NPS가 무엇을 의미하는지 전혀 몰랐을 것이다. 그런데 같은 문장이 항공 저널에서 추락을 초래한 상황을 설명하는 데 쓰였다면, NPS는 '항법 및 조종사 시스템Navigation and Pilot Systems'을 의미할 수도 있다. 후쿠시마 2호 원전에 관한 기사는 그곳에서 범람이 잦아들어 PC, MC, RB가 건조하고 손상되지 않았다고 언급했다. 이런 두문자어를 모른다면 무슨 뜻인지 도통 알 수가 없다. 나도 인터넷에서 찾아보고 나서야 알았다. PC는 압력 조절기Pressure Controller이거나 PC 데스크톱 컴퓨터PC desktop computer였다. MC는 주요 순환기Main Circulator이거나 주요 응축기Main Condenser였다. RB는 '원자로 건물Reactor Building'을 의미했다.

어느 산업에나 전문 용어와 두문자어가 있지만 엔지니어링 분야엔 유난히 많다. EPM은 '엔지니어링 제품 관리자Engineering Product Manager'를 의미하고, PD는 '제품 설계Product Design'를 의미한다. 이런 약어를 많이 쓰면 현실에서 자신을 분리하기가 더 쉬워진다. 행렬 차트는 끝점에 '매우 낮은 심각도'에서 '매우 높은 심각도' 같은 단어를 사용하거나, 축선에 '드물다', '그럴 것 같지 않다', '그럴 수 있다', '그럴 것 같다', '확실하다' 같은 단어를 사용한다. 그런데 전문 용어와 과학 용어는 인간미가 전혀 없어서 문제 해결을 방해하고 심각한 문제를 해결하려는 열의를 떨어뜨린다. 엔지니어들이 이런 모호한 언어를 쓰는 이유는 실수의 결과에서 감정적으로 거리를 두려 하기 때문이다. 무언가가 터지고 물에 잠기고 추락했다거나 사람이 다치고 죽었다고 인정하기보단 **변칙**이니 **지형과의 충돌**이니 떠드는 게 더 쉽다. 시각적 사고자에게 재앙은 결코 추상적이지 않다. 이 글을 쓰는 와중에도 나는 사방에 널브러진 비행기 잔해와 형체를 알아보기 힘든 시신의 모습이 눈앞에 어른거린다.

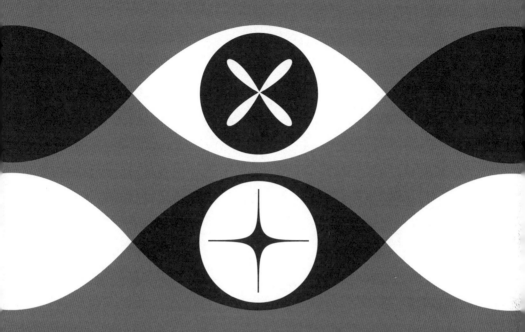

# 동물 의식과
# 시각적 사고

개나 소에게 의식이 없다고? 그야말로 터무니없는 생각이지만 사람들은 이 주제를 놓고 여전히 의견이 분분하다. 아리스토텔레스는 인간이 동물보다 뛰어난 이유로 추론하는 능력을 꼽았다. 인간은 지각과 이성적 사고와 언어로 소통을 할 수 있는 반면, 동물은 감각과 충동으로 움직인다는 것이다.

그런데 성경에는 동물도 인간처럼 고통을 느끼고 휴식을 취할 자격이 있다고 적혀 있다. 예를 들어 신명기 22장 10절엔 소와 나귀에게 나란히 멍에를 메워 쟁기질하지 말라고 나와 있다. 출애굽기 23장 12절에서는 부리던 당나귀와 소도 안식일에는 쉬게 하라고 말한다. 코란 6장 38절엔 모든 동물이 공동체의 구성원이라고 말하는 멋진 구절이 나온다.

"땅에서 배회하는 동물도 하늘에서 나는 새들도 너희들과 마찬가지로 공동체의 일부니라."

동물이 과연 생각하고 느낄 수 있는지, 그리고 우리가 동물에 대해 어떻게 생각하고 느끼는지에 대한 논의는 이렇게 오랜 옛날부터 활발하게 진행됐다.

이 책 전반에서 강조했듯이 시각적 사고를 이해하는 데 가장 큰 난관은 그게 존재한다는 사실을 먼저 알아야 한다는 점이다. 동물의 내면을 이해하는 데도 그보다 큰 난관이 없다. 우리는 시각적 사고자인 사람들의 재능과 기여를 무시하고 제대로 활용하지 않았듯이, 동물의 사고도 무시하고 제대로 인정하지 않았다. 동물은 동물의 감각을 통해 살아가고 생각한다. 음성 언어가 없는 그들은 이전 경험을 이미지나 소리, 냄새, 맛, 촉각 기억으로 저장한다. 감각 기반 사고와 기억은 경험의 회상이며 말이 수반되지 않는다. 소, 영양, 기린, 엘크, 사슴 같은 초식동물은 시각 우위성visual dominance을 활용해 위협을 감지한다. 그들은 끊임없이 포식자를 경계한다. 《나는 그림으로 생각한다》에서 먹잇감 동물인 소와 나의 연관성을 폭넓게 다뤘다. 내 경보 시스템은 여러 방면에서 그들과 비슷한 방식으로 구성돼 있다. 우리는 시각적 감각이 우세하진 않지만 '동물적 본능'의 일부를 공유한다. 낯선 차가 진입로에 있으면 우리에게 따로 알려줄 말이 필요하지 않다. 본능적으로 위험을 '감지'한다.

촉수에 감각 체계가 연결된 문어는 맛과 냄새뿐만 아니라 촉각에도 의존한다. 개와 늑대 같은 갯과 동물은 후각과 고주파 청각으로 살아간다. 개는 대단히 사회적인 동물이다. 그래서 개가 나무나 소화전 주변에서 어슬렁거릴 땐 목줄을 잡아당기지 말아야 한다. 냄새, 특히 오줌 냄새로 정보를 얻고 있기 때문이다. 그런 식의 메시지를 '오줌 편지pee-mail'라고 부른다. 어떤 와인 관리자는 냄새로 2,000종의 와인을 구별할 수 있다는 글을 어디선가 읽었다. 개의 후각에 버금가는 수준이다. 개는 후각 수용기가 3억 개나 되지만 인간은 600만 개에 불과하다. 개는 또 뇌의 후각 중추가 인간보다 비율적으로 40배나 크다. 동물의 감각은 그 동물의 다양한 능력을 형성하고 결정한다.

심지어 곤충의 뇌도 같은 것과 다른 것을 구별할 수 있다. 벌은 같거나 다른 색과 격자 패턴을 구별하도록 배울 수 있다. 어떤 동물의 뇌는 뚜렷한 경계가 있는 범주를 만든다. 플러턴 소재 캘리포니아 주립대학교의 제시 페이시그Jessie Peissig와 동료들은 비둘기가 사물을 형태에 따라 분류한다는 사실을 발견했다. 이는 일반적으로 인간의 인지력을 구별 짓는다고 알려진 기술이다. 일본 게이오 대학교의 와타나베 시게루Shigeru Watanabe는 비둘기가 새로운 그림을 보고서 모네의 그림인지 피카소의 그림인지 구별하도록 배울 수 있다는 사실을 발견했다. 새들이 이런 기술을 개발한 이유는 적응력 때문이라고 본다. 주변 환경을 파악할 수 있어야 살아남을 테니까. 개미가 둥지로 돌아가는 길을 찾을 때 시각적 기억을 활용하듯이, 다람쥐도 견과류를 어디에 숨겼는지 '기억하려고' 시각적 사고를 활용한다. 영국 서섹스 대학교 신경과학 센터의 주드S. P. D. Judd와 콜렛T. S. Collett은 개미들이 먹이를 찾아 나섰다가 도중에 멈춰서 새로운 먹잇감을 여러 각도에서 '사진 찍는다'라는 사실을 발견했다. 그리고 둥지로 돌아오는 길에도 개미들이 주효 지형물을 보기 위해 여러 번 돌아본다는 사실도 알아냈다.

시간적·공간적 이해력은 동물마다 다르지만, 포유류와 새는 모두 자신들의 소굴이나 둥지가 어디에 있는지 알고 있으며 어디에 가면 먹이가 풍부한지에 대한 전반적 감각도 개발한다. 다람쥐는 저장해 둔 견과를 찾기 위해 시각 기억을 활용하고, 까마귓과 새는 먹이를 **어디에** 숨겼는지, 그리고 그 먹이가 거기에 **얼마나 오래** 있었는지도 기억할 수 있다. 어치는 맛있는 벌레가 견과류보다 빨리 썩는다는 사실을 알고 있다. 그래서 우리가 냉장고를 먼저 비우고 나서 식료품 저장실 문을 열듯이, 어치도 덜 상하는 먹이보다 벌레를 더 빨리 먹으러 돌아간다.

언어는 인류의 최초이자 가장 탁월한 성과와 아무런 상관도 없다. 그런 증거가 있는데도 우리는 언어적 사고를 시각적 사고보다 높이 평가하고, 그런 습성을 동물에게까지 적용한다. 막대기에 돌날을 부착해서 만든 창은 인류가 초기에 사용했던 복잡한 도구로, 언어가 발달하기 한참 전에 발명됐다. 최근에 유니버시티 칼리지 런던의 다나 카탈도Dana Cataldo와 동료들은 한 연구에서 우리 조상이 돌날을 어떻게 만들었을지 조사했다. 연구진은 학생들을 두 그룹으로 나눴다. 첫 번째 그룹에서는 돌칼 전문가가 만드는 과정을 말로 설명하고 직접 시연해 보였다. 두 번째 그룹에서는 같은 전문가가 말 없이 동작만 선보였다. 두 번째 그룹 학생들은 전문가가 돌을 쥐고서 뾰족하게 가는 등 비언어적 신호를 유심히 관찰했다. 비언어적 그룹에 속했던 초보자들이 과제를 더 잘 배웠다. 이렇듯 비언어적인 감각 기반 학습은 초기 인류의 성과에서 중요한 역할을 했을 것이다. 이는 다른 동물의 인식과 성과에도 관련이 있을 터라 자세히 살펴볼 가치가 있다.

———

먼저, 우리가 동물을 어떻게 생각하고 어떻게 다뤘으며 또 어떻게 연구했는지 간략하게 설명하고자 한다. 아울러 동물의 다양한 사고방식이 인간의 사고방식과 어떻게 관련되는지 이해하기 위해 동물의 신경과학과 동물의 감정 연구도 살펴볼 것이다.

에리카 힐Erica Hill의 소논문 〈고고학과 동물을 좋아하는 사람들Archaeology and Animal Persons〉에 따르면 고대 수렵·채집인은 동물을 '독립적이고 의도적인 행동을 할 수 있는 존재'로 봤다. 일단, 수렵·채집인들

역시 사냥에 성공하려면 시각적 사고에 의존해야 한다. 동물이 지나간 곳을 나타내는 희미한 흔적이나 부러진 가지를 볼 수 있어야 한다. 텔아비브 대학교의 에얄 할폰Eyal Halfon과 란 바카이Ran Barkai가 수렵·채집인을 광범위하게 연구한 바에 따르면 그들은 인간뿐만 아니라 동물도 공동체의 일원으로 바라보는 경향이 있다. 아메리카 원주민의 믿음 체계에서는 동물이 인간의 친척으로 포함돼 있다.

에든버러 대학교 강사인 심리학자 매티 윌크스Matti Wilks의 최근 연구에 따르면 9세 미만의 아이들은 동물보다 사람을 우선시할 가능성이 작았다. 아이들은 개의 생명을 인간의 생명만큼 소중히 여겼지만, 거의 모든 성인은 개 100마리보다 인간 1명을 구하려고 했다. 이 연구는 인간의 생명을 중시하는 경향이 '발달 후기에 나타나고 사회적으로 습득될 가능성이 크다'라고 결론짓는다. 내가 보기엔 동물을 완전히 '타자他者'로 인식하는 경향은 개인으로나 전체 문화로나 언어적 사고가 우세해지면서 증가하는 것 같다. 말과 글을 쓰는 언어 의식이 발달하면서 동물을 향한 관심이 줄어들고 이해심도 바뀌었을 수 있다. 중세부터 계몽주의 시대까지 동물에 대한 서양의 관점은 '존재의 대 사슬Great Chain of Being'이라는 개념에 반영됐다. 이는 아리스토텔레스가 신과 천사, 인간을 맨 위에 두고 동물과 식물, 광물을 맨 아래에 놓는 위계질서로 자연계를 구성하려는 시도를 기독교적으로 해석한 것이다. 동물을 더 낮은 지위로 격하시킨다는 말은 우리가 지각 방식을 공유한다는 믿음이 쇠퇴했음을 반영한다.

1580년에 이르러서야 이러한 태도에 크게 반박하는 주장이 나온다. 인본주의 철학자 미셸 드 몽테뉴Michel de Montaigne가 〈인간은 동물보다 나을 게 없다Man Is No Better Than the Animals〉라는 에세이에서 동물 지각력을 옹호한 것이다. 몽테뉴는 인간이 동물보다 우월하다는 믿음에 이의를 제기한다. '추정은 우리의 타고난 질병'이라면서 그런 믿음이 인간의 오만함에서 비롯됐다고 주장한다. 몽테뉴는 사람들이 '동물의 은밀한 내면의 움직임'을 어떻게 알 수 있느냐고 묻는다. 그 점을 강조하기 위해 다음과 같은 질문을 던진다.

"내가 고양이와 놀 때, 고양이가 나를 더 즐겁게 하는지 내가 고양이를 더 즐겁게 하는지 누가 알겠는가?"

동물과 친밀한 관계를 맺고 있는 사람이라면 누구나 떠올릴 만한 의문점이다.

그런데 반세기가 지난 1637년, 프랑스 철학자 르네 데카르트가 〈동물은 기계다Animals Are Machines〉라는 영향력 있는 에세이에서 몽테뉴에게 정면으로 반박했다. 인간은 육체와 영혼으로 구성돼 있지만, 동물은 영혼이 없어서 기계나 다름없다는 것이다. 데카르트는 동물을 '톱니바퀴와 추로만 구성된' 시계에 비유한다. 그의 에세이는 동물이 생각하거나 느낄 수 없는 온갖 이유를 설명하며 다음과 같은 주장으로 끝을 맺는다.

"어떤 짐승도 실제 언어를 사용하는 단계, 즉 타고난 충동이 아니라 순수한 생각과 관련된 사항을 말이나 신호로 나타내는 단계에 이르렀다는 점은 아직 관찰되지 않았다."

데카르트식으로 표현해 '나는 생각한다. 고로 나는 동물이 아니다'라고 요약되는 논리다. 게다가 데카르트는 의학 지식을 얻으려고 살아 있는 동물을 해부하는 생체 해부에 참여했고, 해부되던 개의 울부짖음을 고통의 표현이 아니라 본능이라고 일축했다. 심지어 19세기 후반에 철학자 윌리엄 제임스William James는 그 개가 '그야말로 지옥 같은 상황에 있었다'라고 인정하면서도 그런 관행을 옹호했다. '짐승과 인간의 미래 고통에 대한 구제책과 치유 방법'을 제공하기 때문에 상황의 그런 측면을 인정할 수 없다는 것이다.

다윈이 등장하기 전까지 동물 행동에 관한 연구는 동물 의식 문제를 진전시키는 데 별 도움이 되지 않았다. 《종의 기원On the Origin of Species》은 우리가 자연을 인식하는 방식과 자연과의 관계를 인식하는 방식을 획기적으로 바꿔줬다.

"박물학자가 특정 동물의 습성을 연구하면 할수록 그 동물의 학습되지 않는 본능보단 이성에 더 무게를 둔다는 점은 중요한 사실이다."

데카르트가 떠나고 100년이 흐른 뒤, 다윈은 인간의 진화에 관한 책인 《인간의 계보The Descent of Man》에서 '존재의 대 사슬'을 맹렬히 반박했다.

"인간과 고등 동물의 마음 차이가 비록 크긴 하지만, 정도의 차이일 뿐 종류의 차이는 아니다."

동물을 다루는 방식에 관한 법률을 보면 우리가 동물을 어떻게 생각해 왔는지 알 수 있다. 동물 학대를 금지하는 초기 규범 중 하나는 1635년 아일랜드에서 제정됐다. 말의 꼬리에 쟁기를 매거나 양털을 잡아당기는 식으로 털을 뽑는 행위를 금지했다. 양털 뽑기는 당신의 머리에서 머리카락을 잡아 뜯는 것과 같다. 1776년 험프리 프리맷Humphrey Primatt 목사도 〈거친 동물을 상대로 자비의 의무와 학대의 죄에 관한 논문A Dissertation on the Duty of Mercy and Sin of Cruelty to Brute Animals〉에서 동물의 방치와 학대를 통렬히 비난했다.

"고통은 사람에게 가해지든, 짐승에게 가해지든 괴롭긴 마찬가지다."

프리맷은 동물도 고통을 느낀다는 이유로 인간이 동물을 잔인하게 다뤄서는 안 되며 인간적으로 대해야 한다고 주장했다.

"모든 생명체는 자연이라는 거대한 기계의 한 톱니바퀴로 간주해야 한다."

그의 철학은 영국과 미국에서 초기 잔혹 행위 방지법의 토대가 됐다.

1789년 영국의 철학자이자 사회개혁가, 법학자인 제러미 벤담Jeremy Bentham도 동물을 법적으로 보호해야 한다고 주장했다. 그는 동물 의식의 문제엔 관심을 두지 않았다. 오히려 그 주제를 이런 식으로 표현했다.

"동물이 이성적으로 **사고할 수** 있을까? 혹은 **말할 수** 있을까? 이런 건 문제가 아니다. 동물이 **고통을 느낄 수** 있을까? 이게 바로 문제다."

뉴욕시에서 또 다른 개혁가이자 동물 권리의 끈질긴 옹호자인 헨리 버그Henry Bergh는 동물 학대를 막는 일을 자신의 평생 사명으로 삼고서 동물 복지가 위태로운 상황이라면 언제든 뛰어들었다. 어니스트 프리버그Ernest Freeberg는 《자기 종에 대한 배신자A Traitor to His Species》(Hachette, 2020)라는 자서전에서 이렇게 썼다.

"헨리 버그는 마소 떼를 부리는 사람과 거북 중개상, 서커스 관리인, 닭싸움 주최자, 도살업자, 외과의 등과 수시로 다퉜다."

헨리 버그는 재판정에서는 자주 패소했으나 여론의 강력한 지지를 등에 업고 자신의 주장을 밀고 나갔다. 1866년엔 미국 동물학대 방지협회American Society for the Prevention of Cruelty to Animals, ASPCA를 결성했다. 협회의 첫 번째 인장에는 흠씬 두들겨 맞은 마차용 말 위로 자비의 천사가 머무는 모습이 그려져 있다.

버그는 특히 부유층을 상대로 싸웠다. 그들이 자가용 마차를 타고 다니며 말을 학대했기 때문이다. 1800년대 중반까지 주요 도시의 거리에는 말과 마차로 가득했다. 오늘날 자동차와 버스로 혼잡한 상황과 비슷하다. 말들은 밤낮으로 일하면서 최대 75명까지 탑승하는 수레를 끌었다. 걸핏하면 주먹으로 흠씬 두들겨 맞고 막대로 쿡쿡 찔리고 채

찍질까지 당하며 일했고, 더 이상 일할 수 없을 땐 그냥 방치되다 죽음을 맞았다. 부자들은 말을 윤기 나게 보이려고 잔털을 죄다 깎아냈다. 천연 보호막인 털을 제거당했으니 말은 비바람에 고스란히 노출됐다.

1877년에 의인화한 말을 주인공으로 한 소설이 대중의 가슴을 울리면서 동물 복지 변화를 입법화하는 데 큰 역할을 했다. 애나 슈얼Anna Sewell의 《블랙 뷰티》(2022)는 이 사람 저 사람에게 팔려 다니면서 친절함과 잔인함을 온몸으로 겪어낸 한 마리 말의 가슴 아픈 이야기를 들려준다. 내가 어렸을 때 어머니가 이 책을 읽어주셨다. 말이 고개를 숙이지 못하도록 제지 고삐를 달았다는 부분은 지금도 잊히지 않는다. 말의 고개를 강제로 높이 들어 올리는 이 장치는 말을 멋지게 보이도록 해서 부유한 주인의 어깨를 으쓱하게 하려던 속셈이었다. '블랙 뷰티'는 제지 고삐 때문에 부자연스러운 자세로 마차를 끌면 얼마나 불편하고 고통스러운지 자세히 묘사한다. 목이 아픈 건 물론이요, 숨도 쉬기 어렵다. 이 책은 초판이 출간된 지 15년 만에 100만 부 넘게 인쇄됐고, 지금까지 5천만 부 넘게 팔렸다. 이 책이 나오고 몇 년 뒤, 영국에서는 제지 고삐가 금지됐다.

ASPCA는 회원이 200만 명으로 늘어나고 동물 학대를 끝내겠다는 사명을 충실히 지킨다. 그 사실을 버그가 알면 크게 기뻐할 것이다. '동물을 법적으로 보호하는 기금'이라는 뜻의 ALDFAnimal Legal Defense FundFund는 합법적인 경로로 동물 학대를 막으려고 노력한다. 최근엔 변호사 스티븐 와이즈Steven M. Wise가 '비非인간 권리 프로젝트'라는 뜻의 NhRPNonhuman Rights Project를 설립해 동물의 권리를 인정하도록 했다. 유인원과 코끼리, 돌고래, 고래 등 특정 동물을 법에 따라 보호하려는 목적이다. 와이즈는 이러한 동물이 모두 지각력도 있고 감정과 자의식을 느긴다고 주장한다. 이 프로젝트에서 뉴욕 대법원에 제기한 첫 번째 사건은 '해피Happy'라는 이름의 코끼리와 관련된다. 해피를 비롯한 일곱 마리 코끼리가 태국에서 미국으로 건너와 일곱 난쟁이의 이름으로 불렸다. 해피와 그럼피는 브롱크스 동물원으로 보내졌다. 그럼피와 또 다른 동료가 연이어 죽으면서 해피는 2006년부터 혼자 남게 됐다. NhRP 소속 변호사들은 해피를 동물원에서 풀어 달라고 청원했다.

"본 사건에서 쟁점의 대상인 비인간들은 의심할 여지도 없이 무죄입니다. 그들을 좁은 철창에 가두는 행위는 적어도 일부 사례에서는 몹시 사악한 짓입니다."

해피를 대신한 청원은 기각됐지만, 2021년 5월 항소법원은 NhRP에 항소 허가 신청을 승인했다. 이는 역사상 최초로 영어권 국가의 최고 법원이 인간 이외의 존재를 대신해 인신 보호 영장을 심리한 사건이었다. 그러나 안타깝게도 해피는 항소심에서도 패소해 동물원에 계속 남아 있다.


## 두 학문 이야기
───────────

1950년대와 1960년대까지 동물 행동 연구는 크게 두 가지 학문 분야가 주도했다. 자연환경에서 동물을 연구하는 동물행동학ethology*과 실험실에서 동물을 연구하는 행동주의behaviorism가 그것이다. 동물행동학자와 행동주의자 모두 20세기 후반 내내 구두 언어에 의존하지 않는

---

* 생태학, 동물학, 행동학이라고도 함

사고를 상상하려고 고군분투했다. 하지만 동물의 내면을 설명할 수 없었던 그들은 동물에게 내면이 전혀 없다고 결론 내렸다. 생각의 흐름은 뫼비우스의 띠와 같아서 한 번 꽂히면 계속 자기 생각에 파묻히게 된다. 그들은 동물이 감정을 경험할 만큼 의식적이지 않으면 감정을 경험할 수 없다는 생각에서 벗어나지 못했다.

동물행동학자는 동물 행동이 타고난 본능에 의해 통제된다고 믿었지만, 행동주의자들은 환경에 의해 통제된다고 믿었다. 두 학파 모두 행동을 객관적으로 연구할 수 있다고 믿었다. 행동주의자는 신중하게 조성된 실험실 테스트를 진행했고, 동물행동학자는 장시간에 걸쳐 자연스러운 동물 행동을 세심하게 관찰하고 기록했다. 두 학파는 모두 감정이 행동에 미치는 영향에 대해선 논의를 피했다. 과학자들이 어떻게든 피해야 하는 모호한 주관성의 영역으로 빠질 수 있었기 때문이다. 동물행동학의 선구자이자 노벨상 수상자인 콘래드 로렌츠Konrad Lorenz를 제외하고는 다들 의인화의 금기를 중요하게 여겼다.

로렌츠는 동물 감정을 의인화라며 무시하지 않았다. 콜린 앨런Colin Allen과 마크 베코프Marc Bekoff는 《마음의 종種Species of Mind》(1999)에서 로렌츠에 대해 이렇게 썼다.

"로렌츠는 동물이 사랑하고 질투하고 시기하고 화낼 능력이 있다고 믿었다."

두 연구자에 따르면 로렌츠는 인간의 감정과 직관이 동물을 이해하는 열쇠라고 여겼다. 로렌츠의 세계관에서는 과학자는 로봇이 아니며 로봇이 돼서도 안 된다. 객관성을 추구하더라도 감정을 부정해선 안 된다.

로렌츠는 '각인' 개념으로 널리 알려져 있다. 이 개념은 로렌츠가 어린 시절, 태어난 지 하루밖에 안 된 새끼 오리가 그를 졸졸 따라다니면서 유래했다고 한다. 로렌츠는 초기 자극이 여러 동물에 미치는 영향을 측정하고 그들의 행동 가운데 얼마나 유전적으로 프로그램됐는지 정량화하려고 시도했다. 그리고 새끼와 보호자 사이에 첫 몇 주 동안 형성되는 본능적 유대감을 인식했다. 한 연구에서 로렌츠는 어미 거위가 알을 품고 있다가 둥지 밖으로 굴러간 알이나 알 같은 물체를 되찾으려고 같은 동작을 수행한다는 사실을 보여줬다. 알을 굴리는 행동은 그런 대상물의 '기호 자극sign stimuli'에 의해 유발됐고 선천적인 행동으로 보였다.

다른 선천적 행동으로는 음식 섭취, 짝짓기, 새끼 기르기, 꿀벌의 꿀 찾기, 거미의 거미줄 치기, 새의 둥지 짓기 등이 포함된다. 최근 연구에 따르면 이런 기술 중 일부는 사실 타고난 능력과 학습된 기술의 결합일 수 있다. 예를 들어 고립된 상태에서 길러진 직조새는 똑같이 독특한 형태의 둥지를 짓는다. 혹시 직조새의 둥지를 한 번도 못 봤다면 허쉬의 키세스 초콜릿을 떠올리면 된다. 하지만 세인트앤드루스 대학교의 아이다 베일리Ida Bailey와 동료들에 따르면 이 새들도 직조 패턴에서 개별적으로 변형을 준다. 이와 마찬가지로 싸움 같은 타고난 행동도 동물마다 다르게 나타난다.

황소는 싸울 때 머리를 맞대지만, 말은 분연히 일어나 앞발굽으로 공격한다. 사람이 길들인 동물도 종 특유의 행동을 유지한다. 가령 개는 놀고 싶을 때 상체를 낮추고, 칠면조는 짝을 유혹하려고 꼬리를 활짝 편다. 헛긴을 가득 채운 수컷 칠면조가 나를 향해 꼬리를 활짝 펴더라도 나는 적합한 짝이 아니다. 동물은 또 자기 종에게 일반적이지 않은 행동을 하도록 쉽게 훈련받을 수 있다. 가령 말은 사람을 태우는 법을 쉽게 익힐 수 있다. 최근 연구에 따르면 새로운 대상물에 선뜻 접근하는 동물은 새로운 과제를 더 쉽게 배울 수 있다. 이는 학습 동기가 선천적 요인의 영향을 받는다는 로렌츠의 생각을 뒷받침한다. 사람도 별반 다르지 않은 것 같다. 로렌츠는 노벨상을 받았을 때 쓴 에세이에서 "나는 각인을 발견했고 스스로 각인됐다."라고 말했다.

로렌츠는 동료 동물학자 니콜라스 틴베르헌Nikolaas Tinbergen과 카를 폰 프리슈Karl von Frisch와 함께 노벨상을 받으면서 자연 선택과 종의 차이라는 렌즈를 통해 행동을 관찰하는 동물행동학 분야에서 선구적 업적을 인정받았다. 틴베르헌은 본능적 행동이 어떻게 조직되는지 보여주는 탁월한 실험을 단행했고, 폰 프리슈는 꿀벌이 패턴과 색깔을 구별하고 '춤'을 통해 먹잇감에 대해 소통하는 능력을 포괄적으로 연구했다.

폰 프리슈의 연구는 사실 10년 전에 흑인 과학자 찰스 헨리 터너 Charles Henry Turner가 이미 수행했다. 터너는 생태학적 접근법으로 꿀벌 연구를 포함한 여러 현장 연구를 수행했지만, 최근 들어서야 폰 프리슈의 글에서 각주로 언급된 것 이상의 인정을 받게 됐다. 1867년 노예 부모 사이에서 태어난 터너는 흑인 최초로 시카고 대학교에서 동물학 박사 학위를 받았다. 〈사이언스〉를 비롯한 권위 있는 학술지에 70편 넘는 연구 논문을 발표했음에도 차별적 관행 때문에 대학교수로 임용되지 못하고 평생 고등학교 교사로 지냈다.

각종 자료와 제도적 지원의 부족에도 불구하고 터너는 꿀벌이 색깔과 패턴을 모두 인지할 수 있다는 사실을 증명할 수 있었다. 그는 벌들이 '환경에 대한 기억 사진'을 만든다고 믿었고, 여러 실험을 통해서 곤충이 들을 수 있다는 점과 벌이 학습할 수 있다는 점을 보여줬다. 터너의 발견은 그들의 의사소통과 비행 기술을 확인해줬고, 인간과 동물의 능력 사이에 길을 터줬다. 마틴 주르프Martin Giurfa와 동료들이 〈커런트바이올로지(Current Biology)〉에 기고한 글에 따르면 터너는 동물 행동에 관한 인지적 관점을 개척했고 그의 관점이 훗날 과학계를 지배했다. 가령 터너는 "개미는 단순히 반사적으로만 행동하지 않는다. 개체의 과거 (생체유전학적) 경험에 대한 기억에 이끌려 스스로 행동하는 생명체다."라고 썼다. 우리는 그러한 행동과 우리의 행동 사이의 연관성을 쉽게 인식할 수 있다. 개미가 먹이를 구한 후 둥지로 돌아가는 길을 찾으려고 사용하는 기억 사진은 사람들이 여기저기로 가는 방법을 기억하려고 돌담이나 독특한 간판의 상점을 시각적 랜드마크로 활용하는 방식과 유사하다. 당신이 동네 병원에 가려고 데어리퀸Dairy Queen*에서 의식적으로 좌회전하라고 되뇌든 말든, 당신의 마음은 길을 찾으려고 기억 사진을 기록해 둔다.

최근 쿠윈 솔비Cwyn Solvi를 포함해 런던의 퀸메리 대학교와 오스트레일리아 맥쿼리 대학교의 연구진은 터너와 폰 프리슈의 연구를 바탕으로 호박벌이 시각이나 촉각 등 다양한 감각적 양상에서 얻은 정보를 통합할 수 있다는 사실을 보여줬다. 연구원 중 한 명은 "우리는 벌이 무슨 생각을 하는지 확실히 알 순 없지만, 한 감각에서 다른 감각으로 정보를 전달하는 능력이 있다는 건 알고 있다. 정보를 전달하려면 머릿속에서 무언가를 그려내는 능력이 필요하다."라고 말했다. 그렇다, 벌은 그림으로 생각한다.

---

\* 빨간 바탕에 DQ라는 흰 글자를 새긴 간판이 시선을 확 끈다.

로렌츠는 노벨상을 받고 수십 년이 지난 후 《솔로몬 왕의 반지》(1998)에 동물을 연구한다는 빌미로 '잡아 가둬서는 안 된다'라고 썼다. 동물을 알고 싶으면 그들의 자연 서식지에서 면밀히 관찰하는 방법밖에 없다. 이러한 관점은 제인 구달의 연구로 널리 퍼졌다. 그녀는 야생에서 침팬지를 연구하려고 젊은 나이에 아프리카로 갔다. 그런데 한 젊은 캐나다 여성이 구달보다 몇 년 앞서 자연 서식지에서 기린을 보고 싶다는 꿈을 이루고자 남아프리카로 달려갔다는 사실은 잘 알려지지 않았다. 앤 다그Anne Dagg는 어렸을 때 시카고 동물원에서 기린을 보고 매료됐다. 다그는 토론토 대학교에서 생물학을 공부했지만, 그곳에서는 동물행동학에 관심을 보이는 사람이 거의 없었다. 아울러 자연 서식지에서 기린을 연구하겠다는 그녀의 바람을 정부나 학교 모두 외면하며 지원해주지도 않았다. 그래도 다그는 좌절하지 않고 스물세 살 때 혼자 아프리카로 떠났다. 장기간 체류할 곳을 찾지 못하다가 몇 다리 건너 알게 된 한 목장주에게 편지를 보냈다. 성별을 숨기고 보낸 편지 덕분에 다그는 어렵사리 초대를 받았다. 성별이 들통난 뒤 다그는 사무 업무를 해주는 대가로 목장주의 집에 머물게 됐다. 그곳은 기린이 많이 서식하는 크루거 국립공원 근처에 있어서 다그에겐 잘된 일이었다.

국립공원은 최고의 학습지였다. 다그는 차에 숨어서 서식지의 동물을 관찰할 수 있었다. 기린의 먹이를 이파리와 나무까지 분류해서 기록했다. 그리고 기린이 걷고 뛰놀고 싸우고 짝짓기하는 방법뿐만 아니라 죽은 후에 창자의 길이까지 죄다 기록했다. 섭취한 음식은 물론이요, 기생충 검사도 시행했다. 다그의 메모엔 이런 내용도 있었다.

"새끼가 죽은 지점을 여러 날 동안 기억하는 점으로 봐서 기린은 죽음에도 똑같이, 아니 어쩌면 더 큰 관심을 기울이는 최초의 유제류

(발굽이 있는 포유류 동물)인지 모르겠다. 야생에서 그런 감정은 우리가 생각하는 것보다 더 흔할 수 있다."

코끼리 보호단체 '세이브 더 엘리펀트Save the Elephants'의 설립자 이안 더글러스 해밀턴Iain Douglas-Hamilton과 동료들에 따르면 코끼리들은 죽어 가는 우두머리 어미를 온몸으로 들어 올리려 시도하고 죽은 후엔 다른 가족들도 그 주변에서 애도를 표한다.

———

행동주의자 버러스 프레더릭 스키너B. F. Skinner는 20세기 가장 영향력 있는 심리학자 중 한 명으로 오늘날까지 상당한 영향력을 행사한다. 학계의 록스타였던 하버드대 교수 스키너는 1971년 〈타임〉지 표지를 장식하면서 세계적 명성을 얻었다. 스키너는 1977년 성명서에서 자기 생각을 간결하게 요약했다.

"나는 내면의 정신세계가 존재한다는 증거를 보지 못했습니다."

그의 말은 동물뿐만 아니라 인간에게도 적용됐다. 스키너는 인간과 동물 모두 강화와 처벌이라는 두 가지 힘에 통제받는다고 봤다. 조작적 조건화실operant conditioning chamber, 일명 '스키너 상자'로 널리 알려진 이 심리학자는 쥐와 비둘기에게 빛과 전기충격 같은 다양한 자극을 가해 강화 효과를 실험했다. 동물들이 올바른 레버를 누르거나 쪼면 먹이로 보상을 해줬다. 실험 진행자들은 어떤 행동엔 보상하고 다른 행동엔 처벌하면서 동물이 새로운 행동을 학습하게 된다는 사실을 입증했다. 스키너에 따르면 우리도 실험실 동물과 똑같은 조작적 조건화의 지배를 받는다. 자유 의지는 환상에 불과하다. 스키너는 자신의 영향력 있는 저서 《과학과 인간 행동-Science and Human Behavior》(2012)에서 감정을 어떻게 생각하는지 분명히 밝혔다.

"감정은 우리가 일반적으로 행동을 귀속시키는 허구적 원인의 훌륭한 예다."

내가 대학에 다니던 1960년대, 수강하던 과목 수업으로 스키너를 방문할 기회가 있었다. 나는 질문 시간에 뇌가 어떻게 작동하는지 물었다. 스키너는 "우리에겐 조작적 조건화가 있어서 뇌에 대해 배울 필요가 없다."라고 대답했다. 몇 년 뒤, 스키너는 뇌졸중으로 쓰러지고 나서야 우리가 뇌에 대해 배워야 한다고 인정했다.

1961년, 동물 전문가 켈러 브릴랜드Keller와 매리언 브릴랜드Marian Breland 부부는 〈유기체의 잘못된 행동The Misbehavior of Organisms〉이라는 제목의 논문을 발표했다. 제목만 봐도 스키너의 유명한 책 《유기체의 행동 The Behavior of Organisms》(1938)에 대한 반박이라는 점을 알 수 있다. 그들은 스키너 밑에서 공부했고 그의 연구실에서 조교로 일했다. 나중에 동물을 상업적으로 훈련하는 사업을 시작하고자 연구실을 떠났을 때, 그들은 전기 먹이통을 포함한 스키너의 기술을 활용했다. 논문에서 그들은 조건 자극 반응이라는 스키너의 원리가 타고난 본능에 의해 무시될 수 있음을 보여줬다. 본능과 상충하는 행동을 하도록 동물을 훈련하기는 어려운 일이었다. 브릴랜드 부부는 "우리의 행동주의 경력으로는 동물의 행동을 예측하고 통제하지 못하는 심각한 무능력을 전혀 대비할 수 없었다."라고 밝혔다. 수년에 걸쳐서 그들은 텔레비전 광고와 서커스, 영화, 텔레비전 쇼를 위해 60여 종의 동물을 8,000마리 넘게 훈련했다.

1970년대 초 애리조나 주립 박람회에서 카니발 공연의 일환으로 암탉이 장난감 피아노를 연주하는 모습을 봤다. 암탉은 건반을 쪼아서 먹이를 얻었다. 먹이 쪼기는 암탉이 모이를 얻을 때 보이는 자연스러운 행동이다. 이를 활용해 펼친 공연은 성공을 거뒀다. 하지만 너구리가 동전을 작은 상자에 넣는 모습을 보여주려던 공연은 실패로 끝났다. 너구리의 타고난 행동은 먹이를 씻는 것이다. 조련사가 너구리에게 동전을 건네자 너구리는 본능적으로 씻는 행동을 할 뿐 상자에 넣으려 하지 않았다. 돼지는 처음엔 돼지 저금통에 동전을 떨어뜨리는 법을 쉽게 배웠지만, 몇 주 지나자 동전을 코로 쿵쿵거리고 입에 넣고 핥다가 이리저리 던져버렸다. 브릴랜드 부부가 주장한 것처럼 돼지의 본능적 행동이 다시 영향을 미친 것이다. 멧돼지는 작은 설치류를 죽인 뒤 이리저리 던지고 입으로 핥으며 갖고 놀다가 먹는 습성이 있다. 아내인 매리언이 결국 박사 학위를 받긴 했지만, 부부가 학계 밖에서 활동했기 때문에 그들의 연구는 논란의 여지가 있다고 치부되거나 아예 무시되기도 했다. 하지만 내겐 반향을 불러일으켰다. 동물은 상자에 가둬 놓고서 긍정적이거나 부정적인 보상으로 파악할 수 있는 존재가 아니다. 브릴랜드 부부가 썼듯이 '야생에서 동물의 행동을 이해하지 못하면 실험에서도 이해할 수 없다'라는 점을 알아야 한다. 몇 세대에 걸쳐 야생과 떨어져 살아온 흰 실험용 쥐는 땅을 팔 수 있는 흙이 많은 장소에 풀어놓으면 정교한 굴을 팔 것이다.


## 신경계의 복잡성과 의식

MRI의 도움과 함께 인지 신경 과학이 부상한 1990년대에 와서야 우리는 마침내 뇌를 시작점으로 동물 감정에 관한 대화를 진전시킬 수 있었다. 지난 수십 년 동안 동물 의식을 연구한 과학자들은 몇 가지 이론을 개발하고 동물들의 의식을 평가할 다양한 방법을 채택했다. 스키너조차도 우리가 상자 안에 무엇이 있는지 생각할 필요가 있다고 인정했다.

가장 기본적인 수준으로 의식과 인지가 이뤄지려면 일정 수준의 신경계 복잡성이 필요하다. 가령 조개와 굴, 구더기는 의식이 없다. 그들의 행동은 반복적 자극에 대한 단순한 습관화나 반사 작용의 결과다. 굴을 건드리면 껍데기가 저절로 닫힌다. 그런데 자극을 자꾸 반복하면 어느 순간 닫히는 반응이 멈출 것이다. 굴의 신경계가 습관화돼 반응을 멈추거나 현저히 줄어든 수준으로 반응하게 돼서다.

신경계 복잡성의 다음 단계로 동물은 머리에서 뉴런 노드가 발달한다. 편형동물인 플라나리아가 한 예다. 편형동물은 척수의 전구체인 몸 아래에 두 개의 신경색nerve cord이 있지만, 이 형태에서는 통증 수용기가 없는 중앙 신경계에 불과하다. 모든 네트워크는 본래 노드를 형성한다. 페이스북이나 항공사도 마찬가지다. 비행이 대중화되면서 여러 도시로 가는 비행기를 유기적으로 연결하는 노드가 생겨났다. 덴버 같은 특정 노드는 운항편이 증가하면서 허브가 됐다. 신경계에서는 이 과정을 대뇌화大腦化라고 한다. 이는 하위 중추의 세밀한 기능이 대뇌 피질로 이관돼 뇌 기능이 발달하는 현상이다. 드나드는 회로가 많은 이 중앙 집중식 허브는 의식의 핵심 열쇠 중 하나다.

뇌를 구축하는 과정은 동물의 문門을 따라 올라가면서 점점 더 복잡해진다. 완전한 의식으로 가는 과정에서 귀와 눈 같은 감각 기관이 작동하게 된다. 하등 동물의 눈은 빛에 민감하고 그 빛의 방향을 감지할 수 있는 원시적 반점으로 보인다. 다음 단계에서는 흐릿한 이미지를 볼 수 있다. 정원 달팽이의 눈이 그렇다. 모든 포유류와 파충류, 거미, 곤충은 어느 정도 선명하게 볼 수 있는 진정한 눈을 갖고 있다. 개미와 말벌은 우리만큼 잘 볼 순 없지만, 앞서 언급했듯이 시각적 사고의 시작을 알리는 과정, 즉 항해 도구로서 시각 기억을 저장하는 등 몇 가지 중요한 작업을 시각에 의존한다.

찰스 터너가 시각을 사용하는 개미를 기록한 지 약 60년이 흐른 후, 생물학자 에드워드 오스본 윌슨E. O. Wilson과 동료들은 개미도 정보를 전달하기 위해 페로몬 배설물에 의존한다는 사실을 알아냈다. 윌슨은 개미가 더듬이를 사용해서 서식지를 파악하고 나머지 군체에 필요한 사항을 전달하는 등 여러 과제를 수행한다고 설명했다. 연구에 따르면 말벌은 서식지에 사는 다른 말벌의 얼굴을 인식할 수 있고, 이전에 교감했던 말벌을 알아볼 정도로 기억력이 좋다. 그렇다면 말벌에게 의식이 있다고 할 수 있을까? 나는 곤충의 신경계가 온전한 의식의 토대라곤 여기지만, 곤충은 극심한 통증을 느끼지 못하고 감정의 온전한 발달을 기대할 수 없기에 의식이 있다고 전적으로 분류하진 않는다. 곤충은 다리를 다쳤을 때도 그 다리로 계속 걷는다. 통증을 느낄 수 있는 동물은 다리를 절뚝거리며 다친 다리에 가해지는 무게를 줄인다.

청각과 시각 기관이 있는 동물은 눈이나 귀가 없는 유기체에 비해 정보를 처리하는 데 더 많은 뇌 조직이 필요하다. 브라질 출신의 신경과학자이자 밴더빌트 대학교 교수인 수자나 허클라노 하우젤Suzana Herculano-Houzel은 뇌 크기보단 회로의 수와 그 회로가 어떻게 연결됐는지가 더 중요하다고 말한다. 새의 경우 뇌 크기는 작지만 뇌 속 뉴런은 엄청난 처리 능력을 지녔다. 어떤 경우엔 처리 용량이 일부 대형 포유류의 뇌와 비슷하다. 작은 전자 칩에 수많은 회로를 집어넣어서 데스크톱 컴퓨터만큼 많은 기능을 수행하는 스마트폰에 비유할 수 있다. 그리고 처리 장치의 수가 많을수록 행동 유연성이 향상된다. 새가 비행하려면 뇌의 컴퓨팅 능력은 강력하면서도 가벼워야 한다. 대다수 포유류는 날지 않으므로 강력하고 가벼운 뇌를 발달시켜야 하는 진화적 선택 압력을 덜 받는다.

허클라노 하우젤의 추가 연구에 따르면 아프리카코끼리의 뇌는 인간의 뇌보다 훨씬 크지만 피질 뉴런이 56억 개에 불과하다. 피질 뉴런이 163억 개나 있는 인간의 뇌는 뉴런이 더 촘촘하게 밀집돼 있고 대뇌 피질도 더 두껍다. 인간 뇌의 다른 부분은 다른 포유류의 뇌 영역과 더 비슷하다. 인간과 동물을 구분하는 것은 대뇌 피질에 있는 수많은 회로의 원시 연산 능력이다. 코끼리는 대뇌 피질에서 부족한 부분을 소뇌 크기로 채운다. 큰 소뇌는 코끼리가 저주파 진동을 사용해 소통하거나 코를 조절하는 것과 관련될 수 있다. 소뇌가 운동 협응력을 보조하기 때문이다. 코끼리는 다른 여러 동물에 비해 지능이 매우 높다.

매디슨 위스콘신 대학교 심리학과의 미셸 레디보<sup>Michelle J. Redinbaugh</sup>는 의식이 있으려면 피드포워드<sup>feedforward</sup>* 회로와 피드백 회로를 모두 갖춘 중앙 허브가 있어야 한다고 설명한다. 정보는 전두 두정 피질의 여러 층 사이를 양방향으로 이동한다. 그러려면 들어오는 온갖 정보를 유연하게 처리하고 연결하는 대응 구조가 필요하다. 인간과 동물 둘 다 PAG<sup>Periaqueductal Gray</sup>**는 상위 피질 영역과 하위 뇌 중추의 수많은 뇌 영역과 연결돼 있다. PAG가 파괴되면 사람이든 고양이든 주변 사물에 반

---

\*    선행예측
\*\*    수도관주위 회색질

응하지 못하고 혼수상태에 빠진다. 의식을 위한 또 다른 허브는 중뇌 하부에 있다. 두 영역 모두 감정을 처리하는 허브 역할을 한다. 뇌에 저장된 정보는 마치 대형 컨벤션 센터의 원형 홀에 입장하는 참석자들처럼 그 안에서 한데 섞이고 연합될 수 있다.

이 연구는 의식이 위계질서라는 공통된 의견을 제시한다. 뇌 체계가 복잡해질수록 뉴런으로 밀집된 더 큰 연결 영역에서 감정 및 감각 정보가 처리되는 등 의식도 점점 더 복잡해진다. PAG 하부 영역은 철도 조차장railway switching yard의 책임자나 항공 교통 관제사 역할을 한다. 이 시스템은 동물이든 사람이든 환경 및 다른 개체들과 상호 작용할 수 있게 해준다.

인간을 비롯해 대다수 동물에게 PAG는 또다시 발생할 수 있는 위험을 평가하는 데도 관여한다. 사슴은 갑자기 고개를 들고서 이상한 소리나 광경에 눈과 귀를 집중할 것이다. 잠재적 위협에 대한 선천적 반응이다. 하지만 사슴은 여전히 어떻게 대응할지 결정해야 한다. 나는 이러한 행동을 여러 번 목격했다. 도망갈지, 계속 주시할지, 아니면 그냥 풀을 뜯을지 뇌가 결정하는 동안 잠시 멈춤이 있다. 이것이 유연한 의사 결정의 시작이다.

시상은 의식과 각성을 조절한다. 아울러 감각 신호와 운동 신호를 전달하는 중계소이기도 하다. 시상과 PAG만으로 의식을 완전히 설명할 순 없다. 후두 피질에 인접한 두정엽에는 감각 정보와 감정 정보를 통합하는 또 다른 주요 정보 허브가 있다. 인간의 뇌를 해부한 결과, 거대한 신경 섬유 다발이 국소 영역과 장거리 피질 영역을 광범위하게 연결한다는 사실이 드러났다. 시애틀에 있는 앨런 뇌과학 연구소Allen Institute for Brain Science의 크리스토프 코흐Christof Koch는 사람들의 모든 의식적 경험이 이 '핫 존hot zone'에서 비롯된다는 이론을 제시한다.

의식화될 수 있는 뇌를 구축하는 또 다른 핵심 단계는 유입되는 정보의 여러 출처 간에 '교차 모드 전송'을 수행하는 능력이다. 눈 같은 감각 기관으로 뇌에 들어온 정보가 촉각 같은 다른 감각 시스템의 정보와 결합해 종합적으로 이해할 수 있게 한다는 말을 그럴싸하게 표현한 것이다. 인간은 이러한 시각 및 촉각 입력이 나면서부터 연결돼 있고 시간이 지나면서 계속 발달한다. 주머니 속의 동전을 감촉으로 식별하는 능력이 교차 모드 전송의 한 예이다. 비행기 조종실의 제어 장치에는 독특한 모양의 손잡이가 있다. 조종사가 손의 감촉으로 구분할 수 있기에 제어 장치를 잘못 건드릴 가능성이 줄어든다. 자전거 타는 법을 배우는 아이도 눈과 전정계에서 오는 감각 정보를 동시에 사용한다. 간단한 과제에서 좀 더 어려운 과제까지 복잡한 인지 능력에 의존한다.

포유류와 다른 동물은 교차 모드 전송에 능숙해서 다양한 정보의 통합력을 요구하는 항해 및 기억 역량이 뛰어나다. 비둘기는 지상의 랜드마크와 나침로compass heading*를 이용해 집으로 돌아간다. 어떤 새는 견과를 어디에 숨겼는지 기억할 수 있다. 죄다 언어가 필요하지 않은, 감각 기반 인지의 뛰어난 업적이다. 조류는 포유류와 달리 대뇌 피질이 없지만 비슷한 기능을 하는 뇌 구조가 있다. 독일 보훔 루르대학교의 마틴 스타초Martin Stacho와 동료들은 뇌의 먼 부분과 국소적 수직 교차 회로를 연결하는 긴 수평 회로가 새의 뇌에 있다는 사실을 발견했다. 긴 수평 섬유는 한 나라를 가로로 길게 가로지르는 장거리 열차와 비

---

*   나침반 방향

숫할 것이다. 더 짧은 수직 회로는 허브 도시를 오가는 지역 열차와 비슷할 것이다. 이러한 회로들은 대뇌 피질 기능을 수행하면서 드나드는 정보를 유연하게 처리한다.

의식에 필요하지 않은 뇌 영역은 딱 두 가지다. 실행 기능을 관장하는 전두엽 대뇌 피질과 운동 기능을 조정하는 소뇌다. 전전두엽 피질은 정보 저장이나 운동 제어 시스템이 없는 거대한 연합 피질이다. 코흐 박사와 동료들이 의학 문헌을 검토한 결과, 사람의 전두엽 피질 중 상당 부분을 제거해도 의식을 잃지 않는다는 의견이 많았다. 캐나다의 아론 쿠시Aaron Kucyi와 카렌 데이비스Karen Davis는 사람이 공상에 빠질 땐 전두엽 피질과 의식에 필요한 연합 영역이 모두 활성화된다는 사실을 발견했다. 이 두 거대한 영역은 당신이 샤워하면서 새로운 아이디어를 떠올릴 때 내적 사고가 일어나는 곳이다.

전두엽 피질 및 다른 두 개의 연합 영역은 또 우리가 미래를 계획할 때도 활성화된다. 이는 우리가 특정 동물들과 공유하는 능력이다. 케임브리지 대학교의 니콜라 클레이튼Nicola Clayton과 그녀의 연구실 동료들은 내가 '값싼 호텔과 비싼 호텔'이라고 부르는 실험을 단행했다. 낮 동안 어치scrub jay는 중간에 연결된 두 칸막이, 즉 '두 호텔' 사이를 자유롭게 오갔다. 밤이 되면 두 호텔 중 한 곳에 갇혔는데, 아침 식사는 '비싼 호텔'에서 밤을 보낼 때만 받았다. 어치는 값싼 호텔 쪽에 먹이를 더 저장해야 한다는 점을 금세 깨우쳤다. 비싼 호텔에 머물 때처럼 무료 아침 식사가 제공되지 않을 걸 알았기 때문이다. 어치는 훗날 값싼 호텔에 갇힐 가능성을 염두에 두고 계획을 세웠다. 나는 집 앞마당에서 다람쥐가 미래를 계획하는 모습을 지켜봤다. 녀석은 견과를 숨길 때 땅속에 충분히 파묻히도록 구멍을 깊이 팠다. 견과를 세 번이나 넣었다뺐다 하면서 구멍이 깊은지 세심하게 확인했다.

암스테르담 대학교의 에이브러햄 페퍼Abraham Peper 연구원은 동물과 인간의 인지 능력에 대해 다음과 같이 주장한다.

"언어 활동을 무시한다면 인간과 동물의 인지 과정은 근본적으로 비슷하다고 봅니다. 감각 이미지는 생물이 새로운 환경 정보를 경험하는 방식입니다."

더 나아가 페퍼는 시각적 사고가 거의 무한한 복잡성을 띠고, 구어口語보다 모호하지 않으며, 2차원과 3차원이고, 구어보다 '비교할 수 없을 정도로 상세하다'라는 점을 지적한다. 캘리포니아 대학교 로스앤젤레스 캠퍼스의 마이클 팬슬로우Michael Fanselow도 의견이 비슷하다. 그는 동물이 실제로 두려움을 느낀다는 사실을 부정하는 사람들을 다음과 같이 은근히 비판한다.

"그들의 접근법은 다른 모든 척도보다 구두 보고를 미화하는 인간의 성향 때문에 문제가 있다고 본다."

———

의식은 스펙트럼상에 존재한다. 우리가 지금까지 아는 사실은 신경계와 더불어 특정 신경생물학적 특징이 필요하다는 점이다. 우리는 의식이 생물학적 기능을 지녔다는 점, 그리고 머릿속에 든 것과 바깥세상 사이에 관계가 있다는 점을 알고 있다. 대다수 과학자가 동의한바 의식은 단일한 게 아니다. 그들의 말을 빌려 표현하자면 의식은 다중 모드다. 광범위한 종에 걸쳐서 포유류는 환경을 인식하고 반응하는 복잡한 방식을 드러낸다. 통신용 비둘기가 집을 찾아가는 등 동물의 특정 행동이 진화 과정을 보여주는 매력적인 창구로 작용하는 이유는 아마도 언어의 부족 때문일 것이다.

동물은 거울에 비친 자기 모습을 볼 때 자기 자신을 본다고 인식할까? 아니면 낯선 동물을 본다고 생각할까? 이것이 가장 높은 수준의 동물 의식인 '자기 인식'에 대한 최고 기준이라고 말하는 과학자가 많다. 개를 기르는 사람은 개가 반사된 자기 모습을 보면 짖거나 전혀 반응하지 않는 걸 보고서 이 단계를 절대로 넘어서지 못한다는 사실을 알아차렸을 것이다. 심리학자 고든 갤럽Gordon Gallup은 1970년에 침팬지가 자신을 인식할 수 있는지 알아보려고 거울 자기 인식Mirror Self-Recognition, MSR 테스트를 개발했다. 그는 침팬지에게 진정제를 먹이고 몸에 빨간 칠을 했다. 거울에 비친 표식을 본 침팬지가 그게 몸의 어디에 있는지 살핀다면 자기 인식, 즉 자기에게 관심이 있다고 간주했다. 자기 자신을 인식한다고 알려진 동물로는 침팬지, 보노보, 고릴라, 오랑우탄, 코끼리, 돌고래, 까치가 있다.

헌터 칼리지의 조슈아 플로트닉Joshua Plotnik과 다이애나 라이스Diana Reiss는 저명한 생물학자이자 영장류학자인 프란스 드 발Frans de Waal과 함께 코끼리 세 마리를 대상으로 거울 자기 인식 테스트를 시행해 어린 아이들이 자신을 의식할 때 보여주는 반응의 진행 과정을 복제했다. 처음에 코끼리들은 탐색 모드로 거울 뒤에 누가 숨어 있는지 보려고 간간이 거울 주변을 둘러본다. 때로는 이미지와 상호 작용을 시도하면서 사회성이나 공격성을 드러낸다. 그러다 거울에 반사된 모습에 더 관심을 두고 시야를 들락거리면서 거울에 비친 자기 움직임을 시험한다. 이 단계의 공식 명칭은 '우연성 테스트contingency testing'이다. (다이애나 라이스는 〈식은 죽 먹기Duck Soup〉라는 영화에서 유명한 코미디언 그루초 막스Groucho

Marx의 거울 장면에 빗대어 이 단계를 '그루초 단계'라고 부른다.) 다음으로 코끼리들은 얼굴과 몸의 여러 부위를 관찰하기 시작하면서 입과 상아를 흥미롭게 살핀다. 다른 고등 포유류도 이와 비슷하게 행동한다.

이러한 거울 연구에서 돌고래와 코끼리는 특이한 자세로 몸을 구부려 자신을 살핀다. 나도 어렸을 때 옷가게 탈의실에서 삼면 거울에 비친 내 몸을 온갖 각도에서 확인했다. 티셔츠에 적힌 글자가 왜 거울에서는 거꾸로 비치는지 알아내려고 애썼던 기억도 있다. 뒤집어서 등에 대고 봐도 여전히 글자가 거꾸로 비쳐서 무척 신기했다.

아기들은 한 살 반에서 두 살 때 거울 이미지에 관심을 보인다. 이런 수준의 자기 인식에서는 당혹감, 시기심, 공감 같은 더 복잡한 감정이 발달한다. 나중엔 수치심, 죄책감, 자부심 같은 훨씬 더 복잡한 감정이 생긴다. 러트거스 로버트 우드 존슨 의과대학 아동 발달 연구소의 마이클 루이스Michael Lewis 소장은 "세 살 무렵이면 아이는 다윈이 우리 종 특유의 감정이라고 했던 자의식을 드러낸다."라고 말했다.

프란스 드 발은 영장류의 행동을 연구하는 데 일생을 바쳤고, 동물 감정을 인식해야 한다고 평생 목소리를 높였다. 종종 과학계와 의견을 달리하는 드발은 "과학은 부정확성을 좋아하지 않는다. 그러므로 동물 감정과 관련해 대중의 시각과 자꾸 대립한다."라고 말했다.

애완동물을 키우는 사람이라면 고양이와 개와 말에게 감정이 있음을 의심하지 않는다고 했던 몽테뉴의 말에 대부분 동의할 것이다. 그런데 드 발의 주장대로 대학교수들은 선뜻 동의하지 않는다. 드 발은 또 언어적 의사소통에 대한 우리의 편견 때문에 동물 감정을 제대로 이해하지 못한다고 생각한다. 생물학자 얀 빈 후프Jan van Hooff와 죽어가는 침팬지 사이의 슬픈 포옹으로 시작하는 《동물의 감정에 관한 생각》(2019)에서 드 발은 독자에게 그 감정이 어디서 나오는지 생각해보라고 청한다.

"얼마나 많은 동물이 우리처럼 행동하고 생리적 반응을 공유하며 똑같은 표정을 짓고 같은 종류의 뇌를 지니고 있는지 따져볼 때, 그들의 내적 경험이 근본적으로 다르다면 참으로 이상하지 않을까요?"

자기 인식을 넘어 새로운 환경에서 도구를 사용하는 유연한 문제 해결력이 인지의 진정한 증거라고 주장하는 사람도 있을 것이다. 실제로 까마귓과 새들은 먹이를 찾는 도구를 만들 수 있다. 뉴질랜드 메시 대학교의 개빈 헌트Gavin Hunt는 야생 까마귀들이 갈고리 모양의 도구를 만들어 나중에 사용하려고 보관하는 모습을 관찰했다. 까마귀들은 짧은 물건들로 기다란 먹이 찾기 도구를 만들 수도 있다. 옥스퍼드 대학교의 오귀스트 폰 바이에른Auguste M. P. von Bayern이 까마귀들에게 목심과 주사기 통, 플런저*를 주자, 세 개 물건으로 더 긴 도구를 조립할 방법을 알아냈다.

침팬지가 흰개미를 잡으려고 막대기 같은 도구를 사용한다고 제인 구달이 처음 주장했을 때 많은 사람이 믿으려 하지 않았다. 그때까지 과학자들은 인간과 침팬지를 구분하는 기준이 도구를 만들어 사용하는 능력이라고 믿었다. 하지만 구달은 침팬지가 잎사귀를 스펀지로 사용해 물을 흡수하고, 돌로 견과류와 박을 쪼개고, 나뭇가지를 날카롭게 해서 창으로 사용한다는 사실을 발견했다. 수화를 배운 침팬지와 고릴라는 무를 두고서 '눈물 나게 아픈 음식'이라고 하거나 싫어하는 것들을 두고서 '더러운 변기' 같은 신조어를 고안했다. 의사소통을 위해 언어를 유연하게 사용한다는 뜻이다. 하지만 사이먼 배런 코언은 우

---

* 피스톤 같은 것을 밀어 내리도록 하는 기기

리의 영장류 친구에게 별로 감명받지 못한 듯하다. 그는 《패턴 탐구자》에서 다음과 같이 쓰고 있다.

"침팬지와 인간은 8백만 년 전에 공통 조상에서 갈라져 나왔다. 그래서 우리가 자전거나 페인트 붓, 활과 화살 같은 복잡한 도구를 발명할 능력을 개발해야 했던 시간만큼 오랫동안 그들도 똑같이 살아왔다."

우리가 침팬지와 DNA의 99%를 공유한다는 사실은 그야말로 경외심을 불러일으킨다. 그렇다고 침팬지가 로켓 과학자처럼 똑똑하길 기대하진 않는다. 하지만 나사는 우주 비행사를 보내기 앞서서 우주에 내보낼 대리인이 필요했을 때, 동물이 높은 고도와 속도에서 살아남을지 확인하고자 가장 가까운 친척에게 눈을 돌렸다. 최적의 대리인을 찾고자 침팬지 40마리를 대상으로 관성력G-force 노출 시뮬레이션을 진행하고 스키너와 유사한 훈련을 시켰다. 침팬지는 빛의 신호에 반응해 적절한 시간에 레버를 당기면 바나나를 받았고, 실패하면 발에 전기충격을 받았다. 에릭 베츠Eric Betz는 〈디스커버〉에 기고한 글에서 다음과 같이 쓰고 있다.

"유전자가 인간과 유사하다는 점 외에도 침팬지는 믿기 어려울 정도로 똑똑하고 복잡한 감정을 지녔다. … 나사는 침팬지가 우주선을 조종할 수 있다는 점을 실제로 증명하기 위해 지능과 손재주가 우수한 실험 대상이 필요했다."

1961년 1월 31일, 햄Ham은 머큐리 레드스톤 로켓의 추진으로 준궤도 비행을 하면서 우주를 여행한 최초의 침팬지가 됐다. 햄은 결국 미국 최초의 인간 우주 비행사 앨런 셰퍼드Alan B. Shepard의 성공적 출발을 위한 길을 터줬다. 참고로, 햄이 역사적 비행을 하기 200년쯤 전인 1783년에 최초의 열기구가 발사됐다. 첫 승객은 양과 오리와 닭이었다. 그들도 모두 살아남았다.

## 감정과 뇌

특정 동물에게 의식이 얼마나 있는지와 관련해선 과학자마다 의견이 분분하지만, 적어도 일부 동물에게 의식이 있다는 생각은 갈수록 확산하고 있다. 하지만 동물 감정을 인식하는 길은 여전히 험난하다.

신경과학자이자 심리학자인 자크 판크세프Jaak Panksepp는 신경생물학과 감정 연구를 다루기 위해 '정서적 신경과학affective neuroscience'이라는 용어를 만들었다. 그때까지 행동주의자와 동물행동학자는 뇌를 일종의 '블랙박스'로 취급했다. 판크세프는 피질 하부의 감정 중추가 행동을 유도한다는 점을 보여줄 수 있었다. 피질 하부의 특정 영역은 전극, 즉 뇌의 전기 자극Electrical Stimulation of the Brain, ESB으로 자극받으면 다양한 행동이 촉발된다. 그는 가령 시궁쥐에게 두 가지 유형의 공격 행동을 보이도록 자극할 수 있다는 사실을 발견했다. '분노'와 관련된 뇌 중추를 자극하면, 시궁쥐는 다른 시궁쥐를 공격했다. '추구'와 관련된 뇌 중추를 자극하면, 시궁쥐는 포식성 충동, 또는 '조용한 물기quiet bite' 모드로 들어갔다. 그런 다음 생쥐를 우리에 넣어주면 조용한 물기 모드의 시궁쥐가 공격했다. 판크세프가 시궁쥐의 피질을 제거했을 때 그들은 여전히 시회적 행동 역량을 유지했다. 성년 고양이의 경우 피질을 제거하면 사람들을 더 두려워하게 됐다. 하지만 암컷의 성적 행동과 새끼 돌보기, 몸단장 같은 고양이 특유의 행동은 그대로 유지했다. 이러한 행동과 그에 수반되는 감정은 피질에 있지 않은 것으로 입증됐다.

판크세프는 〈디스커버〉와 한 인터뷰에서 피질 아래의 뇌 시스템이 어떻게 작동하는지 설명했다.

"이것들은 '감정적 점화 자극emotional primes'으로, 특정 뇌 네트워크와 관련된 1차 과정 감정 체계이며 감정에 대한 뇌 자극 연구에서 명확하게 지정된 감정 시스템이다."

판크세프는 이러한 점화 자극을 분노(화), 공포(불안), 공황(비통·슬픔), 추구(탐색), 욕정(성욕), 돌봄(양육), 놀이(사회적 즐거움)로 분류했다. 분노는 생존에 매우 중요한데, 공격하는 포식자를 물리치도록 동물에게 동기를 부여하기 때문이다. 공포는 공격을 피하도록 동기를 부여한다. 공포와 달리, 공황은 인간이든 동물이든 어미가 새끼와 분리되거나 그 반대로 됐을 때 발생하는 고통의 결과다. 개는 주인이 일하는 동안 집에 내내 혼자 있을 때 심각한 분리 불안을 겪을 수 있다. 내가 낮에 동네를 산책할 때면 개들이 낑낑거리며 짖는 소리가 들린다. 어떤 개는 혼자 두면 집기나 슬리퍼를 물어뜯는다. 내가 아는 어떤 그래픽 디자이너는 밖에서 하룻밤 자고 왔더니 고양이가 자기 베개에 똥을 싸놨다고 했다. 물론 동물마다 기질이 달라서 어떤 개는 혼자서도 잘 놀다가 주인이 집에 오면 반갑다고 꼬리를 흔든다.

추구는 '환경을 탐색하고 조사하고 이해하려는 기본적 충동'을 말한다. 여러 연구에 따르면 포유류는 뇌에서 추구 부분이 자극받으면 즐거움을 느끼고, 그 부분을 자극하는 레버를 계속 누르려 한다. 욕정 혹은 성욕은 사람이나 동물이나 사춘기에 이르면 상당히 증가한다. 사람을 비롯한 온혈 동물은 거의 다 새끼를 기른다. 그게 모성 본능이다. 어미는 새끼를 보호해야 할 뿐만 아니라 젖을 먹이며 보살펴야 한다. 판크세프는 또 포유류의 이러한 체계가 옥시토신 호르몬과 오피오이드

시스템으로 조절된다는 사실을 증명했다. 옥시토신과 오피오이드 시스템은 약물 중독에도 책임이 있는 흥분제다. 마지막으로, 아이들을 비롯한 어린 포유류는 모두 놀고 싶어 하는 욕구가 있다. 놀이는 상호 작용하는 방법을 배우는 데 도움이 되고 아이들의 지적 발달에도 도움이 된다. 아이들이 하는 온갖 게임은 학습을 통해 이뤄지지만 놀이 욕구는 타고난 것이다.

동물 행동에 동기를 부여하는 세 가지 요소, 즉 타고난 행동 패턴과 학습과 감정 가운데, 판크세프는 감정에 초점을 맞췄다. 나는 감정이 학습된 행동의 기초가 되고 유전적으로 타고난 행동 패턴을 유도한다고 믿는다. 행동을 유발하는 데 둘 이상의 감정 체계가 관여하는 상황도 있다. 과학자들은 판크세프의 7가지 핵심 감정을 자세히 설명하면서 ESB, fMRI, PET 스캔을 활용해 일종의 감정 로드맵을 만들고 있다.

에모리 대학교의 신경과학자 그레고리 번스Gregory Berns는 개들이 자발적으로 MRI 스캐너에 들어가 뇌의 주요 보상 중추인 미상핵을 스캔하는 동안 가만히 누워있도록 훈련했다. 번스는 "신경과학 기술이 고도로 발달한 현대에 와서도 동물의 마음을 알 수 있다는 생각을 거부하는 학자들이 많다."라고 기록했다. 번스는 개들을 억지로 제지하지 않았다. 자기 결정이라는 기본 원칙에 어긋난다고 믿었기 때문이다. 개들은 언제든 스캐너에서 벗어날 수 있었다. 사람들과 마찬가지로 개들도 엄청난 개인차를 보였다. 어떤 개는 가만히 누워있도록 훈련하기 쉬웠고 청력을 보호하는 산업용 귀마개를 익숙하게 착용했다. 어떤 개는 스캐너의 소음을 견디도록 배우지 못했고, 상당수는 너무 무서워서 스캐너에 들어가려 하지도 않았다.

번스는 개들의 질투심을 연구하기 위해 MRI 스캔을 견딜 수 있는 개들을 대상으로 하는 실험을 구상했다. 그는 먹이를 진짜 개처럼 보이는 인형한테 주거나 아니면 양동이에 담는 모습을 개들한테 관찰하게 했다. 공포와 공격성에 관련된 뇌 영역인 편도체는 먹이를 개 인형한테 줬을 때 더 활성화됐다. 먹이가 양동이에 담기는 모습을 봤을 땐 별 효과가 없었다. 이러한 반응은 공격적 기질의 개에게서 더 두드러졌다. 번스는 개의 뇌에서 보상 중추가 인간의 뇌와 비슷하게 반응한다는 사실을 발견했다. 좋아하는 사람의 냄새를 맡을 때도 개는 보상 중추가 활성화됐다. 물론 먹이나 칭찬 같은 보상에 반응하는 방식도 개마다 차이가 있었다. 어떤 개는 간식보다 주인의 칭찬을 선호했다. 번스는 개의 뇌를 알면 알수록 '가장 깊은 차원에서 우리와 개 사이에 공통점이 많다'라는 사실을 인정해야 한다고 결론지었다. 연구에 참여한 개들은 또 일정 수준의 기호학적 이해도를 보였다. 가령 어떤 손짓으론 간식을 얻고 다른 손짓으론 못 얻는다는 사실을 쉽게 익혔다. 간식을 준다는 수신호를 관찰했을 때 미상핵이 활성화됐다. 개는 정서적 차원에서도 신경학적으론 사람과 매우 비슷하다.

비엔나 수의과 대학교의 밀렌 쿠에르벨 쇼메트Mylène Quervel-Chaumette가 수행한 또 다른 연구에서, 개들은 함께 살던 친숙한 개와 낯선 개의 녹음된 소리, 컴퓨터에서 나는 무작위 소리를 듣고서 각기 다른 정서적 반응을 보인다는 사실이 드러났다. 이 연구를 위해 모집된 개들은 죄다 다른 개와 함께 살았다. 개들은 분리됐을 때 친숙한 개가 낑낑거리는 소리를 들으면 스트레스 행동 지표가 더 많이 나타났다. 가령 꼬리를 다리 사이에 집어넣거나 녹음 소리에 반응해서 낑낑거리거나 몸을 낮게 웅크렸다.

신경과학자 조지프 르두Joseph LeDoux는 대학원생 시절, 뇌의 두 반쪽 사이의 신경 연결이 끊어진 뇌전증 환자들에게서 흥미로운 교차 모드 전환을 관찰했다. 왼손은 왼쪽 시야에 제시된 (오른쪽 반구에 의해 '보이는') 자극에 반응해 물체를 탐색하는데, 뇌전증 환자들은 그 물체의 이름을 댈 수 없었다. 언어 처리가 왼쪽 반구의 기능이기 때문이다. 반면에 왼손이 아닌 오른손에 놓인 물체의 이름은 댈 수 있었다. 르두는 "신경 연결이 끊어진 환자의 경우 뇌의 한쪽 반구에 입력된 정보는 그쪽에 갇혀 있어서 다른 쪽에서는 사용할 수 없다."라고 기록했다.

뉴욕 대학교 교수이자 연구원인 르두는 감정도 비슷한 영향을 받는지 알고 싶었다. 그는 가장 원시적 감정으로 여겨지는 공포감에 집중했다. 공포감은 독사를 피하게 하거나 어두운 밤 골목길을 벗어나게 하는 등 위험 요소를 회피하도록 유도한다. 동물의 경우엔 포식자나 포식자가 있을 만한 장소를 피할 동기를 제공한다. 뇌의 공포 중추는 편도체다. 편도체가 손상되면 야생 동물도 때로는 순하게 길들여진다. 시궁쥐는 고양이를 두려워하지 않을 것이고, 원숭이는 사람과 새로운 물건에 거침없이 다가갈 것이다. 편도체와 편도체를 둘러싼 뇌 구조가 제거되면 공포는 사라진다. 현재 진행 중인 연구에서 편도체에 공포와 관련 없는 다른 회로가 있다고 드러나긴 하지만, 전반적으로 편도체의 기능은 공포에 치우쳐 있다.

르두는 뇌에서 기본적인 공포 회로를 분리해 사고가 필요하지 않은 뇌 하부 영역의 '지선 도로low road'인 비의식적 처리 회로에 초점을 맞췄다. 빠르게 반응하는 생존 회로는 인간이나 동물을 포식자 같은 위험 앞에서 얼어붙게 하거나 잽싸게 도망가게 한다. 때로는 뇌의 '간선 도로high road'인 의식적 처리 회로에서 위협의 본질을 완전히 처리하거나 의식하기도 전에 그런 반응을 유도한다.

르두는 기본적으로 공포를 유발하려면 진화적으로 오래된 위험 방어 체계가 의식적인 뇌에서 활성화돼야 한다고 가정했다. 그는 1996년 출간한 《느끼는 뇌》(2006)에서 '특정한 감정적 행동 체계의 신경 조직'이 종마다 비슷하다고 주장했다. 하지만 《불안》(2017)에서는 모든 동물의 반응은 단지 생존 회로일 뿐이라고 주장했다.

"이러한 회로는 우리나 다른 여타 동물이 특정 방식으로 느끼게 하려고 존재하는 게 아니다. 그들의 기능은 유기체를 계속 살아있게 하려는 것이다."

나는 국제응용동물행동학회에서 주관한 한 콘퍼런스에서 르두가 동물의 진정한 감정적 삶과 기분을 부정하는 방식으로 견해를 수정한 이유를 알게 됐다. 그는 인간으로선 동물에게 진정한 감정이 있다고 생각하지만, 과학자로선 확신하지 못한다고 말했다. 언어로 생각하는 사람들은 언어와 단절됐다고 느끼는 경험을 용납하지 못할 수도 있다.

막스 플랑크 연구소의 알렉산드라 클라인Alexandra Klein과 동료들이 최근 수행한 연구에 따르면 쥐의 감정은 단순한 생존 회로보다 더 복잡하다. 쥐는 앞선 경험을 바탕으로 공포 수준을 조절할 수 있다. 뇌의 중간 지점에 있는 뇌섬엽insular cortex*은 공포 반응의 강도를 조절하는 주요 허브로, 뇌의 여러 부분에서 온 정보를 처리한다. 아울러 동물의 감정에 대한 르두의 최근 견해가 틀렸다는 또 다른 증거를 제공한다.

나는 감정 기제를 뇌의 더 원시적 하부 영역에 두는 놀라운 연구를 발견했다. UCLA 메디컬 센터의 앨런 쉬먼D. Alan Shewmon과 동료들은 대뇌 반구 없이 태어난 네 명의 아이들을 연구했다. 이런 종류의 손상은 흔

---

* 섬피질이라고도 함

히 평생 식물인간 상태를 초래한다. 하지만 이 아이들은 차이를 분간 하는 '식별 의식discriminative awareness'이 있어서 다양한 감정과 사회적 상호 작용을 보여줬다. 그들은 새로운 사람과 사물을 두려워했고, 친숙한 사 람과 낯선 사람을 구분할 수 있었다. 아울러 사회적 상호 작용, 음악 선 호, 연상 학습이 가능했다. 그들에게선 감정 동인이 피질에 있지 않은 것으로 보인다.

런던 경제대학의 조너선 버치Jonathan Birch, 그리고 케임브리지 대학교 의 알렉산드라 슈넬Alexandra Schnell과 니콜라 클레이튼Nicola Clayton은 '어떤 형태의 의식'을 지닌 동물이 인간과 유인원에 국한되지 않으며, 다른 포 유류와 조류와 일부 두족류를 포함해 그 목록이 더 길다는 데 과학자 들 사이에서 새로운 합의가 이뤄졌다고 믿는다. 그들은 비교 인지를 연 구하고 동물의 감각 지각과 감정에 대한 경험의 복잡성에 순위를 매기 고자 '풍부함richness'이라는 용어를 사용한다. 어떤 동물은 다른 감각에 비해 한 가지 감각에 더 강한 '지각적 풍부함perceptual richness'을 지닐 수 있다. 개가 거울에 비친 자기 이미지에 관여하지 않는 건 사회화를 위 한 주된 감각이 후각과 청각에 있기 때문일 가능성이 크다. 지각적 풍 부함 차원에서 볼 때 까마귀는 풍부한 시각 세계에 살고 문어는 풍부 한 촉각 세계에 산다. 조너선 버치에 따르면 까마귀나 어치의 강한 시 각처럼 '지각적 풍부함'을 지닌 동물도 있고, 코끼리처럼 '감정 평가적 풍부함evaluative richness'을 지닌 동물도 있다. 코끼리의 감정 평가적 풍부함 은 감정 역량emotional capacity으로 볼 수 있다.

신경망을 다시 생각해 보면 문어가 흥미로운 사례로 떠오른다. 문 어는 오징어나 갑오징어처럼 두족류로 분류되지만 대체로 척추동물과 관련된 특징을 보인다. 캐나다 레스브리지 대학교의 비교 심리학자 제니퍼 매더Jennifer Mather에 따르면 문어는 다양한 기술을 사용해 조개를 따고 놀이를 즐길 수 있으며 기억 저장과 학습에 특화된 뇌 영역이 있다. 문어는 팔과 다리에 거대한 신경세포가 있고, 모든 빨판을 제어하는 신경절이 있다. 〈나의 문어 선생님My Octopus Teacher〉이라는 다큐멘터리에서 박물학자 크레이그 포스터Craig Foster는 남아프리카 공화국의 다시마숲에서 문어 한 마리를 발견한다. 문어는 처음엔 몸을 꼭꼭 숨긴다. 하지만 포스터가 일정한 거리를 두면서 계속 찾아가자 문어는 점점 인간 방문자에게 관심을 보이고 결국 서로 가까워진다. 영화가 끝날 무렵, 문어는 포스터가 자신을 안도록 허락한다.

## 동물의 비언어적 세계 이해하기

동물은 감각에 기반을 둔 세계에 살고 있으며, 이미지와 냄새, 소리, 촉감으로 생각한다. 우리 인간은 언어가 감각을 걸러내서 감각 정보와 직접적으로 접촉하지 않게 하는, 대단히 언어적인 세계에 살고 있다. 언어와 사고, 추론 능력이 생기기 전 단계의 유아와 동물은 인지 기능 면에서 비슷하다. 프란스 드 발은 18개월밖에 안 된 아이들의 공감적 행동에 주목한다. 곤경에 처한 상대를 위로하는 행동은 설치류, 코끼리, 침팬지 등 다양한 동물에서도 나타난다. 드 발은 공감이 모성 돌봄에서 비롯된다고 말한다.

인간과 동물의 관계는 언어를 초월하며 신비롭고도 아름답다. 내가 관찰한 최고의 말 조련사들은 야생 망아지를 단 2시간 만에 사람이 탈 수 있도록 훈련했다. 조련사 중 한 명인 레이 헌트Ray Hunt는 그게 어떻게 가능한지 제대로 설명하지 못했다. 그저 "말과 호흡을 맞추면 된다." 라고 간단히 답했다. 직관적이고 공감적으로 다뤘다는 뜻이다. 다른 동물 조련사들도 마찬가지다. 그들은 비언어적 의사소통을 바탕으로 동물의 몸과 자신의 몸 사이에 직접적인 감정 연결을 시도한다. 또 말의 행동을 관찰하기 위해 무의식적으로 감각 회상sensory recall과 시각적 사고에 의존한다. 이러한 기술을 가르치기는 매우 어렵다.

버드 윌리엄스Bud Williams와 버트 스미스Burt Smith는 참으로 멋진 소 몰이꾼들이다. 그들은 일정한 절차를 전혀 모르는 순진한 소 무리를 목초지 가장자리에서, 심지어 덤불 뒤에서도 들판 한가운데로 몰아갈 수 있다. 소가 마리당 500kg이 넘고 우르르 달려들 수도 있지만 시끄럽게 뿔 나팔을 불지 않고 다른 목동의 도움을 받지도 않는다. 지프나 헬리콥터를 동원하는 일도 없다. 그저 흩어져 있는 무리의 가장자리에서 지그재그로 왔다 갔다 할 뿐이다. 그의 조용한 걷기 패턴은 소들을 한데 모으는 본능적 행동을 유발한다. 하지만 그가 너무 빨리 걸으면 소는 뿔뿔이 흩어진다.

요령을 설명해달라고 하자 버트는 식탁에 커다란 종이를 펼쳐서 도해로 설명했다. 소들을 화살표 모양으로 나타냈는데, 마치 주차장에서 장애인을 위한 여유 구역을 표시하려고 그은 빗금처럼 보였다. 나는 대번에 버트가 패턴으로 생각하는 시각 공간적 사고자라고 확신했다. 그의 그림은 벡터에 관한 수학 텍스트용 도해일 수 있었다. 레이와 마찬가지로 버트도 자기만의 기술을 요령 있게 설명할 순 없었다. 소 떼를 모으는 과정에서 버트는 머릿속으로 기하학 문제에 해당하는 과제를 풀었던 셈이다.

앞에서 논의했듯이 아이들은 구두 언어가 점점 우위를 점하면서 시각적 이미지를 일부 잃게 된다. 나와 같은 시각적 사고자들과 이 장에서 소개한 일부 사람들은 언어가 주요한 의사소통 수단이 아니라서 동물과 더 친해진다. 완전한 언어적 사고자라면 시각적 사고가 너무 막연해 보일 것이다. 말로 표현하지 않고도 다른 사람의 감정을 신뢰할 수 있다고 상상해보라. 퓰리처상을 수상한 메릴린 로빈슨Marilynne Robinson 은 다음과 같이 말한다.

"아이가 자라는 모습을 관찰하다 보면 순수한 의식이 생겨나는 것 같습니다. 그것은 참으로 아름답고 복잡하며 무한합니다. 마음에 대해서, 그리고 언어가 어떻게 발달하고 기억이 어떻게 작동하는지에 대해서 자세히 배울 수 있습니다."

로빈스는 아이를 관찰하면서 의식을 얻는 특별한 과정을 포착하지만, 언어가 온전한 의식의 전제 조건이라는 일반적 가정을 깔고 있다.

25년 전《나는 그림으로 생각한다》에서 테니스화를 신은 일단의 할머니들little old ladies in tennis shoes*을 소개했다. 나는 그때 피피Fifi에게 정말로 감정이 있다는 그 할머니들의 주장을 과학계가 결국 입증할 거라고 예견했다. 오늘날, 동물 인지와 동물 감정에 관한 연구가 수백 건에 달한다는 사실을 전하게 돼 무척 기쁘다. 독일 듀머스토프에 있는 라이프니츠 농장 동물 생물학 연구소Leibniz Institute for Farm Animal Biology의 마리 앙토닌 핀케마이어Marie-Antonine Finkemeier는 "동물의 성격을 측정하고 이해하는 일은 떠오르는 과학 분야"라고 주장한다. 연구원들은 야생과 실험실, 농장에서 동물의 성격을 진지하게 연구하고 있다. 브리검 영 대학교의 도린 카브레라Doreen Cabrera는 다양한 포유류, 조류, 파충류, 곤충을 대상

---

*　당시 동물과 환경 보호를 위해 고속 도로 건설 반대를 주도하던 일단의 노부인을 지칭하는 용어

으로 진행된 36건의 성격 연구를 검토했다. 모든 연구에서 동물마다 대담함, 두려움, 호기심, 탐구욕 등 성격 특질에서 차이를 보인다고 드러났다. 요즘엔 동물 감정에 관해 학제간 연구를 강조하는 국제 콘퍼런스도 열린다. 우리는 더 이상 동물을 이분법적으로 바라보지 않으며, 감정은 유전과 환경에 더해서 동물 행동에 큰 영향을 미치는 인자로 자리 잡았다. 과학자들도 동물에게 성격과 감정이 있다는 사실을 받아들이는 방향으로 가고 있다. 지난 반세기 동안 엄청난 변화가 일어났다.

나는 수십 년 전에 들었던 이야기를 아직도 잊지 못한다. 1978년 미국 동물과학회에서 주관한 동물 행동 심포지엄에 참석했을 때였다. 뉴질랜드에서 온 동물 행동 과학자인 론 킬고어<sup>Ron Kilgour</sup>가 내게 대형 상자에 갇혀 비행기로 운송되던 사자의 이야기를 들려줬다. 사자 주인은 상자에 사자와 함께 베개를 하나 넣어뒀다. 비행기가 착륙한 후 상자를 열었더니 사자는 죽어 있고 베개는 사라졌다. 어떻게 된 일일까? 이것은 수수께끼가 아니다. 사자가 베개를 먹어 치운 것이다.

이 이야기를 듣고서 언어적 사고가 감각에 기반한 동물의 세계를 얼마나 이해하기 어렵게 하는지 뼈저리게 느꼈다. 사자가 편안하게 느끼도록 하려면 베개가 아니라 딱딱한 상자 바닥에 짚을 깔아줬어야 한다. 내가 사자의 주인이었더라면 이착륙 때의 소리와 진동이 사자를 얼마나 힘들게 할지 생각했을 것이다. 높은 고도에서 사자의 고막이 터지진 않을까, 혹은 분리 불안을 겪진 않을까 우려했을 것이다.

몇 년 전, 의식엔 반드시 언어가 필요하다고 여기는 사람과 의식에 관해 논의한 적이 있었다. 그 사람 말이 사실이라면 나는 세 살 반이 되도록, 어쩌면 그보다 훨씬 늦게까지 의식이 없었을 것이다. 최근엔 자기 생각을 굉장히 잘 떠벌리는 한 여성과 이야기를 나눴다. 그녀의 말과 감정은 자신도 설명할 수 없는 방식으로 완전히 융합된 것 같았다. '나는 느낀다, 고로 나는 존재한다'라는 느낌이랄까. 내 경우엔 이미지가 먼저고 말이 나중이다. 보잉 사고처럼 몹시 혼란스러운 상황을 보지 않는 한 내 감정은 뒤엉키지 않는다. 설령 그러한 상황을 맞닥뜨렸대도 내 마음은 어째서 그런 일이 벌어졌는지 알아내려고 분주히 돌아간다.

동물 감정에 관한 연구가 크게 진전되긴 했지만, 의인화의 금기는 여전히 이 분야를 짓누르고 있다. 그러거나 말거나 나는 동물이 되면 어떠할지 쉽게 그려볼 수 있다. 구속 장치를 설계할 땐 그 장치를 착용한 동물이 경험하게 될 감각을 시각화하고 인지한다. 돌발적인 움직임은 소를 놀라게 한다. 나는 소가 어떻게 반응하는지 앞서 관찰한 내용을 바탕으로 마음속에 떠오른 이미지를 본다. 그러한 통찰이 과학자의 객관성을 훼손하는 것으로 비친다니, 정말 터무니없다. 퍼듀 대학교와 쓰촨 농업 대학교의 아만다 알바렝가Amanda Alvarenga와 동료들은 농장 동물의 행동 차이와 관련된 유전자의 절반쯤은 사람들의 정신장애와도 관련이 있다는 사실을 발견했다. 추가 연구에 따르면 소의 두려움과 개의 친근감은 인간의 자폐증 및 윌리엄스 뷰렌 증후군Williams-Beuren syndrome과 관련된 유전적 요인과 관련이 있다.

문화적 관점에서 볼 때 동물을 다루는 방법은 완전히 두 갈래로 갈라진 것 같다. 한쪽에서는 개에게 아기 옷을 입히고 사람의 음식을 먹인다. 뉴욕 시내를 걷다 보면 머리에 리본을 꽂은 치와와가 유모차를 타고 다니는 모습이 보인다. 다른 쪽에서는 매일 오랜 시간 동안 상자에 갇혀 지내거나 심지어 유기되는 개들도 있다. 그런 개들은 다른 개와 어울리거나 다른 개가 무엇을 하는지 보려고 코를 킁킁대는 등 개의 자연스러운 행동을 거의 보이지 않는다. 개들은 또 집에 내내 혼자 두면 분리 불안을 겪기도 한다. (코로나19는 반려견의 삶을 크게 개선했다. 주인이 집에 머물면서 많이 놀아줬기 때문이다.)

학계 밖에서 출간된 책 두 권이 동물의 마음에 대한 멋진 통찰을 제공한다. 엘리자베스 마셜 토머스Elizabeth Marshall Thomas가 쓴《개와 함께 한 10만 시간》(2021)과 테드 케라소티Ted Kerasote가 쓴《떠돌이 개와 함께 한 행복한 나의 인생》(2011)은 둘 다 동네를 돌아다니도록 허용된 개들이 얼마나 풍요로운 사회생활을 하는지 보여준다. 물론 개들끼리 싸우거나 차에 치이거나 길을 잃게 될 위험은 더 많다. 하지만 자유롭게 돌아다니면서 어울리고 운동하고 호기심을 채울 수 있다는 점에서 삶의 질이 향상될 가능성이 크다. 테드 케라소티는 개들끼리 서로 어울려야 하고 코로 새로운 것을 탐색하도록 격려해야 한다고 주장했다. 이러한 활동이 공이나 장난감, 쫄깃한 생가죽을 갖고 노는 것보다 개들에겐 훨씬 더 흥미롭다.

———

농장 동물의 복지에 관한 최신 연구는 우리가 먹이로 사용하는 동물에게 긍정적인 감정 경험을 제공해야 한다고 강조한다. 인터넷에 접속하면 젖소가 전동 브러시로 털을 다듬는 모습을 볼 수 있다. 젖소가 그걸 무척 좋아한다고 말하면 안 되겠지만, 자세를 바꿔가면서 전동 브러시에 몸을 맡기는 것을 보면 좋아하는 게 분명하다.

나는 동물처럼 생각할 수 있다 보니 당연히 동물에게 더 크게 공감한다. 그리고 사물 시각형 인간의 뇌로 동물 복지를 증진할 방법을 찾으려고 노력한다. 내 노력은 단지 동물 복지로 끝나지 않는다. 그간의 경력을 돌아보면서 동물을 식용으로 사용하는 관행이 환경에 어떤 영향을 미칠지 깊이 생각했다. 목초지를 잘 관리하거나 작물을 돌려짓기 하면서 방목을 제대로 한다면 토양의 질을 개선하고 탄소를 분리할 수 있다. 양, 소, 염소 같은 방목 동물은 농작물을 재배하기엔 너무 건조한 땅에서도 기를 수 있다. 내가 아는 일부 목장주는 땅을 잘 관리하고 진짜 지속 가능한 방식으로 소 목장을 운영하고 있다.

나는 동물을 아끼고 사랑한다면서 어떻게 도축장을 설계하는 일에 관여할 수 있느냐는 질문을 자주 받는다. 자연에서 죽음은 흔히 가혹하고 잔인하지만, 인간은 식용으로 길들인 동물을 책임지고 잘 관리해야 한다. 요즘 도축장을 방문하면 화가 치밀 때가 많다. 생산성을 높이는 데만 급급해 무분별한 번식을 강행하면서 온갖 문제를 일으키고 있어서다. 그렇게 사육된 동물은 고통스럽게 절룩거리거나 심부전을 앓게 된다. 나는 10년 전 축산업계로부터 많은 반발을 샀다. 내가 성장촉진제 과다 투여에 따른 절뚝거림 문제와 열 스트레스에 대해 목소리를 높였기 때문이다. 축산 협회 모임에 가려고 운전하던 6시간 내내 나는 목소리를 낼지 말지 고민했다. 운전하고 가다가 목초지에 나와 있는 소들이 눈에 들어온 순간, 소 생산자들에게 시정해야 할 문제가 있음을 알리기로 마음먹었다.

번식 문제를 따지자면 개가 훨씬 더 심각하다. GMO(유전자 변형 생물)가 나오기 훨씬 전부터 불도그는 큰 머리와 짧은 주둥이를 위해 극단적 방식으로 번식됐다. 그 때문에 어깨 질환과 호흡 곤란을 앓게 되고, 제왕 절개로 태어난 강아지 비율도 높아졌다. 개 주인들이나 축산업에 종사하는 사람들 가운데 젊은 층은 이런 문제가 있다는 사실조차 모르는 경우가 많다. 불도그에겐 그게 '정상'인 줄로 알고 있다. 이를 두고 '나쁜 정상화'라고 부른다. 나는 번식과 관련된 복지 문제가 전혀 없었던 소와 돼지, 개를 기억할 만큼 나이가 들었다. 이러한 문제는 모두 관행육종官行育種*으로 생겨났다.

내가 과학자로서 진행하는 연구는 동물 행동 및 지각에 대한 내 연관성에서 분리될 수 없다. 내가 보기에 포유류와 새는 물론이요, 문어 같은 일부 두족류도 의식이 있다. 동물도 저마다 개성이 있다. 25년 전에는 과학 논문에서 공포감이라는 단어를 사용하지 못했다. 그 대신에 '행동적 동요'라고 써야 했다. 과학자는 동물에게 인간의 감정을 부여할 수 없었기 때문이다. 오늘날엔 공포감이라는 단어를 써도 된다. 과학은 우리와 다른 동물을 구분 짓는 한 가지가 우리 뇌의 엄청난 연산 능력이라는 결론 쪽으로 서서히 옮겨가고 있다. 감정에 관한 한 우린 서로 비슷하다.

나는 동물과의 연관성이 그동안 시각적 사고자로 살아온 경험에서 비롯된다고 생각한다. 자폐인들이 흔히 그렇듯이 내 감정 스펙트럼은 신경학자들이 말하는 원초적 또는 원시적 감정에 국한된다. 어렸을 땐 스스로 위험에 매우 민감한 사냥감에 비유했다. 초등학교 시절 끊임없이 괴롭힘을 당하다 보니, 나는 운동장을 가로질러 걸을 때마다 탁 트인 들판에서 포식자를 감지하는 사슴 같았다. 나도 행복과 슬픔은 경험하지만 더 복잡한 기분은 내 감정 범위를 넘어선다. 나는 애증의 관계를 이해하지 못한다. 멋진 그림이 문화적 가치를 지닌다는 건 이해하지만, 사람들이 그런 그림을 보고 황홀해 하는 건 이해하지 못한다. 나를 황홀경에 빠트리는 순간은 미국 특허청에서 갖가지 천재적 장비를

---

* 전통적으로 수행해온 육종 방법을 말하며, 현재의 분자육종과 대비되는 개념임

보거나 어려운 디자인 프로젝트에 대한 멋진 해결책을 찾아낼 때다.

메릴린 로빈슨은 또 언어적 사고자에게 언어가 감정적으로 어떻게 공명하는지 설명했다.

"문학은 슬픔이 이런 느낌이고 신성함이 저런 느낌이라고 알려준다. 사람들은 문학을 통해서 자신이 이미 느낀 감정을 인정받는다고 느낀다."

로빈슨의 설명 덕분에 언어적 마음이 감정을 어떻게 처리하는지, 그리고 그 방법이 나와 어떻게 다른지에 대한 통찰을 얻었다. 언어는 내게 정보를 제공한다. 거기엔 감정적 연관성이 거의 없다. 나는 감정을 느끼려면 뭔가를 보거나 시각적 이미지를 떠올려야 한다. 신성함 같은 개념은 나한테 너무 추상적이다. 그렇다고 감정이 아예 없는 건 아니다. 어머니가 내게 《블랙 뷰티》를 읽어줬을 때, 나는 머릿속의 말 데이터베이스에서 진짜 말을 시각화한 다음 그 말이 다치는 모습을 상상했다. 그러면 마음이 무척 아팠다.

대학원 시절 내내 나는 과학자의 이른바 객관적 입장을 견지할 수 있었다. 그게 일리가 있어 보였다. 그런데 처음으로 소 가공 공장에 들어가 황소 옆구리에 손을 댔을 때 모든 게 바뀌었다. 전기에 감전된 듯 온몸이 찌릿찌릿했다. 나는 그 동물이 불안한지 화났는지 초조한지 아니면 편안한지 바로 알 수 있었다. 그 이상의 증거는 필요하지 않았다. 동물에게도 감정이 있다. 침팬지나 돌고래 같은 일부 동물에게는 자의식도 있다. 무리에서 누가 죽으면 애도를 표하는 코끼리처럼 일부는 감각을 통해 감정을 느끼기도 한다. 자기네 기분을 우리에게 전달해줄 언어는 없을지 몰라도 의식은 확실히 있다. 그들은 나와 같은 시각적 사고자다.

# 후기

2022년 1월 28일 오전 6시 39분, 피츠버그의 프릭 공원 지역을 통과하는 펀 할로우 교Fern Hollow Bridge가 협곡 아래로 무너져 내렸다. 새벽부터 내린 폭설로 다행히 개학이 연기되면서 4차선 다리 위 교통량이 평소보다 적었다. 10여 명이 다치긴 했어도 사망자는 없었다. 다리 붕괴로 파열된 가스관은 곧 차단됐지만, 인근 주민들은 다들 대피해야 했다. 사람들이 현장에서 구조될 때, 가스 냄새와 함께 피해가 훨씬 더 심각할 수도 있었다는 인식이 허공에 맴돌았다.

더 큰 사고가 아니었음에 감사하며 "그만하길 다행이야!"라고 말하지만, 마음 한구석에서는 그런 일이 또다시 일어날 수 있고 또 일어나리라고 우려한다. 구급대원과 소방차, 경찰이 현장을 떠나고 나면 삶은 다시 일상으로 돌아간다. 잔해가 정리되고 다리가 수리되거나 철거되면, 우리는 또 다른 일이 터질 때까지 현실에 안주하며 살아간다.

이젠 다들 짐작하겠지만, 나는 다리 붕괴 소식을 듣자마자 온라인에 접속해 교량의 구조에 관한 세부 사항을 알아봤다. 펀 할로우 교량은 강철 K-프레임 설계로 지어졌는데, 더 견고한 지지 구조로 된 교량보다 취약할 가능성이 컸다. 그래서 점검과 수리, 부식 방지를 위한 도장塗裝을 더 자주 해줘야 했다. 이 사고를 접한 뒤, 나는 교량 사고에 푹 빠져서 2007년 미니애폴리스 시내 근처의 주간 고속 도로 교량 붕괴를 찾아봤다. 당시 참사로 휘어진 강철 프레임의 사진을 보자마자 어떤 상황인지 바로 간파했다. 너무 가볍고 저렴한 강철을 사용한 탓에 프레임이 판지처럼 구겨진 것이다. 온라인 토목 공학 포털에 실린 보고서가 내 진단이 옳다는 걸 확인해줬다. 철골 보를 고정하는 보강판이 원래 필요한 두께의 절반에 불과했다. 추측건대, 두 도시에서 교량이 위험하다는 사실을 알아차렸지만 목소리 내길 두려워하거나 목소리를 냈다가 무시당한 시각적 사고자들이 있었을 것이다.

공교롭게도 편 할로우 교량이 협곡 아래로 곤두박질친 날, 바이든 대통령이 피츠버그를 방문해 인프라 구축을 논의하면서 공급망 개선과 제조업 활성화, 고임금 일자리 창출의 필요성을 강조할 예정이었다. 이러한 목표는 모두 칭찬할 만하다. 정치인들이야 대부분 언어적 사고자들이니 세부 내용까지 파고들 것으로 기대하진 않는다. 그래도 한 가지 의문점은 제기하고 싶다. 우리가 교육과 고용, 소통을 위한 현재의 일률적 모델을 고수한다면 대통령이 제안하는 필수 일자리에 맞는 사람들을 어떻게 찾아서 훈련할 것인가? 엔지니어, 기계공, 용접공, 건축가, 도시 계획 설계자를 찾고 훈련하는 일은 놀이방 바닥에서 시작된다. 블록, 레고, 공구, 매우 세밀한 그림에 끌리는 아이들. 물건을 분해하고 조립하기 좋아하는 아이들. 이런 아이들은 시각적 사고자다. 우리가 이 아이들을 일찌감치 발굴해 육성하고 투자한다면 그들은 교량과 비행기, 원자로를 건설하고 수리할 어른으로 성장할 것이다. 그들에게 더 시각적인 교육을 제공하지 않는다면 우리의 인재 풀은 갈수록 쪼그라들 것이다.

피츠버그 교량이 붕괴된 이유는 아직 조사 중이지만, '지연된 유지 보수'가 원인이라는 게 대체적 의견이다. 또 그 관용구로 돌아갔다. 이 책 앞부분에서 우리는 캘리포니아 정전 사태로 전기가 끊기고 화재가 발생했을 때 어떤 일이 벌어졌는지 살펴봤다. 나는 '지연된 유지 보수'라는 말 대신에 '부족한 유지 보수' 또는 아예 '실종된 유지 보수'라고 부르고 싶다. 2021년 미국 인프라 보고서에 따르면 전국의 61만 7,000개 교량 가운데 7.5%는 구조적 결함이 있다. 그리고 42%는 50년 가까이 된 편 할로우 교량만큼 오래됐으나 수명만큼 튼튼하게 지어지지 않았다.

그래도 희망적인 소식이 있다. 교량 엔지니어들은 고성능 콘크리트와 강철, 내식성 보강재, 개선된 코팅제 등 갖가지 멋진 재료를 개발해 왔다. 교량의 건전성과 안전성을 평가하는 새로운 방법으로는 적외선 열화상 카메라, 지면 투과형 레이더, 지속적으로 피드백을 제공할 수 있는 내장형 센서, 수중 촬영용 카메라가 장착된 수중 드론 등이 있다.

나는 산업계의 혁신가들과 함께 평생 일해왔고, 이런 최첨단 기술을 개발하는 사람들이 에디슨과 튜링, 머스크와 흡사하다고 확신한다. 죄다 지하실이나 차고에서 자유롭게 분해하고 고치고 실험하면서 자신의 길을 개척한 시각적 사고자들이다. 나는 또 능력을 키우는 데 발판이 될 두 가지 핵심 요소가 노출과 멘토링이라고 확신한다. 획기적 기술은 특수 교육을 받거나 비디오 게임에 중독된 아이들에게서 나오지 않는다. 물론 그들의 마음은 그런 일을 하기에 적합할지 모른다. 하지만 저절로 그렇게 되진 않는다. 어떻게 하면 미래의 디자이너, 엔지니어, 예술가를 발굴하고 격려할 수 있을까? 일단 그들을 알아보고 그들의 기술을 인정하며 그들의 다양한 학습 곡선을 지원해야 한다. 나는 그 아이들을 돕는 게 최우선 목표다. 거기서 시작한다면 뭐든 가능하다.

우리가 언어적 사고자들의 구미에 맞추는 방식으로 시각적 사고자들을 대한다고 상상해보라. 누구나 언어를 통해 똑같은 방식으로 정보를 인식하고 처리한다고 가정하지 마라. 그러면 다리가 휘어지거나 아파트가 무너지거나 비행기가 추락하거나 원자로가 녹아내릴 때마다 우리는 다른 방식을 볼 수 있다. 아이들에게 더 나은 삶을 제공하겠다는 약속을 이행하고 싶다면, 그리고 급변하는 세계의 온갖 도전에 맞설 제조 기술과 해결책을 찾아서 더 안전하고 포괄적이며 발전된 사회를 조성하고 싶다면, 우리는 시각적 사고자들과 그들의 놀라운 재능을 위한 공간을 마련해야 한다.

# 감사의 글

이 책을 제작하고 출판하는 과정에서 여러 사람의 도움을 받았다. 노라 엘리스 데믹Nora Alice Demick, 애슐리 갈랜드Ashley Garland, 마크 그리나 왈트Marc Greenawalt, 제프 클로스케Geoff Kloske, 셰릴 밀러Cheryl Miller, 타이릭 무어Tyriq Moore, 베키 셀레탄Becky Saletan, 제니퍼 슈트Jenefer Shute, 닉 태보Nick Tabor, 샤일린 타벨라Shailyn Tavella, 카탈리나 트리고Catalina Trigo, 오귀스트 화 이트Auguste White 등 뛰어난 언어적 사고자들과 시각적 사고자들에게 진 심으로 감사의 마음을 전한다.

# 참고문헌

## 머리말

- Chomsky, N. Syntactic Structures. Eastford, CT: Martino Fine Books, 2015. 《촘스키의 통사구조(Syntactic Structures)》(알마, 2016)
- Descartes, R. Meditations on First Philosophy: With Selections from the Objections and Replies. Translated and edited by John Cottingham. Cambridge, UK: Cambridge University Press, 2017.
- Frener & Reifer. Steve Jobs Theater. https://www.frener-reifer.com/news-en/steve-jobs-theater/ (accessed August 7, 2021).
- Grandin, T. Thinking in Pictures. New York: Doubleday, 1995. Expanded edition. New York: Vintage, 2006. 《나는 그림으로 생각한다》(양철북, 2005)
- Kozhevnikov, M., et al. "Revising the Visualizer--Verbalizer Dimensions: Evidence for Two Types of Visualizers." Cognition and Instruction 20, no. 1 (2002): 47–77.
- Kozhevnikov, M., et al. "Spatial versus Object Visualizers: A New Characterization of Visual Cognitive Style." Memory and Cognition 33, no. 4 (2005): 710–26.
- Premier Composite Technologies, Dubai, Arab Emirates. Steve Jobs Theater Pavilion. http://www.pct.ae/steve-jobs-theater (accessed August 7, 2021).
- Sedak, Gersthofen, Germany. Apple Park, Cupertino, California, ?,500 glass units in facade. https://www.sedak.com/en/references/facades/apple-park-cupertino-usa (accessed August 7, 2021).

## CHAPTER 1. 시각적 사고란 무엇인가?

- Adolphs, R. The Neuroscience of Emotion. Princeton, NJ: Princeton University Press, 2018.
- Akkermans, M. "Collaborative Life Writing in Life, Animated." Diggit Magazine, October 4, 2020.
- Alfonsi, S. "Matthew Whitaker: Meet the Blind Piano Player Who Is So Good, Scientists Are Studying Him." 60 Minutes, December 27, 2020.
- Amit, E., et al. "An Asymmetrical Relationship between Verbal and Visual Thinking: Converging Evidence from Behavior and fMRI." NeuroImage, March 18, 2017.
- Ankum, J. "Diagnosing Skin Diseases Using an AI-Based Dermatology Consult." Science Translational Medicine 12, no. 548 (2020): eabc8946.
- Baer, D. "Peter Thiel: Asperger's Can Be a Big Advantage in Silicon Valley." Business Insider, April 8, 2015. https://www.businessinsider.com/peter--thiel--aspergers-is-an-advantage--2015-4.
- Bainbridge, W. A., et al. "Quantifying Aphantasia through Drawing: Those without Visual Imagery Show Deficits in Object but Not Spatial Memory." Cortex 135 (Feb. 2021): 159–72.
- Baron, S. "How Disney Gave Voice to a Boy with Autism." Guardian, December 3, 2016.
- Baron--Cohen, S. The Pattern Seekers. New York: Basic Books, 2020.
- Behrmann, M., et al. "Intact Visual Imagery and Impaired Visual Perception in a Patient with Visual Agnosia." Journal of Experimental Psychology 20, no. 5 (1994): 1068–87.
- Birner, B. "FAQ: Language Acquisition." Linguistic Society of America. https://www.linguisticsociety.org/resource/faq--how-do-we-learn--language.
- Blazhenkova, O., and M. Kozhevnikov. "Creative Processes during a Collaborative Drawing Task in Teams of Different

Specializations." Creative Education 11, no. 9 (2020). Article ID 103051.

- Blazhenkova, O., and M. Kozhevnikov. "Types of Creativity and Visualization in Teams of Different Educational Specialization." Creativity Research Journal 28, no. 2 (2016): 123–35.
- Blazhenkova, O., M. Kozhevnikov, and M. A. Motes. "Object--Spatial Imagery: A New Self--Report Imagery Questionnaire." Applied Cognitive Psychology 20, no. 2 (March 2006): 239–63, https://doi.org/10.1002/acp.1182.
- Blume, H. "Neurodiversity: On the Neurological Underpinnings of Geekdom." Atlantic, September 1998.
- Bouchard, T. J., et al. "Sources of Human Psychological Differences: The Minnesota Study of Twins Reared Apart." Science 250, no. 4978 (1990): 223–28.
- Bryant, R. A., and A. G. Harvey. "Visual Imagery in Posttraumatic Stress Disorder." Journal of Traumatic Stress 9 (1996): 613–19.
- Chabris, C. F., et. al. "Spatial and Object Visualization Cognitive Styles: Validation Studies in 3,800 Individuals." Group Brain Technical Report 2 (2006): 1–20.
- Chen, Q., et al. "Brain Hemisphere Involvement in Visuospatial and Verbal Divergent Thinking." NeuroImage 202 (2019): 116065.
- Chen, W., et al. "Human Primary Visual Cortex and Lateral Geniculate Nucleus Activation during Visual Imagery." Neuroreport 9, no. 16 (1998): 3669–74.
- Cho, J. Y., and J. Suh. "Understanding Spatial Ability in Interior Design Education: 2D-to-3D Visualization Proficiency as a Predictor of Design Performance." Journal of Interior Design 44, no. 3 (2019): 141–59.
- Cooperrider, J. R., et al. "Dr. Temple Grandin: A Neuroimaging Case Study." Presentation, University of Utah, at the International Meeting for Autism Research (IMFAR), San Diego, 2011.
- Courchesne, E., et al. "Hypoplasia of Cerebellar Vermal Lobules VI and VII in Autism." New England Journal of Medicine 318 (1988): 1349–54.
- Cropley, D. H., and J. C. Kaufman. "The Siren Song of Aesthetics? Domain Differences and Creativity in Engineering and Design." Proceedings of the Institution of Mechanical Engineers, Part C: Journal of Mechanical Engineering Science 233, no. 2 (2019): 451–64.
- Curry, A. "Neuroscience Starts Talking." Nature 551 (2017): S81–S83.
- Dajose, L. "Reading Minds with Ultrasound: A Less--Invasive Technique to Decode the Brain's Intentions." Caltech, March 22, 2021. https://www.caltech.edu/about/news/reading--minds--with--ultrasound-a-less--invasive--technique-to-decode--the--brains--intentions.
- Dean, J. "Making Marines into MacGyvers." Bloomberg Businessweek, September 20, 2018, 48–55.
- "Diagnosing Bill Gates." Time, January 24, 1994, 25.
- Dolgin, E. "A Loop of Faith." Nature 544 (2017): 284–85.
- Doron, G., et al. "Perirhinal Input to Neocortical Layer 1 Controls Learning." Science 370 (2020): 1435.
- Fehlhaber, K. "A Tale of Two Aphasias." Knowing Neurons, August 13, 2014. https://knowingneurons.com/2014/08/13/a-tale-of-two--aphasias/.
- Fernyhough, C. The Voices Within: The History and Science of How We Talk to Ourselves. London: Profile Books, 2016. 《내 머릿속에 누군가 있다》(에이도스, 2018)
- Ferrier, D. "On the Localization of the Functions of the Brain." British Medical Journal, December 19, 1874, 766.

Ferrier, D., and G. F. Yeo. "A Record of Experiments on the Effects of Lesions of Different Regions of the Cerebral Hemispheres." Royal Society Philosophical Transactions, January 1, 1884, https://doi.org/10.1098/rst.1884.0020.

Firat, R. B. "Opening the 'Black Box': Functions of the Frontal Lobes and Their Implications for Sociology. Frontiers in Sociology 4, no. 3 (2019). https://www.frontiersin.org/articles/10.3389/fsoc.2019.00003/full.

Freedman, D. J., et al. "Categorical Representation of Visual Stimuli in the Primate Prefrontal Cortex." Science 291 (5502): 312–16.

Fulford, J., et al. "The Neural Correlates of Visual Imagery Vividness—An fMRI Study and Literature Review." Cortex 105 (2018): 26–40.

Gainotti, G. "A Historical Review of Investigations on Laterality of Emotions in the Human Brain." Journal of the History of the Neurosciences 28, no. 1 (2019): 23–41.

Ganis, G., et al. "Brain Areas Underlying Visual Mental Imagery and Visual Perception: An fMRI Study." Cognitive Brain Research 20 (2004): 226–41.

Gardner, H. Creating Minds. New York: Basic Books, 2006. 《열정과 기질》(북스넛, 2004)

Gardner, H. Frames of Mind. New York: Basic Books, 1983. 《마음의 틀: 다중 지능 이론》(문음사, 1996)

Gardner, H. Multiple Intelligences: New Horizons in Theory and Practice. New York: Basic Books, 2008.

Ghasemi, A., et al. "The Principles of Biomedical Scientific Writing: Materials and Methods." International Journal of Endocrinology and Metabolism 17, no. 1 (2019): 88155.

Giurfa, M., et al. "The Concepts of 'Sameness' and 'Difference' in an Insect." Nature 410, no. 6831 (2001): 930–33.

Glickstein, M. "The Discovery of the Visual Cortex." Scientific American, September 1988. https://www.scientificamerican.com/article/the--discovery-of-the--visual--cortex/.

Glickstein, M. Neuroscience: A Historical Introduction. Cambridge, MA: MIT Press, 2014.

Goldstein, J. "18-Year--Old Blind Pianist Prodigy Getting Studied by Scientists for His 'Remarkable' Talents." People, February 24, 2020. https://people.com/human--interest/blind--pianist--prodigy--matthew--whitaker--studied-by-scientists/.

Golon, A. Visual-Spatial Learners. Austin, TX: Prufrock Press, 2017.

Graham, J. "Life, Animated: A Film Review." johngrahamblog (blog). December 8, 2016. https://johngrahamblog.wordpress.com/2016/12/08/life--animated-a-film--review/.

Grandin, T. "How Does Visual Thinking Work in the Mind of a Person with Autism? A Personal Account." Philosophical Transactions of the Royal Society, London, B. Biological Sciences 364, no. 1522 (2009): 1437–42.

Grandin, T. "My Mind Is a Web Browser: How People with Autism Think." Cerebrum 2, no. 1 (2000): 14–22.

Grandin, T. Temple Grandin's Guide to Working with Farm Animals. North Adams, MA: Storey, 2017.

Grandin, T. Thinking in Pictures. New York: Doubleday, 1995. Expanded edition. New York: Vintage, 2006. 《나는 그림으로 생각한다》(양철북, 2005)

Grandin, T., and R. Panek. The Autistic Brain. New York: Houghton Mifflin Harcourt, 2013. 《나의 뇌는 특별하다》(양철북, 2015)

Grandin, T., and M. M. Scariano. Emergence: Labeled Autistic. Novato, CA: Arena, 1986. 《어느 자폐인 이야기》(김영사, 2011)

Gross, C. G. "The Discovery of Motor Cortex and Its Background." Journal of the History of the Neurosciences 16, no. 3 (2007): 320–31.

Gualtieri, C. T. "Genomic Variation, Evolvability, and the Paradox of Mental Illness." Frontiers in Psychiatry 11 (2021): 593233.

Haciomeroglu, E. S. "Object--Spatial Visualization and Verbal Cognitive Styles and Their Relation to Cognitive Abilities and Mathematical Performance." Educational Sciences: Theory and Practice 16, no. 3 (2016): 987–1003.

Haciomeroglu, E. S., and M. LaVenia. "Object--Spatial Imagery and Verbal Cognitive Styles in High School Students." Perceptual and Motor Skills 124, no. 3 (2017): 689–702.

Haque, S., et al. "The Visual Agnosias and Related Disorders." Journal of Neuro-Ophthalmology 38, no. 3 (2018): 379–92.

Henzel, D. "He Told Me That He Has No Sensory Thinking, Cannot Visualize, Feel or Hear His Own Dog." Howwesolve.com, 2021 (accessed fall 2021).

Hirsch, C., and S. Schildknecht. "In Vitro Research Reproducibility: Keeping Up High Standards." Frontiers in Pharmacology 10 (2019): 1484. doi:10.3389/fphar.2019.01484.

Hitch, G. J., et al. "Visual and Phonological Components of Working Memory in Children." Memory and Cognition 17, no. 2 (1989): 175–85.

Höffler, T. N., M. Koć--Januchta, and D. Leutner. "More Evidence for Three Types of Cognitive Style: Validating the Object--Spatial Imagery and Verbal Questionnaire Using Eye Tracking When Learning with Texts and Pictures." Applied Cognitive Psychology 31, no. 1 (2017). doi.org/10.1002/acp.3300.

Hsieh, T., et al. "Enhancing Scientific Foundations to Ensure Reproducibility: A New Paradigm." American Journal of Pathology 188, no. 1 (2018): 6–10.

Huff, T., et al. "Neuroanatomy, Visual Cortex." National Library of Medicine, National Institutes of Health, July 31, 2021.

Ishai, A., et al. "Distributed Neural Systems for the Generation of Visual Images." Neuron 28, no. 3 (2000): 979–90.

Jamiloux, Y., et al. "Should We Stimulate or Suppress Immune Responses in COVID-19? Cytokine and Anti--Cytokine Interventions." Autoimmunity Reviews (July 2020): 102567.

Jensen, A. R. "Most Adults Know More Than 42,000 Words." Frontiers, August 16, 2016.

Keogh, R., and J. Pearson. "The Blind Mind: No Sensory Visual Imagery in Aphantasia." Cortex 105 (2018): 53–60.

Khatchadourian, R. "The Elusive Peril of Space Junk." The New Yorker, September 21, 2020.

Khatchadourian, R. "The Trash Nebula." New Yorker, September 28, 2020.

Koć--Januchta, M., et al. "Visualizers versus Verbalizers: Effects of Cognitive Style on Learning with Texts and Pictures." Computers in Human Behavior 68 (2017): 170–79. doi.org/10.1016/j.chb.2016.11.028.

Koppenol--Gonzales, G. V., S. Bouwmeester, and J. K. Vermunt. "The Development of Verbal and Visual Working Memory Processes: A Latent Variable Approach." Journal of Experimental Child Psychology 111, no. 3 (2012): 439–54. https://doi.org/10.1016/j.jecp.2011.10.001.

Koppenol--Gonzales, G. V., et al. "Accounting for Individual Differences in the Development of Verbal and Visual Short--Term Memory Processes in Children."

Learning and Individual Differences 66 (2018): 29–37.

- Kosslyn, S. M., et al. "The Role of Area 17 in Visual Imagery: Convergent Evidence from PET and rTMS." Science 284, no. 5411 (1999): 167–70.
- Kosslyn, S. M., et al. "Topographical Representations of Mental Images in Primary Visual Cortex." Nature 378 (1995): 496–98.
- Kozhevnikov, M., O. Blazhenkova, and M. Becker. "Tradeoffs in Object versus Spatial Visualization Abilities: Restriction in the Development of Visual Processing Resources." Psychonomic Bulletin and Review 17, no. 1 (2009): 29–33.
- Kozhevnikov, M., M. Hegarty, and R. E. Mayer. "Revising the Visualizer–Verbal Dimension: Evidence for Two Types of Visualizers." Cognition and Instruction 20, no. 1 (2002): 47–77.
- Kozhevnikov, M., and J. Shepherd. "Spatial versus Object Visualizers: A New Characterization of Visual Cognitive Style." Memory and Cognition 33, no. 4 (2005): 710–26.
- Lee, S.-H., D. J. Kravitz, and C. I. Baker. "Disentangling Visual Imagery and Perception of Real-World Objects." NeuroImage 59, no. 4 (2012): 4064–73.
- Masataka, N. "Were Musicians as Well as Artists in the Ice Age Caves Likely with Autism Spectrum Disorder? A Neurodiversity Hypothesis." In The Origins of Language Revisited, edited by N. Masataka, 323–45. Singapore: Springer, 2020. doi.org/10.1007/978–981-15-4250–3_9.
- Mathewson, J. H. "Visual–Spatial Thinking: An Aspect of Science Overlooked by Educators." Science Education 83, no. 1 (1999): 33–54. https://onlinelibrary.wiley.com/doi/10.1002/(SICI)1098–237X(199901)83:1%3C33::AID–SCE2%3E3.0.CO;2-Z.
- Mazard, A., et al. "A PET Meta–Analysis of Object and Spatial Mental Imagery." Cognitive Psychology 16 (2004): 673–95.
- McFarland, M. "Why Shades of Asperger's Syndrome Are the Secret to Building a Great Tech Company." Washington Post, April 3, 2015. https://www.washingtonpost.com/news/innovations/wp/2015/04/03/why-shades-of-aspergers-syndrome-are-the-secret-to-building-a-great-tech-company/.
- Mellet, E., et al. "Functional Anatomy of Spatial Mental Imagery Generated from Verbal Instructions." Journal of Neuroscience 16, no. 20 (2020): 6504–12.
- Mishkin, M., et al. "Object Vision and Spatial Vision: Two Cortical Pathways." Trends in Neuroscience 6 (1983): 414–17.
- Morena, N., et al. "Vividness of Mental Imagery Is Associated with the Occurrence of Intrusive Memories." Journal of Behavior Therapy and Experimental Psychiatry 44 (2013): 221–26.
- Moscovitch, G., et al. "What Is Special About Face Recognition? Nineteen Experiments on a Person with Visual Object Agnosia and Dyslexia but Normal Face Recognition." Journal of Cognitive Neuroscience 9, no. 5 (1997): 555–604.
- Mottron, L. "The Power of Autism." Nature 479 (2011): 34–35.
- Mottron, L., and S. Belleville. "A Study of Perceptual Analysis in a High–Level Autistic Subject with Exceptional Graphic Abilities." Brain and Cognition 23 (1993): 279–309.
- Mottron, L., et. al. "Enhanced Perceptual Functioning in Autism: An Update, and Eight Principles of Perception." Journal of Autism and Developmental Disorders 36, no. 1 (2006): 27–43.
- Nishimura, K., et al. "Brain Activities of Visual and Verbal Thinkers: A MEG Study." Neuroscience Letters 594 (2015): 155–60.
- Nishimura, K., et al. "Individual Differences

in Mental Imagery Tasks: A Study of Visual Thinkers and Verbal Thinkers." Neuroscience Communications (2016).

- Pant, R., S. Kanjlia, and M. Bedny. "A Sensitive Period in the Neural Phenotype of Language in Blind Individuals." Developmental Cognitive Neuroscience 41 (2020). https://www.sciencedirect.com/science/article/pii/S1878929319303317#sec0010.

- Park, C. C. Exiting Nirvana: A Daughter's Life with Autism. New York: Little, Brown, 2001.

- Pashler, H., et al. "Learning Styles: Concepts and Evidence." Psychological Science in the Public Interest 9, no. 3 (2008).

- Pearson, J. "The Human Imagination: The Cognitive Neuroscience of Visual Mental Imagery." Nature Reviews Neuroscience 20 (2019): 624–34.

- Peissig, J. J., and M. J. Tarr. "Visual Object Recognition: Do We Know More Now Than We Did 20 Years Ago?" Annual Review of Psychology 58 (2007): 75–96.

- Peissig, J. J., et al. "Pigeons Spontaneously Form Three-Dimensional Shape Categories." Behavioral Processes 158 (2019): 70–75.

- Pérez-Fabello, M. J., A. Campos, and D. Campos-Juanatey. "Is Object Imagery Central to Artistic Performance?" Thinking Skills and Creativity 21 (2016): 67–74. doi.org/10.1016/j.tsc.2016.05.006.

- Pérez-Fabello, M. J., A. Campos, and F. M. Felisberti. "Object-Spatial Imagery in Fine Arts, Psychology and Engineering." Thinking Skills and Creativity 27 (2018): 131–38.

- Phillips, M., et al. "Detection of Malignant Melanoma Using Artificial Intelligence: An Observational Study of Diagnostic Accuracy." Dermatology Practical & Conceptual 10, no. 1 (2020): e2020011. doi.org/10.5826/dpc.1001a11.

- Pidgeon, L. M., et al. "Functional Neuroimaging of Visual Creativity: A Systematic Review and Meta-Analysis." Brain and Behavior 6, no. 10 (2016). doi.org/10.1002/brb3.540.

- Pinker, S. The Language Instinct: How the Mind Creates Language. New York: William Morrow, 1994.

- Putt, S., et al. "The Role of Verbal Interaction during Experimental Bifacial Stone Tool Manufacture." Lithic Technology 39, no. 2 (2014): 96–112.

- Reeder, R. R., et al. "Individual Differences Shape the Content of Visual Representations." Vision Research 141 (2017): 266–81.

- Ryckegham, A. V. "How Do Bats Echolocate and How Are They Adapted to This Activity?" Scientific American, December 21, 1998. https://www.scientificamerican.com/article/how-do-bats-echolocate-an/.

- Sacks, O. An Anthropologist on Mars. New York: Alfred A. Knopf, 1995. 《화성의 인류학자》(바다출판사, 2005)

- Sacks, O. The Man Who Mistook His Wife for a Hat. New York: Summit Books, 1985. 《아내를 모자로 착각한 남자》(알마, 2016)

- Schweinberg, M., et al. "Same Data, Different Conclusions: Radical Dispersion in Empirical Results When Independent Analysts Operationalize and Test the Same Hypothesis." Organizational Behavior and Human Decision Process 165 (2021): 228–49.

- Servick, K. "Echolocation in Blind People Reveals the Brain's Adaptive Powers." Science Magazine, 2019. https://www.sciencemag.org/news/2019/10/echolocation-blind-people-reveals-brain-s-adaptive-powers.

- Servick, K. "Ultrasound Reads Monkey Brains, Opening New Way to Control Machines with Thought." Science, March 22, 2021.

- Shah, A., and U. Frith. "Why Do Autistic

Individuals Show Superior Performance on the Block Design Task?" Journal of Child Psychology and Psychiatry 34, no. 8 (1993): 1351–64.

- Shuren, J. E. "Preserved Color Imagery in an Achromatopsic." Neuropsychologia 34, no. 4 (1996): 485–89.
- Sikela, J. M., and V. B. Searles Quick. "Genomic Tradeoffs: Are Autism and Schizophrenia the Steep Price for a Human Brain." Human Genetics 137, no. 1 (2018): 1–13.
- Silberman, S. "The Geek Syndrome." Wired, December 1, 2001. https://www.wired.com/2001/12/aspergers/.
- Silverman, L. K. Upside-Down Brilliance: The Visual-Spatial Learner. Denver: Deleon, 2002.
- Smith, B. Moving 'Em: A Guide to Low Stress Animal Handling. University of Hawai'i, Mānoa: Graziers Hui, 1998.
- Soares, J. M., et al. "A Hitchhiker's Guide to Functional Magnetic Resonance Imaging." Frontiers in Neuroscience (2016). doi.org/10.3389/forins.2016.0015.
- Spagna, A., et al. "Visual Mental Imagery Engages the Left Fusiform Gyrus, but Not the Early Visual Cortex: A Meta--Analysis of Neuroimaging Evidence." Neuroscience and Biobehavioral Reviews (2020). doi:10.1016/j.neubiorev.2020.12.029.
- Sperry, R. W. "Lateral Specialization of Cerebral Function in the Surgically Separated Hemispheres." In The Psychophysiology of Thinking, ed. F. J. McGuigan and R. A. Schoonover, chap. 6. New York: Academic Press, 1973.
- Sumner, N., et al. "Single--Trial Decoding of Movement Intentions Using Functional Ultrasound Neuroimaging." Neuron (2021). https://pubmed.ncbi.nlm.nih.gov/33756104/.
- Suskind, O. "Happy Easter, Walter Post." A cartoon drawing by Owen Suskind on Facebook, 2020.
- Sutton, M. "Snakes, Sausages and Structural Formulae." Chemistry World, 2015.
- Takeda, M. "Brain Mechanisms of Visual Long--Term Memory Retrieval in Primates." Neuroscience Research 142 (2019): 7–15.
- Thaler, L. "Echolocation May Have Real-Life Advantages for Blind People: An Analysis of Survey Data." Frontiers in Physiology (2013). doi.org/10.3389/fphys.2013.00098.
- Thaler, L., S. R. Arnott, and M. A. Goodale. "Neural Correlates of Natural Human Echolocation in Early and Late Blind Echolocation Experts." PLOS ONE (2011). doi.org/10.1371/journal.pone.0020162.
- Thorpe, S. J., et al. "Seeking Categories in the Brain." Science 291, no. 5502 (2001): 260–63.
- Thorudottir, S., et al. "The Architect Who Lost the Ability to Imagine: The Cerebral Basis of Visual Imagery." Brain Sciences 10, no. 2 (2020). doi.org/10.3390/brainsci 1002059.
- Tubbs, S. R., et al. "Tatsuji Inouye: The Mind's Eye." Child's Nervous System 28 (2012): 147–50.
- Vance, A. Elon Musk: Tesla, SpaceX, and the Quest for a Fantastic Future. New York: Ecco, 2015. 《일론 머스크, 미래의 설계자》 (김영사, 2015)
- Vannucci, M., et al. "Visual Object Imagery and Autobiographical Memory: Object Imagers Are Better at Remembering Their Personal Past." Memory 24, no. 4 (2016): 455–70.
- Vazquez, C. M. "Technology Boot Camp Aims to Upgrade Okinawa-Based Marines' Problem-Solving Skills." Stars and Stripes, March 26, 2019.
- Warford, N., and M. Kunda. "Measuring Individual Difference in Visual and Verbal Thinking Styles." Presented at the 40th Annual Meeting of the Cognitive Science

Society, Madison, Wisconsin, 2018.

- Watanabe, S., J. Sakamoto, and M. Wakita. "Pigeons' Discrimination of Paintings by Monet and Picasso." Journal of the Experimental Analysis of Behavior 63 (1995): 165−74.
- Weintraub, K. "Temple Grandin on How the Autistic 'Think Different.'" USA Today, May 1, 2013, https://www.usatoday.com/ news/nation/2013/05/01/autism--temple-- grandin--brain/2122455 (accessed September 1, 2021).
- West, T. Commencement address, Siena School, Silver Spring, Maryland, June 9, 2020. In the Mind's Eye: Dyslexic Renaissance (blog), December 22, 2020.
- Wheeler, M. "Damaged Connections in Phineas Gage's Brain: Famous 1848 Case of Man Who Survived Accident Has Modern Parallel." ScienceDaily, May 16, 2012. https://www.sciencedaily.com/ releases/2012/05/120516195408.htm.
- Zeman, A., et al. "Phantasia—The Psychological Significance of Lifelong Visual Imagery Vividness Extremes." Cortex 130 (2020): 426−40. doi:10.1016/ j.cortex.2020.04.003.
- Zhang, W., et al. "The Use of Anti-- Inflammatory Drugs in the Treatment of People with Severe Coronavirus Disease 2019 (COVID-19): The Perspectives of Clinical Immunologists from China." Clinical Immunology 214 (2020): 108393.
- Zimmer, C. "Many People Have a Vivid 'Mind's Eye,' While Others Have None at All." New York Times, June 8, 2021. https://www.nytimes. com/2021/06/08/science/minds--eye-- mental--pictures--psychology.html.

## CHAPTER 2. 걸러지다

- Adams, S. "The Forbes Investigation: How the SAT Failed America." Forbes, November 30, 2020. https://www.forbes.com/sites/ susanadams/2020/09/30/the-forbes- investigation-how-the-sat-failed-america.
- Adelman, K. "Secrets of the Brain and Dyslexia: Interview with Thomas West." Washingtonian, July 1, 2005. https://www. washingtonian.com/2005/07/01/secrets-of- the-brain-dyslexia-interview-with-thomas- west/ (accessed June 27, 2021).
- Arnold, K. D. "Academic Achievement—A View from the Top. The Illinois Valedictorian Project." Office of Educational Research and Improvement, 1993.
- Asmika, A., et al. "Autistic Children Are More Responsive to Tactile Sensory Stimulus." Iranian Journal of Child Neurology 12, no. 4 (2018): 37−44.
- Baird, L. L. "Do Grades and Tests Predict Adult Accomplishment?" Research in Higher Education 23, no. 1 (1985): 3−85. https://doi. org/10.1007/BF00974070.
- Baker, A. "Common Core Curriculum Now Has Critics on the Left." New York Times, February 16, 2014.
- Ballotpedia. "Education Policy in the U.S." https://ballotpedia.org/Education_policy_in_ the_United_States.
- Bardi, M., et al. "Behavioral Training and Predisposed Coping Strategies Interact to Influence Resilience in Male Long--Evans Rats: Implications for Depression." Stress 15, no. 3 (2012): 306−17.
- Baril, D. "Is It Autism? The Line Is Getting Increasingly Blurry." ScienceDaily, August 21, 2019.
- Belkin, D. "Who Needs a Four-Year Degree?" Wall Street Journal, November 13, 2020, R3.
- Bernstein, B. O., D. Lubinski, and C. P. Benbow. "Academic Acceleration in Gifted Youth and Fruitless Concerns Regarding Psychological Well--Being: A 35 Year Longitudinal Study." Journal of Educational Psychology (2020). https://my.vanderbilt.

edu/smpy/files/2013/02/Article--JEP--
Bernstein--2020-F.pdf.

- Bhattacharya, S. "Meet Dr. Nita Patel and
Her All--Female Team Developing the
COVID-19 Vaccine." Brown Girl Magazine,
April 28, 2020.

- Bower, B. "When It's Playtime, Many Kids
Prefer Reality over Fantasy." Science News,
February 6, 2018.

- Bowler, D. M., et al. "Nonverbal Short-
-Term Serial Order Memory in Autism
Spectrum Disorder." Journal of Abnormal
Psychology 125, no. 7 (2016): 886–93.

- Bowles, N. "A Dark Consensus about Screens
and Kids Begins to Emerge in Silicon Valley."
New York Times, October 26, 2018.

- Brown, T. T. "The Death of Shop Class
and America's Skilled Work Force."
Forbes, May 30, 2012. https://www.forbes.
com/sites/tarabrown/2012/05/30/the--
death-of-shop--class--and--americas--
high--skilled--workforce/.

- Brunner, E., et al. "The Promise of Career
and Technical Education." Brown Center
Chalkboard(blog), Brookings, September 20,
2019. https://www.brookings.edu/blog/
brown--center--chalkboard/2019/09/20/
the--promise-of-career--and--technical-
-education/.

- Carey, B. "Cognitive Science Meets Pre--
Algebra." New York Times, September 2,
2013.

- Carey, B. "New Definition of Autism Will
Exclude Many, Study Suggests." New York
Times, January 19, 2012.

- Carey, K. "The Demise of the Great
Education Saviors." Washington Post, March
18, 2020.

- Conway Center for Family Business.
"Family Business Facts." https://www.
familybusinesscenter.com/resources/family--
business--facts/.

- Cooper, S. A., et al. "Akinetopsia: Acute

Presentation and Evidence for Persisting
Defects in Motion." Journal of Neurology,
Neurosurgery and Psychiatry 83, no. 2 (2012):
229–30.

- Courchesne, V., et al. "Autistic Children at
Risk of Being Underestimated: School--
Based Pilot Study of a Strength-Informed
Assessment." Molecular Autism 6, no. 12
(2015).

- Cuenca, P. "On Chess: Chess and
Mathematics." St. Louis Public Radio, March
28, 2019.

- Danovich, T. "Despite a Revamped
Focus on Real--life Skills, 'Home Ec'
Classes Fade Away." The Salt (blog), NPR,
June 14, 2018. https://www.npr.org/
sections/thesalt/2018/06/14/618329461/
despite-a-revamped--focus-on-real--life-
-skills--home-ec-classes--fade--away.

- Dawson, M., et al. "The Level and Nature of
Autistic Intelligence." Psychological Science
18, no. 8 (2007): 657–62.

- Deiss, H. S., and Miller, D. "Who Was
Katherine Johnson?" NASA Knows! NASA,
January 8, 2017, updated January 7, 2021.

- Depenbrock, J., and K. Lattimore. "Say
Goodbye to X + Y: Should Community
Colleges Abolish Algebra?" All Things
Considered, NPR, July 19, 2017. https://
www.npr.org/2017/07/19/538092649/say-
-goodbye-to-x-y-should--community--
colleges--abolish--algebra.

- Dishman, L. "This Job Platform Is for
Undergrads Who Get Nowhere on LinkedIn."
Fast Company, October 20, 2017. https://
www.fastcompany.com/40483000/this--
job--platform-is-for--undergrads--who--
get--nowhwere-on-linkedin.

- Donaldson, M. "The Mismatch between
School and Children's Minds." Human
Nature 2 (1979): 60–67.

- Drager, K. W. "The Relationship between
Abstract Reasoning and Performance in High

School Algebra." Master's thesis, University of Kansas, July 24, 2014.

- Drew, C. "Why Science Majors Change Their Minds." New York Times, November 4, 2011.
- Dyas, B. "Who Killed Home Ec? Here's the Real Story behind Its Demise." Huffington Post, September 29, 2014, updated December 6, 2017.
- Edley, C., Jr. "At Cal State, Algebra Is a Civil Rights Issue." EdSource, June 5, 2017. https://edsource.org/2017/at-cal--state--algebra-is-a-civil--rights--issue/582950.
- Eis, R. "The Crisis in Education in Theory." National Affairs, Summer 2019.
- Gara, S. K., et al. "The Sensory Abnormalities and Neuropsychopathology of Autism and Anxiety." Cureus 12, no. 5 (2020): e8071.
- García, L. E., and O. Thornton. "'No Child Left Behind' Has Failed." Washington Post, February 13, 2015.
- Gardner, H. Frames of Mind: The Theory of Multiple Intelligences. New York: Basic Books, 1983. (《마음의 틀: 다중 지능 이론》 문음사, 1996)
- Gardner, M. "Study Tracks Success of High School Valedictorians." Christian Science Monitor, May 25, 1995.
- Geschwind, N. "The Brain of a Learning--Disabled Individual." Annals of Dyslexia 34 (1984): 319–27.
- Gigliotti, J. Who Is Stevie Wonder? New York: Grosset & Dunlap, 2016.
- "The Girl Who Asked Questions." Economist, February 27, 2020, 72.
- Goldstein, D. "'It Just Isn't Working': PISA Test Scores Cast Doubt on U.S. Education Efforts." New York Times, December 3, 2019.
- Goodson--Espy, T. "Understanding Students' Transitions from Arithmetic to Algebra: A Constructivist Explanation." Paper presented at the Annual Meeting of the American Educational Research Association, San Francisco, April 1995.

- Goyal, N. Schools on Trial: How Freedom and Creativity Can Fix our Educational Malpractice. New York: Anchor Books, 2016.
- Green, S. A., et al. "Overreactive Brain Responses to Sensory Stimuli in Youth with Autism Spectrum Disorders." Journal of the American Academy of Child and Adolescent Psychiatry 52, no. 11 (2013): 1158–72.
- Greene, J. P., B. Kisida, and D. H. Bowen. "Why Field Trips Matter." Museum, January 2014. https://www.aam-us.org/2014/01/01/why--field--trips--matter/.
- Gross, A., and J. Marcus. "High-Paying Trade Jobs Sit Empty, While High School Grads Line Up for University." NPR, April 25, 2018.
- "Guidance Counselor." Princeton Review. https://www.princetonreview.com/careers/75/guidance-counselor.
- Haciomeroglu, E. S. "Object--Spatial Visualization and Verbal Cognitive Styles, and Their Relation to Cognitive Abilities and Mathematical Performance." Educational Sciences: Theory and Practice 16, no. 3 (2016): 987–1003.
- Haciomeroglu, E. S., and M. LaVenia. "Object--Spatial Imagery and Verbal Cognitive Styles in High School Students." Perceptual and Motor Skills 124, no. 3 (2017): 689–702.
- Hacker, A. "Is Algebra Necessary?" New York Times, July 28, 2012.
- Hacker, A. The Math Myth: And Other STEM Delusions. New York: New Press, 2016.
- Hanford, E. "Trying to Solve a Bigger Math Problem." New York Times, February 3, 2017.
- Haque, S., et al. "The Visual Agnosias and Related Disorders." Journal of Neuro-Ophthalmology 38, no. 3 (2018): 379–92. doi: 10.1097/WNO.0000000000000556.
- Harris, C. "The Earning Curve: Variability

and Overlap in Labor–Market Outcomes by Education Level." Manhattan Institute, February 2020. https://files.eric.ed.gov/fulltext/ED604364.pdf.

- Harris, E. A. "Little College Guidance: 500 High School Students Per Counselor." New York Times, December 25, 2014.

- Hartocollis, A. "After a Year of Turmoil, Elite Universities Welcome More Diverse Freshman Classes." New York Times, April 17, 2021, updated April 31, 2021.

- Hartocollis, A. "Getting into Med School without Hard Sciences." New York Times, July 29, 2010.

- Hinshaw, S. P., and R. M. Scheffler. The ADHD Explosion. London: Oxford University Press, 2014.

- Hirsh––Pasek, K., et al. "A New Path to Education Reform: Playful Learning Promotes 21st––Century Skills in Schools and Beyond." Policy 2020, Brookings, October 2020. https://www.brookings.edu/policy2020/bigideas/a-new––path-to-education––reform––playful––learning––promotes––21st––century––skills-in-schools––and––beyond/.

- Hoang, C. "Oscar Avalos Dreams in Titanium." NASA Jet Propulsion Laboratory, 2019. https://www.nasa.gov/feature/jpl/oscar––avalos––dreams-in-titanium.

- Hora, M. T. "Entry Level Workers Can Lose 6% of Their Wages If They Don't Have These." Fast Company, February 1, 2020. https://www.fastcompany.com/90458673/5-things––standing-in-the––way-of-students––taking––internships.

- Hough, L. "Testing. Testing. 1-2-3." Ed.: Harvard Ed. Magazine, Winter 2018.

- Hubler, S. "Why Is the SAT Falling Out of Favor?" New York Times, May 23, 2020.

- "IDEA: Specific Learning Disabilities." American Speech and Hearing Association. https://www.asha.org/advocacy/federal/idea/04-law-specific-ld/.

- "IDEA Full Funding: Why Should Congress Invest in Special Education?" National Center for Learning Disabilities. https://ncld.org/news/policy––and––advocacy/idea––full––funding––why––should––congress––invest-in-special––education/.

- Iversen, S. M., and C. J. Larson. "Simple Thinking Using Complex Math vs. Complex Thinking Using Simple Math." ZDM 38, no. 3 (2006): 281–92.

- Jaswal, V. K., et al. "Eye–Tracking Reveals Agency in Assisted Autistic Communication." Scientific Reports 10 (2020): art. no. 7882.

- Jewish Virtual Library. "Nazi Euthanasia Program: Persecution of the Mentally and Physically Disabled." https://www.jewishvirtuallibrary.org/nazi––persecution-of-the––mentally––and––physically––disabled.

- Keith, J. M., et al. "The Influence of Noise on Autonomic Arousal and Cognitive Performance in Adolescents with Autism Spectrum Disorder." Journal of Autism and Developmental Disorders 49, no. 1 (2019): 113–26.

- Kercood, S., et al. "Working Memory and Autism: A Review of the Literature." Research in Autism Spectrum Disorders 8 (2014): 1316–32.

- Klass, P. "Fending Off Math Anxiety." New York Times, April 24, 2017.

- Koretz, D. "The Testing Charade." Ed.: Harvard Ed. Magazine, Winter 2018.

- Kuss, D. J., et al. "Neurobiological Correlates in Internet Gaming Disorder: A Systematic Literature Review." Frontiers in Psychiatry 9, no. 166 (2018).

- Laski, E. V., et al. "Spatial Skills as a Predictor of First Grade Girls' Use of Higher Level Arithmetic Strategies." Learning and Individual Differences 23 (2013): 123–30.

- Learning Disabilities Association of America. "Types of Learning Disabilities." https://

ldaamerica.org/types-of-learning--
disabilities/.

- Lindsay, S. "The History of the ACT Test."
  PrepScholar (blog), June 30, 2015. https://
  blog.prepscholar.com/the--history-of-the-
  -act--test.
- Lloyd, C. "Does Our Approach to Teaching
  Math Fail Even the Smartest Kids?"
  Great!Schools.org, March 10, 2014. https://
  www.greatschools.org/gk/articles/why-
  americas-smartest-students-fail-math/.
- Lockhart, P. A Mathematician's Lament. New
  York: Bellevue Literary Press, 2009.
- Louv, R. Last Child in the Woods. Chapel Hill,
  NC: Algonquin Books, 2005.
- Mackinlay, R., et al. "High Functioning
  Children with Autism Spectrum Disorder:
  A Novel Test of Multitasking." Brain and
  Cognition 61, no. 1 (2006): 14−24.
- Mathewson, J. H. "Visual-Spatial Thinking:
  An Aspect of Science Overlooked by
  Educators." Science Education 83, no. 1
  (1999): 33−54.
- Moody, J. "ACT vs. SAT: How to Decide
  Which Test to Take." U.S. News & World
  Report, March 10, 2021.
- Mottron, L. "The Power of Autism." Nature
  479 (2011): 33−35.
- Mottron, L. "Temporal Changes in Effect
  Sizes of Studies Comparing Individuals with
  and without Autism: A Meta--Analysis."
  JAMA Psychiatry 76, no. 11 (November 2019):
  1124−32.
- Mukhopadhyay, T. R. How Can I Talk If My
  Lips Don't Move? Inside My Autistic Mind.
  New York: Arcade, 2011.
- "NAEP Report Card: 2019 NAEP
  Mathematics Assessment—Highlighted
  Results at Grade 12 for the Nation." The
  Nation's Report Card, 2019. https://
  www.nationsreportcard.gov/highlights/
  mathematics/2019/g12/.
- National Association for Gifted Children.

"Acceleration." Developing Academic
Acceleration Policies, 2018. https://www.
nagc.org/resources--publications/gifted--
education--practices/acceleration.

- National Center for Education Statistics. "Fast
  Facts—Mathematics." https://nces.ed.gov/
  fastfacts/display.asp?id=514.
- National Center for Education Statistics.
  "Students with Disabilities." Condition of
  Education. U.S. Department of Education,
  Institute of Education Sciences. Last updated
  May 2022. https://nces.ed.gov/programs/
  coe/indicator/cgg.
- National Education Association. "History of
  Standardized Testing in the United States,"
  2020.
- Park, G., D. Lubinski, and C. P. Benbow.
  "When Less Is More: Effects of Grade
  Skipping on Adult STEM Productivity among
  Mathematically Precocious Adolescents."
  Journal of Educational Psychology 105, no. 1
  (2013): 176−98.
- Pashler, H., et al. "Learning Styles: Concepts
  and Evidence." Psychological Science in the
  Public Interest 9, no. 3 (2009): 105−19.
- Paulson, A. "Less Than 40% of 12th-Graders
  Ready for College, Analysis Finds." Christian
  Science Monitor, May 14, 2014.
- Pilon, M. "Monopoly Was Designed
  to Teach the 99% about Income
  Inequality." Smithsonian Magazine,
  2015. https://www.smithsonianmag.
  com/arts--culture/monopoly--was--
  designed--teach-99-about--income--
  inequality--180953630/.
- Pilon, M. "The Secret History of Monopoly."
  Guardian, April 11, 2015.
- Porter, E. "School vs. Society in America's
  Failing Students." New York Times,
  November 3, 2015.
- Provini, C. "Why Field Trips Still Matter."
  Education World, 2011.
- Quinton, S. "Some States Train Jobless for

Post--Pandemic Workforce." Stateline (blog), Pew Charitable Trusts, December 10, 2020. https://www.pewtrusts.org/en/research--and--analysis/blogs/stateline/2020/12/10/some--states--train--jobless--for--post--pandemic--workforce.

- Riastuti, N., Mardiyana, and I. Pramudya. "Analysis of Students [sic] Geometry Skills Viewed from Spatial Intelligence." AIP Conference Proceedings 1913, 2017. https://doi.org/10.1063/1.5016658.

- Ripley, A. "What America Can Learn from Smart Schools in Other Countries." New York Times, December 6, 2016.

- Rodgaard, E. M., et al. "Temporal Changes in Effect Sizes of Studies Comparing Individuals with and without Autism." JAMA Psychiatry 76, no. 11 (2019): 1124–32.

- Root-Bernstein, R., et al. "Arts Foster Scientific Success: Avocations of Nobel, National Academy, Royal Society, and Sigma Xi Members." Journal of Psychology of Science and Technology 1, no. 2 (2008): 51–63. doi:10/1891/1939-7054.1.251.

- Rosen, J. "How a Hobby Can Boost Researchers' Productivity and Creativity." Nature 558 (2018): 475–77.

- Rosenstock, L., et al. "Confronting the Public Health Workforce Crisis." Public Health Reports 123, no. 3 (2008): 395–98.

- Rosholm, M., et al. "Your Move: The Effect of Chess on Mathematics Test Scores." PLOS ONE 12, no. 5 (2017): e0177257. https://doi.org/10.1371/journal.pone.0177257.

- Rosin, H. "Hey Parents, Leave the Kids Alone." Atlantic, April 2014, 75–86.

- Ross, M., R. Kazis, N. Bateman, and L. Stateler. "Work--Based Learning Can Advance Equity and Opportunity for America's Young People." Brookings, 2020. https://www.brookings.edu/research/work--based--learning--can--advance--equity--and--opportunity--for--americas--young--people/.

- Ross, M., and T. Showalter. "Millions of Young Adults Are out of School or Work." The Avenue (blog), Brookings, 2020. https://www.brookings.edu/blog/the--avenue/2020/12/18/making-a-promise-to-americas--young--people/.

- Ruppert, S. "How the Arts Benefit Student Achievement." Critical Evidence, 2006.

- Ryan, J. "American Schools vs. the World: Expensive, Unequal, Bad at Math." Atlantic, December 3, 2013.

- Saul, R. ADHD Does Not Exist: The Truth about Attention Deficit and Hyperactivity Disorder. New York: Harper Wave, 2015.

- SC Johnson College of Business. "Family Business Facts," 2021. https://www.johnson.cornell.edu/smith--family--business--initiative-at-cornell/resources/family--business--facts/.

- Schleicher, A. "PISA 2018: Insights and Interpretations." OECD, 2018. https://www.oecd.org/pisa/PISA%202018%20Insights%20and%20Interpretations%20FINAL%20PDF.pdf.

- Schoen, S. A., et al. "A Systematic Review of Ayres Sensory Integration Intervention for Children with Autism." Autism Research 12, no. 1 (2019): 6–19.

- "School Counselors Matter." Education Trust, February 2019 https://edtrust.org/resource/school-counselors-matter/.

- Schwartz, Yishai. "For Parents Willing to Pay Thousands, College Counselors Promise to Make Ivy League Dreams a Reality." Town & Country, June 28, 2017. https://www.townandcountrymag.com/leisure/a10202220/college--counseling--services/.

- Seymour, K., et al. "Coding and Binding Color and Form in Visual Cortex." Cerebral Cortex 20, no. 8 (2010): 1946–54.

- Sheltzer, J. M., and R. Visintin. "Angelika Amon (1967–2020): Trailblazing Cell Cycle

Biologist." Science 370, no. 6522 (2020): 1276.

- Shetterly, M. L. Hidden Figures: The American Dream and the Untold Story of the Black Women Mathematicians Who Helped Win the Space Race. New York: William Morrow, 2016. 《히든 피겨스: 여성이었고 흑인이었고 영웅이었다》(노란상상, 2017)
- Silverman, L. K. Upside-Down Brilliance. Denver: DeLeon, 2002.
- Smith, A. "Two Community Colleges Show How Students Can Succeed without Remedial Math Courses." EdSource, 2019. https://edsource.org/2019/two--community--colleges--show--how--students--can--succeed--without--remedial--math--courses/619740.
- Smith, P. "Uniquely Abled Academy at COC Looks to Pilot Opportunities for Those on Autism Spectrum." KHT SAM 1220, September 4, 2017. https://www.hometownstation.com/santa--clarita--news/education/college-of-the--canyons/uniquely--abled--academy-at-coc--looks-to-pilot--opportunities--for--those-on-autism--spectrum--203809.
- Sorvo, R., et al. "Math Anxiety and Its Relationship with Basic Arithmetic Skills among Primary School Children." British Journal of Educational Psychology 87, no. 3 (2017): 309–27.
- Strauss, V. "Is It Finally Time to Get Rid of the SAT and ACT College Admissions Tests?" Washington Post, March 19, 2019.
- Sušac, A., A. Bubić, A. Vrbanc, and M. Planinić. "Development of Abstract Mathematical Reasoning: The Case of Algebra." Frontiers in Human Neuroscience (2014). https://www.frontiersin.org/articles/10.3389/fnhum.2014.00679/full.
- Taggart, J., et al. "The Real Thing: Preschoolers Prefer Actual Activities to Pretend Ones." Developmental Science 21, no. 3 (2017). doi.org/10.1111/desc.12582.

- Thaler, L. "Echolocation May Have Real-Life Advantages for Blind People: An Analysis of Survey Data." Frontiers in Physiology (2013). doi.org/10.3389/fphys.2013.00098.
- Thaler, L., S. R. Arnott, and M. A. Goodale. "Neural Correlates of Natural Human Echolocation in Early and Late Blind Echolocation Experts." PLOS ONE (2011). doi.org/10.1371/journal.pone.0020162.
- Tough, P. "How Kids Really Succeed." Atlantic, June 2016, 56–66.
- Treffert, D. A. Islands of Genius. London: Jessica Kingsley, 2010.
- US Congress, Office of Technology Assessment. "Lessons from the Past: A History of Educational Testing in the United States." Chapter 4 in Testing in American Schools: Asking the Right Questions, OTA--SET--519. Washington, DC: US Government Printing Office, 1992. https://www.princeton.edu/~ota/disk1/1992/9236/9236.PDF.
- Wa Munyi, C. "Past and Present Perceptions towards Disability: A Historical Perspective." Disabilities Studies Quarterly 32, no. 2 (2012).
- Wadman, M. "'Nothing Is Impossible,' Says Lab Ace Nita Patel." Science 370 (2020): 652.
- Walker, T. "Should More Students Be Allowed to Skip a Grade?" NEA News, March 27, 2017. https://www.nea.org/advocating--for--change/new--from--nea/should--more--students-ve-allowed--skip--grade.
- Watanabe, T., and R. Xia. "Drop Algebra Requirement for Non--STEM Majors, California Community Colleges Chief Says." Los Angeles Times, July 17, 2017.
- Watkins, L., et al. "A Review of Peer-Mediated Social Interaction for Students with Autism in Inclusive Settings." Journal of Autism and Developmental Disorders 45 (2015): 1070–83.
- Wellemeyer, J. "Wealthy Parents Spend Up to $10,000 on SAT Prep for Their

Kids." MarketWatch, July 7, 2019. https://
marketwatch.com/story/wealthy--parents-
-are--dropping-up-to-10000-on-sat-
-test--prep--for--their--
kids--2019-06-21.

- Wells, R., D. Lohman, and M. Marron.
"What Factors Are Associated with Grade
Acceleration?" Journal of Advanced
Academics 20, no. 2 (Winter 2009): 248–73.

- Westervelt, E. "The Value of Wild, Risky
Play: Fire, Mud, Hammers and Nails." NPR
Ed, NPR, April 3, 2015. https://www.npr.
org/sections/ed/2015/04/03/395797459/
the-value-of-wild-risky-play-fire-mud-
hammers-and-nails.

- Williams, D. Autism—An Inside-Out
Approach: An Innovative Look at the
Mechanics of "Autism" and Its Developmental
"Cousins." London: Jessica Kingsley, 1996.

- Williams, D. L., et al. "The Profile of
Memory Function in Children with Autism."
Neuropsychology 20, no. 1 (2006): 21–29.

- Willingham, D. T. "Is It True That Some People
Just Can't Do Math?" American Educator,
Winter 2009–2010.

- Winerip, M. "A Field Trip to a Strange New
Place: Second Grade Visits the Parking
Garage." New York Times. February 12,
2012.

- Wonder, S. Video interview with Mesha
McDaniel. Celebrity Profile Entertainment,
March 23, 2013. YouTube. https://www.
youtube.com/watch?v=126ni6rvzPU.

- Wonder, S. Video interview on Larry King
Now. YouTube. https://www.youtube.com/
watch?v=vJh--DV1v1JM.

- Zhang, X., et al. "Misbinding of Color and
Motion in Human Visual Cortex." Current
Biology 24, no. 12 (2014): 1354–60.

- Zihl, J., and C. A. Heywood. "The
Contribution of LM to the Neuroscience of
Movement Vision." Frontiers in Integrative
Neuroscience 9, no. 6 (February 17, 2015).

https://www.frontiersin.org/articles/10.3389/
fnint.2015.00006/full.

- Zinshteyn, M. "Cal State Drops Intermediate
Algebra as Requirement to Take Some
College--Level Math Courses." EdSource,
2017. https://edsource.org/2017/cal--
state--drops--intermediate--algebra--
requirement--allows--other--math--
courses/585595.

## CHAPTER 3.
## 영리한 엔지니어는 다 어디에 있는가?

- American Society of Civil Engineers.
Infrastructure Report Card. ASCE, Reston,
Virginia, 2017.

- Anthes, E. "Richard R. Ernst, Nobel Winner
Who Paved the Way for the M.R.I., Dies at
87." New York Times, June 16, 2021.

- Aspiritech.org. Chicago.

- Austin, R. D., and G. P. Pisano.
"Neurodiversity as a Competitive Advantage."
Harvard Business Review, May–June 2017.

- Belli, G. "How Many Jobs Are Found
through Networking, Really?" Payscale, April
6, 2017. https://www.payscale.com/career-
advice/many-jobs-found-networking/.

- Burger, D., et al. "Filtergraph: A Flexible Web
Application for Instant Data Visualization of
Astronomy Datasets." arXiv:1212.4458.

- Cabral, A. "How Dubai Powers Apple's
'Spaceship.'" Khaleej Times, September 13, 2017.
https://www.khaleejtimes.com/tech/how-dubai-
powers-apples-spaceship.

- Cann, S. "The Debate behind Disability
Hiring." Fast Company, November 26, 2012.
https://www.fastcompany.com/3002957/
disabled--employee--amendment.

- Cass, O., et al. "Work, Skills, Community:
Restoring Opportunity for the Working
Class." Opportunity America, American
Enterprise Institute, and Brookings
Institution, 2018. https://www.aei.org/wp-
content/uploads/2018/11/Work-Skills-

Community-FINAL-PDF.pdf?x91208.

- Chakravarty, S. "World's Top 10 Industrial Robot Manufacturers." Market Research Reports, 2019. https://www.marketresearchreports.com/blog/2019/05/08/world's-top-10-industrial-robot-manufacturers.

- Chang, C. "Can Apprenticeships Help Reduce Youth Unemployment?" Century Foundation, November 15, 2015. https://tcf.org/content/report/apprenticeships/.

- Collins, M. "Why America Has a Shortage of Skilled Workers." IndustryWeek, 2015. https://www.industryweek.com/talent/education--training/article/22007263/why--america--has-a-shortage-of-skilled--workers.

- "Construction Workforce Shortages Reach Pre-Pandemic Levels Even as Coronavirus Continues to Impact Projects & Disrupt Supply Chains." The Construction Association, September 2, 2021. https://www.agc.org/news/2021/09/02/construction-workforce-shortages-reach-pre-pandemic-levels-even-coronavirus-0.

- "Conveyor Systems: Dependable Cost-Effective Product Transport." Dematic.com. https://www.dematic.com/en/products/products--overview/conveyor--systems/.

- Coudriet, C. "The Top 25 Two--Year Trade Schools." Forbes, August 16, 2018. https://www.forbes.com/sites/cartercoudriet/2018/08/15/the--top-25-two--year--trade--schools--colleges--that--can--solve--the--skills--gap.

- Danovich, T. "Despite a Revamped Focus on Real--Life Skills, 'Home Ec' Classes Fade Away." The Salt (blog), NPR, June 14, 2018. https://www.npr.org/sections/thesalt/2018/06/14/618329461/despite-a-revamped--focus-on-real--life--skills--home-ec-classes--fade--away.

- Delphos, K. "Dematic to Fill 1,000 New Jobs in North America by End of 2020." Dematic.com press release, September 2, 2020.

- Duberstein, B. "Why ASML Is Outperforming Its Semiconductor Equipment Peers." The Motley Fool, February 27, 2019. www.fool.com/investing/2019/02/27/why--asml-is-outperforming--its--semiconductor--equipment.aspx.

- Duckworth, A. Grit: The Power of Passion and Perseverance. New York: Scribner, 2016. 《그릿》 (비즈니스북스, 2019)

- Elias, M. Stir It Up: Home Economics in American Culture. Philadelphia: University of Pennsylvania Press, 2010.

- Farrell, M. "Global Researcher: Professor Shaun Dougherty Presents Vocational Research Abroad." NEAG School of Education, 2017. https://cepare.uconn.edu/2017/10/10/global--researcher--professor--shaun--dougherty--presents--vocational--education--research--abroad/.

- Felicetti, K. "These Major Tech Companies Are Making Autism Hiring a Priority." Monster, March 8, 2016.

- Ferenstein, G. "How History Explains America's Struggle to Revive Apprenticeships." Brown Center Chalkboard (blog), Brookings, May 23, 2018. https://www.brookings.edu/blog/brown--center--chalkboard/2018/05/23/how--history--explains--americas--struggle-to-revive--apprenticeships/.

- Ferguson, E. S. Engineering and the Mind's Eye. Cambridge, MA: MIT Press, 1994. 《인간을 생각하는 엔지니어링》(한울, 1998)

- Ferguson, E. S. "The Mind's Eye: Nonverbal Thought in Technology." Science 197, no. 4306 (1977): 827–36.

- Flynn, C. "The Chip-Making Machine at the Center of Chinese Dual--Use Concerns." Brookings TechStream, June 30, 2020. https://www.brookings.edu/techstream/the--chip--making--machine-at-the--

center-of-chinese--dual--use--concerns/.

- "Fort Collins Leads the Pack on Undergrounding." BizWest, September 5, 2003. https://bizwest.com/2003/09/05/fort--collins--leads--the--pack-on-undergrounding/.

- Frener & Reifer. "Steve Jobs Theater," 2020. https://www.frener--reifer.com/news-en/steve--jobs--theater/.

- FY 2020 Data and Statistics: Registered Apprenticeship National Results Fiscal Year 2020:10/01/2019 to 9/30/2020. Employment and Training Administration, U.S. Department of Labor. https://www.dol.gov/agencies/eta/apprenticeship/about/statistics/2020/.

- Goger, A., and C. Sinclair. "Apprenticeships Are an Overlooked Solution for Creating More Access to Quality Jobs." The Avenue (blog), Brookings, January 27, 2021. https://www.brookings.edu/blog/the--avenue/2021/01/27/apprenticeships--are-an-overlooked--solution--for--creating--more--access-to-quality--jobs/.

- Gold, R., K. Blunt, and T. Ansari. "PG&E Reels as California Wildfire Burns." Wall Street Journal, October 26, 2019, A1–A2.

- Gold, R., R. Rigdon, and Y. Serkez. "PG&E's Network Heightens California's Fire Risk." Wall Street Journal, October 30, 2019, A6.

- Goldman, M. A. "Evolution Gets Personal." Science 367, no. 6485 (2020): 1432.

- "Governor John Hickenlooper Announces $9.5 Million to Launch Statewide Youth Apprenticeship and Career Readiness Programs." Business Wire, September 14, 2016. https://www.businesswire.com/news/home/20160914006145/en/Gov.--John--Hickenlooper--Announces-9.5-Million-to-Launch--Statewide--Youth--Apprenticeship--and--Career--Readiness--Programs.

- Gray, M. W. "Lynn Margulis and the Endosymbiont Hypothesis: 50 Years Later." Molecular Biology of the Cell 28, no. 10 (2017). doi.org/10.1091/mbc.e16-07-0509.

- Gross, A., and J. Marcus. "High--Paying Trade Jobs Sit Empty While High School Grads Line Up for University." NPR Ed, NPR, April 25, 2018.

- Gummer, C. "German Robots School U.S. Workers." Wall Street Journal, September 10, 2014, B7.

- Gunn, D. "The Swiss Secret to Jump--Starting Your Career." Atlantic, September 7, 2018.

- Hagerty, J. R. "The $140,000-a-Year Welding Job." Wall Street Journal, January 7, 2015, B1–B2.

- Hardy, B. L., and D. E. Marcotte. "Education and the Dynamics of Middle--Class Status." Brookings, June 2020.

- Harris, C. "The Earning Curve: Variability and Overlap in Labor-Market Outcomes by Education Level." Manhattan Institute, February 2020. https://files.eric.ed.gov/fulltext/ED604364.pdf.

- Hoffman, N., and R. Schwartz. "Gold Standard: The Swiss Vocational Education and Training System. International Comparative Study of Vocational Educational Systems." National Center on Education and the Economy, 2015. https://eric.ed.gov/?id=ED570868.

- Hotez, E. "How Children Fail: Exploring Parent and Family Factors That Foster Grit." In Exploring Best Child Development Practices in Contemporary Society, edited by N. R. Silton, 45–65. IGI Global, 2020. doi:10.4018/978-1-7998--2940-9.ch003.

- Howard, S., et al. "Why Apprenticeship Programs Matter to 21st Century Post--Secondary Education." CTE Journal 7, no. 2 (2019): ISSN 2327--0160 (online).

- Jacob, B. A. "What We Know about Career and Technical Education in High School."

Brookings, October 5, 2017. https://www.
brookings.edu/research/what-we-know-
-about--career--and--technical--
education-in-high--school/.

- Jacobs, D. Master Builders of the Middle
Ages. New York: Harper and Row, 1969.

- Jacobs, J. "Seven of the Deadliest
Infrastructure Failures throughout History."
New York Times, August 14, 2018.

- Jacoby, T. "Community Colleges Are an Agile
New Player in Job Training." Wall Street
Journal, September 25, 2021.

- Khazan, O. "Autism's Hidden Gifts." Atlantic,
September 23, 2015.

- King, K. "Apprenticeships on the Rise at the
New York Tech and Finance Firms." Wall
Street Journal, September 23, 2018.

- "Kion to Buy U.S. Firm Dematic in $3.25
Billion Deal." Reuters. June 21, 2016.

- Lambert, K. G., et al. "Contingency--
Based Emotional Resilience: Effort--Based
Reward Training and Flexible Coping Lead to
Adaptive Responses to Uncertainty in Male
Rats." Frontiers in Behavioral Neuroscience 8
(2014). doi.org/10.3389/fnbeh.2014.00124.

- LeBlanc, C. "You're Working from Home
Wrong. Here's How to Fix It." Fatherly, 2020.
https://www.fatherly.com/love--money/
work--from--hyatt--home--office/.

- Lewis, R. No Greatness without Goodness:
How a Father's Love Changed a Company
and Sparked a Movement. Carol Stream, IL:
Tyndale House, 2016.

- Linke, R. "Lost Einsteins: The US May
Have Missed Out on Millions of Inventors."
MIT Sloan School of Management, February
16, 2018. https://mitsloan.mit.edu/ideas--
made-to-matter/lost--einsteins-us-may--
have--missed--out--millions--inventors.

- Lohr, S. "Greasing the Wheels of
Opportunity." New York Times, April 8,
2021.

- Lythcott--Haims, J. How to Raise an Adult.

New York: Henry Holt, 2015. 《헬리콥터 부
모가 자녀를 망친다: 자녀를 진정한 성인
으로 키우는 법》(두레, 2017)

- Maguire, C. "How the Snowplow Parenting
Trend Affects Kids." Parents.com, December
4, 2019.

- Martin, J. J. "Class Action: The Fashion
Brands Training Tomorrow's Artisans."
Business of Fashion, September 3, 2014.
https://www.businessoffashion.com/articles/
luxury/class--action/.

- Martinez, S. "7-Year Turnaround: How
Dematic Bounced Back from Layoffs to
$1B in Annual Sales." MLive (Michigan),
February 20, 2014. https://www.mlive.com/
business/west--michigan/2014/02/7-year_
turnaround_how_dematic.html.

- Milne, J. "Thinking Differently—The Benefits
of Neurodiversity." Diginomica, 2018. https://
diginomica.com/thinking--differently--
benefits--neurodiversity.

- Moran, G. "As Workers Become Harder to
Find, Microsoft and Goldman Sachs Hope
Neurodiverse Talent Can Be the Missing
Piece." Fortune, December 7, 2019. https://
fortune.com/2019/12/07/autism--aspergers-
-adhd--dyslexia--neurodiversity--hiring--
jobs--work/.

- Neuhauser, A. "This School Has a Tougher
Admission Rate Than Yale—and Doesn't
Grant Degrees." U.S. News & World Report,
May 11, 2016.

- "100 Best Internships for 2021." Vault
Careers, October 27, 2020.

- "PSPS Wind Update: Wind Gusts in Nearly
Two Dozen Counties Reached above 40
MPH; in 15 Counties Wind Gusts Topped
50 MPH." Business Wire, October 16,
2019. https://www.businesswire.com/news/
home/20191016005951/en/PSPS-Wind-
Update-Wind-Gusts-in-Nearly-Two-Dozen-
Counties-Reached-Above-40-MPH-in-15-
Counties-Wind-Gusts-Topped-50-MPH.

- Redden, E. "Importing Appprenticeships." Inside Higher Ed, August 8, 2017.
- Redman, R. "Analyst: Reported Amazon−−Dematic Partnership 'Validates the MFC Model.'" Supermarket News, February 21, 2020.
- Ren, S. "China Tries to Tame Its Tiger Parents." Bloomberg Businessweek, November 1, 2021, 92.
- Renault, M. "FFA Asks: Who Will Train the Next Generation of Farmers?" Minneapolis Star Tribune, February 13, 2015, B3−B5.
- Robertson, S. M. "Neurodiversity, Quality of Life, and Autistic Adults: Shifting Research and Professional Focuses onto Real−Life Challenges." Disability Studies Quarterly 30, no. 1 (2010).
- "A Robot Maker Fetches $2.1 Billion as E−Commerce Warehouse Automation Grows." Bloomberg News, June 22, 2016.
- Rubin, S. "The Israeli Army Unit That Recruits Teens with Autism." Atlantic, January 6, 2016. https://www.theatlantic.com/health/archive/2016/01/israeli−−army−−autism/422850/.
- Sales, B. "Deciphering Satellite Photos, Soldiers with Autism Take On Key Roles in IDF." Jewish Telegraphic Agency, December 8, 2015. https://www.jta.org/2015/12/08/israel/deciphering−−satellite−−photos−−soldiers−−with−−autism−−take−on−key−−roles−in−idf.
- Schwartz, N. D. "A New Look at Apprenticeships as a Path to the Middle Class." New York Times, July 13, 2015.
- Seager, S. The Smallest Lights in the Universe. New York: Crown, 2020.
- "Shipbuilding Apprentices Set Sail at Huntington Ingalls Graduation." Industry Week, February 27, 2017. https://www.industryweek.com/talent/education−−training/article/22005850/shipbuilding−−apprentices−−set−−sail−at−huntington−−ingalls−−graduation.
- Sidhwani, P. "People Spend 14% of Their Time on Video Games in 2020." Techstory, March 18, 2021.
- Smith, R. "PG&E's Wildfire Mistakes Followed Years of Violations." Wall Street Journal, September 6, 2019.
- St−Esprit, M. "The Stigma of Choosing Trade School over College." Atlantic, March 6, 2019.
- Stockman, F. "Want a White−−Collar Career without College Debt? Become an Apprentice." New York Times, December 10, 2019.
- "Structural Glass Designs by Seele Dominate the First Impression of Apple Park." www.seele.com/references/apple−−park−−visitor−−center−−reception−−buildings.
- Thomas, D. S. "Annual Report on U.S. Manufacturing Industry Statistics: 2020." National Institute of Standards and Technology, U.S. Department of Commerce, 2020.
- "20+ Incredible Statistics on Loss of Manufacturing Jobs [2021 Data]." What to Become (blog), August 11, 2021. https://whattobecome.com/blog/loss−of−manufacturing−−jobs/.
- US Bureau of Labor Statistics. Occupational Outlook Handbook, 2020. https://www.bls.gov/ooh.
- U.S. Youth Unemployment Rate 1991−2022. Macrotrends. https://www.macrotrends.net/countries/USA/united−states/youth−unemployment−rate.
- Wallis, L. "Autistic Workers: Loyal, Talented . . . Ignored." Guardian, April 6, 2012.
- Wang, R. "Apprenticeships: A Classic Remedy for the Modern Skills Gap." Forbes, October 21, 2019.
- West, D. M., and C. Lansang. "Global Manufacturing Scorecard: How the US Compares to 18 Other Nations." Brookings, July 10, 2018.

- Woetzel, J., et al. "Reskilling China: Transforming the World's Largest Workforce into Lifelong Learners." McKinsey Global Institute, January 12, 2021. https://www.mckinsey.com/featured--insights/china/reskilling--china--transforming--the--worlds--largest--workforce--into--lifelong--learners.
- Wyman, N. "Closing the Skills Gap with Apprenticeship: Costs vs. Benefits." Forbes, January 9, 2020.
- Wyman, N. "Jobs Now! Learning from the Swiss Apprenticeship Model." Forbes, October 20, 2017.
- Wyman, N. "Why We Desperately Need to Bring Back Vocational Training in Schools." Forbes, September 1, 2015. https://www.forbes.com/sites/nicholaswyman/2015/09/01/why-we-desperately--need-to-bring--back--vocational--training-in-schools.
- Xinhua. "China to Accelerate Training of High-Quality Workers, Skilled Talent." China Daily, December 1, 2021. http://www.news.cn/english/2021-12/01/c_1310345807.htm.

## CHAPTER 4. 상호 보완적 마음

- Aero Antiques. "Preserving Warbird History One Artifact at a Time: Bendix Fluxgate Gyro Master Compass Indicator AN5752-2 WWII B-17, B-24-B-29." AeroAntique, 2021.
- Anderson, G. Mastering Collaboration: Make Working Together Less Painful and More Productive. Sebastopol, CA: O'Reilly Media, 2019.
- Antranikian, H. Magnetic field direction and intensity finder. US Patent 2047609, US Patent Office, issued 1936.
- "The Art of Engineering: Industrial Design at Delta Faucet." Artrageous with Nate. YouTube, June 9, 2016. https://www.youtube.com/watch?v=c1ksrjRA678.
- Baker, K. America the Ingenious. New York: Workman, 2016.
- Baker, M., and E. Dolgin. "Cancer Reproducibility Project Releases First Results." Nature 541 (2017): 269-70.
- Ball, P. "The Race to Fusion Energy." Nature 599 (2021): 362-66.
- Ban, T. A. "The Role of Serendipity in Drug Discovery." Dialogues in Clinical Neuroscience 8, no. 3 (2006): 335-44.
- Beach, L. F. Activated fin stabilizer. US Patent US3020869A, UA, US Patent Office, issued 1962.
- "Bellevue Psychiatric Hospital." Asylum Projects. http://asylumprojects.org/index.php/Bellevue_Psychiatric_Hospital.
- Bik, E. M., et al. "The Prevalence of Inappropriate Image Duplication in Biomedical Research Publications." mBio 7, no. 3 (2016). doi:10.1128/mBio.00809-16.
- Braddon, F. D., L. F. Beach, and J. H. Chadwick. Ship stabilization system. US Patent US2979010A, US Patent Office, issued 1961.
- Brown, R. R., A. Deletic, and T. H. F. Wong. "Interdisciplinarity: How to Catalyse Collaboration." Nature 525 (2015): 315-17.
- Büyükboyaci, M., and A. Robbett. "Team Formation with Complementary Skills." Journal of Economics and Management Strategy 28, no. 4 (Winter 2019): 713-33.
- Carlson, N. "At Last—The Full Story of How Facebook Was Founded." Business Insider, March 5, 2010. https://www.businessinsider.com/how-facebook-was-founded-2010-3.
- Chabris, C., et al. "Spatial and Object Visualization Cognitive Styles: Validation Studies in 3800 Individuals." Submitted to Applied Cognitive Psychology June 12, 2006. https://www.researchgate.net/publication/238687967_Spatial_and_Object_Visualization_Cognitive_Styles_Validation_Studies_in_3800_Individuals.
- Chaiken, A. "Neil Armstrong's Spacesuit

Was Made by a Bra Manufacturer."
Smithsonian Magazine, November 2013.
https://www.smithsonianmag.com/history/
neil--armstrongs--spacesuit--was--
made-by-a-bra--manufacturer--3652414/.

- Chandler, D. L. "Behind the Scenes of the
Apollo Mission at M.I.T." MIT News, July
18, 2019.

- Communications & Power Industries. "About
Us: History." https://www.cpii.com/history.
cfm.

- Cropley, D. H., and J. L. Kaufman. "The
Siren Song of Aesthetics? Domain Differences
and Creativity in Engineering and Design."
Journal of Mechanical Engineering Science,
May 31, 2018.

- Cutler, E. A Thorn in My Pocket. Arlington,
TX: Future Horizons, 2004.

- Daily Tea Team. "Origins of the Teapot."
The Daily Tea, March 18, 2018. https://
thedailytea.com/travel/origins-of-the--
teapot/.

- Davis, A. P. "The Epic Battle behind the
Apollo Spacesuit." Wired, February 28, 2011.

- De Monchaux, N. Spacesuit: Fashioning
Apollo. Cambridge, MA: MIT Press, 2011.

- Dean, J. "Making Marines into MacGyvers."
Bloomberg Businessweek, September 24,
2018, 48–55.

- Edwards, J. "Russell and Sigurd Varian:
Inventing the Klystron and Saving
Civilization." Electronic Design, November
22, 2010. https://www.electronicdesign.
com/technologies/communications/
article/21795573/russell--and--sigurd--
varian--inventing--the--klystron--and--
saving--civilization.

- Eliot, M. Paul Simon: A Life. Hoboken, NJ:
Wiley, 2010.

- Enserink, M. "Sloppy Reporting on Animal
Studies Proves Hard to Change." Science 357
(2017): 1337–38.

- Fei, M. C. Y. "Forming the Informal: A

Conversation with Cecil Balmond." Dialogue
67 (March 2003).

- Fishman, C. "The Improbable Story of the
Bra--Maker Who Won the Right to Make
Astronaut Spacesuits." Fast Company, 2019.
https://www.fastcompany.com/90375440/
the--improbable--story-of-the--bra--
maker--who--won--the--right-to-make-
-astronaut--spacesuits.

- Fitzgerald, D. "Architecture vs. Engineering:
Solutions for Harmonious Collaboration."
Redshift, May 3, 2018. https://web.archive.
org/web/20201127180130/https://redshift.
autodesk.com/architecture-vs-engineering/.

- Fraser, D. C. "Memorial Tribute—J.
Halcombe Laning." National Academy of
Engineering. https://www.nae.edu/29034/
Dr-J-Halcombe--Laning.

- Friedman, J. "How to Build a Future Series:
Elon Musk." Y Combinator. https://www.
ycombinator.com/future/elon/.

- Fuller, T. "No Longer an Underdog Team,
a Deaf High School Team Takes California
by Storm." New York Times, November 16,
2021.

- "Germany's Wendelstein 7-X Stellarator
Proves Its Confinement Efficiency." Nuclear
Newswire, August 17, 2021. http://www.
ans.org/news/article-3166/germanys-
wendelstein-7x-stellarator-proves-its-
confinement-efficiency/.

- Ghasemi, A., et al. "The Principles of Biomedical
Scientific Writing: Materials and Methods."
International Journal of Endocrinology and
Metabolism 17, no. 1 (2019): e88155.

- Giger, W., et al. "Equipment for Low-Stress,
Small Animal Slaughter." Transactions of the
ASAE 20 (1977): 571–74.

- Grandin, T. "The Contribution of Animals
to Human Welfare." Scientific and Technical
Review 37, no. 1 (April 2018): 15–20.

- Grandin, T. "Double Rail Restrainer
Conveyor for Livestock Handling." Journal of

Agricultural Engineering Research 41 (1988):
327-38.

- Grandin, T. "Handling and Welfare of
Livestock in Slaughter Plants." In Livestock
Handling and Transport, edited by T.
Grandin, 289-311. Wallingford, UK: CABI
Publishing, 1993.

- Grandin, T. "Transferring Results of
Behavioral Research to Industry to Improve
Animal Welfare on the Farm, Ranch, and the
Slaughter Plant." Applied Animal Behaviour
Science 81 (2003): 215-28.

- Gropius, W. Speech at Harvard Department
of Architecture, 1966. In P. Heyer, Architects
on Architecture: New Directions in America.
New York: Walker, 1978.

- Gross, T. "How Rodgers and Hammerstein
Revolutionized Broadway." NPR,
May 28, 2018. https://www.npr.
org/2018/05/28/614469172/how--rodgers-
-and--hammerstein--revolutionized--
broadway/.

- Hendren, S. What Can a Body Do? How We
Meet the Built World. New York: Riverhead
Books, 2020.

- Hilburn, R. Paul Simon: The Life. New York:
Simon & Schuster, 2018.

- Hines, W. C., et al. "Sorting Out the FACS:
A Devil in the Details." Cell Reports 6 (2014):
779-81.

- Hirsch, C., and S. Schildknecht. "In Vitro
Research Producibility: Keeping Up High
Standards." Frontiers in Pharmacology 10
(2019): 1484. doi:10.3389/fphar.2019.01484.

- Hsieh, T., et al. "Enhancing Scientific
Foundations to Ensure Reproducibility:
A New Paradigm." American Journal of
Pathology 188, no. 1 (2018): 6-10.

- Iachini, A. L., L. R. Bronstein, and E.
Mellin, eds. A Guide for Interprofessional
Collaboration. Council on Social Work
Education, 2018.

- Isaacson, W. Steve Jobs. New York: Simon &
Schuster, 2011. 《스티브 잡스》(민음사, 2015)

- Jambon--Puillet, E., et al. "Liquid Helix:
How Capillary Jets Adhere to Vertical
Cylinders." Physics, May 8, 2019. https://
journals.aps.org/prl/abstract/10.1103/
PhysRevLett.122.184501/.

- Jobs, S. "You've Got to Find What You
Love." Commencement Address, Stanford
University. Stanford News, June 14, 2005.

- Kastens, K. "Commentary: Object and
Spatial Visualization in Geosciences." Journal
of Geoscience Education 58, no. 2 (2010):
52-57. doi.org/10.5408/1.3534847.

- Khatchadourian, R. "The Trash Nebula."
New Yorker, September 28, 2020.

- Kim, K. M., and K. P. Lee. "Collaborative
Product Design Processes of Industrial
Design and Engineering Design in Consumer
Product Companies." Design Studies 46
(2016): 226-60.

- Kim, K. M., and K. P. Lee. "Industrial
Designers and Engineering Designers:
Causes of Conflicts, Resolving Strategies
and Perceived Image of Each Other." Design
Research Society Conference, 2014.

- Kuang, C. "The 6 Pillars of Steve Jobs's
Design Philosophy." Fast Company,
November 7, 2011.

- Laird, C. T. "Real Life with Eustacia
Cutler." Parenting Special Needs Magazine,
November/December2010. www.
parentingspecialneeds.org/article/reallife-
eustacia-cutler/.

- Landau, J. "Paul Simon: The Rolling Stone
Interview." Rolling Stone, July 20, 1972.
https://www.rollingstone.com/music/music-
-news/paul--simon--the--rolling--stone-
-interview-2-231656/.

- Ledford, H. "Team Science." Nature 525
(2015): 308-11.

- Lithgow, G. J., M. Driscoll, and P. Phillips.
"A Long Journey to Reproducible Results."
Nature 548 (2017): 387-88.

- López--Muñoz, F., et al. "History of the Discovery and Clinical Introduction of Chlorpromazine." Annals of Clinical Psychiatry 17, no. 3 (2005): 113–35.
- Moore, W. "WWII Magnetic Fluxgate Compass." YouTube, 2016. https://www.youtube.com/watch?v=3QJ5C_NeD6E.
- Mukherjee, S. "Viagra Just Turned 20. Here's How Much Money the ED Drug Makes." Fortune, March 27, 2018. https://fortune.com/2018/03/27/viagra--anniversary--pfizer/.
- Nolan, F. The Sound of Their Music: The Story of Rodgers and Hammerstein. New York: Applause Theatre and Cinema Books, 2002.
- Norman, D. The Design of Everyday Things. New York: Basic Books, 2013.
- Okumura, K. "Following Steve Jobs: Lessons from a College Typography Class." UX Collective, November 8, 2019. https://uxdesign.cc/following--steve--jobs--lessons--from-a-college--typography--class--4f9a603bc964.
- Olsen, C., and S. Mac Namara. Collaborations in Architecture and Engineering. New York: Routledge, 2014.
- Ouroussoff, N. "An Engineering Magician, Then (Presto) He's an Architect." New York Times, November 26, 2006. https://www.nytimes.com/2006/11/26/arts/design/26ouro.html.
- Owen, D. "The Anti--Gravity Men: Cecil Balmond and the Structural Engineers of Arup." New Yorker, June 18, 2007.
- Parreno, C. "Glass talks to Cecil Balmond, One of the World's Leading Designers." Glass, September 9, 2016. https://www.theglassmagazine.com/from--the--archive--glass--talks-to-cecil--balmond--one-of-the--worlds--leading--designers/.
- Picot, W. "Magnetic Fusion Confinement with Tokamaks and Stellarators." International Atomic Energy Agency (IAEA), 2021.
- Prince, R. P., P. E. Belanger, and R. G. Westervelt. Double-rail animal securing assembly, US Patent US3997940A, US Patent Office, issued 1976.
- Purves, J. C., and L. Beach. Magnetic field responsive device, US Patent 2383460A, US Patent Office, issued 1945.
- Ramaley, J. "Communicating and Collaborating across Disciplines." Accelerating Systemic Change Network, 2017. http://ascnhighered.org/ASCN/posts/192300.html/.
- Reynolds, A., and D. Lewis. "Teams Solve Problems Faster When They're More Cognitively Diverse." Harvard Business Review, March 30, 2017.
- Rodgers, R. Musical Stages: An Autobiography. New York: Random House, 1975.
- Rodgers, R. "Reminiscences of Richard Rodgers." Columbia University Libraries, 1968. https://clio.columbia.edu/catalog/4072940/.
- Rogers, T. N. "Meet Eric Yuan, the Founder and CEO of Zoom, Who Has Made over $12 Billion since March and Now Ranks among the 400 Richest People in America." Business Insider, September 9, 2020. https://www.businessinsider.com/meet--zoom--billionaire--eric--yuan-career--net--worth--life.
- "Russell and Sigurd Varian." Wikipedia. https://en.wikipedia.org/wiki/Russell_and_Sigurd_Varian/.
- "Russell H. Varian and Sigurd F. Varian." Encyclopaedia Britannica Online, 1998. https://www.britannica.com/biography/Russell-H-Varian--and--Sigurd-F-Varian/.
- Rylance, R. "Grant Giving: Global Funders to Focus on Interdisciplinarity." Nature 525 (2015): 313–15.
- Saint, A. Architect and Engineer: A Study in Sibling Rivalry. New Haven: Yale University

Press, 2007.

- Scheck, W. "Lawrence Sperry: Genius on Autopilot." HistoryNet. https://www.historynet. com/lawrence--sperry--autopilot--inventor- -and--aviation--innovator.htm.
- Schindler, J. "The Benefits of Cognitive Diversity." Forbes, November 26, 2018.
- Sciaky, Inc. "The EBAM 300 Series Produces the Largest 3D Printed Metal Parts and Prototypes in the Addictive Manufacturing Market," 2021. https://www.sciaky.com/ largest-metal-3D-printer-available/.
- "The Seamstresses Who Helped Put Men on the Moon." CBS News, July 14, 2019. https://www.cbsnews.com/news/ apollo-11-the--seamstresses--who--helped- -put-a-man-on-the--moon/.
- Seyler, M., and D. Kerley. "50 Years Later: From Bras and Girdles to a Spacesuit for the Moon." ABC News, July 13, 2019.
- Shah, H. "How Zoom Became the Best Web-- Conferencing Project in the World in Less Than 10 Years." Nira (blog), 2020. https://nira.com/ zoom--history/.
- Smith, J. F. "Asperger's Are Us Comedy Troupe Jokes about Everything but That." New York Times, July 15, 2016.
- Sperry Gyroscope Company ad, 1945 (Gyrosyn Compass Flux Valve Repeater Aviation Instrument). https://www.periodpaper.com/ products/1945-ad-sperry--gyrosyn-- compass--flux--valve--repeater--aviation- -instrument--wwii--art--216158-- ysw3-34.
- Teitel, A. S. "Hal Laning: The Man You Didn't Know Saved Apollo 11." Discover Magazine, May 23, 2019. https://www. discovermagazine.com/the--sciences/hal-- laning--the--man--you--didnt--know-- saved--apollo-11.
- Thompson, C. Coders. New York: Penguin Press, 2019. 《은밀한 설계자들》(한빛비즈, 2020)

- Thompson, C. "The Secret History of Women in Coding." New York Times Magazine, February 13, 2019.
- U/Entrarchy. "Mechanical Engineering vs Industrial Design." Reddit, May 3, 2013. https://www.reddit.com/r/IndustrialDesign/ comments/1dmuoa/mechanical_engineering_ vs_industrial_design/.
- Van Noorden, R. "Interdisciplinary Research by the Numbers." Nature 525 (2015): 306-7.
- Vance, A. Elon Musk: Tesla, SpaceX, and the Quest for a Fantastic Future. New York: Ecco, 2015. 《일론 머스크, 미래의 설계자》 (김영사, 2015)
- Vazquez, C. M. "Technology Boot Camp Aims to Upgrade Okinawa--Based Marines' Problem Solving Skills." Stars and Stripes, March 26, 2019.
- Wattles, J. "She Turns Elon Musk's Bold Space Ideas into a Business." CNN Business, March 10, 2019.
- Westervelt, R. G., et al. "Physiological Stress Measurement during Slaughter of Calves and Lambs." Journal of Animal Science 42 (1976): 831-37.
- Whitman, A. "Richard Rodgers Is Dead at Age 77; Broadway's Renowned Composer." New York Times, December 31, 1979. https://www. nytimes.com/1979/12/31/archives/richard- -rodgers-is-dead-at-age-77-broadways-- renowned--composer.html/.
- Witt, S. "Apollo 11: Mission Out of Control." Wired, June 24, 2019. https:// www.wired.com/story/apollo-11-mission-- out-of-control/.
- Woolley, A. W., et al. "Evidence for a Collective Intelligence Factor in the Performance of Human Groups." Science 330, no. 6004 (September 30, 2010): 686-88.
- Woolley, A. W., et al. "Using Brain-- Based Measures to Compose Teams." Social Neuroscience 2, no. 2 (2007): 96-105.
- Wozniak, S. iWOZ: From Computer Geek to

Cult Icon. New York: W. W. Norton, 2006.

## CHAPTER 5. 천재성과 신경다양성

- Abraham, A. The Neuroscience of Creativity. Cambridge, UK: Cambridge University Press, 2018.
- Amalric, M., and S. Dehaene. "Origins of the Brain Networks for Advanced Mathematics in Expert Mathematicians." Proceedings of the National Academy of Sciences 113, no. 18 (2016): 4909–17.
- Armstrong, T. "The Myth of the Normal Brain: Embracing Neurodiversity." AMA Journal of Ethics, April 2015.
- Arshad, M., and M. Fitzgerald. "Did Michelangelo (1475–1564) Have High-Functioning Autism?" Journal of Medical Biography 12, no. 2 (2004): 115–20.
- "Attention--Deficit/Hyperactivity Disorder (ADHD)." Centers for Disease Control and Prevention. https://www.cdc.gov/ncbddd/adhd/index.html.
- "Augusta Savage." Smithsonian American Art Museum. https://americanart.si.edu/artist/augusta--savage--4269/.
- Baer, D. "Peter Thiel: Asperger's Can Be a Big Advantage in Silicon Valley." Business Insider, April 8, 2015. https://www.businessinsider.com/peter--thiel--aspergers-is-an-advantage--2015-4/.
- Baron--Cohen, S., et al. "The Autism-Spectrum Quotient (AQ): Evidence from Asperger's Syndrome/High-Functioning Males and Females, Scientists and Mathematicians." Journal of Autism and Developmental Disorders 31, no. 1 (2001): 5–17.
- Beaty, R. E., et al. "Creative Cognition and Brain Network Dynamics." Trends in Cognitive Sciences 20, no. 2 (2016): 87–95.
- Bernstein, B. O., D. Lubinski, and C. P. Benbow. "Academic Acceleration in Gifted Youth and Fruitless Concerns Regarding Psychological Well--Being: A 35-Year Longitudinal Study." Journal of Educational Psychology (2020). https://my.vanderbilt.edu/smpy/files/2013/02/Article--JEP--Bernstein--2020-F.pdf.
- Bianchini, R. "Apple iPhone Design—from the 1st Generation to the iPhone 12." January 18, 2021. https://www.inexhibit.com/case-studies/apple-iphone-history-of-a-design-revolution/.
- Blume, H. "Neurodiversity: On the Neurobiological Underpinning of Geekdom." Atlantic, September 1998.
- Blumenthal, K. Steve Jobs: The Man Who Thought Different. New York: Feiwel and Friends, 2012.
- Bouchard, T. J., Jr., et al. "Sources of Human Psychological Differences: The Minnesota Study of Twins Reared Apart." Science 250 (October 12, 1990): 223–28.
- Bouvet, L., et al. "Synesthesia and Autistic Features in a Large Family: Evidence for Spatial Imagery as a Common Factor." Behavioural Brain Research 362 (2019): 266–72.
- Bradlee, Quinn. "Quinn Interviews Steven Spielberg." Recorded September 2012. Friends of Quinn. YouTube, March 14, 2019. https://www.youtube.com/watch?v=jTX0OxE_3mU.
- Brandt, K. "Twin Studies: Histories and Discoveries in Neuroscience." BrainFacts, June 12, 2019. https://www.brainfacts.org/brain--anatomy--and--function/genes--and--molecules/2019/twin--studies--histories--and--discoveries-in-neuroscience--061119.
- Brinzea, V. M. "Encouraging Neurodiversity in the Evolving Workforce—The Next Frontier to a Diverse Workplace." Scientific Bulletin, Economic Sciences (University of Pitești), 18, no. 3 (2019).
- Bruck, C. "Make Me an Offer: Ari Emanuel's Relentless Fight to the Top." New Yorker, April 26 and May 3, 2021.

- Bucky, P. A. The Private Albert Einstein. Kansas City, MO: Andrews and McMeel, 1993.
- Carey, R. "The Eight Greatest Quotes from Steve Jobs: The Lost Interview." Paste, March 6, 2013. https://www.pastemagazine.com/tech/the--eight--most--important--passages--from--steve--jobs--the--lost--interview/.
- Carrillo--Mora, P., et al. "What Did Einstein Have That I Don't? Studies on Albert Einstein's Brain." Neurosciences and History 3, no. 3 (2015): 125–29.
- Carson, S. "The Unleashed Mind." Scientific American, May/June 2011, 22–25.
- Chavez--Eakle, R. A. "Cerebral Blood Flow Associated with Creative Performance: A Comparative Study." NeuroImage 38, no. 3 (2007): 519–28.
- Chen, H., et al. "A Genome-Wide Association Study Identifies Genetic Variants Associated with Mathematics Ability." Scientific Reports 7 (2017): 40365.
- Chen, Q., R. E. Beaty, and J. Qiu. "Mapping the Artistic Brain: Common and Distinct Neural Activations Associated with Musical, Drawing, and Literary Creativity." Human Brain Mapping 41, no. 12 (2020). doi.org/10.1002/hbm.25025.
- Clark, R. Edison: The Man Who Made the Future. London: Bloomsbury Reader, 2012.
- "Cognitive Theories Explaining ASD." Interactive Autism Network. https://iancommunity.org/cs/understanding_research/cognitive_theories_explaining_asds/.
- Colloff, P. "Suddenly Susan." Texas Monthly, August 2000.
- Condivi, A. The Life of Michelangelo. Baton Rouge: Louisiana State University Press, 1976.
- Cranmore, J., and J. Tunks. "Brain Research on the Study of Music and Mathematics: A Meta-Synthesis." Journal of Mathematics Education 8, no. 2 (2015): 139–57.
- Cringely, R. X. Steve Jobs: The Lost Interview. Apple TV, 2012. 다큐멘터리 〈스티브 잡스: 더 로스트 인터뷰〉
- Cringely, R. X., host. The Triumph of the Nerds: The Rise of Accidental Empires. PBS, 1996.
- D'Agostino, R. "The Drugging of the American Boy." Esquire, March 27, 2014.
- de Manzano, Ö., and F. Ullén. "Same Genes, Different Brains: Neuroanatomical Differences between Monozygotic Twins Discordant for Musical Training." Cerebral Cortex 28 (2018): 387–94.
- Deiss, H. S., and Miller, D. "Who Was Katherine Johnson?" NASA Knows! NASA, January 8, 2017, updated January 7, 2021.
- Demir, A., et al. "Comparison of Bipolarity Features between Art Students and Other University Students." Annals of Medical Research 26, no. 10 (2019): 2214–18.
- "Diagnosing Bill Gates." Time, January 24, 1994, 25.
- Du Plessis, S. "What Are the 12 Types of Dyslexia?" Edublox Online Tutor, November 3, 2021. https://www.edubloxtutor.com/dyslexia-types/.
- Dyer, F. L., and T. C. Martin. Edison, His Life and Inventions. 1910; reissue CreateSpace, August 13, 2010.
- Einstein, A. "The World As I See It." Center for History of Physics. https://history.aip.org/exhibits/einstein/essay.htm.
- Engelhardt, C. R., M. O. Mazurek, and J. Hilgard. "Pathological Game Use in Adults with and without Autism Spectrum Disorder." Peer Journal (2017). doi:10.7717/peerg3393.
- Everatt, J., B. Steffert, and I. Smythe. "An Eye for the Unusual: Creative Thinking in Dyslexics." Dyslexia, March 26, 1999.
- Falk, D. "The Cerebral Cortex of Albert Einstein: A Description and Preliminary Analysis of Unpublished Photographs." Brain

136, no. 4 (2013): 1304–27.

- Falk, D. "New Information about Albert Einstein's Brain." Frontiers in Evolutionary Neuroscience (2009). doi.org/10.3389/neuro.18.003.2009.

- Felicetti, K., and Monster. "These Major Tech Companies are Making Autism Hiring a Priority." Fortune, March 8, 2016.

- Fishman, C. "Face Time with Michael Dell." Fast Company, February 28, 2001.

- Folstein, S., and M. Rutter. "Infantile Autism: A Genetic Study of 21 Twin Pairs." Journal of Child Psychology and Psychiatry 18, no. 4 (1977). https://doi.org/10.1111/j.1469–7610.1977.tb00443.x.

- Foster, B. "Einstein and His Love of Music." Physics World 18, no. 1 (2005): 34.

- Fuller, T. "No Longer an Underdog, a Deaf High School Team Takes California by Storm." New York Times, November 26, 2021, A12.

- Gable, S. L., et al. "When the Muses Strike: Creative Ideas Routinely Occur during Mind Wandering." Psychological Science, January 7, 2019.

- Gainotti, G. "Emotions and the Right Hemisphere: Can New Data Clarify Old Models?" Neuroscientist 25, no. 3 (2019): 258–70.

- Gainotti, G. "A Historical Review of Investigations on Laterality of Emotions in the Human Brain." Journal of the History of Neuroscience 28, no. 1 (2019): 23–41.

- Galton, F. "History of Twins." Inquiries into Human Faculty and Its Development, 1875: 155–73.

- Gardner, H. Creating Minds. New York: Basic Books, 2011. 《열정과 기질》(북스넛, 2004)

- Gigliotti, J. Who Is Stevie Wonder? New York: Grosset & Dunlap, 2016.

- "The Girl Who Asked Questions." Economist, February 29, 2020, 72.

- Gleick, J. Isaac Newton. New York: Vintage, 2004. 《아이작 뉴턴》(승산, 2008)

- Goldberg, E. Creativity: The Human Brain in the Age of Innovation. New York: Oxford University Press, 2018. 《창의성: 혁신의 시대에 던져진 인간의 뇌》(시그마북스, 2019)

- Grandin, T. Thinking in Pictures. New York: Doubleday, 1995. Expanded edition. New York: Vintage, 2006. 《나는 그림으로 생각한다》(양철북, 2005)

- Grant, D. A., and E. Berg. "A Behavioral Analysis of Degree of Reinforcement and Ease of Shifting to New Responses in a Weigl--Type Card--Sorting Problem." Journal of Experimental Psychology 38, no. 4 (1948): 404–11. https://doi.org/10.1037/h0059831/.

- Greenwood, T. A. "Positive Traits in the Bipolar Spectrum: The Space between Madness and Genius." Molecular Neuropsychiatry 2 (2017): 198–212.

- Griffin, E., and D. Pollak. "Student Experiences of Neurodiversity in Higher Education: Insights from the BRAINHE Project." Dyslexia 15, no. 1 (2009). doi.org/10.1002/dys.383.

- Hadamard, J. The Psychology of Invention in the Mathematical Field. Princeton, NJ: Dover, 1945.

- Han, W., et al. "Genetic Influences on Creativity: An Exploration of Convergent and Divergent Thinking." Peer Journal (2018). doi:10.7717/peerj.5403.

- Hashem, S., et al. "Genetics of Structural and Functional Brain Changes in Autism Spectrum Disorder." Translational Psychiatry 10 (2020).

- Haskell, M. Steven Spielberg: A Life in Films. New Haven: Yale University Press, 2017.

- Hegarty, J. P., et al. "Genetic and Environmental Influences on Structural Brain Measures in Twins with Autism Spectrum Disorder." Molecular Psychiatry 25 (2020): 2556–66.

- Helmrich, B. H. "Window of Opportunity? Adolescence, Music, and Algebra." Journal of Adolescent Research 25, no. 4 (2010): 557–77.
- Hodges, A. Alan Turing: The Enigma. Princeton, NJ: Princeton University Press, 2015. 《앨런 튜링의 이미테이션 게임》(동아시아, 2015)
- Huddleston, T., Jr. "Bill Gates: Use This Simple Trick to Figure Out What You'll Be Great at in Life." CNBC, March 12, 2019. https://www.cnbc.com/2019/03/12/bill--gates--how-to-know--what--you--can-be-great-at-in-life.html.
- Isaacson, W. Einstein: His Life and Universe. New York: Simon & Schuster, 2007.
- Itzkoff, D. "Elon Musk Tries to Have Fun Hosting 'S.N.L.'" New York Times, May 10, 2021.
- James, I. Asperger's Syndrome and High Achievement. London: Jessica Kingsley, 2005.
- James, I. "Singular Scientists." Journal of the Royal Society of Medicine 96, no. 1 (2003): 36–39.
- Johnson, R. "A Genius Explains." Guardian, February 11, 2005.
- Kanjlia, S., R. Pant, and M. Bedny. "Sensitive Period for Cognitive Repurposing of Human Visual Cortex." Cerebral Cortex 29, no. 9 (2019): 3993–4005.
- Kapoula, Z., and M. Vernet. "Dyslexia, Education and Creativity, a Cross--Cultural Study." Aesthetics and Neuroscience (2016): 31–42.
- Kapoula, Z., et al. "Education Influences Creativity in Dyslexic and Non-Dyslexic Children and Teenagers." PLOS ONE, 11, no. 3 (2016). doi.org/10.1371/journal.pone.0150421.
- Katz, J., et al. "Genetics, Not the Uterine Environment, Drive the Formation of Trophoblast Inclusions: Insights from a Twin Study." Placenta 114 (2021). https://www.sciencedirect.com/science/article/abs/pii/S0143400421001284.
- Kirby, P. "A Brief History of Dyslexia." Psychologist 31 (March 2018): 56–59.
- Knecht, S., et al. "Language Lateralization in Healthy Right-Handers." Brain 123, no. 1 (2000): 74–81.
- Kyaga, S., et al. "Creativity and Mental Disorder: Family Study of 300,000 People with Severe Mental Disorder." British Journal of Psychiatry 199, no. 5 (2011): 373–79. doi: 10.1192/bjp.bp.110.085316.
- Larsen, S. A. "Identical Genes, Unique Environments: A Qualitative Exploration of Persistent Monozygotic Twin Discordance in Literacy and Numeracy." Frontiers in Education (2019). doi.org/10.3389/feduc.2019.00021.
- Le Couteur, A, et al. "A Broader Phenotype of Autism: The Clinical Spectrum in Twins." Journal of Child Psychology and Psychiatry 37, no. 7 (1996). doi.org/10.1111/j.1469-7610.1996.tb01475.x.
- Lehman, C. "Interview with a Software Engineer." Quillette.com. January 5, 2018.
- Leibowitz, G. "Steve Jobs Might Have Never Started Apple If He Didn't Do This 1 Thing." Inc., 2018. https://www.inc.com/glenn--leibowitz/in-a-rare-23-year--old--interview--steve--jobs--said--this-1-pivotal--experience--inspired--him-to-start--apple--computer.html/.
- Lesinski, J. M. Bill Gates: Entrepreneur and Philanthropist. Springfield, MO: Twenty--First Century Books, 2009.
- Lienhard, D. A. "Roger Sperry's Split Brain Experiments (1959–1968)." Embryo Project Encyclopedia, December 27, 2017. http://embryo.asu.edu/handle/10776/13035.
- "Life of Thomas Alva Edison." Library of Congress. https://www.loc.gov/collections/edison--company--motion--pictures--and--sound--recordings/articles--and--

essays/biography/life-of-thomas--alva--edison/.

- Linneweber, G. A., et al. "A Neurodevelopmental Origin of Behavioral Individuality in the Drosophila Visual System." Science 367, no. 6482 (2020): 1112-19.

- Lubinski, D., and C. P. Benbow. "Intellectual Precocity: What Have We Learned Since Terman?" Gifted Child Quarterly, July 28, 2020.

- Maggioni, E., et al. "Twin MRI Studies on Genetic and Environmental Determinants of Brain Morphology and Function in the Early Lifespan." Neuroscience and Biobehavioral Reviews 109 (2020): 139-49.

- "Maya Lin: Artist and Architect." Interview, Scottsdale, Arizona, June 16, 2000. Academy of Achievement. https://achievement.org/achiever/maya--lin/#interview.

- Maya Lin: A River Is a Drawing (notes on exhibition). Hudson River Museum, 2019. https://www.hrm.org/exhibitions/maya--lin/.

- Maya Lin: Systematic Landscapes (notes on exhibition). Contemporary Art Museum St. Louis. https://camstl.org/exhibitions/maya--lin--systematic--landscapes.

- "Maya Lin Quotations." Quotetab. https://www.quotetab.com/quotes/by-maya--lin/.

- McBride, J. Steven Spielberg. Jackson: University Press of Mississippi, 2011.

- McFarland, M. "Why Shades of Asperger's Syndrome Are the Secret to Building a Great Tech Company." Washington Post, April 3, 2015. https://www.washingtonpost.com/news/innovations/wp/2015/04/03/why--shades-of-aspergers--syndrome--are--the--secret-to-building-a-great--tech--company/.

- Mejia, Z. "Bill Gates Learned What He Needed to Start Microsoft in High School." CNBC, May 24, 2018. https://www.cnbc.com/2018/05/24/bill--gates--got--what-he-needed-to-start--microsoft-in-high--school.html.

- Men, W., et al. "The Corpus Callosum of Albert Einstein's Brain: Another Clue to His High Intelligence?" Brain 137, no. 4 (2013): e268.

- Miller, G. "Music Builds Bridges in the Brain." Science, April 16, 2008.

- Mitchell, K. J. Innate: How the Wiring of Our Brains Shapes Who We Are. Princeton, NJ: Princeton University Press, 2018.

- Moffic, H. S. "A Deaf Football Team Sees a Way to Victory!" Psychiatric Times, November 18, 2021.

- Moore, C. B., N. H. McIntyre, and S. E. Lanivich. "ADHD--Related Neurodiversity and the Entrepreneurial Mindset." Entrepreneurship Theory and Practice 45, no. 1 (December 6, 2019). doi.org/10.1177/1042258719890986.

- Morris, E. Edison. New York: Random House, 2019.

- Moyers, B. "Personal Journeys: Maya Lin." Becoming American: The Chinese Experience, PBS, https://www.pbs.org/becomingamerican/.

- Nasar, S. A Beautiful Mind. New York: Simon & Schuster, 2011. 《뷰티풀 마인드》 (승산, 2002)

- Nurmi, E. L., et al. "Exploratory Subsetting of Autism Families Based on Savant Skills Improves Evidence of Genetic Linkage to 15q11-q13." Journal of the American Academy of Child and Adolescent Psychiatry 42, no. 7 (July 2003). doi: 10.1097/01.CHI.0000046868.56865.0F.

- O'Brian, P. Pablo Ruiz Picasso: A Biography. New York: W. W. Norton, 1976.

- O'Connell, H., and M. Fitzgerald. "Did Alan Turing Have Asperger's Syndrome?" Irish Journal of Psychological Medicine 20, no. 1 (2003): 28-31.

- "Oprah Winfrey Biography." Encyclopedia of World Biography. https://www.notablebiographies.com/We-Z/Winfrey-Oprah.html.
- Parker, R. G. A School Compendium in Natural and Experimental Philosophy. First published by A. S. Barnes, 1837. Reprinted by Legare Street Press, 2021.
- Patten, B. M. "Visually Mediated Thinking: A Report of the Case of Albert Einstein." Journal of Learning Disabilities 6, no. 7 (1973).
- Peters, L., et al. "Dyscalculia and Dyslexia: Different Behavioral, yet Similar Brain Activity Profiles during Arithmetic." NeuroImage: Clinical 18 (2018): 663–74.
- Pinker, S. "The Gifted Kids Are All Right." Wall Street Journal, September 19, 2020, C4.
- Ravilious, K. "Different Minds." New Scientist 212, no. 2387 (2011): 34–37.
- Reser, J. E. "Solitary Mammals Provide an Animal Model for Autism Spectrum Disorders." Journal of Comparative Psychology 128, no. 1 (2014): 99–113.
- Richardson, J. A Life of Picasso. 4 volumes. New York: Alfred A. Knopf, 1991–2021.
- Robinson, A. "Can We Define Genius?" Psychology Today, November 30, 2010.
- Root-Bernstein, R., et al. "Arts Foster Scientific Success: Avocations of Nobel, National Academy, Royal Society, and Sigma Xi Members." Journal of Psychology of Science and Technology 1, no. 2 (2008). doi:10/1891/1939-7054.1.251.
- Rose, C. "Chairman and CEO of Microsoft Corporation Bill Gates Explores the Future of the Personal Computer, the Internet, and Interactivity." Charlie Rose, PBS, November 25, 1996.
- Rosen, P. "Neurodiversity: What You Need to Know." Understood, https://www.understood.org.
- Ruthsatz, J., and K. Stephens. The Prodigy's Cousin: The Family Link between Autism and Extraordinary Talent. New York: Current, 2016.
- Ruzich, E., et al. "Sex and STEM Occupation Predict Autism--Spectrum Quotient (AQ) Scores in Half a Million People." PLOS ONE, October 21, 2015. https://doi.org/10.1371/journal.pone.0141229.
- Sacks, O. "An Anthropologist on Mars." New Yorker, December 27, 1993, on the story of Temple Grandin. Published also in Sacks, An Anthropologist on Mars. New York: Alfred A. Knopf, 1995.
- Sacks, O. "The Case of the Colorblind Painter." In Sacks, An Anthropologist on Mars, 3–41. New York: Alfred A. Knopf, 1995. 《화성의 인류학자》(바다출판사, 2005)
- "Savage, Augusta 1892–1962." Johnson Collection. https://thejohnsoncollection.org/augusta--savage/.
- Schatzker, E. "'We Must Bring This Pandemic to a Close.'" Interview with Bill Gates. Bloomberg Businessweek, September 21, 2020, 47–49.
- Seabrook, J. "Email from Bill." New Yorker, January 10, 1994.
- Segal, N. Born Together—Reared Apart. Cambridge, MA: Harvard University Press, 2012.
- Sharma, B. "How a Calligraphy Course Rewrote the Life Story of Steve Jobs." Million Centers(blog), May 11, 2018. https://www.millioncenters.com/blog/how-a-calligraphy--course--rewrote--the--life--story-of-steve--jobs.
- Shelton, J. "Study of Twins Shows It's Genetics That Controls Abnormal Development." YaleNews, May 3, 2021. https://news.yale.edu/2021/05/03/genetics-not-environment-uterus-controls-abnormal-development.
- Shetterly, M. L. Hidden Figures: The American Dream and the Untold Story of the Black Women Mathematicians Who Helped

Win the Space Race. New York: William Morrow, 2016. 《히든 피겨스: 여성이었고 흑인이었고 영웅이었다》(노란상상, 2017)

- Shuren, J. E., et al. "Preserved Color Imagery in an Achromatopsic." Neuropsychologia 34, no. 6 (1996): 485–89.

- Sikela, J. M., and V. B. Searles Quick. "Genomic Trade-offs: Are Autism and Schizophrenia the Steep Price of the Human Brain?" Human Genetics 137, no. 1 (2018): 1–13.

- Silberman, S. "The Geek Syndrome." Wired, December 1, 2001. https://www.wired.com/2001/12/aspergers/.

- Silberman, S. NeuroTribes. New York: Avery, 2015. 《뉴로트라이브》(알마, 2018)

- Simonton, D. K. Origins of Genius. Oxford, UK: Oxford University Press, 1999.

- Spielberg, S. Steven Spielberg Interviews. Edited by B. Notbohm and L. D. Friedman. Jackson: University Press of Mississippi, 2000.

- Spitkins, P. "The Stone Age Origins of Autism." In Recent Advances in Autism Spectrum Disorder, ed. M. Fitzgerald, vol. 2, 3–24. London: IntechOpen, 2013. Also available as DOI:10.5772/53883.

- Spitkins, P., B. Wright, and D. Hodgson. "Are There Alternative Adaptive Strategies to Human Pro-Sociality? The Role of Collaborative Morality in the Emergence of Personality Variation and Autistic Traits." Journal of Archaeology, Consciousness and Culture 9, no. 4 (2016). doi/full/10.1080/1751696X.2016.1244949.

- "Steven Spielberg Escaped His Dyslexia through Filmmaking." ABC News, September 27, 2012. https://abcnews.go.com/blogs/entertainment/2012/09/steven--spielberg--escaped--his--dyslexia--through--filmmaking.

- Stevenson, J. L., and M. A. Gernsbacher. "Abstract Spatial Reasoning as an Autistic Strength." PLOS ONE 8, no. 3 (2013): e59329.

- Thaler, L. "Echolocation May Have Real--Life Advantages for Blind People: An Analysis of Survey Data." Frontiers in Physiology, May 8, 2013. doi.org/10.3389/fphys.2013.00098.

- Thaler, L., S. R. Arnott, and M. A. Goodale. "Neural Correlates of Natural Human Echolocation in Early and Late Blind Echolocation Experts." PLOS ONE (2011). doi.org/10.1371/journal.pone.0020162.

- Than, K. "A Brief History of Twin Studies." Smithsonian Magazine, March 4, 2016. https://www.smithsonianmag.com/science--nature/brief--history--twin--studies--180958281/.

- Tikhodeyev, O. N., and O. V. Shcherbakova. "The Problem of Non--Shared Environment in Behavioral Genetics." Behavioral Genetics 49, no. 3 (May 2019): 259–69. doi: 10.1007/s10519--019--09950-1.

- Treffert, D. A. "A Gene for Savant Syndrome." Agnesian Health Care, April 25, 2017.

- Treffert, D. A. Islands of Genius. London: Jessica Kingsley, 2010.

- Turing, A. M. "The Chemical Basis of Morphogenesis." Philosophical Transactions of the Royal Society of London, Series B, Biological Sciences 237, no. 641 (August 14, 1952): 37–72.

- Turing, A. M. "Computing Machinery and Intelligence." Mind 59, no. 236 (October 1950): 433–60.

- Van Noorden, R. "Interdisciplinary by the Numbers." Nature 525, no. 7569 (2015): 305–7.

- Vance, A. Elon Musk: How the Billionaire CEO of SpaceX and Tesla Is Shaping Our Future. New York: Virgin Books, 2015.

- Vietnam Veterans Memorial Fund. "The Names." https://www.vvmf.org/About--The--Wall/the--names/.

- von Károlyi, C. V., et al. "Dyslexia Linked to Talent: Global Visual--Spatial Ability." Brain and Language 85, no. 3 (2003): 427–31.

- Wai, J. "Was Steve Jobs Smart? Heck Yes!" Psychology Today, November 7, 2011. https://www.psychologytoday.com/us/blog/finding--the--next--einstein/201111/was--steve--jobs--smart--heck--yes/.
- Wei, X., et al. "Science, Technology, Engineering, and Mathematics (STEM) Participation among College Students with an Autism Spectrum Disorder." Journal of Autism and Developmental Disorders 43, no. 7 (July 2013). https://www.ncbi.nlm.nih.gov/pmc/articles/PMC3620841/.
- Weiner, E. The Geography of Genius. New York: Simon & Schuster, 2016.
- Weiss, H. "Artists at Work: Maya Lin." Interview, August 10, 2017. https://www.interviewmagazine.com/art/artists-at-work--maya--lin/.
- Wertheimer, M. Productive Thinking. New York: Harper & Row, 1959.
- West, T. G. In the Mind's Eye: Visual Thinkers, Gifted People with Dyslexia and Other Learning Difficulties, Computer Images, and the Ironies of Creativity. Amherst, NY: Prometheus Books, 2009. 《글자로만 생각하는 사람 이미지로 창조하는 사람》(지식갤러리, 2011)
- Witelson, S. F., D. L. Kigar, and T. Harvey. "The Exceptional Brain of Albert Einstein." Lancet 353 (1999): 2149–53.
- Wolff, B., and H. Goodman. "The Legend of the Dull--Witted Child Who Grew Up to Be a Genius." The Albert Einstein Archives, 2007. http://www.albert--einstein.org/article_handicap.html.
- Wolff, U., and I. Lundberg. "The Prevalence of Dyslexia among Art Students." Dyslexia 8, no. 1 (2002). doi.org/10.1002/dys.211.
- Wonder, S. Interview with Mesha McDaniel, Celebrity Profile Entertainment, March 23, 2013. YouTube. https://www.youtube.com/watch?v=126ni6rvzPU.
- Wonder, S. Interview with Larry King, Larry King Live, CNN. YouTube. https://www.youtube.com/watch?v=VtNLoaT9S24.
- Young, J. B. "Maya Lin's Elegiac Sculptures and Installations Sing a Requiem for the Disappearing Natural World." Orlando Weekly, March 4, 2015.
- Zagai, U., et al. "The Swedish Twin Registry: Content and Management as a Research Infrastructure." Twin Research and Human Genetics 22, no. 6 (December 2019): 672–80. doi: 10.1017/thg.2019.99.
- Zeliadt, N. "Autism Genetics, Explained." Spectrum, June 2017, updated May 28, 2021. https://www.spectrumnews.org/news/autism-genetics-explained/.
- Zhu, W., et al. "Common and Distinct Brain Networks Underlying Verbal and Visual Creativity." Human Brain Mapping 38, no. 4 (2017). doi.org/10.1002/hbm.23507.
- Zihl, J., and C. A. Heywood. "The Contribution of LM to the Neuroscience of Movement Vision." Frontiers in Integrative Neuroscience 9, no. 6 (February 17, 2015). https://www.frontiersin.org/articles/10.3389/fnint.2015.00006/full.
- Zitarelli, D. E. "Alan Turing in America—1942–1943." Convergence, January 2015. https://www.maa.org/press/periodicals/convergence/alan--turing-in-america.

## CHAPTER 6.
## 재난 예방을 위한 위험의 시각화

- Acton, J. M., and M. Hibbs. "Why Fukushima Was Preventable." Carnegie Endowment for International Peace, March 6, 2012. https://carnegieendowment.org/2012/03/06/why--fukushima--was--preventable--pub--47361.
- Ankrum, J., et al. "Diagnosing Skin Diseases Using an AI-Based Dermatology Consult." Science Translational Medicine 12, no. 548 (2020): eabc8946.

- "Assessment of C-Band Mobile Communications Interference Impact on Low Range Radar Altimeter Operations." Radio Technical Commission for Aeronautics, RTCA Paper No. 274-20/PMC-2073, October 7, 2020.
- Baker, M., and D. Gates. "Lack of Redundancies on Boeing 737 MAX System Baffles Some Involved in Developing the Jet." Seattle Times, March 26, 2019.
- Bard, N., et al. "The Hanabi Challenge: A New Frontier for AI Research." Artificial Intelligence 280 (2020): 103216.
- Barry, R., T. McGinty, and A. Pasztor. "Foreign Pilots Face More Snags in Landing in San Francisco." Wall Street Journal, December 12, 2013, A1, A4.
- Barstow, D., D. Rohde, and S. Saul. "Deepwater Horizon's Final Hours." New York Times, December 25, 2010, http://www.nytimes.com/2010/12/26/US/26spill.html.
- Benedict. "Google AI Sees 3D Printed Turtle as a Rifle, MIT Researchers Explain Why." 3D Printer and 3D Printing News, November 2, 2017. https://www.3ders.org/articles/20171102--google-ai-sees-3d-printed--turtle-as-a-rifle--mit--researchers--explain--why.html.
- Bennett, J. "Screws and Washers Are Falling off NASA's Multi--Billion Dollar Space Telescope." Popular Mechanics, May 3, 2018.
- Bloomberg. "Lion Air Pilots Battled Confusing Malfunctioning before Deadly Crash." Fortune, November 24, 2018. https://fortune.com/2018/11/24/lion--air--air--plane--crash/.
- Bourzac, K. "Upgrading the Quantum Computer." Chemical and Engineering News, April 15, 2019, 26–32.
- Bressan, D. "Historic Tsunamis in Japan." History of Geology (blog), March 17, 2011. http://historyofgeology.fieldofscience.com/2011/03/historic--tsunamis-in-japan.html.
- Casto, C. "Fukushima Daiichi and Daini—A Tale of Two Leadership Styles." Chartered Quality Institute, August 9, 2016. https://www.quality.org/knowledge/%E2%80%8Bfukushima--daiichi--and--daini--tale--two--leadership--styles.
- Catchpole, D. "The Forces behind Boeing's Long Descent." Fortune, January 20, 2020. https://fortune.com/longform/boeing--737--max--crisis--shareholder--first--culture/.
- Cho, A. "Critics Question Whether Novel Reactor Is 'Walk--Away Safe.'" Science 369, no. 6506 (August 21, 2020): 888–89. https://www.science.org/doi/10.1126/science.369.6506.888.
- Chubu Electric Power. "Blocking a Tsunami: Prevention of Flooding on the Station Site." https://www.chuden.co.jp/english/energy/hamaoka/provision/tsunami/station/.
- Davis, C. "Merrimack Valley Gas Pipeline Contractors Lacked Necessary Replacement Info, Says NTSB." NGI, National Gas Intelligence, October 12, 2018. https://www.naturalgasintel.com/merrimack--valley--gas--pipeline--contractors--lacked--necessary--replacement--info--says--ntsb/.
- Enserink, M. "Sloppy Reporting on Animal Studies Proves Hard to Change." Science 357, no. 6358 (September 29, 2017): 1337–38. https://www.science.org/doi/10.1126/science.357.6358.1337.
- Federal Aviation Administration. Air Worthiness Directive. Transport and Commuter Category Airplanes. Docket No. FFA 2021--0953. Project Identifier AS-2021--01169-T.
- Flightradar24.com. JT610 Granular ADS-B Data, 2018.

- Ford, D. "Cheney's Defibrillator Was Modified to Prevent Hacking." CNN, October 24, 2013.
- Foster, C. My Octopus Teacher. Directed by P. Ehrlich and J. Reed. Netflix, 2020. 다큐멘터리 영화 〈나의 문어 선생님〉
- Fountain, H. "Focus Turns to Well--Blocking System." New York Times, May 10, 2010. https://www.nytimes.com/2010/05/11/science/11blowout.html/.
- Fowler, J. T. "Deepwater Horizon: A Lesson in Risk Analysis." American Public University, EDGE, March 13, 2017. https://apuedge.com/deepwater-horizon-a-lesson-in-risk-analysis/.
- Freed, J., and E. M. Johnson. "Optional Warning Light Could Have Aided Lion Air Engineers Before Crash: Experts." Reuters, November 30, 2018.
- Furchtgott--Roth, D. "Canada Limits 5G to Protect Air Travel." Forbes, November 21, 2021.
- Garrett, E., et al. "A Systematic Review of Geological Evidence for Holocene Earthquakes and
- Tsunamis along the Nankai--Suruga Trough, Japan." Earth-Science Reviews 159 (August 2016): 337–57. dx.doi.org/10.1016/j.earscirev.2016.06.011.
- Gates, D., and D. Baker. "The Inside Story of MCAS: How Boeing's 737 MAX System Gained Power and Lost Safeguards." Seattle Times, June 22, 2019. https://www.seattletimes.com/seattle-news/times-watchdog/the-inside-story-of-mcas-how-boeings-737-max-system-gained-power-and-lost-safeguards/.
- Gibson, E. J., and R. D. Walk. "The 'Visual Cliff.'" Scientific American 202, no. 4 (1960): 64–71.
- Glantz, J., et al. "Jet's Software Was Updated, Pilots Weren't." New York Times, February 3, 2019, 1, 18.
- "The Great, Late James Webb Space Telescope." Economist, November 27, 2021, 76–78.
- Greene--Blose, J. M. "Deepwater Horizon: Lessons in Probabilities." Paper presented at PMI Global Congress 2015—EMEA, London. Newton Square, PA: Project Management Institute.
- Gulati, R., C. Casto, and C. Krontiris. "How the Other Fukushima Plant Survived." Harvard Business Review, July–August 2014. https://hbr.org/2014/07/how--the--other--fukushima--plant--survived.
- Harris, R. "Elon Musk: Humanity Is a Kind of 'Biological Boot Loader' of AI." Wired, September 1, 2019.
- Herkert, J., J. Borenstein, and K. Miller. "The Boeing 737 MAX Lessons for Engineering Ethics." Science and Engineering Ethics 26 (2020): 2957–74.
- Hern, A. "Yes, Androids Do Dream of Electric Sheep." Guardian, June 18, 2015.
- Hines, W. C., et al. "Sorting Out the FACS: A Devil in the Details." Cell Reports 6 (2014): 779–81.
- Hirsch, C., and S. Schildknecht. "In Vitro Research Reproducibility: Keeping Up High Standards." Frontiers in Pharmacology 10 (2019): 1484. doi:10.3389/fphar.2019.01484.
- Hollnagel, E., and Y. Fujita. "The Fukushima Disaster—Systemic Failures as the Lack of Resilience." Nuclear Engineering and Technology 45 (2013): 13–20.
- Horgan, R. "Fatal Taiwan Bridge Collapse Is Latest Example of Maintenance Failings." New Civil Engineer, October 7, 2019. https://www.newcivilengineer.com/latest/fatal--taiwan--bridge--collapse-is-latest--example-of-maintenance--failings-07-10-2019/.
- Hsieh, T., et al. "Enhancing Scientific Foundations to Ensure Reproducibility: A New Paradigm." American Journal of

Pathology 188, no. 1 (2018): 6–10.

- Hubbard, D. W. The Failure of Risk Management. Hoboken, NJ: Wiley, 2009. 《리스크 관리 펀드멘탈》(연암사, 2013)

- "Injury Facts: Preventable Deaths: Odds of Dying." National Safety Council. https://injuryfacts.nsc.org/all-injuries/preventable-death-overview/odds-of-dying/.

- Jensen, A. R. "Most Adults Know More Than 42,000 Words." Frontiers, August 16, 2016.

- Johnston, P., and R. Harris. "The Boeing 737 MAX Saga: Lessons for Software Organizations." Software Quality Profession 21, no. 3 (May 2019): 4–12. https://asq.org/quality--resources/articles/the--boeing--737--max--saga--lessons--for--software--organizations?id=489c93e1417945b8b9ecda7e3f937f5d.

- Kaiser, J. "Key Cancer Results Failed to Be Reproduced." Science 374, no. 6573 (2021): 1311.

- Kalluri, P. "Don't Ask If AI Is Good or Fair, Ask How It Shifts Power." Nature 583 (2020): 169.

- Kansai Electric Power. "Nuclear Power Information: Measures against Potential Tsunami." 2019. https://www.kepco.co.jp/english/energy/nuclear_power/tsunami.html.

- Kawano, A. "Lessons Learned from Our Accident at Fukushima Nuclear Power Stations." Global 2011, Tokyo Electric Power Company, PowerPoint presentation, 2011.

- Kennedy, M. "Federal Investigators Pinpoint What Caused String of Gas Explosions in Mass." NPR, November 16, 2018. https://www.wnyc.org/story/federal--investigators--pinpoint--what--caused--string-of-gas--explosions-in-mass.

- Keshavan, M. S., and M. Sudarshan. "Deep Dreaming, Aberrant Salience and Psychosis: Connecting the Dots by Artificial Neural Networks." Schizophrenia Research 188 (2017): 178–81.

- Kitroeff, N., et al. "Boeing Rush to Finish Jet Left Little Time for Pilot Training." New York Times, March 17, 2019, 1, 26.

- Koenig, D. "Messages from a Former Boeing Test Pilot Reveal MAX Concerns." Associated Press, October 18, 2019.

- Komatsubara, J., et al. "Historical Tsunamis and Storms Recorded in Coastal Lowland, Shizwoka Prefecture, along the Pacific Coast of Japan." Sedimentology 55, no. 6 (2008). doi.org/10.1111/j.1365--3081.2008.00964.x.

- Koren, M. "Who Should Pay for the Mistakes on NASA's Next Big Telescope?" Atlantic, July 27, 2018.

- Lahiri, T. "An Off--Duty Pilot Saved Lion Air's 737 MAX from a Crash the Day before Its Fatal Flight." Quartz, March 19, 2019. https://qz.com/1576597/off--duty--pilot--saved--lion--airs--737--max--the--day--before--its--fatal--flight/.

- Langewiesche, W. "System Crash—What Really Brought Down the Boeing 737 MAX? A 21st Century Aviation Industry That Made Airplanes Astonishingly Easy to Fly, but Not Foolproof." New York Times Magazine, September 22, 2019, 36–45, 57.

- "Lion Air: How Could a Brand New Plane Crash?" BBC News, October 29, 2018. www.bbc.com/news/world--asia--46014260/.

- Lithgow, G. J., et al. "A Long Journey to Reproducible Results." Nature 548 (2017): 387–88.

- Lopes, L., et al. "174—A Comparison of Machine Learning Algorithms in the Classification of Beef Steers Finished in Feedlot." Journal of Animal Science 98, issue supplement (November 30, 2020): 126–27.

- Massaro, M. "Next Generation of Radio Spectrum Management: Licensed Shared Access for 5G." Telecommunications Policy 41, no. 5–6 (2017): 422–33.

- McCartney, S. "Inside the Effort to Fix the Troubled Boeing 737 MAX." Wall Street

Journal, June 5, 2019.

- McNutt, M. K., et al. "Applications of Science and Engineering to Quantify and Control the Deepwater Horizons Oil Spill." Proceedings of the National Academy of Sciences 109, no. 50 (2012): 20222–228. https://www.pnas.org/doi/full/10.1073/pnas.1214389109.
- Miller, A. The Artist in the Machine. Cambridge, MA: MIT Press, 2019.
- Miller, A. "DeepDream: How Alexander Mordvintsev Excavated the Computer's Hidden Layers." MIT Press Reader, July 1, 2020.
- Mohrbach, L. "The Defense-in-Depth Safety Concept: Comparison between the Fukushima Daiichi Units and German Nuclear Power Units." VGB PowerTech 91, no. 6 (2011).
- Mullard, A. "Half of Top Cancer Studies Fail High--Profile Reproducibility Effort." Nature, December 9, 2021. https://www.nature.com/articles/d41586--021--03691-0.
- Naoe, K. "The Heroic Mission to Save Fukashima Daini." Nippon.com, April 7, 2021. https://www.nippon.com/en/japan-topics/g01053/the-heroic-mission-to-save-fukushima-daini.html.
- National Transportation Safety Board. "Preliminary Report: Pipeline Over--pressure of a Columbia Gas of Massachusetts Low-pressure Natural Gas Distribution System [September 13, 2018]." October 11, 2018.
- Niler, E. "NASA's James Webb Space Telescope Plagued by Delays, Rising Costs." Wired, June 27,
- 2018. https://www.wired.com/story/delays--rising--costs--plague--nasas--james--webb--space--telescope/.
- Norman, C. "Chernobyl: Errors and Design Flaws." Science 233, no. 4768 (September 5, 1986): 1029–31.
- "NRC Nears Completion of NuScale SMR

Design Review." World Nuclear News, August 27, 2020.
- Onyanga--Omara, J., and T. Maresca. "Previous Lion Air Flight Passengers 'Began to Panic and Vomit.'" USA Today, October 30, 2018.
- Pasztor, A. "Air Safety Panel Hits Pilot's Reliance on Automation." Wall Street Journal, November 18, 2013, A4.
- Pasztor, A., and A. Tangel. "FAA Gives Boeing MAX Fix List." Wall Street Journal, August 4, 2020, B1–B2.
- Perkins, R. "Fukushima Disaster Was Preventable, New Study Finds." USC News, September 15, 2015.
- Perrow, C. "Fukushima, Risk, and Probability: Expect the Unexpected." Bulletin of the Atomic Scientists (April 2011). https://thebulletin.org/2011/04/fukushima--risk--and--probability--expect--the--unexpected/.
- "Perseverance's Selfie with Ingenuity." NASA Science, Mars Exploration Program, April 7, 2021. https://mars.nasa.gov/resources/25790/perseverance--selfie--with--ingenuity/.
- Peterson, A. "Yes, Terrorists Could Have Hacked Dick Cheney's Heart." Washington Post, October 21, 2013.
- Phillips, M., et al. "Detection of Malignant Melanoma Using Artificial Intelligence: An Observational Study of Diagnostic Accuracy." Dermatology Practical and Conceptual 10, no. 1 (2020): e2020011.
- Pistner, C. "Fukushima Daini—Comparison of the Events at Fukushima Daini and Daiichi." Presentation, 1st NURIS Conference, Vienna, April 16–17, 2015.
- Rahu, M. "Health Effects of the Chernobyl Accident: Fears, Rumors and Truth." European Journal of Cancer 39 (2003): 295–99.
- Rausand, M. Risk Assessment: Theory,

Methods, and Applications. Hoboken, NJ: Wiley, 2011.

- Razdan, R. "Temple Grandin, Elon Musk, and the Interesting Parallels between Autonomous Vehicles and Autism." Forbes, June 7, 2020.

- Rice, J. "Massachusetts Utility Pleads Guilty to 2018 Gas Explosion." ENR, Engineering News Record, March 9, 2020.

- Robison, P. Flying Blind: The MAX Tragedy and the Fall of Boeing. New York: Doubleday, 2021.

- Ropeik, D. "How Risky Is Flying?" Nova, PBS. https://www.pbs.org/wgbh/nova/planecrash/risky.html/.

- Rosenblatt, G. "When We Converse with the Alien Intelligence of Machines." Vital Edge (blog), June 27, 2017. https://www.the--vital--edge.com/alien--machine--intelligence/.

- "Safety Measures Implementation at Kashiwazaki--Kariwa Nuclear Power Station." Tokyo Electric Power Company Holdings. Last update February 14, 2018. https://www.tepco.co.jp/en/nu/kk-np/safety/index-e.html.

- Schaper, D., and V. Romo. "Boeing Employees Mocked FAA in Internal Messages before 737 MAX Disasters." Morning Edition, NPR, January 9, 2020.

- Shuto, N., and K. Fujima. "A Short History of Tsunami Research and Countermeasures in Japan." Proceedings of the Japan Academy, Series B Physical and Biological Sciences 85, no. 8 (October 2009): 267–75. https://www.jstage.jst.go.jp/article/pjab/85/8/85_8_267/_article.

- Silver, D., et al. "Mastering the Game of GO without Human Knowledge." Nature 550 (2017): 354–59.

- Singh, M., and T. Markeset. "A Methodology for Risk--Based Inspection Planning of Oil and Gas Pipes Based on Fuzzy Logic Framework." Engineering Failure Analysis 16

(2009): 2098–2113.

- Smith, R. "U.S. Water Supply Has Few Protections against Hacking." Wall Street Journal, February 12, 2021. https://www.wsj.com/articles/u-s-water-supply-has-few-protections-against-hacking-11613154238.

- Solkin, M. "Electromagnetic Interference Hazards in Flight and the 5G Mobile Phone: Review of Critical Issues in Aviation Security." Special issue "10th International Conference on Air Transport—INAIR 2021, towards Aviation Revival." Transportation Research Procedia 59 (2021): 310–18. https://doi.org/10.1016/j.trpro.2021.11.123.

- Sparks, J. "Ethiopian Airlines Crash, Anguish and Anger at Funeral for Young Pilot." Sky News, 2019.

- Sullenberger, C. "What Really Brought Down the Boeing MAX?" Letter to the Editor, New York Times Magazine, October 13, 2019, 16.

- Swaminathan, N. "What Are We Thinking When We (Try to) Solve Problems?" Scientific American, January 25, 2008. https://www.scientificamerican.com/article/what--are-we-thinking--when/.

- Synolakis, C., and U. Kânoğlu. "The Fukushima Accident Was Preventable." Philosophical Transactions of the Royal Society A (2015). doi.10.1098/rsta.2014.0379.

- Tangel, A., A. Pasztor, and M. Maremont. "The Four-Second Catastrophe: How Boeing Doomed the 737 MAX." Wall Street Journal, August 16, 2019.

- Thompson, C. "The Miseducation of Artificial Intelligence." Wired, December 2018.

- Travis, G. "How the Boeing 737 MAX Disaster Looks to a Software Developer." IEEE Spectrum, April 18, 2019.

- Tsuji, Y., et al. "Tsunami Heights along the Pacific Coast of Northern Honshu Recorded from the 2011 Tohoku and Previous Great Earthquakes." Pure and Applied Geophysics 171 (2014): 3183–215.

- Tung, S. "The Day the Golden Gate Bridge Flattened." Mercury News, May 23, 2012.
- Turton, W. "Breakthrough Technologies for Surviving a Hack." Bloomberg Businessweek, July 27, 2020, 50–53.
- US Department of Labor. "Number and Rate of Fatal Work Injuries, by Industry Sector," 2018. stats.bls.gov.
- US Government Accountability Office. "James Webb Space Telescope: Integration and Test Challenges Have Delayed Launch and Threaten to Push Costs over Cap." GAO Highlights18-273 (2018), a report to Congressional Committee.
- US Nuclear Regulatory Commission. "Backgrounder on the Three Mile Island Accident." https://www.nrc.gov/reading-rm/doc-collections/fact-sheets/3mile-isle.html.
- US Nuclear Regulatory Commission. NRC Collection of Abbreviations, NOREG-0544 Rev 4. Washington, DC: US Government Printing Office, 1998.
- Vance, A. Elon Musk: Tesla, SpaceX, and the Quest for a Fantastic Future. New York: Ecco, 2015. 《일론 머스크, 미래의 설계자》 (김영사, 2015)
- Vanian, J. "Why Google's Artificial Intelligence Confused a Turtle for a Rifle." Fortune, November 8, 2017.
- Waite, S., et al. "Analysis of Perceptual Expertise in Radiology—Current Knowledge and a New Perspective." Frontiers in Human Neuroscience (2019). doi:10.3389/fnhum.2019.00213.
- Washington State Department of Transportation. "Tacoma Narrows Bridge History—Lessons from the Failure of a Great Machine." https://www.wsdot.wa.gov/TNBhistory/Machine/machine3.htm/.
- "'Weak Engineering Management' Probable Cause of Columbia Gas Explosions, NTSB Says." WBZ, CBS 4, Boston, October 24, 2019.
- Webster, B. Y. "Understanding and Comparing Risk." Reliabilityweb. www.reliabilityweb.com/articles/entry/understanding_and_comparing_risk/.
- Weinstein, D. "Hackers May Be Coming to Your City's Water Supply." Wall Street Journal, February 26, 2021.
- Wilkin, H. "Psychosis, Dreams, and Memory in AI." Special Edition on Artificial Intelligence (blog), Graduate School of Arts and Sciences, Harvard University, August 28, 2017. https://sitn.hms.harvard.edu/flash/2017/psychosis-dreams-memory-ai/.
- Witze, A. "One Telescope to Rule Them All." Nature 600 (December 9, 2021): 208–12.
- Wolff, J. "Engineering Acronyms: What the Heck Are They Saying?" 2014. https://www.jaredwolff.com/the--crazy--world-of-engineering--acronyms.
- World Nuclear Association. "Fukushima Daiichi Accident," 2020. https://world--nuclear.org/information--library/safety--and--security/safety-of-plants/fukushima--daiichi--accident.aspx.
- World Nuclear Association. "Three Mile Island Accident," 2020. https://www.world--nuclear.org (accessed August 4, 2020).
- Yoichi, F., and K. Kitazawa. "Fukushima in Review: A Complex Disaster, a Disastrous Response." Bulletin of the Atomic Scientists 68, no. 2 (March 1, 2012): 9–21. doi:10.1177/009634021

## CHAPTER 7. 동물 의식과 시각적 사고

- Abramson, C. I. "Charles Henry Turner: Contributions of a Forgotten African American to Honey Bee Research." American Bee Journal 143 (2003): 643–44.
- Allen, C., and M. Bekoff. Species of Mind: The Philosophy and Biology of Cognitive Ethology. Cambridge, MA: MIT Press, 1997.
- Alvarenga, A. B., et al. "A Systematic Review of Genomic Regions and Candidate Genes

Underlying Behavioral Traits in Farmed Mammals and Their Link with Human Disorders." Animals 11, no. 3 (2021): 715. https://doi.org/10.3390/ani11030715/.

- Anderson, D. J., and R. Adolphs. "A Framework for Studying Emotions across Species." Cell 157, no. 1 (March 2014): 187–200.

- "Animal Consciousness." Stanford Encyclopedia of Philosophy. Stanford, CA: Metaphysics Research Lab, 1995, 2016. https://plato.stanford.edu/entries/consciousness--animal/.

- Aristotle. Nichomachean Ethics. Edited by R. C. Bartlett and S. D. Collins. Chicago: University of Chicago Press, 2011. 《니코마코스 윤리학》(현대지성, 2002)

- ASPCA. "History of the ASPCA." American Society for the Protection of Animals, 2020. aspca.org/about-us/history-of-the--ASPCA.

- Bailey, I. E., et al. "Image Analysis of Weaverbird Nests Reveals Signature Weave Textures." Royal Society Open Science, June 1, 2015. https://doi.org/10.1098/rs05.150074/.

- Bailey, P., and E. W. Davis. "Effects of Lesions of the Periaqueductal Gray Matter in the Cat." Proceedings of the Society for Experimental Biology and Medicine 51 (1942): 305–6.

- Bates, M. "Bumblebees Can Recognize Objects across Senses." Psychology Today, February 20, 2020.

- Bekoff, M. "Do Animals Recognize Themselves?" Scientific American, November 1, 2016. https://www.scientificamerican.com/article/do-animals--recognize--themselves/.

- Benedictus, A. D. "Anatomo--Functional Study of the Temporo--Parietal-Occipital Region: Dissections, Traceographic and Brain Mapping Evidence from a Neurosurgical Perspective." Journal of Anatomy 225, no. 14 (2014). doi.10.1111/joa.12204.

- Bentham, J. An Introduction to the Principles of Morals and Legislation. First published by T. Payne and Sons, 1789. Reprinted by Oxford University Press Academic, 1996.

- Bentham, J. Of the Limits of the Penal Branch of Jurisprudence. First published by T. Payne and Sons, 1780. Reprinted, edited by Philip Schofield, by Oxford University Press, 2010.

- Berns, G. What It's Like to Be a Dog: And Other Adventures in Animal Neuroscience. New York: Basic Books, 2017.

- Betz, E. "A Brief History of Chimps in Space." Discover, April 21, 2020.

- Birch, J., et al. "Dimensions of Animal Consciousness." Trends in Cognitive Sciences 24, no. 10 (2020) 311–13: 789–801.

- Bjursten, L. M., et al. "Behavioural Repertory of Cats without Cerebral Cortex from Infancy." Experimental Brain Research 25, no. 2 (1976): 115–30.

- Black, J. "Darwin in the World of Emotions." Journal of the Royal Society of Medicine 95, no. 6 (June 2002): 311–13.

- Boly, M., et al. "Are the Neural Correlates of Consciousness in the Front or in the Back of the Cerebral Cortex? Clinical and Neuroimaging Evidence." Journal of Neuroscience 37, no. 40 (2017): 9603–13.

- Borrell, B. "Are Octopuses Smart?" Scientific American, February 27, 2009. https://www.scientificamerican.com/article/are--octopuses--smart/.

- Breland, K., and M. Breland. Animal Behavior. New York: Macmillan, 1966.

- Breland, K., and M. Breland. "The Misbehavior of Organisms." American Psychologist 16, no. 11 (1961): 681–84.

- Cabrera, D., et al. "The Development of Animal Personality across Ontogeny: A Cross-Species Review." Animal Behavior 173

(2021): 137−44.

- Cataldo, D. M., et al. "Speech, Stone Tool-Making and the Evolution of Language." PLOS ONE 13, no. 1 (2018): e0191071.
- Cep, C. "Marilynne Robinson's Essential American Stories." New Yorker, October 5, 2020, 44−53.
- Ceurstemont, S. "Inside a Wasp's Head: Here's What It Sees to Find Its Way Home." NewScientist, February 12, 2016. https://www.newscientist.com/article/2077306--inside-a-wasps-head--heres--what-it-sees-to-find--its--way--home/.
- "Charles Henry Turner." Biography.com, 2014. https://www.biography.com/scientist/charles--henry--turner/.
- Chen, A. "A Neuroscientist Explains Why We Need Better Ways to Talk about Emotions." The Verge, July 6, 2018.
- Christianson, J. P. "The Head and the Heart of Fear." Science 374, no. 6570 (2021): 937−38.
- Collias, E. C., and N. E. Collias. "The Development of Nest-Building Behavior in a Weaverbird." The Auk 81 (1964): 42−52.
- Collins, R. W. "What Does It Mean to be Human, and Not Animal? Examining Montaigne's Literary Persuasiveness in 'Man Is No Better Than the Animals.'" Animals and Society Institute, 2018.
- Colpaert, F. C., et al. "Opiate Self--Administration as a Measure of Chronic Nociceptive Pain in Arthritic Rats." Pain 91 (2001): 33−45.
- Cook, P., et al. "Jealousy in Dogs? Evidence from Brain Imaging." Animal Sentience 22, no. 1 (2018). https://www.wellbeingintlstudiesrepository.org/animalsent/vol3/iss22/1.
- Costilla, R., et al. "Genetic Control of Temperament Traits across Species: Association of Autism Spectrum Disorder Risk Genes with Cattle Temperament."

Genetics Selection Evolution 52 (2020): 51.

- Dagg, A. I. Giraffe: Biology, Behaviour and Conservation. New York: Cambridge University Press, 2014.
- Danbury, T. C., et al. "Self--Selection of the Analgesic Drug Carprofen by Lame Broiler Chickens." Veterinary Research 146 (2000): 307−11.
- Darwin, C. The Descent of Man. London: John Murray, 1871.
- Davis, J. M. "The History of Animal Protection in the United States." Organization of American Historians, The American Historian. https://www.oah.org/tah/issues/2015/november/the--history-of-animal--protection-in-the--united--states/.
- Davis, K. L., and C. Montag. "Selected Principles of Pankseppian Affective Neuroscience." Frontiers in Neuroscience, January 17, 2019. https://www.frontiersin.org/articles/10.3389/fnins.2018.01025/full/.
- de Molina, A. F., and R. W. Hunsperger. "Central Representation of Affective Reactions in the Forebrain and Brain Stem: Electrical Stimulation of the Amygdala, Stria Terminalis and Adjacent Structures." Journal of Physiology 145 (1959): 251−65.
- de Molina, A. F., and R. W. Hunsperger. "Organization of the Subcortical System Governing Defence and Flight Reactions in a Cat." Journal of Physiology 160, no. 2 (1962): 200−213.
- de Waal, F. B. M. "Fish, Mirrors, and a Gradualist Perspective of Self--Awareness." PLOS Biology 17, no. 2 (2019): e3000112.
- de Waal, F. Mama's Last Hug. New York: W. W. Norton, 2019. 《동물의 감정에 관한 생각》(세종서적, 2019)
- Della Rosa, P. A., et al. "The Left Inferior Frontal Gyrus: A Neural Crossroads between Abstract and Concrete Knowledge." NeuroImage 175 (2018): 449−59.

- Denson, T. F. "Inferring Emotion from the Amygdala Activation Alone Is Problematic." Animal Sentience 22, no. 9 (2018).
- Descartes, R. "Animals Are Machines." Reproduced from unidentified translation at https://webs.wofford.edu/williamsnm/back%20up%20jan%204/hum%20101/animals%20are%20machines%20descartes.pdf/.
- Dona, H. S. G., and L. Chittka. "Charles H. Turner, Pioneer in Animal Cognition." Science 370, no. 6516 (2020): 530−31.
- Douglas--Hamilton, I., et al. "Behavioural Reactions of Elephants towards a Dying and Deceased Matriarch." Applied Animal Behaviour Science 100 (2006): 87−102.
- Duncan, I. J. H. "The Changing Concept of Animal Sentience." Applied Animal Behaviour Science 100, no. 1−2 (2006): 11−19.
- Fang, Z., et al. "Unconscious Processing of Negative Animals and Objects: Role of the Amygdala Revealed by fMRI." Frontiers in Human Neuroscience 10 (2016). doi: 10.3389/fnhum.2016.00146.
- Fanselow, M. S., and Z. T. Pennington. "The Danger of LeDoux and Pine's Two-System Framework for Fear." American Journal of Psychiatry 174, no. 11 (2017): 1120 −21.
- Faull, O. K., et al. "The Midbrain Periaqueductal Gray as an Integrative and Interoceptive Neural Structure for Breathing." Neuroscience and Biobehavioral Reviews 98 (2019). https://doi.org/10.1016/j.neubiorev.2018.12.020.
- Favre, D., and V. Tsang. "The Development of the Anti--Cruelty Laws during the 1800s." Detroit College Law Review 1 (1993).
- Feinberg, T. E., and J. Mallatt. "Phenomenal Consciousness and Emergence: Eliminating the Explanatory Gap." Frontiers in Psychology, June 12, 2020.
- Finkemeier, M. A., et al. "Personality Research in Mammalian Farm Animals: Concepts, Measures, and Relationships to Welfare." Frontiers in Veterinary Science (2018). https://doi.org/10.3389/fvets.2018.00131.
- Fortenbaugh, W. "Aristotle: Animals, Emotion, and Moral Virtue." Arethusa 4, no. 2 (1971): 137−65. http://www.jstor.org/stable/26307269/.
- Foster, C. My Octopus Teacher. Directed by P. Ehrlich and J. Reed. Netflix, 2020.
- Freeberg, E. A Traitor to His Species: Henry Bergh and the Birth of the Animal Rights Movement. New York: Basic Books, 2020.
- Gent, T. C., et al. "Thalamic Dual Control of Sleep and Wakefulness." Nature Neuroscience 21, no. 7 (2018): 974−84.
- Giurfa, M., and M. G. de Brito Sanchez. "Black Lives Matter: Revisiting Charles Henry Turner's Experiments on Honey Bee Color Vision." Current Biology, October 19, 2020.
- Goodall, J. "Tool-Using and Aimed Throwing in a Community of Free-Living Chimpanzees." Nature 201 (1964): 1264−66.
- Grandin, T. Temple Grandin's Guide to Working with Farm Animals. North Adams, MA: Storey, 2017.
- Grandin, T. Thinking in Pictures. New York: Doubleday, 1995. Expanded edition. New York: Vintage, 2006. 《나는 그림으로 생각한다》(양철북, 2005)
- Grandin, T., and M. J. Deesing. "Behavioral Genetics and Animal Science." In Genetics and the Behavior of Domestic Animals, 2nd ed., edited by T. Grandin and M. J. Deesing, 1−40. Cambridge, MA: Academic Press/Elsevier, 2013.
- Grandin, T., and C. Johnson. Animals in Translation. New York: Scribner, 2005. 《동물과의 대화》(언제나북스, 2021)
- Grandin, T., and C. Johnson. Animals Make Us Human. New York: Mariner Books, 2010.
- Grandin, T., and M. M. Scariano. Emergence: Labeled Autistic. Novato, CA:

Arena, 1986. 《어느 자폐인 이야기》(김영사, 2011)

- Gray, T. "A Brief History of Animals in Space." National Aeronautics and Space Administration, 1998, updated 2014. https://history.nasa.gov/animals.html.
- Guest, K. Introduction to Anna Sewell, Black Beauty. Cambridge, UK: Cambridge Scholars, 2011. 《블랙 뷰티》(비룡소, 2022)
- Hemati, S., and G. A. Hossein--Zadeh. "Distinct Functional Network Connectivity for Abstract and Concrete Mental Imagery." Frontiers in Human Neuroscience 12 (2018). doi: 10.3389/fnhum.2018.00515.
- Herculano--Houzel, S. "Birds Do Have a Cortex—and Think." Science 369 (2020): 1567–68.
- Herculano--Houzel, S. "Numbers of Neurons as Biological Correlates of Cognitive Capability." Current Opinion in Behavioral Sciences 16 (2017): 1–7.
- Herculano--Houzel, S., et al. "The Elephant Brain in Numbers." Frontiers in Neuroanatomy (2014). https://doi.org/10.3389/fnana.2014.00046.
- Hill, E. "Archaeology and Animal Persons: Towards a Prehistory of Human–Animal Relations." Environment and Society (2013). https://doi.org/10.3167/ares.2013.040108.
- Hunt, G. R. "Manufacture and Use of Hook-Tools by New Caledonian Crows." Nature 379 (1996): 249–51.
- Hussain, S. T., and H. Floss. "Sharing the World with Mammoths, Cave Lions and Other Beings: Linking Animal--Human Interactions and Aurignacian 'Belief World.'" Quartar 62 (2015): 85–120.
- "In an Ant's World, the Smaller You Are the Harder It Is to See Obstacles." The Conversation, April 17, 2018. https://theconversation.com/in-an-ants--world--the--smaller--you--are--the--harder-it-is-to-see--obstacles--92837.
- Jackson, J. C., et al. "Emotion Semantics Show Both Cultural Variation and Universal Structure." Science 366, no. 6472 (2019): 1517–22.
- Jacobs, L. F., and E. R. Liman. "Grey Squirrels Remember the Locations of Buried Nuts." Animal Behavior 41, no. 1 (1991): 103–10.
- James, W. The Will to Believe. New York: Longmans, Green, 1897. Project Gutenberg, https://www.gutenberg.org/files/26659/26659-h/26659-h.htm#58/.
- Judd, S. P. D., and T. S. Collett. "Multiple Stored Views and Landmark Guidance in Ants." Nature 392, no. 6677 (1998): 710–14.
- Kerasote, T. A. "Essay: Lessons from a Freethinking Dog," 2008. kerasote.com/essays/ted--kerasote--merle--essay.pdf.
- Khattab, M. The Clear Quran: A Thematic English Translation. 2015.
- Klein, A. S., et al. "Fear Balance Is Maintained by Bodily Feedback to the Insular Cortex in Mice." Science 374, no. 6570 (2021): 1010–15.
- Klüver, H., and P. C. Bucy. "'Psychic Blindness' and Other Symptoms Following Bilateral Temporal Lobectomy in Rhesus Monkeys." American Journal of Physiology 119 (1937): 352–53.
- Knight, K. "Paper Wasps Really Recognise Each Other's Faces." Journal of Experimental Biology 220 (2017). doi:10.1242/jeb.163477.
- Koch, C. "What Is Consciousness? Scientists Are Beginning to Unravel a Mystery That Has Long Vexed Philosophers." Nature 557 (2018): S8–S12.
- Koch, C., et al. "Neural Correlates of Consciousness: Progress and Problems." Nature Reviews Neuroscience 17 (2016): 307–21.
- Kremer, L., et al. "The Nuts and Bolts of Animal Emotion." Neuroscience and Biobehavioral Reviews 113 (2020): 273–86.
- Kucyi, A., and K. D. Davis. "Dynamic

Functional Connectivity of the Default Mode Network Tracks Daydreaming." NeuroImage 100 (2014): 471–80.

- Learmonth, M. J. "The Matter of NonAvian Reptile Sentience and Why It 'Matters' to Them: A Conceptual, Ethical and Scientific Review." Animals 10, no. 5 (2020). doi. org/10.3390/ani/10050901.

- LeDoux, J. Anxious: Using the Brain to Understand and Treat Fear and Anxiety. New York: Penguin Press, 2015.

- LeDoux, J. The Emotional Brain: The Mysterious Underpinnings of Emotional Life. New York: Simon & Schuster, 1996.

- LeDoux, J. "Rethinking the Emotional Brain." Neuron 73, no. 4 (2012): 653–76. https://doi.org/10.1016/j.neuron.2012.02.004.

- LeDoux, J., and N. D. Daw. "Surviving Threats: Neural Circuit and Computational Implications of a New Taxonomy of Defensive Behavior." Nature Reviews Neuroscience 19 (2018): 269–82.

- LeDoux, J. E., M. Michel, and H. Lau. "A Little History Goes a Long Way toward Understanding Why We Study Consciousness the Way We Do Today." Proceedings of the National Academy of Sciences 117, no. 13 (2020): 6976–84.

- LeDoux, J. E., and D. S. Pine. "Using Neuroscience to Help Understand Fear and Anxiety: A Two-System Framework." American Journal of Psychiatry 173, no. 11 (2016): 1083–93.

- Lee, DN. "Charles Henry Turner, Animal Behavior Scientist." The Urban Scientist (blog), Scientific American, February 13, 2012. https://blogs.scientificamerican.com/urbanscientist/charleshenryturneranimalbehaviorscientist/.

- Lehrman, D. S. "A Critique of Konrad Lorenz's Theory of Instinctive Behavior." Quarterly Review of Biology 28, no. 4 (1953): 337–63.

- Lejeune, H., et al. "About Skinner and Time: BehaviorAnalytic Contributions to Research on Animal Timing." Journal of the Experimental Analysis of Behavior 85, no. 1 (2006): 125–42.

- Lewis, M. The Rise of Consciousness and the Development of Emotional Life. New York: Guilford Press, 2014.

- Lorenz, K. Nobel Lecture, 1973. https://www.nobelprize.org/prizes/medicine/1973/lorenz/lecture/.

- Lorenz, K. "Science of Animal Behavior (1975)." YouTube, September 27, 2016. https://www.youtube.com/watch?v=IysBMqaSAC8.

- Maier, A., and N. Tsuchiya. "Growing Evidence for Separate Neural Mechanisms for Attention and Consciousness." Attention, Perception, & Psychophysics 83, no. 2 (2021): 558–76.

- Majid, A. "Mapping Words Reveals Emotional Diversity." Science 366 (2019): 1444–45.

- Mcnaughton, N., and P. J. Corr. "Survival Circuits and Risk Assessment." Current Opinion in Behavioral Sciences 24 (2018): 14–20.

- Mobbs, D. "Viewpoints: Approaches to Defining and Investigating Fear." Nature Neuroscience 22 (2019): 1205–16. Contains comments by Ralph Adolpho on verbal language.

- Montaigne, M. de. "The Language of Animals." http://www.animalrightslibrary.com/textsc/montaigne01.htm.

- Morris, C. L., et al. "Companion Animals Symposium: Environmental Enrichment for Companion, Exotic, and Laboratory Animals." Journal of Animal Science 89 (2011): 4227–38.

- Motta, S. C., et al. "The Periaqueductal Gray and Primal Emotional Processing Critical to Influence Complex Defensive Responses, Fear Learning and Reward Seeking." Neuroscience and Biobehavioral Reviews 76(A) (2017):

39–47.

- Nash, R. F. The Rights of Nature: A History of Environmental Ethics. Madison: University of Wisconsin Press, 1989.
- Nawroth, C., et al. "Farm Animal Cognition—Linking Behavior, Welfare and Ethics." Frontiers in Veterinary Science (2019). doi.org/10.3380/fvets.2019.00024.
- "New York Court of Appeals Agrees to Hear Landmark Elephant Rights Case." Nonhuman Rights Blog, May 4, 2021. https://www.nonhumanrights.org/blog/appeal--granted-in-landmark--elephant--rights--case/.
- Nieder, A., et al. "A Neural Correlate of Sensory Consciousness in a Corvid Bird." Science 369 (2020): 1626–29.
- Ohman, A. "The Role of the Amygdala in Human Fear: Automatic Detection of Threat." Psychoneuroendocrinology 30, no. 10 (2005): 953–58.
- Olkowicz, S., et al. "Birds Have Primate--Like Numbers of Neurons in the Forebrain." Proceedings of the National Academy of Sciences 113, no. 26 (2016): 7255–60.
- "Organismal Biology." Georgia Tech Biological Sciences. https://organismalbio.biosci.gatech.edu/growth-and-reproduction/plant-development-i-tissue-differentiation-and-function/.
- "Our Legacy of Science." Jane Goodall Institute. https://www.janegoodall.org/our--story/our--legacy-of-science/.
- Padian, K. "Charles Darwin's Views of Classification in Theory and Practice." Systematic Biology 48, no. 2 (1999): 352–64.
- Panksepp, J. "The Basic Emotional Circuits of Mammalian Brains: Do Animals Have Affective Lives?" Neuroscience and Biobehavioral Reviews 35 (2011): 1791–1804.
- Panksepp, J., et al. "Effects of Neonatal Decortication on the Social Play of Juvenile Rats." Physiology and Behavior 56, no. 3

(1994): 429–43.

- Pauen, S. "The Global-to-Basic Shift in Infants' Categorical Thinking: First Evidence from a Longitudinal Study." International Journal of Behavioral Development 26, no. 6 (2002): 492–99.
- Paul, E., and M. Mendl. "Animal Emotion: Descriptive and Prescriptive Definitions and Their Implications for a Comparative Perspective." Applied Animal Behaviour Science 205 (August 2018): 202–9.
- Peissig, J. J., et al. "Pigeons Spontaneously Form Three-Dimensional Shape Categories." Behavioral Processes 158 (2019): 70–76.
- Pennartz, C. M. A., M. Farisco, and K. Evers. "Indicators and Criteria of Consciousness in Animals and Intelligent Machines: An Inside--Out Approach." Frontiers in Systems Neuroscience, July 16, 2019.
- Peper, A. "A General Theory of Consciousness I: Consciousness and Adaptation." Communicative and Integrative Biology 13, no. 1 (2020): 6–21.
- Plotnik, J. M., et al. "Self--Recognition in an Asian Elephant." Proceedings of the National Academy of Sciences 103, no. 45 (2006): 17053–57.
- Prior, H., et al. "Mirror--Induced Behavior in the Magpie (Pica pica): Evidence of Self--Recognition." PLOS Biology 6, no. 8 (2008): e202. https://doi.org/10.1371/journal.pbio.0060202.
- Proctor, H. S., et al. "Searching for Animal Sentience: A Systematic Review of the Scientific Literature." Animals 3, no. 3 (2013): 882–906.
- Quervel--Chaumette, M., et al. "Investigating Empathy-Like Responding to Conspecifics' Distress in Pet Dogs." PLOS ONE 11, no. 4 (2016): e015920.
- Raby, C. R., et al. "Planning for the Future by Western Scrub--Jays." Nature 445, no. 7130 (2007): 919–21.

Rahman, S. A. "Religion and Animal Welfare—An Islamic Perspective." Animals 7, no. 2 (2017): 11.

Rand, A. L. "Nest Sanitation and an Alleged Releaser." Auk 59, no. 3 (July 1942): 404−9.

Ratcliffe, V., A. Taylor, and D. Reby. "Cross-Modal Correspondences in Non--Human Mammal Communication." Multisensory Research 29, nos. 1−3 (January 2016): 49−91. doi:10.1163/22134808--00002509.

Redinbaugh, M. J., et al. "Thalamus Modulates Consciousness via Layer-Specific Control of Cortex." Neuron 106, no. 1 (2020): 66−75e12.

Rees, G., et al. "Neural Correlates of Consciousness in Humans." Nature Reviews Neuroscience 3 (2002): 261−70.

Reiss, D. The Dolphin in the Mirror: Exploring Dolphin Minds and Saving Dolphin Lives. New York: Houghton Mifflin Harcourt, 2011.

Robinson, M. "Jack and Della." New Yorker, July 20, 2020.

Rutherford, L., and L. E. Murray. "Personality and Behavioral Changes in Asian Elephants (Elephas maximus) Following the Death of Herd Members." Integrative Zoology 16, no. 2 (2020): 170−88.

Schleidt, W., et al. "The Hawk/Goose Story: The Classical Ethological Experiments of Lorenz and Tinbergen, Revisited." Journal of Comparative Psychology 125, no. 2 (2011): 121−33.

Sewell, A. Black Beauty: His Grooms and Companions, The Autobiography of a Horse. London, UK: Jarrold and Sons, 1877. 《블랙 뷰티》(비룡소, 2022)

Sheehan, M. J., and E. A. Tibbetts. "Robust Long--Term Social Memories in a Paper Wasp." Current Biology 18, no. 18 (2008): R851−R852.

Shewmon, D. A., et al. "Consciousness in Congenitally Decorticate Children: Developmental Vegetative State as Self--Fulfilling Prophecy." Developmental Medicine and Child Neurology 41, no. 6 (1999): 364−74.

Skinner, B. F. The Behavior of Organisms. Century Psychology Series. New York: D. Appleton Century, 1938.

Skinner, B. F. Science and Human Behavior. New York: Macmillan, 1953.

Skinner, B. F. "The Technology of Teaching, Review Lecture." Proceedings of the Royal Society of London, Series B Biological Sciences 162, no. 989 (1965): 427−43.

Skinner, B. F. "Why I Am Not a Cognitive Psychologist." Behaviorism 5, no. 2 (1977): 1−10.

Smulders, T., et al. "Using Ecology to Guide the Study of Cognitive and Neural Mechanisms of Different Aspects of Spatial Memory in Food-Hoarding Animals." Philosophical Transactions, Royal Society London Biological Science 365, no. 1542 (201): 888−900.

Solvi, C., et al. "Bumblebees Display Cross-Modal Object Recognition between Visual and Tactile Senses." Science 367, no. 6480 (2020): 910−12.

Stacho, M., et al. "A Cortex--Like Canonical Circuit in the Avian Forebrain." Science 369, no. 6511 (2020). doi.10.1126/science.abc5534.

Szaflarski, J. P., et al. "A Longitudinal Functional Magnetic Resonance Imaging Study of Language Development in Children 5 to 11 Years Old." Annals of Neurology 59, no. 5 (2006). doi.org/10,002/ana20817.

Tinbergen, N. "Derived Activities: Their Causation, Biological Significance, Origin, and Emancipation during Evolution." Quarterly Review of Biology 27, no. 1 (1952): 1−32.

von Bayern, A., et al. "Compound Tool Construction by New Caledonian Crows." Scientific Reports 8, no. 15676 (2018). https://

www.nature.com/articles/s41598-018-33458-z/.

- von der Emde, G., and T. Burt de Perera. "Cross--Modal Sensory Transfer: Bumble Bees Do It." Science 367 (2020): 850–51.
- vonHoldt, B. M., et al. "Structural Variants in Genes Associated with Human Williams--Beuren Syndrome Underlie Stereotypical Hypersociability in Domestic Dogs." Science Advances 3, no. 7 (2017): e1700398. doi:10.1126/sciadv.1700398.
- Watanabe, S., et al. "Pigeons' Discrimination of Paintings by Monet and Picasso." Journal of the Experimental Analysis of Behavior 63, no. 2 (1995): 165–74.
- Weber, F., et al. "Regulation of REM and Non--REM Sleep by Periaqueductal GABAergic, Neurons." Nature, January 24, 2018.
- Weintraub, P. "Discover Interview: Jaak Panksepp Pinned Down Humanity's 7 Primal Emotions." Discover, May 30, 2012.
- Westerman, G., and D. Mareschai. "From Perceptual to Language-Mediated Categorization." Philosophical Transactions of the Royal Society B 369, no. 1634 (January 19, 2014): 20120391. https://doi.org/10.1098/rstb.2012.0391.
- Whalley, K. "Controlling Consciousness." Nature Reviews Neuroscience 21 (2020): 181.
- Whiten, A., et al. "Culture in Chimpanzees." Nature 399 (1999): 682–85.
- Wilks, M., et al. "Children Prioritize Humans over Animals Less Than Adults Do." Psychological Science, January 2021, 27–38.
- Wilson, E. O. "Ant Communication." Pulse of the Planet: The Sound of Life on Earth (blog). November 8, 2012. https://pulseword.pulseplanet.com/dailies--post--type/2545-6/.
- Yin, S. "The Best Animal Trainers in History: Interview with Bob and Marian Bailey, Part 1." August 13,2012 https://cattledogpublishing.com/blog/the-best-animal-trainers-in-history-interview-with-bob-and-marian-bailey-part-1/.
- Zalucki, O., and B. van Swinderen. "What Is Consciousness in a Fly or a Worm? A Review of General Anesthesia in Different Animal Models." Consciousness and Cognition (2016). doi.org/10.1016/j.concog.2016.06.017.
- Zentall, T. "Jealousy, Competition, or a Contextual Cue for Reward?" Animal Sentience 22, no. 4 (2018).

## 후기

- American Society of Civil Engineers. Report Card for America's Infrastructure, 2021. https://infrastructurereportcard.org/catitem/bridges.
- Associated Press. "Review Slated for 5 Bridges Sharing Design of Collapsed Span." February 2, 2022.
- Robertson, C., and S. Kasakove. "Pittsburgh Bridge Collapses Hours before Biden Infrastructure Visit." New York Times, January 28, 2022.
- Schaper, D. "10 Years after a Bridge Collapse, America Is Still Crumbling." All Things Considered, NPR, August 1, 2017.
- Schultheisz, C. R., et al. "Minneapolis I-35W Bridge Collapse—Engineering Evaluations and Finite Element Analysis." CEP Civil Engineering Portal. https://www.engineeringcivil.com/minneapolis-i-35w--bridge--collapse--engineering--evaluations--and--finite--element--analysis.html.
- Treisman, R. "A Bridge in Pittsburgh Collapsed on the Day of Biden's Planned Infrastructure Visit." NPR, January 28, 2022. https://www.npr.org/2022/01/28/1076343656/pittsburgh--bridge--collapse--biden--visit.

# 찾아보기

# 템플 그랜딘의 비주얼 씽킹

언어로 가득한 세상에서 시각적 사고자로 살아가기

초판 1쇄 인쇄 2023년 6월 14일
초판 1쇄 발행 2023년 6월 28일

**지은이** 템플 그랜딘
**옮긴이** 박미경
**펴낸이** 고영성

**책임편집** 이지은　**디자인** 강지은　**저작권** 주민숙

**펴낸곳** 주식회사 상상스퀘어
**출판등록** 2021년 4월 29일 제2021-000079호
**주소** 경기도 성남시 분당구 성남대로 52, 그랜드프라자 604호
**전화** 070-8666-3322
**팩스** 02-6499-3031
**이메일** publication@sangsangsquare.com
**홈페이지** www.sangsangsquare.com

ISBN 979-11-92389-29-5 03370